任继愈 著　本书编委会 编

任继愈文集 6

國家圖書館出版社

目　录

中国哲学史研究六
主编书序、书绪、书抄

《中国哲学史》(四卷本)1963年初版前言 …………………… 1

《中国哲学史》(四卷本)1964年再版说明 …………………… 3

《中国哲学史》(四卷本)1979年再版说明 …………………… 5

《中国哲学史》(四卷本)1984年再版说明 …………………… 7

《中国哲学史》(四卷本)2003年修订版说明 ………………… 9

《中国哲学史简编》再版的话 ………………………………… 11

《中国哲学史简编》绪论 ……………………………………… 13

《中国哲学史》(四卷本)1979年版绪论 …………………… 42

《中国哲学发展史》(先秦卷)导言 ………………………… 74

《中国哲学发展史》(秦汉卷)前言 ………………………… 113

《中国哲学发展史》(魏晋南北朝卷)绪论 ………………… 118

《中国哲学发展史》(隋唐卷)绪论 ………………………… 135

《中国哲学发展史(隋唐卷)·佛教编》序 ………………… 160

《中国哲学发展史(隋唐卷)·道教编》序 ………………… 167

《中国哲学发展史(隋唐卷)·会通编》序 ·············· 169

《中国哲学史》(四卷本)2003年修订版绪论 ············· 170

《中国哲学史》(四卷本)1963年初版第四章《老子的唯物
　　主义体系和朴素的辩证法思想》 ·············· 176

《中国哲学史简编》1973年初版第二章第四节《老子的唯
　　心主义哲学和朴素的辩证法思想》 ·············· 199

《中国哲学史》(四卷本)1979年版附录一《老子的唯心主
　　义哲学和朴素的辩证法思想》 ·············· 214

《中国哲学发展史(先秦卷)·老子的哲学思想》·············· 231

《中国哲学史简编》1984年版《老子的哲学思想》 ············· 269

《中国哲学发展史(魏晋南北朝卷)·魏晋南北朝的佛教
　　经学》 ·············· 291

附:编写《中国哲学史》(四卷本)的一点体会 ·············· 459

《中国哲学史》(四卷本)
1963 年初版前言[*]

本书是大学哲学系中国哲学史教科书之一,为了使用方便,作以下几点说明。

本书所叙述的中国哲学的历史,上起古代奴隶制社会,下迄五四运动以前。

关于我国古代奴隶制和封建制的历史分期,本书采取春秋时期奴隶制开始解体,战国初期封建制正式确立的说法。

本书是按照我国社会发展的历史阶段分篇叙述的。奴隶制社会的哲学为一篇;由于我国封建社会时期比较长,哲学思想内容丰富,为了讲授方便,把这一社会历史时期分为六个段落(战国、两汉、魏晋南北朝、隋唐、宋元明、清到鸦片战争),每一段落为一篇;近代半殖民地半封建社会的哲学为一篇。教师可根据实际情况对各篇章节自行增补或删减。

全书分为四个分册,先秦为第一分册,汉到魏晋南北朝为第二分册,隋唐到鸦片战争前为第三分册,鸦片战争到五四运动前为第四分册。

———————————

　　* 人民出版社,1963 年 7 月版。

对于我国少数民族的哲学思想,我们研究得很不够,关于这一方面的叙述只好暂缺。将来研究成果增多时,再补足这一缺点。

本书是1961年夏开始着手编写的。参加编写工作的有中国科学院哲学研究所、北京大学哲学系中国哲学史教研室、中国人民大学哲学系中国哲学史教研室等单位的部分同志。他们是(按姓氏笔画为序):王明、尹明、孔繁、石峻、邓艾民、卢育三、任继愈、孙长江、吴则虞、李焰、容肇祖、汤一介、杨宪邦等。北京大学庄印和楼宇烈同志也参加了一部分工作。

本书初稿征求了学术界一部分专家学者、外地有关院校的教师、北京几个大学试用本书的教师和同学的意见。我们非常感谢他们提出的许多宝贵意见,根据这些意见我们进行了初步的修改。由于时间短促和编者学识、理论水平的限制,书中疏漏和错误一定难免。希望读者对本书多提意见,以便今后进一步修改和提高。

编者

1962 年 12 月

《中国哲学史》(四卷本)
1964 年再版说明*

　　本书是大学哲学系中国哲学史教科书之一,为了使用方便,作以下几点说明。

　　本书所叙述的中国哲学的历史,上起古代奴隶制社会,下迄五四运动以前。

　　关于我国古代奴隶制和封建制的历史分期,本书采取春秋时期奴隶制开始解体,战国初期封建制正式确立的说法。

　　本书是按照我国社会发展的历史阶段分篇叙述的。奴隶制社会的哲学为一篇;由于我国封建社会时期比较长,哲学思想内容丰富,为了讲授方便,把这一社会历史时期分为六个段落(战国、两汉、魏晋南北朝、隋唐、宋元明、清到鸦片战争),每一段落为一篇;近代半殖民地半封建社会的哲学为一篇。

　　根据几年来试用的经验,这本教材内容多了些,一般是讲不完的。为了使同学学得好,有些章可以整章地略去不讲,也可以把某些章进行合并讲授。比如商周时期的第一、二章可以合并,第三章可并入第四章讲授;战国时期的第四章也可以不讲。汉

---

　　*　人民出版社,1964 年 9 月第 2 版。

代,如果时间不够,只讲董仲舒与王充两章,其余章节附在这两章的前后提到,也可以。对佛教哲学,教师也可根据学生的具体情况,进行删减。比如隋唐时期的佛教哲学,也可以只讲禅宗一派。至于其他部分,教师可根据教学时数、学生基础去适当安排。有些章节尽管课堂上未必讲到,但有助于说明哲学思想发展的线索,可备参考。教科书详备一些,使教师有所选择,也是有好处的。

全书分为四个分册,先秦为第一分册,汉到魏晋南北朝为第二分册,隋唐到明为第三分册,清到五四运动前为第四分册。

对于我国少数民族的哲学思想,我们研究得很不够,关于这一方面的叙述只好暂缺。将来研究成果增多时,再补足这一缺点。本书是1961年夏开始着手编写的。参加编写工作的有中国科学院哲学研究所、北京大学哲学系中国哲学史教研室、中国人民大学哲学系中国哲学史教研室等单位的部分同志。

本书初稿征求了学术界一部分专家学者、外地有关院校的教师、北京几个大学试用本书的教师和同学的意见。我们非常感谢他们提供的许多宝贵意见,根据这些意见我们进行了初步的修改。由于时间短促和编者学识、理论水平的限制,书中疏漏和错误一定难免。希望读者对本书多提意见,以便今后进一步修改和提高。

编者

1964 年 6 月

《中国哲学史》(四卷本)
1979 年再版说明 *

本书出版以来曾经收到广大读者和哲学史工作者许多宝贵的批评和建议,特别是无产阶级"文化大革命"以来,经过对伟大领袖毛主席有关哲学史研究指示的再学习,我们深深感到书中有些论点不够确切甚至有错误,需要做认真的修改工作。1972年毛主席号召要读几本哲学史,为了响应毛主席的号召,我们在此书的基础上修改编写了《中国哲学史简编》,并计划着手进行本书的全面修改工作。但是因为万恶的"四人帮"出于篡党夺权的反革命目的,破坏伟大领袖毛主席关于批林批孔的战略部署,篡改毛主席的指示,大搞为帮所用的影射史学。致使本书的修改工作也受到干扰,未能顺利进行下去。目前由于时间和人力一时尚难安排妥善,因此,尚不能进行全面的修改工作。故此次再版仍照原版印出,仅作为读者学习中国哲学史的参考材料。

本书第四册(清代至近代)是于 1973 年编写的,作为对第一、二、三册的继续和补齐。

本书对前三册中某些不确切的、错误的观点有所纠正。例

---

* 人民出版社,1979 年 3 月第 3 版。

如编者改变了原来认为老子思想是唯物主义的看法,我们改写了关于《老子》一章。近年来地下出土文物提供了过去不能解决的哲学史研究资料,使我们纠正了由于资料不足而做出的不正确的结论,我们增加了《孙膑兵法》一章。马王堆出土了帛书,我们增加了汉初《黄老哲学》一章。以上这些改动由于来不及全面改动,作为附录,分别附在有关各分册的最后,供参考。

本书出版后,经历了"文化大革命",又遭到了"四人帮"对哲学史的捣乱破坏,把本来已基本澄清的一些问题又搞乱了。我们重新写了《绪论》,对中国哲学史的一些重大问题,澄清混乱,阐明了我们的观点。

本书第一、二、三册(商代至明代)是在1961年至1964年编写的。当时参加编写工作的有中国科学院哲学研究所、北京大学哲学系中国哲学史教研室、中国人民大学哲学系中国哲学史教研室三个单位部分同志。

参加第四卷及《绪论》及增加的章节编写工作的有(按姓氏笔画为序)孔繁、汝信、任继愈、李泽厚、阎韬、杜继文、余敦康、林英、周继旨、钟肇鹏、楼宇烈同志。刘苏同志负担了抄写、校对工作。

《中国哲学史》（四卷本）
1984 年再版说明[*]

　　60 年代初,三年困难的经济状况还在恢复中,党中央就提出了一个宏伟的计划,要建设大学文科教材。在中宣部和教育部主持下,成立了专门机构,集中全国人力,开始着手编写文、史、哲、经、法、语文诸学科的教材,共二百余种。《中国哲学史》教科书就是其中的一种。为了密切配合教科书,解决参考资料的困难,同时编辑了《教学参考资料》（从先秦开始到隋唐,已由中华书局出版）。北京大学哲学系有孔繁、邓艾民、卢育三、任继愈、汤一介、庄印、楼宇烈同志参加;中国人民大学哲学系有尹明、石峻、孙长江、李焰、杨宪邦同志参加;中国科学院哲学研究所有王明、容肇祖、吴则虞同志参加。大家用了一年的工夫,完成了初稿,1962 年到 1963 年留下少数人做最后定稿工作。作为教材,要求观点大体妥当,知识可靠,文字简明。学术界有争议的问题,不要写进教科书,以求教材的相对稳定。这部教材基本上是按照这个要求去做的。

　　我们的书第一卷出版时,第二卷已定稿。第二卷出版时,第

---

　　[*]　人民出版社,1984 年版。

三卷已定稿。第三卷、第四卷也是这样办的。编好一卷先出一卷,好处是可为各大学早日提供教材,缓和了教材紧张状况。现在,《中国哲学史》这门课程有了多种教材,呈现了百家争鸣的繁荣景象,这部四卷本教科书作为众多教材中的一种,供教师们选择。面对学术界的大好形势,我们感到十分高兴。

于1973年,我们编写《中国哲学史简编》时,对第四卷作了一次修订。从60年代初到70年代末,十多年间,人事变化也不小。参加第四卷编写工作的,除原先编写工作的孔繁、任继愈、楼宇烈,还有汝信、李泽厚、杜继文、余敦康、林英、周继旨、钟肇鹏、阎韬诸同志。刘苏同志负担抄写、校对工作。

8

《中国哲学史》（四卷本）
2003 年修订版说明 *

　　本书出版迄今已有三十多年,最初参加撰写者(按姓氏笔画为序),有王明、尹明、孔繁、石峻、邓艾民、卢育三、任继愈、孙长江、吴则虞、李焰、容肇祖、汤一介、杨宪邦共十三人,楼宇烈、庄印也参加了部分工作。这十五位同志是从三个单位——北京大学、人民大学、中国科学院哲学研究所选拔集中起来的。初稿撰成后,参加撰写的十几位同志各回原单位。阎韬、周继旨两同志参加了本书第四卷部分撰写工作。人员来自不同单位,学术观点不尽相同,学风文风各异,给定稿工作带来不少困难。本书原稿不必作重大改动,基本可用的约占三分之一;原稿要重写的约占三分之一;原稿修改后可用的约占三分之一。

　　本书编写力求做到:内容繁简适合教学需要,观点明确,文风朴质,能反映国内学术水平,不出知识性的错误。主编负责改稿、统稿、定稿。

　　参加 1997 年修订工作的有李申、任继愈。

　　本书除撰稿人外,从事誊清、核对引文、编制索引的还有刘

＊　人民出版社,2003 年 7 月版。

苏、赵小营两同志。

人民出版社对此书从出版到多次重印,给予了积极协助。责任编辑先后有刘元彦、金春峰、王粤三位同志。刘已退休,金已出国,王粤同志对本书负责时限最长,尽力最多。这里向他们一并致谢。

《中国哲学史简编》再版的话*

　　本书于 1973 年在原《中国哲学史》（四卷本）教科书的基础上缩编而成，故取名为《简编》。当时编写原则，试图着重于介绍中国哲学史上哲学体系或流派的思想内容，力求从认识发展史的角度对中国哲学史的发展规律有所体现。因而我们的重点是写哲学思想，以与政治思想史加以区别。对历史上的哲学思想、体系或流派力图予以符合历史实际的评价，因而不去借古喻今，避免不适当地拔高或苛求古人。但因当时正处于十年浩劫期间，上述编写原则与"四人帮"的影射史学的潮流不符而招致猜忌。某大学哲学系的分部曾被授意，在系内开会批判；也有人要求在社会上公开批判，甚至还牵连到出版社的编辑同志。"四人帮"粉碎后，我和几位编写者才结束了担惊受怕的日子。经过党的三中全会和六中全会方针路线的贯彻，我国科学研究各个领域呈现出蓬勃发展的新气象。有好几本新撰写的《中国哲学史》先后问世。"百家争鸣、百花齐放"的新局面已经展现。看到哲学界的兴旺景象，我们十分高兴、欣慰。值此时机，人民出版社应读者的需要决定再版本书，对我们也是很大鼓励。

＊　人民出版社，1984 年 10 月。

　　为了对广大读者负责,我们对《简编》进行了某些改动。本书由于写作于"四人帮"横行时期,受到某些"左"倾的影响,有些上纲上线过头的提法在此次重印之前作了修改。关于孔子、孟子两节,受当时"批孔"气氛干扰,否定的评价过多,违碍史实,此次再版时作者恢复原《中国哲学史》(四卷本)教科书中之孔子、孟子两章的写法。随着中国哲学史研究的不断深入,作者对某些问题的看法也不断有所发展以至改变,此次再版时,对个别章节如老子一节则经重新写过。此外,本书原来的《绪论》和《跋》所总结的某些规律性的提法,亦随着研究的深入,认为还需要进一步加以探讨,此次没有收录。作者认为,中国哲学史研究的深入开展,不断总结经验教训,纠正错误,只要坚定不移地遵循马克思主义辩证唯物主义和历史唯物主义的指导,中国哲学史的研究工作一定能够不断完善、不断前进,为祖国的"四化"贡献力量。此书出版后,不断收到广大读者的来信,提出宝贵的意见,指出书中的失误,有的我们也吸收进去。这次再版问世,希望哲学史界同志及广大读者给予批评和指正。

《中国哲学史简编》绪论 *

全国人民热烈响应伟大领袖毛主席关于"认真看书学习,弄通马克思主义"的号召,正在掀起一个声势浩大的学习运动的新高潮。学习马克思主义、列宁主义、毛泽东思想,首先要认真攻读马列主义经典作家的原著,也需要学一点哲学史。毛主席在谈到学习马、列著作的问题时,提倡要读几本哲学史,包括中国哲学史、欧洲哲学史。毛主席这一重要指示,对于进一步深入开展批林整风,学会掌握辩证唯物主义和历史唯物主义的立场、观点和方法,加强党的思想理论建设,具有深远的意义。

在这里,根据我们学习毛主席指示的一些粗浅的体会,谈一谈对以下三个问题的看法:一、学习哲学史的目的和意义,二、在马列主义、毛泽东思想指导下学习哲学史,三、中国哲学史的发展过程。

一　学习哲学史的目的和意义

首先,我们学习哲学史,是为了适应当前两个阶级、两条路

---

* 人民出版社,1973 年 7 月初版。1984 年再版,删除了这个《绪论》。

线斗争的需要,提高识别真假马克思主义的能力,彻底认清林彪反党集团的反革命真面目,提高阶级斗争和路线斗争的觉悟。

林彪反党集团从历史上反动哲学的武库中寻找破烂的武器,用来作为向党进攻的罪恶工具。他们用剥削阶级的反动哲学来歪曲和篡改马列主义、毛泽东思想,宣扬唯心论的先验论,反对唯物论的反映论,鼓吹英雄创造历史的唯心史观,反对奴隶们创造历史的唯物史观,贩卖地主资产阶级人性论,反对马克思主义的阶级斗争学说。凡此种种,都是为他们颠覆无产阶级专政、复辟资本主义的反革命修正主义路线服务的,都是为他们篡党窃国的阴谋活动制造反动舆论的。要及时识破林彪反党集团反马克思主义的真面目,避免受骗上当,就必须认真学好马列主义、毛泽东思想,并了解哲学史上唯物论和唯心论两条路线的斗争,分清什么是唯物论,什么是唯心论。

哲学斗争是社会上阶级斗争的反映,它归根到底是为政治服务的。因此,离开阶级斗争,离开一定的政治路线,而侈谈什么哲学的"无党性",纯粹是欺人之谈。列宁说:"不能不看到哲学上的党派斗争,这种斗争归根到底表现着现代社会中敌对阶级的倾向和思想体系。最新的哲学像在两千年前一样,也是有党性的。唯物主义和唯心主义按实质来说,是两个斗争着的党派,而这种实质被冒牌学者的新名词或愚蠢的无党性所掩盖着。"①无产阶级政党内两条路线的斗争,是阶级斗争在党内的反映,这种斗争不仅表现为政治上和组织上的路线斗争,而且也必然表现为思想上和理论上的斗争。共产主义运动的历史经验证明,一切机会主义路线的头子,从第二国际的修正主义头目们到

① 《唯物主义和经验批判主义》,《列宁选集》第 2 卷,人民出版社 1972 年版,第 365 页。以下引用《列宁选集》均为人民出版社 1972 年版。

中国的叛徒为了反对马克思主义的正确路线,除了在政治上和组织上提出和推行机会主义的纲领外,总是要利用一套反动哲学来作为他们的机会主义路线的"理论"基础,与马克思列宁主义相对抗。哲学斗争从来就是路线斗争的一个重要方面,要彻底清算机会主义路线,就必须从理论上粉碎它所依据的反动哲学。马克思主义哲学作为无产阶级的革命世界观,也正是在两条路线的激烈搏斗中,通过对形形色色的反动哲学的批判和斗争而发展起来的。

全部哲学史就是唯物主义和唯心主义,辩证法和形而上学的斗争史。哲学上的两军对战,归根到底反映着社会上各个敌对阶级之间的利害冲突。从历史上来看,一般地说,唯物主义和辩证法往往是进步的社会阶级的世界观,经常被用来作为同反动阶级进行斗争的哲学武器;而唯心主义和形而上学则通常是反动阶级的世界观,总是充当巩固反动统治、欺骗和奴役人民的压迫工具。马克思主义的辩证唯物主义和历史唯物主义,是在无产阶级反对资产阶级的阶级斗争中,是在唯物主义和唯心主义、辩证法和形而上学的长期斗争中产生的。它是历史上最进步的阶级,即无产阶级的革命的世界观,是无产阶级改造世界的最强大的思想武器。一切机会主义路线的头子,作为钻进党内的资产阶级代表人物,也总是用唯心主义来反对唯物主义,用形而上学来反对辩证法,妄图从根本上推翻或篡改马克思列宁主义的理论基础。学习哲学史,就是要学会识别什么是唯物主义,什么是唯心主义,总结历史上唯物主义对唯心主义、辩证法对形而上学的斗争,从中吸取经验教训,以便更好地掌握这种斗争的规律,看清这种斗争的阶级实质。这对于我们今天坚持辩证唯物主义和历史唯物主义,批判林彪反党集团所散布的唯心主义和形而上学的反动谬论,无疑是有帮助的。

应该指出,一切机会主义者、修正主义者在哲学上是极端贫乏的,他们实际上拿不出任何像样的东西来。他们一贯掇拾地主资产阶级的唾余,从历史上的反动哲学中捡取唯心主义和形而上学的破烂,经过乔装打扮,冒充"最新的"哲学抛出兜售。修正主义的祖师爷伯恩施坦,在哲学上跟着资产阶级叫喊"回到康德去"的反动口号,妄图用康德的唯心主义哲学来"修正"马克思主义学说。俄国修正主义者波格丹诺夫之流,则拿出贝克莱和马赫的陈词滥调作为向马克思主义进攻的武器。林彪反党集团也并不例外,他们所贩卖的唯心论的先验论、"天才"论、唯心史观、人性论等等,也统统不是什么新鲜的货色,而只是中国和外国历史上的反动唯心主义哲学的老调重弹。林彪反党集团所鼓吹的反动哲学不是没有思想渊源的,它和历史上的唯心主义和形而上学反动哲学有着一脉相承的血缘关系,是用古今中外反动哲学拼凑成的乌七八糟的大杂烩。读几本哲学史,深挖林彪反党集团所贩卖的反动哲学的老根,就有助于进一步认清其假马克思主义的反动实质,彻底肃清其一切流毒。

通过学习哲学史,我们还可以增加关于历史上的阶级斗争的知识,可以进一步理解哲学斗争和阶级斗争的关系。哲学史是各个时代的阶级斗争在意识形态领域内的反映,哲学史上两条路线斗争的规律,也反映着阶级斗争本身的发展规律。历史唯物主义认为,"一切重要历史事件的终极原因和伟大动力是社会的经济发展、生产方式和交换方式的改变、由此产生的社会之划分为不同的阶级,以及这些阶级彼此之间的斗争"①。阶级斗争是推动社会发展的动力,归根到底也是推动哲学思想发展的

① 恩格斯:《社会主义从空想到科学的发展》,《马克思恩格斯选集》第3卷,第389页。

16

动力。中国历史上大规模的阶级斗争,特别是从陈胜、吴广到洪秀全的许多次伟大的农民革命战争,对哲学思想的发展都发生了直接的或间接的影响。但是,属于社会上层建筑范畴的哲学,不仅受经济基础的制约,而且也对经济基础发生反作用,从而也对阶级斗争施加这样或那样的影响。例如,中国封建地主阶级的一套哲学,是特定的封建生产关系和阶级关系下的必然产物,但它又反过来对封建生产关系起反作用,替束缚人民的四大绳索作"论证",成为巩固和维持封建关系的工具,从而对阶级斗争发生影响。学习哲学史,就是要弄清楚在各个历史时代哲学和阶级斗争的相互作用,了解哲学怎样为阶级斗争服务的。

读几本哲学史,对于我们在工作中端正认识,克服唯心主义、形而上学的思想方法,树立马克思主义认识论的观点,也是有益处的。列宁曾经指出:哲学史"简略地说,就是整个认识的历史"[①]。在整个人类认识过程中有许多经验教训,哲学史就是这些经验的总结。因此,为了发展和锻炼我们的思维能力,学习哲学史是个好办法。人的认识不是一条直线,而是无限地近似一串圆圈、近似于螺旋的曲线,而这个曲线的任何一个片断,如果被片面地当成独立的完整的直线,就能把人们引到唯心主义的泥坑。因此,唯心主义不仅有着深刻的社会阶级根源,而且也有其认识论根源。列宁说:"从粗陋的、简单的、形而上学的唯物主义的观点看来,哲学唯心主义不过是胡说。相反地,从辩证唯物主义的观点看来,哲学唯心主义是把认识的某一个特征、方面、部分片面地、夸大地发展(膨胀、扩大)为脱离了物质、脱离了自然的、神化了的绝对。"又说:"直线性和片面性,死板和僵化,

---

① 《拉萨尔〈爱非斯的晦涩哲人赫拉克利特的哲学〉一书摘要》,《列宁全集》第 38 卷,第 399 页。

主观主义和主观盲目性就是唯心主义的认识论根源。"①所以列宁指出,唯心主义虽然无疑是"一朵不结果实的花"②,却是生长在活生生的人类认识之树上的一朵不结果实的花,它是经过人的无限复杂的认识的一个成分而通向僧侣主义的。因此,像形而上学的唯物主义者那样简单地把唯心主义宣布为谬误,而不去挖掘它的社会阶级根源和认识论根源,是不可能真正战胜和防止唯心主义的。恰恰相反,当他们从自然的领域转向社会历史的领域时,他们自己也陷入了唯心主义。要彻底战胜唯心主义并防止重犯唯心主义的错误,就必须一方面揭露它为剥削阶级利益服务的阶级本质,另一方面从认识论上弄清它是在什么地方失足的。在历史上,只有马克思主义哲学才能承担这个任务。马克思主义把辩证法应用于认识论,应用于认识的过程和发展,克服了形而上学的唯物主义的根本缺陷,从而也就在认识论上揭露了唯心主义的直线性、片面性和主观主义。读几本哲学史,了解在历史上人们由于不能以唯物辩证的态度对待认识的过程而犯的各种各样的唯心主义错误,了解辩证唯物主义怎样在认识论上批判和纠正了这些错误,就将有助于我们今天批判唯心主义,弄通马克思主义,懂得运用马克思主义认识论去分清路线是非。

早在三十多年前,毛主席就指示我们:"从孔夫子到孙中山,我们应当给以总结,承继这一份珍贵的遗产。这对于指导当前的伟大的运动,是有重要的帮助的。"③毛主席的这一指示在今天

---

① 《谈谈辩证法问题》,《列宁选集》第 2 卷,第 715 页。

② 同上。

③ 《中国共产党在民族战争中的地位》,《毛泽东选集》横排本,第 499 页。以下引用《毛泽东选集》均为横排本。

仍然具有巨大的现实意义。对于无产阶级的政党来说,研究历史是十分重要的,从孔夫子到孙中山,从考古发掘出来的乌龟壳到当代的共产主义,都统统要加以研究。我们学习和研究哲学史,当然不是"为历史而历史",而首先是为现实斗争服务的。只要我们坚持理论联系实际,把历史的斗争同现实的斗争结合起来,力求"古为今用",使"古"为"今"服务,就可以从哲学史中总结出许多有益的经验教训,应用于当前的路线斗争和阶级斗争。那种认为学习哲学史与现实斗争无关的错误看法,完全是没有根据的。

二　在马列主义、毛泽东思想指导下学习哲学史

那末,我们学习哲学史应当采取什么态度呢?

马克思主义认为,对待哲学遗产,也像对待一切文化遗产一样,必须采取批判地继承的态度。早在《新民主主义论》里,毛主席就已对这一马克思主义的方针作了纲领性的说明:

中国的长期封建社会中,创造了灿烂的古代文化。清理古代文化的发展过程,剔除其封建性的糟粕,吸收其民主性的精华,是发展民族新文化提高民族自信心的必要条件;但是决不能无批判地兼收并蓄。必须将古代封建统治阶级的一切腐朽的东西和古代优秀的人民文化即多少带有民主性和革命性的东西区别开来。中国现时的新政治新经济是从古代的旧政治旧经济发展而来的,中国现时的新文化也是从古代的旧文化发展而来,因此,我们必须尊重自己的历史,决不能割断历史。但是这种尊重,是给历史以一定的科学的地位,是尊重历史的辩证法的发展,而不是颂古非今,不是赞扬任何封建的毒素。对于人民群众和青年学生,主

要地不是要引导他们向后看,而是要引导他们向前看。①

这是对待以往文化遗产问题上唯一正确的马克思列宁主义路线,也是我们今天学习哲学史所必须遵循的指导方针。离开了毛主席所指示的这条路线,就必然要犯这样那样的错误。林彪反党集团为了推行反革命的修正主义路线,对抗毛主席的无产阶级革命路线,在对待文化遗产的问题上也蓄意反对批判继承的正确方针。他们在本质上一贯极右,竭力吸取和利用以往剥削阶级的反动思想来为他们的反革命阴谋活动服务。他们实质是全盘继承了中国哲学史上的一切反动糟粕,把它们作为搞资本主义复辟的工具,为他们实行地主买办资产阶级的法西斯专政制造反革命舆论。要贯彻执行毛主席制定的批判地继承文化遗产的无产阶级革命路线,就必须高举革命大批判的旗帜,彻底肃清林彪反党集团所散布的流毒。

列宁早就指出过批判地继承文化遗产对于建设无产阶级文化的重要性。列宁说:"应当明确地认识到,只有确切地了解人类全部发展过程所创造的文化,只有对这种文化加以改造,才能建设无产阶级的文化,没有这样的认识,我们就不能完成这项任务。无产阶级文化并不是从天上掉下来的,也不是那些自命为无产阶级文化专家的人杜撰出来的。这完全是胡说。无产阶级文化应当是人类在资本主义社会、地主社会和官僚社会压迫下创造出来的全部知识发展的必然结果。"②列宁的这一重要指示,当然也完全适用于哲学。马克思主义哲学既不是从天上掉下来的,也不是凭空从头脑里想出来的,它是马克思、恩格斯总结无产阶级革命实践的经验,批判地继承以往哲学遗产、特别是德国

① 《新民主主义论》,《毛泽东选集》,第 667—668 页。
② 《青年团的任务》,《列宁全集》第 31 卷,第 254 页。

古典哲学而得出的必然结果。正是在这个意义上，恩格斯说"德国的工人运动是德国古典哲学的继承者"①。

对于中国哲学的历史遗产，也有一个如何正确对待的问题。五四运动后，围绕着这个问题也曾展开激烈的斗争。在当时旧中国的半殖民地半封建社会条件下，买办资产阶级文人适应帝国主义对中国的文化侵略的政治需要，竭力用现代外国资产阶级反动哲学来歪曲中国哲学史，鼓吹唯心主义和形而上学，宣传奴化思想。此外，还有一些封建余孽则标榜"国粹主义"，大肆鼓吹复古，主张尊孔读经，提倡旧礼教旧思想，反对新文化新思想。两者结成文化上的反动同盟，歪曲利用中国哲学史来为国民党反动统治制造反革命舆论，疯狂反对中国共产党领导下的文化革命。他们当然不可能正确地对待中国哲学的历史遗产。至于外国资产阶级学者，则由于他们带着强烈的阶级偏见和民族偏见，也往往有意吹捧中国哲学中的封建主义和唯心主义的糟粕，抹煞唯物主义和辩证法的优良传统。他们总是处心积虑地贬低中国哲学在世界哲学思想发展中的地位，例如，黑格尔就断言："真正的哲学是自西方开始。"干脆否认包括中国哲学在内的东方哲学属于哲学史的范围②。这些不值一驳的胡言乱语，适足见其对中国哲学的偏见和无知而已。事实上，中国哲学思想萌芽于商周时期，约与古希腊哲学同时进入了它的繁荣时期，往后延续发展二千余年，产生了许多光辉的唯物主义、辩证法和无神论思想，这在世界哲学史上也是少见的。这份丰富的中国哲学遗产，正有待于我们从马克思主义的立场去批判地加以总结。

---

① 《路德维希·费尔巴哈和德国古典哲学的终结》，《马克思恩格斯选集》第4卷，第254页。
② 参阅黑格尔：《哲学史讲演录》。

当然,在所有的社会科学领域里,包括哲学在内,马克思主义的出现都造成了彻底的革命。马克思主义哲学的产生,是哲学史上最伟大的变革。马克思主义哲学是对以往一切剥削阶级哲学的最彻底、最坚决的否定,但这种否定不是形而上学的简单的否定,而是辩证的革命的否定。批判地继承就是要在否定对方的过程中发展和丰富自己。正如中共中央《通知》(1966 年 5 月 16 日)指出:"不破不立。破,就是批判,就是革命。破,就要讲道理,讲道理就是立,破字当头,立也就在其中了。"按其本质来说,马克思主义辩证法就是批判的、革命的,它对一切剥削阶级的旧制度、旧思想、旧文化、旧习惯都要进行彻底的批判。《共产党宣言》说得很明白:"共产主义革命就是同传统的所有制关系实行最彻底的决裂;毫不奇怪,它在自己的发展进程中要同传统的观念实行最彻底的决裂。"①我们是一切旧世界的批判者,也是一切旧时代的批判者,一切传统思想和观念的批判者。如果离开了马克思主义的批判的立场去谈什么继承,用什么"抽象继承法"去维护和美化剥削阶级的旧事物、旧思想,那就必然会迷失方向,沦为封建主义、资本主义和修正主义思想的俘虏。

应该看到,对于无产阶级来说,一切哲学遗产在其现成的形式下都是不适用的。即使像黑格尔的辩证法那样含有"合理内核"的东西,也必须经过彻底的批判改造,把它从倒立的状态下颠倒过来以后,才能为无产阶级革命服务。因此,对于过去的哲学遗产,包括唯物主义和辩证法的卓越代表者的学说在内,无论是中国的还是外国的,我们决不能无条件地全盘接受,而必须从无产阶级的世界观来加以检验,根据"古为今用"的方针,经过认真的批判分析,剔除其糟粕,吸收其精华。对于在历史上起过反

---

① 《马克思恩格斯选集》第 1 卷,第 271—272 页。

动作用而至今仍有流毒的唯心主义和形而上学思想,要特别作为批判的重点,彻底揭露其反动的阶级实质。对于历史上曾经起过进步作用的唯物主义和辩证法思想,也不能采取盲目崇拜的态度,无批判地硬搬和美化,而必须看到它们在当时历史条件下不可避免的局限性和剥削阶级的烙印。总之,我们要牢记毛主席的教导,对于文化遗产,"既不是一概排斥,也不是盲目搬用,而是批判地接收它,以利于推进中国的新文化"①。

批判地继承以往的哲学遗产,首先要求我们贯彻马克思主义的阶级分析方法。毛主席教导我们:"在阶级社会中,每一个人都在一定的阶级地位中生活,各种思想无不打上阶级的烙印。"②哲学思想属于社会意识形态的范畴,它是上层建筑的一部分,虽然它与政治、法律相比,同经济基础的关系较远,因此往往不是直接地,而是间接地同它发生联系。但归根到底它仍然是为社会经济基础所决定的,也是为经济基础服务的。哲学思想产生于阶级社会业已形成的时期,根据迄今为止我们所掌握的最早的哲学思想资料,在西方开始于古希腊,在中国开始于商周,都是社会已初次分裂为阶级、奴隶制度业已确立的时代。因此,全部哲学史无例外地只是阶级社会里的哲学思想发展史。而在阶级社会里,任何一种哲学思想总是带着深刻的阶级的烙印,总是代表着(有时是公开地、直接地,有时是隐晦地、间接地)特定阶级的利益和需要,任何一个哲学家也无非是特定阶级的代言人。恩格斯指出:"正是马克思最先发现了伟大的历史运动规律,根据这个规律,一切历史上的斗争,无论是在政治、宗教、哲学的领域中进行的,还是在任何其他意识形态领域中进行的,

---

① 《论联合政府》,《毛泽东选集》,第984页。
② 《实践论》,《毛泽东选集》,第260页。

实际上只是各社会阶级的斗争或多或少明显的表现。"①我们不能满足于描述表面现象,而应更深刻地揭示出哲学斗争的本质,弄清哲学思想发展的内在逻辑,那就必须掌握马克思主义的阶级分析方法。在充满着许多复杂的矛盾现象的阶级社会里,只有应用阶级分析的方法,才能找出各种事物发展的客观规律性。阶级分析的方法是研究阶级社会里一切社会历史现象的普遍适用的方法,也是唯一正确的最基本的科学方法。只要离开阶级分析方法一步,就必然会堕入资产阶级客观主义和唯心主义的泥沼。

马克思主义的阶级分析方法,要求我们必须对具体情况进行具体的分析。列宁把对具体情况的具体分析叫作马克思主义的"真髓"和"活的灵魂"。马克思主义不承认有什么抽象的真理,真理总是具体的,一切都依时间、地点和条件为转移。因此,我们决不能够离开具体的历史条件去抽象地谈论阶级分析,这种做法本身就是违反马克思主义精神的,因为"在分析任何一个社会问题时,马克思主义理论的绝对要求,就是要把问题提到一定的历史范围之内"②。即以研究哲学史来说,就往往遇到一些非常矛盾而又错综复杂的现象,除非对产生这些现象的全部历史条件进行认真的研究,就不可能做出正确的判断。比如说,由于我国幅员广大辽阔,在奴隶制和封建制的统治下,各地区的政治、经济和文化的发展很不平衡。这种地区性的不平衡也反映在哲学思想的发展上。一般说来,先进的哲学和社会思想往往产生于阶级斗争激烈、新的生产关系的萌芽首先出现的地方。

---

① 卡尔·马克思:《路易·波拿巴的雾月十八日》一书德文第三版序言,《马克思恩格斯全集》第21卷,第291页。
② 《论民族自决权》,《列宁全集》第20卷,第401页。

例如春秋时期代表新兴封建势力的朴素唯物主义思想和明、清之际代表新兴市民阶层的反封建思想的出现,都是如此。只有对这种不平衡性做充分的估计和具体的研究,才能更好地解释哲学思想的发展。又如,整个封建社会的基本矛盾是地主阶级和农民的矛盾,这是贯穿这一历史阶段的主线。但是有时在民族压迫严重的时刻,反抗民族压迫的斗争会暂时上升为主要矛盾。在反抗民族压迫的尖锐斗争中,统治阶级内部会发生分化,其中某些人站到人民群众这一边来反对民族压迫,有些进步的唯物主义思想家就是这样,他们在反对民族压迫这一点上往往反映了人民的利益,而与地主阶级中的反动派进行斗争。

在哲学史的研究中坚持阶级分析方法,也就是贯彻历史唯物主义。迄今为止一切有文字可考的历史,都是阶级斗争的历史,有的阶级胜利了,有的阶级消灭了,全部人类历史就是这样地通过阶级斗争而向前发展的。与此相应,我们在哲学史上也可以看到复杂多样的各种不同哲学学说的更迭。应该怎样去评判它们呢? 列宁着重指出:“马克思的方法首先是考虑具体时间、具体环境里的历史过程的客观内容,以便首先了解,在这个具体环境里,哪一个阶级的运动是可能推动社会进步的主要动力。”①只有依据历史唯物主义观点对每一特殊的历史情况进行具体的分析以后,才能对某一个阶级和它的哲学做出科学的评价。每个阶级都有它自己的兴衰史,作为它的意识形态的哲学也随之而发生相应的变化。毛主席说:“历史上奴隶主阶级、封建地主阶级和资产阶级,在它们取得统治权力以前和取得统治权力以后的一段时间内,它们是生气勃勃的,是革命者,是先进者,是真老虎。在随后的一段时间,由于它们的对立面,奴隶阶

---

① 《打着别人的旗帜》,《列宁全集》第 21 卷,第 121 页。

级、农民阶级和无产阶级,逐步壮大,并同它们进行斗争,越来越厉害,它们就逐步向反面转化,化为反动派,化为落后的人们,化为纸老虎,终究被或者将被人民所推翻。"①在这里,毛主席深刻地揭示了阶级斗争导致阶级兴衰的一条极其重要的规律,这条规律对于我们理解哲学思想的发展具有巨大的意义。一个阶级的哲学也不是一成不变的,当这个阶级处于上升时期的时候,它的占主导地位的哲学也是生气勃勃的、革命的、先进的;而当这个阶级处于衰落状态行将退出历史舞台的时候,它的占主导地位的哲学也就逐步向反面转化,成为反动的、落后的,变成纸老虎。由于这个规律的作用,中国封建地主阶级当它处于上升时期时,有过像荀子、韩非那样的唯物主义者作为它的主要思想代表,而当它处于衰落状态时,朱熹、王阳明这样的反动的唯心主义哲学就成了它的思想主流。

由于哲学的发展归根到底是受阶级斗争制约的,因此在研究任何一种哲学思想时,首先必须弄清当时社会历史条件下的生产关系和阶级关系以及在这个基础上产生的阶级斗争的实际情况,其次才可以去探溯这种哲学思想和以往哲学思想之间的联系。这就涉及研究哲学史的"源"和"流"的问题。哲学作为一种社会意识形态,有它自己发展的规律性,一种哲学学说总是从已有的思想材料出发的,因而与以往的哲学思想有着这样或那样的关系。但是,这种思想上的关系毕竟只是"流"而不是"源"。如果不适当地夸大了它的作用,把它放在首位,那就会犯"从思想到思想"的唯心主义的错误。哲学的真正的"源"深藏在社会的物质生产和阶级斗争中。根据历史唯物主义的原理,是社会

---

① 《和美国记者安娜·路易斯·斯特朗的谈话》一文的题解,《毛泽东选集》,第1088页。

存在决定社会意识，而不是社会意识决定社会存在。哲学思想无非是社会存在的一种反映，它本身是不可能离开社会存在而独立发展的。恩格斯曾经指出："必须重新研究全部历史，必须详细研究各种社会形态存在的条件，然后设法从这些条件中找出相应的政治、私法、美学、哲学、宗教等等的观点。"①恩格斯在这里指明了"从社会存在到思想"的正确路线，也就是马克思主义研究哲学史的科学方法。"源"和"流"相比，"源"始终应该占第一位，只有摆正了"源"和"流"的关系，才能对哲学史做出正确的解释。由于我们过去对社会历史缺乏深入的研究，因此在本书中对哲学思想的"源"阐述得很不够。恩格斯的上述指示，应该作为我们的今后努力方向。特别是，由于历代统治阶级有意地歪曲历史和销毁文献，许多有关奴隶起义、农民战争及其对哲学思想的影响的资料已经被埋没了，还有待于进一步努力发掘和研究。

三　中国哲学史的发展过程

毛主席教导我们说："马克思主义者认为人类社会的生产活动，是一步又一步地由低级向高级发展，因此，人们的认识，不论对于自然界方面，对于社会方面，也都是一步又一步地由低级向高级发展，即由浅入深，由片面到更多的方面。"②毛主席指出，人的认识来源于社会实践，而人的社会实践，不限于生产活动一种形式，还有多种其他的形式如阶级斗争、政治生活、科学和艺术

① 《致康·施米特（1890 年 8 月 5 日）》，《马克思恩格斯全集》第 37 卷，第 432 页。

② 《实践论》，《毛泽东选集》，第 260 页。

的活动等等，"其中，尤以各种形式的阶级斗争，给予人的认识发展以深刻的影响"①。

中国哲学思想正是循着毛主席所指出的规律一步又一步地由低级向高级发展的，逐渐由浅入深，由片面到更多的方面。同时，由于中国哲学思想是在中国的具体历史条件下发展起来的，所以中国哲学史是在各式各样的阶级斗争的直接推动下，不断前进、不断发展的。阶级斗争的形势总是有起有伏，波浪式地前进。与此相应，唯物主义的发展也有高潮有低潮，也是波浪起伏的。而经过每一次波浪起伏，总是把唯物主义推向一个新的高潮。唯物主义的胜利不是轻易得来的，它经历了激烈的斗争，经历了艰苦的探索和长期思想资料的积累，经历了多次的反复，经历了几个不同的发展阶段。唯物主义的发展道路并不是一帆风顺、平坦无阻的，而是通过斗争曲折前进的，这正是阶级斗争的曲折性和反复性的反映。

奴隶制社会的基本矛盾是奴隶主和奴隶的矛盾，封建社会的基本矛盾是封建地主和农民的矛盾。奴隶主和奴隶、地主和农民之间进行着剥削与反剥削、压迫与反压迫的激烈的阶级斗争。从陈胜、吴广到洪秀全，中国伟大的农民阶级高举着反抗斗争的大旗，与封建地主统治者进行了长期英勇的浴血战斗。无数次大大小小的农民起义和农民战争，是中国封建社会历史发展的真正动力，也是中国封建文化（包括哲学在内）发展的主要基础。毛主席说："中国历史上的农民起义和农民战争的规模之大，是世界历史上所仅见的。在中国封建社会里，只有这种农民的阶级斗争、农民的起义和农民的战争，才是历史发展的真正动

---

① 《实践论》，《毛泽东选集》，第260页。

力。"①

远离经济基础的哲学上层建筑,通过唯物主义与唯心主义两条路线的斗争,迂回曲折地反映了奴隶社会、封建社会中的这些基本矛盾,也从属于和服务于上述的阶级斗争。

此外,在奴隶制濒于崩溃、封建制开始兴起的时代,没落的奴隶主阶级和新兴的封建地主阶级曾经为了争夺政权而进行激烈的斗争。在封建社会末期,新兴的资产阶级也曾经和垂死的封建势力发生了尖锐的矛盾和斗争。这些矛盾和斗争也必然在中国哲学思想的发展上有所反映。

在中国哲学史上,朴素唯物主义最初是在和反动奴隶主世代信奉的上帝创世说的唯心主义的严重斗争中成长起来的。以奴隶制为基础的商王朝的统治者们,为了加强对被剥削的奴隶们的思想统治,巩固其反动奴隶主贵族的专政,宣扬一套"上帝"主宰世界的宗教唯心主义天命论,并自封为"上帝"的儿子,以论证其反动统治的"自然合理性"。但是,随着奴隶们对奴隶主阶级的反抗和斗争的发展,商王朝的统治发生了严重的危机,反动奴隶主统治者所鼓吹的宗教迷信也帮不了他的忙。商末的奴隶倒戈大起义倾覆了商王朝的统治,使当时奴隶主阶级中比较进步的集团——周得以掌握政权。正是在这样的阶级斗争的历史背景下,开始出现了朴素唯物主义的"五行说"。它提出"五行"(金、木、水、火、土)作为万物的本源,在自然物质本身中去寻求万物的根源,从日常生活的对象中挑出几种有形体的特定物质,当作自然现象无限多样性的统一的基础,这显然是对宗教唯心主义上帝创世说、天命论的背离和驳斥。这种唯物主义是唯物主义的最早的形态,是在与宗教唯心主义的斗争中产生的。

----

① 《中国革命和中国共产党》,《毛泽东选集》,第588页。

但是,用一种或几种特殊物质作为万物的共同根源来解释世界和万物的构成,显然有着不可避免的困难。例如,主张五行是万物的根本元素,如何解释别的物质(如石头)又不属于根本元素。凡此种种,尽管他们有所解释,因为与实际不符,总的说来是有困难的。这样,也就给了唯心主义以可乘之隙。在奴隶制度下,宗教唯心主义是符合于奴隶主阶级的利益的,因此主张上帝创造和决定世界的宗教天命论仍然占着统治地位。

春秋战国时代,是社会大变动时期,腐朽的奴隶制生产关系,已经成为严重地阻碍生产发展的桎梏,必须摧毁奴隶制,建立新的封建制生产关系,才能适合于生产力的发展。没落的奴隶主阶级不甘心退出历史舞台,他们为了维护奴隶制而进行垂死的挣扎。新兴的封建地主阶级则不断发动进攻,力图从奴隶主手里夺取政权,实行变革,为封建生产关系的确立开辟道路。这种激烈的阶级斗争反映在哲学思想上,表现为唯物主义和唯心主义两条路线的斗争。以孔、孟为代表的唯心主义路线,代表着没落奴隶主的利益,竭力维护奴隶制的思想支柱——唯心主义天命论,宣扬奴隶主阶级的"礼"和"仁",在认识论方面则鼓吹唯心论的先验论。他们逆历史的潮流而动,主张复古主义的"法先王",妄想挽救或恢复必然要遭到灭亡的奴隶制度。以老、庄为代表的另一派唯心主义者,则宣扬宿命论,对新的社会制度采取消极对抗态度,主张人在自然面前无所作为。他们从另一个角度鼓吹唯心论的先验论。与唯心主义路线相对立,唯物主义路线的代表者则是新兴封建地主阶级的杰出思想家荀子和他的学生韩非。荀子大胆地把批判的矛头直接指向唯心主义的天命论,他驳斥了把天说成是主宰一切的有意志的上帝这种唯心主义谬论,而用唯物主义的精神把天解释为物质的天,亦即自然界。他不仅否认有什么人们必须服从的"天命",而且提出"制天命而用之"的"勘天"的思想,主张发挥人的主观能动作用,征服自然界。这充分表现了当时新兴封建地主阶级的积极进取精神。荀子为以后的法家奠定了思想基础,韩非继承和发展了荀子的反天命思想,主张彻底的社会变革,实行封建地主阶级的法治,反对复古,反对法先王。在认识论上,他们批判了唯心论的先验论,提出了唯物论的反映论。人的聪明才干,唯心主义者说是天生的,是上帝的安排,他们却认为"气"才是构成万物和人的最根本的物质,知识和才能是后天经过学习得来的。在自然观上,他们也不再以一种或几种日常生活中的物质元素来解释世界,而发展到用一种更具有概括性的、不是可以直接感知的极其细微的原始物质("气")来解释世界。这种学说是与当时开始发展的一些自然科学(如医学)有密切关系的。它一方面继承了上一阶段朴素唯物主义的优良传统,坚持从世界物质本身来解释世界,坚持万物有它的统一的物质根源,而不承认有什么神灵主宰。另一方面它能更为合理地说明世界的物质统一性,也能更好地解释世界事物构成、差异、变化等现象,它所处理的课题和论证的范围也更为广泛和复杂。这一时期的哲学思想斗争充分表明:唯物主义的胜利、人类对自然和社会的认识的深化,是阶级斗争深入的思想反映,只有阶级斗争才是推动哲学思想发展的真正动力。

唯物主义与唯心主义的斗争始终是一浪高一浪,从来没有休战过。以陈胜、吴广为伟大代表的农民大起义推翻了秦王朝,也使唯物主义思想在汉初得到发展和传播,传统的宗教唯心主义是日趋没落了。但随着汉代地主阶级中央集权的形成,为了给王权神授制造理论根据,巩固封建地主阶级专政,上了台的封建地主阶级又重新乞助于反动的唯心主义哲学。董仲舒将神学与哲学结合起来,建立了目的论的唯心主义哲学体系。它不像宗教神学那样笨拙地直接宣扬上帝,而是强调通过自然界的许多现象来体认上帝的意志。这就是说,上帝虽然不像人那样有眼耳鼻舌,虽然不能像人那样发号施令,但是上帝通过自然界的种种阴晴雷电、灾异变化表达了自己的喜怒、好恶和意志、要求。董仲舒歪曲了唯物主义五行说的性质,把阴阳五行说成是天的恩德刑罚的表现,与封建社会的伦常关系类比地联系了起来。五行的运转具有道德的目的,整个自然万物都是为了体现上帝的意志,有目的地为着人类存在着的。很清楚,这种目的论唯心主义不过是宗教唯心主义更为精巧的变化发展,具有更多的伪装和更大的欺骗性。它到门阀士族开始抬头的东汉王朝,与谶纬迷信结合在一起,成了反科学反进步的极其愚昧反动的官方正统哲学。

哪里有压迫,哪里就有反抗和斗争。"绿林""赤眉""铜马"等农民大起义,摧毁了篡夺西汉政权的王莽豪强地主集团的残暴统治,但胜利的果实却被以刘秀为首的另一个豪强地主集团所窃取了。农民战争虽然失败了,但它有力地冲击了封建地主的统治及其一整套意识形态,对哲学思想的发展留下了深远的影响。正是在这种影响下,出身于"细族孤门"的东汉哲学家王充,敢于对当时的统治阶级的正统思想提出挑战,把矛头指向孔、孟,与董仲舒鼓吹的目的论唯心主义针锋相对,提出了元气自然论的理论。王充认为,世界万物的发生消灭都是由于元气自然运动聚散的结果,并不是天有意识有目的地制造出来的,不能把人所独有的、有意识、有目的的活动强加于天。天没有意志,万物的产生都出于自然,并没有目的。王充以大量事实和雄辩的论证揭露和驳斥了目的论唯心主义种种荒诞不经的观点。王充以其对各种自然现象和社会现象的观察和分析,和对汉代初步发展的自然科学的领会、概括,一方面继承了前一阶段朴素唯物主义传统,另一方面又发展了它,把它与现实世界的各种具体的自然规律和运动形态更紧密地联系了起来,使唯物主义哲学达到了新的高度。

魏晋以后,门阀士族地主取得了绝对的统治地位,成为地主阶级中最为腐朽寄生的阶层。这个阶层极力推行和维护落后的农奴剥削制度,沉重的劳役地租、突出的超经济剥削,严重的人身依附,压在广大农民身上。与这种经济形态相适应的,是政治军事上严重的封建割据、地方分权和一套"上品无寒门,下品无势族"的门阀垄断的政治统治制度。为了维护这种反动的经济政治利益,门阀士族地主王弼等人提出了唯心主义本体论。由于东汉末年农民大起义给封建地主阶级及其意识形态以严重打击,东汉官方正统哲学随着汉王朝的覆灭而衰落了,旧的唯心主义破产了,王弼等人不能再正面论证创造世界的宗教上帝的存在,也不能再直接主张天能赏罚的目的论,他们通过提出体用、本末等"纯粹哲学"的命题,来达到与宗教神学和目的论唯心主义同样的反动目的。他们说,具体的事物虽说是存在的,但是在具体事物之后、之上,还有一个更为根本的本体存在着,这个本体虽然看不见,但它却是一切看得见的东西赖以存在的基础,万事万物都不外是这个精神性的本体的体现。这个精神性的本体,王弼叫作"无"或叫作"本"。他认为,"无"是第一性的、本源的,而一切具体事物和现实世界作为与本体("本""无")相对待的现象("末""有"),只是第二性的、派生的。这种唯心主义本体论实际上是又一次改换了服装的神学。抽象的"本体"代替了神学的"上帝"和目的论的"天人感应",哲学的精致语言代替了宗教的粗浅说教。唯心主义变得更狡猾、更隐蔽了,它披上了漂亮的理论外衣,使用了更为"纯粹"的哲学语言,以更精巧的方式欺骗和迷惑着人们。实质上,它却与宗教神学和唯心主义目的论一脉相承,是反对唯物主义,为维护门阀士族地主阶级的反动统治服务的。玄之又玄的"纯粹"哲学却具有十分现实的阶级内容。并非偶然,这种著名的魏晋玄学很快就与传入中国的佛教唯心主义溶化结合起来。唯心主义本体论经过佛教唯心主义的大量补充,变得更为全面和更为精致了。它成为南北朝隋唐整个历史时期统治社会的意识形态。

庶族地主与门阀士族地主的斗争,只是地主阶级内部的斗争。真正使门阀士族地主这个腐朽透顶的阶层彻底灭亡的,是唐末以黄巢为首的农民大起义。要求废除人身奴役,争取最低限度的生活权利,伟大的农民起义和农民战争给整个地主阶级,特别是给占据社会最上层的门阀士族地主以沉重打击,给这个阶层赖以生存而严重束缚生产力的农奴剥削方式以摧毁和扫荡。为门阀士族地主所倡导而盛极一时的佛教唯心主义终于衰落下来。但是,农民阶级的战斗成果却总是被地主阶级篡夺了去。中唐以后以租佃制或实物地租为主、人身依附比较松弛的封建剥削方式充分地发展和巩固起来。代替门阀士族地主,宋以后由官僚地主阶层垄断了政权。这个阶层占据了社会的上层统治地位,形成了与其经济基础相适应的高度中央集权的官僚统治制度。这种制度更为广泛地接受和容纳全国各地的地主阶级的政治代表,建立了一整套空前集中和巨大的国家军队、法庭、监狱等国家机器,以直接统治、剥削、压迫全国的农民阶级,极大地加强了封建统治。与这种政治要求相吻合,宋、明的唯心主义继承孔、孟哲学和魏晋以来的唯心主义哲学,吸收和改造了佛教唯心主义的有关成分,提出"理""道""太极"等作为世界万物的本体,并与整个封建伦常道德密切联系起来,用它来囊括整个自然和社会,为封建社会的四条绳索(政权、族权、神权、夫权)提供了哲学依据,比魏晋玄学和佛教等唯心主义本体论具有更

34

为现实的世俗特征。这样,也就把唯心主义本体论发展到了极致,成为中国封建地主阶级最完备、最系统也最反动的哲学唯心主义的体系。它统治中国封建社会近千年之久,给中国人民加上了沉重的精神镣铐,成为剥削人民、镇压农民起义的极为重要的反动工具。明、清统治者把朱熹请入孔庙,叩头礼拜,正好说明了这种哲学鲜明的反动党性,而朱熹正是唯心主义本体论集大成的人物。

然而,历史潮流是不可抗拒的。不管唯心主义哲学在一段时期内如何猖獗,但唯物主义哲学的发展终究是阻挡不住的。宋、明以来的农民起义和农民战争提出了"均贫富""不纳粮"等更高的斗争纲领和要求。元末、明末的农民大起义给社会发展和思想意识以巨大的推动和影响。例如,中国17—18世纪的唯物主义思潮就是在明末农民大起义的历史条件和阶级斗争的背景下产生和发展起来的。与官僚地主阶层有某种矛盾的某些进步思想家,或者为了反抗民族压迫,反对生产关系倒退;或者与某种资本主义萌芽和倾向有联系,逐渐与孕育在后期封建社会母体内的市民阶层结成联盟,反对占据社会统治地位的封建官僚大地主。其中一些人比较接近实际,接近下层,注意研究和接受当时自然科学的发展成果,能够在剧烈的阶级斗争和民族斗争的环境下,较实际地观察分析社会现象,在客观上反映历史发展的某种趋向,从而具有唯物主义的哲学思想。为了答复唯心主义的严重挑战,他们针对唯心主义哲学所提出的种种问题,经历了长期的艰苦探索,经过反复的斗争,把唯物主义哲学又向前推进了一步。王安石、张载、王夫之就是这一阶段的卓越的代表。他们强调指出,物质的"气""器"等是第一性的、本源的,而"理""道"只是第二性的、派生的。他们坚决反对和驳斥了超越事物之上以"理""道"为本体的唯心主义本体论,指出"理""道"

不能脱离物质或物质的种种具体事物（"气""器"）而超然存在。"道"只是"器"的"道"，不能倒过来说"器"是"道"的"器"。"道""理"是从属于"气""器"的。从这个观点出发，他们针对唯心主义本体论所提出的体用、心性等等问题，作了针锋相对的唯物主义的解答，从而把自然观、认识论、方法论等哲学各个方面的问题联系贯通起来，构成了比较完整的朴素唯物主义思想体系。

但是，朴素唯物主义毕竟是封建社会的产物，仍然具有种种缺陷。例如，由于缺乏近代科学作为基础，它所使用的概念、范畴如"元气"等等，就带着主观臆测的特征，而没有严格的科学规定。它所讲的自然规律和各种现象，具有直观的性质，缺乏近代科学的论证。又如，他们反对精神性的"心"或"理"为"本体"，却提出了"元气"是"本体"。但是"本体"这个概念本身就是不科学的，辩证唯物主义不承认有什么"本体"，我们只承认运动着的物质是世界的本源。中国的朴素唯物主义者在自然观方面坚持了唯物主义，但当他们涉及社会历史的领域时，他们仍然是历史唯心主义者。这是马克思主义以前的一切唯物主义者所无法避免的局限性。

1840年鸦片战争以后，外国资本主义和帝国主义的侵略，使中国沦为半封建半殖民地社会。中国人民反帝、反封建的伟大斗争，开辟了中国历史上的新时期。阶级斗争无论在深度或广度上都达到了前所未有的规模，民主革命的任务已经被提到日程上来了。中国要不要变？用什么方法去变？成为当时思想斗争的焦点。封建地主阶级顽固派坚持"祖宗之法不能变"，根本反对一切变革；代表地主买办阶级利益的洋务派则主张"中学为体，西学为用"，同样反对变革封建制度。与顽固派和洋务派相对立，新兴资产阶级的一些代表人物则竭力宣传"变"的思想，主

张由封建制度变为资本主义制度,并力图为这种"变"作哲学论
证。资产阶级的启蒙思想家严复是有代表性的,他通过介绍达
尔文学说广泛宣传了进化论的思想,为资产阶级的变革制造舆
论,对当时的思想发展产生了很大的影响。但是,由于中国民族
资本在封建主义和帝国主义双重压迫下,没有得到充分发展,中
国资产阶级在经济上、政治上极端软弱动摇,又非常害怕革命群
众,反帝反封建的决心和力量都不大。他们向西方寻求真理,而
当时的西方资本主义社会已开始走上没落阶段,流行的哲学已
不是机械唯物主义,而是形形色色的唯心主义。因此,虽然他们
接受了当时的近代自然科学的强烈影响,在反帝反封建的政治、
经济要求的推动下,他们也曾产生过唯物主义的思想倾向,但是
很不坚决,很不彻底,经常和唯心主义划不清界线。如谭嗣同的
以太说,孙中山的生元说等等,一方面有着机械唯物主义的思想
倾向,但另一方面却被唯心主义所渗透和压倒。中国资产阶级
未能建立任何比较完整和彻底的唯物主义哲学体系。这正是中
国资产阶级的阶级特性所决定的。毛主席说:"近百年来输入了
欧洲的机械唯物论和庸俗进化论,则为资产阶级所拥护。"①又
说:"那时的所谓学校、新学、西学,基本上都是资产阶级代表们
所需要的自然科学和资产阶级的社会政治学说(说基本上,是说
那中间还夹杂了许多中国的封建余毒在内)。在当时,这种所谓
新学的思想,有同中国封建思想做斗争的革命作用,是替旧时期
的中国资产阶级民主革命服务的。可是,因为中国资产阶级的
无力和世界已经进到帝国主义时代,这种资产阶级思想只能上
阵打几个回合,就被外国帝国主义的奴化思想和中国封建主义

----

① 《矛盾论》,《毛泽东选集》,第276页。

的复古思想的反动同盟所打退了。"①中国近代资产阶级的机械
唯物主义哲学思想倾向,也正是如此。它与传统的封建唯心主
义哲学作过斗争,但很快就被唯心主义所打败,偃旗息鼓,宣告
退却了。中国资产阶级由于本身的两面性和软弱性,不可能领
导资产阶级民主革命直到彻底胜利,领导反帝反封建的民主革
命的历史任务不得不落到了伟大的中国无产阶级的肩上。五四
运动以后,无产阶级的革命的哲学——辩证唯物主义和历史唯
物主义,就登上了历史舞台,以摧枯拉朽之势扫荡了封建地主阶
级和资产阶级的形形色色的反动唯心主义哲学,在中国哲学史
上造成了翻天覆地的彻底的革命,从此中国哲学思想的发展进
入了马克思列宁主义、毛泽东思想的伟大的新阶段。

中国哲学史上的辩证法思想和唯物主义同样悠久、同样丰
富,也有它的发展过程。辩证法发展的过程也是沿着"一步又一
步地由低级向高级发展,即由浅入深,由片面到更多的方面"②这
样一个人类认识的总规律进行的。

辩证法是一种宇宙观,又是一种方法论。在哲学史上有唯
物主义与唯心主义的斗争,也就有辩证法与形而上学的斗争,因
为客观世界(自然界、社会)总是辩证地、唯物地存在着、发展着
的。

古代的朴素的辩证法和朴素的唯物主义,缺乏近代科学实
践的考验,所以都具有直观、臆测的性质。朴素的辩证法接触到
事物发展的客观实际,但是还不够精确,失之笼统、含混,经不起
严格的科学分析。

朴素的辩证法和朴素的唯物主义往往是相伴出现的。朴素

---

① 《新民主主义论》,《毛泽东选集》,第 657 页。
② 《实践论》,《毛泽东选集》,第 260 页。

的辩证法中经常包含着朴素的唯物主义,朴素唯物主义中也经常具有朴素的辩证法观点。但由于它们都是朴素的,缺乏有机的结合,它们之间的关系有时互相配合得较好,有时两者若即若离。对于某一个学派或某一个哲学家来说,有时朴素辩证法比较突出,朴素唯物主义较弱;也有时情况相反。从古代朴素辩证法的全部发展过程来考察,越到后期,这两者的结合越紧密。

朴素的辩证法思想总是不彻底的。辩证法的根本规律是对立统一的规律。朴素的辩证法思想家们没有把矛盾的对立和斗争放在主导地位,而是把矛盾的统一放在首位,企图调和矛盾,这就必然导致走向形而上学的结局。以我国朴素的辩证法思想家中最有成就的王夫之为例,就有这样的缺陷,更不用说其他人了。

朴素辩证法是自发的,它和唯物主义不是有机地、内在地结合在一起,而仅仅是自发地相联系。在中国哲学史上,像《易经》中的辩证法思想,还是在宗教的外壳下,透露出朴素的辩证法的曙光。当时进步的周奴隶主集团,为了反对腐败的商奴隶主集团,通过他们的生活实践("近取诸身,远取诸物")提出了"阴阳"两种势力作为推动世界万物变化、发展的基本动力。《易经》的基本思想也是朴素唯物主义的。与《易经》同时的《洪范》中提出"五行"的观念,它也是当时阶级斗争和生产斗争的反映,认为"五行"(金、木、水、火、土)是构成万物的本源,但"五行"之间又是互相配合、互相联系,而不是孤立的。《洪范》中透露出朴素的唯物主义,也包含了朴素的辩证法思想。

阶级斗争、生产斗争进一步深入了,人们对于客观世界的观察、理解也逐渐深入。对客观世界的某一方面的理解加深了,但却忽略了对世界的总体的把握。因此,春秋以后直到汉、魏、隋、唐这一较长的时期,朴素的辩证法和朴素的唯物主义并不是经常紧密结合的。比如《易传》有辩证法而缺少唯物主义,《孙子兵法》、汉初的《黄帝内经》、唐朝李筌的兵书,有朴素的辩证法,也有朴素的唯物主义,但它们只涉及某一特殊学科领域内的知识的概括、总结,还提不到对客观世界总体的概括、总结。王充是汉代重要的唯物主义哲学家,他大量吸取了当时可能掌握的科学知识,提出了光辉的唯物主义无神论思想,建立了元气自然论的朴素唯物主义。但王充的思想体系缺少辩证法,他反驳神学目的论,就事论事的地方多,统观全局的辩证的观点很少。南北朝的范缜也有类似的缺点。

阶级斗争和生产斗争总是不断深入发展,宋以后,朴素的辩证法与朴素的唯物主义相结合的事实越来越普遍。如王安石、张载以及王夫之都是比较突出的代表。这些哲学家既有朴素的唯物主义思想,也有比较丰富的朴素辩证法思想。在他们以前的朴素的唯物主义还有宿命论(如王充)或偶然论(如范缜)的缺点,把人的主观能动的观点让给唯心主义者去讲。这一时期,朴素的辩证法和朴素唯物主义结合得较紧,从而使唯心主义本体论陷于被动挨打的地位。唯心主义者如程、朱、陆、王等虽然得到反动封建统治者的大力支持,在理论上却被驳斥得体无完肤。从王安石、张载到王夫之把朴素辩证法思想提高到中国哲学史上一个新的水平。

宋以后的朴素辩证法思想,比起周秦两汉魏晋隋唐有了提高,但它仍处在朴素的、自发的阶段,也就是说朴素的辩证法和朴素唯物主义的结合还未达到自觉的、有机的结合,它和科学的辩证唯物主义有本质的不同。因而古代哲学家虽然对于世界的发展作了辩证的描述,对某些现象也从发展的观点加以解释,但这种描述和解释只限于一定范围,而且也是很不完备、很不彻底的。

　　进入近代资本主义社会后,由于大工业的分工,科学的分类,以及资产阶级本身的阶级局限性,代表新兴资产阶级利益的机械唯物主义和辩证法陷于完全割裂的境地,有辩证法思想的哲学家就往往不是唯物主义者,而机械唯物主义者就缺少辩证法。辩证法和唯物主义本来是一家,却长期分裂着。辩证法思想被唯心主义体系所闷死,坚决的唯物主义者又陷于形而上学的死胡同。欧洲哲学史是如此,中国哲学史基本上也是如此。只是由于中国资本主义没有条件得到充分发展,中国近代资产阶级的唯物主义很不彻底,水平也不高,但辩证法和唯物主义相脱离这一基本状况还是大体相似。中国资产阶级思想家有的倾向于机械唯物主义,有的宣扬庸俗进化论,但都缺少革命的辩证法。

　　以上是对中国哲学思想的发展过程的一个极为概略的描述。历史的事实雄辩地说明,哲学始终是有党派性的,哲学史上唯物主义和唯心主义两条路线的斗争,只是社会上的阶级斗争的反映。唯物主义和唯心主义的斗争永远不会陈腐,只要存在着阶级和阶级斗争,反映着敌对阶级利益的哲学上的路线斗争也就永远不会停息。

　　　　　　　　*　　　　*　　　　*

　　本书初稿完成后,得到北京、上海、广州、武汉、山东及各地同志们的热情帮助,提出了很多宝贵意见,使我们纠正了一些明显的错误。由于我们的水平不高,有些问题研究得也不够,必定还有不少缺点错误,欢迎广大读者批评指正。

《中国哲学史》（四卷本）
1979 年版绪论 *

哲学史是一个伟大的思想宝库。在这里我们可以看到人类认识的发展进程，看到各个哲学派别的斗争和转化，学到理论思维的经验教训。古往今来，各阶级、各流派的哲学家都重视哲学史的研究，从哲学史中汲取精神营养。无产阶级的革命导师在创立和发展马克思主义哲学的过程中，都对哲学史做了深刻的研究。今天学习哲学史有什么意义？哲学史的对象和任务是什么，我们应该怎样学习它？中国哲学史发展的基本过程如何？在这儿谈谈我们的看法。

一 学习哲学史的目的和意义

学习哲学史有助于我们深刻理解马克思主义哲学，树立辩证唯物主义世界观。马克思主义哲学是无产阶级斗争经验的理论概括，是阶级斗争和生产斗争知识的最高总结，同时也是以往哲学全部发展的合乎逻辑的结果。马克思主义是人类认识的高

* 人民出版社,1979 年 3 月第 3 版。

峰,但是这个高峰不是一下子从天上掉下来的,而是经过认识的许多低级阶段,逐步成长起来的。翻开哲学史,我们可以看到,泰利斯以来欧洲哲学的发展,给黑格尔和费尔巴哈的哲学提供了思想前提,使黑格尔有可能把辩证法发展到一个新的高度,费尔巴哈恢复了唯物主义的地位。在这个基础上,马克思、恩格斯又前进一步,他们批判地继承了黑格尔、费尔巴哈的哲学思想,创立了辩证唯物主义和历史唯物主义,完成了哲学上的伟大革命。正如没有从古希腊到近代欧洲文明的发展就没有科学社会主义一样,没有古希腊哲学到德国古典哲学的发展就没有辩证唯物主义世界观。因此,只有了解欧洲哲学的整个历史,才能深刻理解马克思主义哲学。第一次世界大战期间,为了批判第二国际修正主义,正确处理错综复杂的矛盾,列宁曾精心阅读了黑格尔的哲学著作。在《哲学笔记》中他深有感慨地说:"不钻研和不理解黑格尔的全部逻辑学,就不能完全理解马克思的《资本论》,特别是它的第一章。因此,半世纪以来,没有一个马克思主义者是理解马克思的!!"①可见理解黑格尔,理解以往哲学对理解马克思主义的重要性。

　　毛主席的哲学思想是马克思主义哲学的继承和发展,也是两千年来中国哲学思想的批判总结。要理解毛主席的哲学思想,不但要懂得马列,还要懂得中国哲学史。如毛主席的《实践论》阐明了马克思主义认识论,对中国哲学史上长期争论的知行关系问题做了光辉总结。不了解历史上的争论,就不能理解《实践论》的重要历史意义。

　　学习哲学史可以帮助我们更好地批判封建主义、资本主义、修正主义,更好地批判"四人帮"。地主资产阶级为了破坏无产

---

　　① 《列宁全集》第38卷,第191页。

阶级革命,推翻社会主义制度,总是不遗余力地向马克思主义哲学进攻。但他们手中没有什么像样的货色,一贯从哲学史上拾取唯心主义和形而上学的破烂,冒充"最新的"哲学到处兜售。因此斗争不可避免地要牵涉到哲学史。19世纪末20世纪初,新康德主义、马赫主义在欧洲出笼,重新宣扬康德、贝克莱的唯心主义哲学。工人运动内部的修正主义分子如德国的伯恩施坦、俄国的波格丹诺夫之流,把它们奉为至宝,拿来向马克思主义猖狂进攻。列宁在批判第二国际和俄国修正主义者时,对康德、贝克莱进行了深入的批判。中国共产党成立后,马克思主义在中国得到广泛传播,中外反动派十分恐惧,抬出孔教、国粹来进行对抗。后来国民党反动派及其御用文人又鼓吹什么新理学、力行哲学、唯生论等等,借助孔丘、朱熹、王阳明以及韩非、张居正等人的亡灵,反对马克思主义。对此,毛主席和党内外马克思主义者曾给以毁灭性的批判。林彪、"四人帮"在篡党夺权、复辟资本主义的阴谋活动中,完全继承了国民党反动派的衣钵,用最陈腐、最反动的封建主义毒素反对马列主义。林彪尊儒,宣扬唯心论的先验论、天才论和唯心史观。"四人帮"尊法,贩卖蒙昧主义和封建专制主义。服装不同,骨子里完全一致。"四人帮"掌握宣传大权的时候,用他们伪造的"儒法斗争史"冒充中国哲学史,利用什么"尊法批儒",无耻吹捧自己,恶毒攻击老一辈无产阶级革命家,为他们反动的政治纲领制造理论根据。我们同"四人帮"的斗争就直接在哲学史领域内进行。事实证明,现实的阶级斗争与哲学史关系非常密切。我们研究哲学史,能够进一步学会识别什么是唯物主义和唯心主义,什么是辩证法和形而上学,更好地掌握哲学斗争的规律,认清反动哲学的阶级实质和血缘关系,这样就能更深刻地批判封、资、修和"四人帮"。而研究中国哲学史,对于揭穿"四人帮"的历史伪造,批判他们反革命的罪恶目的,肃清他们散布的封建毒素,有更直接的作用。

学习哲学史,可以增加历史知识,深入理解人类社会的矛盾运动,可以吸取理论思维的经验教训,提高思维能力。这是提高全民族科学文化水平的必要一环。历史唯物主义认为,经济基础决定上层建筑,上层建筑又反过来影响经济基础。在中国哲学史上,我们可以看到从陈胜、吴广到洪秀全的多次伟大的农民革命战争,对哲学思想的发展造成的影响,同时也可以看到地主阶级哲学为维护封建的生产关系所起的实际作用。这样就使我们对社会的基础和上层建筑这对矛盾有更具体的理解。从认识论来说,我们可以在哲学史中发现许许多多由于认识的直线性、片面性、主观性而走上唯心主义的生动事实。这不仅能使我们清楚地指出唯心主义是在什么地方失足的,更好地对它进行批判,而且使我们得到了理论思维的宝贵教训,在探讨社会科学和自然科学的理论问题时,避免唯心主义的错误。

二　哲学史的对象和任务

哲学史是唯物主义和唯心主义、辩证法和形而上学斗争的历史,是整个人类的认识发展史。哲学史的任务是通过对唯物主义和唯心主义对立统一的研究,揭示人类认识日益深化的辩证发展过程,总结理论思维的经验教训,阐明马克思主义哲学基本原理的无比正确。同时,通过对哲学思想根源的探求,说明包括科学技术在内的社会生产力,特别是阶级斗争的发展,对哲学思想发展的决定性影响,以及后者对前者的反作用。这是哲学史特有的对象和任务,是任何其他学科的历史,如政治思想史所不能代替的。然而"四人帮"及其御用文人用儒法斗争取代唯物主义同唯心主义的斗争,制造了严重的理论混乱,把中国哲学史搞得一塌糊涂。

坚持以唯物主义与唯心主义的斗争作为哲学史的对象,有重要的理论意义。恩格斯说:"全部哲学,特别是近代哲学的重大的基本问题,是思维和存在的关系问题。"①思维与存在,哪个是第一性的? 对这个问题彻底的、明确的解决,从古到今只有两种。唯物主义认为物质先于精神,唯心主义认为精神产生一切。这就是哲学史上的两个基本派别,两条基本路线。承认哲学史上存在着唯物唯心两大基本派别,就是承认哲学的党性原则。列宁一生坚持这条原则,对那些口头上叫嚷无党性,实际上鼓吹唯心主义的人进行了不调和的斗争。把唯物主义与唯心主义的斗争作为哲学史的对象,是尊重哲学史的基本事实,也是坚持哲学的党性原则,不但对哲学史研究是必要的,对坚持马克思主义也是必要的。马克思主义关于哲学党派性的论述,关于唯物唯心的科学划分,关于哲学史是唯物主义与唯心主义斗争的历史的基本观点,为广大人民弄清什么是唯物主义和唯心主义以及它们与现实阶级斗争的密切关系,提供了强大的思想武器,它像一面照妖镜,使一切与革命人民为敌的妖魔鬼怪现出原形。马克思主义的敌人在哲学和哲学史上首先攻击哲学的党性原则,因为只有抛弃了这个原则,他们才能浑水摸鱼,贩卖唯心主义。"四人帮"正是这样,他们公然把"存在第一,思维第二,客观第一,主观第二"这个唯物主义原则诋毁为"反动的形而上学",他们大搞实用主义、主观唯心主义的影射史学,因此容不得把唯物主义与唯心主义斗争作为对象的哲学史,一定要把哲学史弄成什么"儒法斗争史"。他们这样干不是偶然的,这是他们反动政

---

① 《路德维希·费尔巴哈和德国古典哲学的终结》,《马克思恩格斯选集》第4卷,第219页。

治立场和唯心主义世界观的必然暴露。

"四人帮"的"儒法斗争"在理论上是荒谬的,在事实上也是虚构的。儒法斗争是地主阶级内部关于如何建设封建政权,如何实现全国统一的争论。"四人帮"为了篡党夺权的政治需要,硬把它说成奴隶主阶级与地主阶级复辟与反复辟的斗争。事实上,奴隶制瓦解和封建制形成是自发性很强的过程。由于奴隶的起义和逃亡,奴隶来源枯竭,奴隶劳动已经不能给奴隶主带来利益。他们被迫改变剥削方式,使奴隶制让位于有利可图的封建制。近年来的出土文物证明,中国封建制的形成期,只能早于春秋战国时代,而它的立法期当在春秋战国之交。史书上记载公元前594年鲁国"初税亩",是在税收制度上承认了封建制。但是在这两个时期都没有什么复辟反复辟。儒法斗争是在战国中期出现的,距封建制的立法期已经二百多年,离封建生产关系的形成期就更远,难道他们如此迟钝,直到这时才感到有必要进行复辟反复辟的斗争吗?当然不是。他们关心的不是历史的陈迹,而是当时政治的中心课题,即封建国家的政体和全国统一的问题。

其次,"四人帮"还歪曲了包括儒法在内的百家争鸣和百家融合的过程。儒法在先秦不过是"百家"中的两家,此外还有墨、道、名、兵、农等各家。各家之间和各家内部都曾有过程度不同的斗争。"四人帮"硬说先秦百家实际上只是儒法两家,把其他各家削足适履地纳入儒、法"同盟军"的框子中去,或干脆排斥于哲学史之外。先秦时期本来十分错综复杂的政治斗争和丰富多彩的哲学思想,被歪曲、篡改得单调干瘪,面目全非。百家争鸣孕育着百家融合,儒法斗争走向儒法合流。为地主阶级服务的各派学说本来是互相渗透、互相补充的,到了秦汉,统一的封建大帝国形成之后,融合已成为地主阶级的迫切需要。汉统治者接受秦亡的教训,采取"文武并用""霸王道杂之"的两手策略,推动百家迅速融合。到了汉武帝时,出现了董仲舒哲学,在儒家礼治、德政的基础上,综合法家的法、术、势思想,形成统一的封建主义思想体系。从此,儒法斗争就不再存在了。但是"四人帮"以矛盾的斗争性否定同一性,矢口否认儒法合流的历史事实,捏造出"延续二千年"的儒法斗争史。

最不能令人容忍的是"四人帮"不顾历史事实,把儒法斗争从先秦引向今天,引向共产党内。胡说历史上存在着一个"法家"的先进、革新的"传统","四人帮"及其追随者就是这个"传统"的"继承者",就是现代的"法家";和"法家"对立的还有一个儒家的保守、反动的"传统",一大批参加过民主革命的老一辈无产阶级革命家就是这个"传统"的"继承者",就是当代的"儒家"。他们大肆宣传"儒法斗争"的政治目的就是要推行他们"老干部就是民主派,民主派就是走资派"的反革命政治纲领,打倒革命老干部,实行篡党夺权。他们的"儒法斗争"的要害也就在这里。

三　哲学史的方法

阶级分析是马克思主义的基本方法,在研究哲学史的时候要坚持阶级分析。迄今为止的一切哲学都是在阶级社会里发生发展的,虽然它离经济基础最远,它跟经济基础的关系往往被一些中间环节弄得模糊不清,但是联系毕竟是存在着的,归根结底,它是经济基础的反映。因此任何一种哲学总是带着深刻的阶级烙印,总是代表着(有时是公开地、直接地,有时是隐晦地、间接地)特定阶级的利益和需要,任何一个哲学家都是特定阶级的代言人。我们在考察哲学思想的发生发展、相互斗争、相互转化的过程时,一刻也不能脱离阶级分析。在万象纷纭、充满矛盾的阶级社会里,只有运用阶级分析的方法,才能找到历史发展的客观规律,否则就要迷失方向,堕入资产阶级客观主义和唯心主义的泥沼。

马克思主义的敌人历来反对阶级分析。在无产阶级专政条件下,有些人不敢公开攻击阶级分析,便在暗中进行破坏。"四人帮"惯于以极"左"面目出现,推行极右路线。在阶级分析问题上,他们装扮成阶级分析的行家,用非阶级观点的大棒打击别人,但背后采取种种卑劣手段,使阶级分析成为抽象的空谈,彻底地败坏它。

阶级和阶级斗争是由经济关系决定的。承认阶级观点,就要承认经济决定政治和整个社会生活,承认经济地位决定人们的政治态度和思想感情。但"四人帮"恰恰相反,"阶级分析"对于他们仅仅是用来进行诈骗的面具,他们贩卖的是主观精神决定一切的唯心史观。在"四人帮"御用文人笔下,中国两千年来历史的发展不是生产力生产关系的矛盾推动的,而是儒法两家的思想斗争决定的。社会制度的更替、朝代的兴亡、政治的治乱、战争的胜败,无不取决于"儒法斗争"。他们说,秦的统一是由于"法家路线"的贯彻,而灭亡是因为"法家路线"的中断;刘邦战胜项羽是"法家路线"的胜利;汉初的兴盛是尊法的结果;"尊儒的结果是西汉的灭亡"①如此等等,不一而足。用唯心史观取代唯物史观,使"阶级观点"成了无源之水、无本之木,也就从根本上否定了阶级分析。

"思想决定历史"是为"英雄创造历史"找借口的。"四人帮"把法家路线吹得神乎其神,很自然地就把"法家人物"捧到救

_____

① 《红旗》1974 年第 10 期。

世主的地位。因为"法家路线"的制定靠"法家"思想家,而推行、贯彻则离不开"法家"帝王。哪一个帝王喜欢并听信了"法家"学说,重用了"法家"思想家,"法家路线"得到贯彻,于是国家兴盛,天下太平,"黔首讴歌";如果帝王听信了儒家学说,重用了儒家人物,"法家路线"中断,"法家人物"倒霉,于是国家衰亡,天下大乱,百姓遭殃。这不仅是林彪"天才论"的翻版,而且是它的更恶性的发展。在"四人帮"御用文人笔下,帝王将相创造历史,人民群众只是体现"法家路线"的走卒、群氓。他们彻底背叛了人民群众创造历史的唯物史观。

马克思主义认为,阶级斗争总是一定生产方式、一定历史条件下的阶级斗争,因此它是具体的而不是抽象的。生产方式是发展变化的,这就决定阶级斗争的形式和内容也是发展变化的,不是凝固不变的。因此在进行阶级分析的时候,必须具体分析具体问题,决不能用僵死的公式去范围无比丰富的历史。"四人帮"恰恰不是这样,在他们捏造的历史中,一个抽象的"儒法斗争"的模式囊括一切,贯通古今。他们不仅在地主阶级中划分儒法,在资产阶级中划分儒法,甚至在共产党内也要划分儒法,荒谬到了无以复加的地步。被他们指定为儒家的集团和个人坚持保守路线,被指定为法家的集团或个人则坚持进步路线,这两家为着千年一贯的路线,进行千年一贯的斗争。这种不以时间、地点、条件为转移的,不受经济发展程度、生产与交换的性质、方式制约的"阶级斗争",历史上从来不曾存在过。"四人帮"的御用文人们不择手段地歪曲事实,把写了不少尊儒诗文的柳宗元、王安石描绘成"大法家",攻击申韩的王夫之也被说成"法家"。

一个社会的基本的阶级矛盾即这个社会的压迫阶级和被压迫阶级的矛盾,是贯彻该社会始终,决定该社会性质的,是不能调和的。在封建社会,地主同农民的矛盾就是这样。而压迫阶级内部,譬如说地主阶级内部,也有错综复杂的矛盾,但这些矛盾都不是基本的,而是从属于地主同农民这个基本矛盾的。这些矛盾在一定条件下,特别是农民起义危及整个封建政权的情况下,是可以调和的,地主阶级各派会联合起来向农民进攻。这本来是马克思主义起码的常识,但"四人帮"硬是向常识进攻。他们认为主要的决定性的阶级矛盾是地主阶级内部的"儒法斗争",而地主与农民的阶级斗争倒是次要的从属的东西。儒法之间不可调和,地主与农民却不一定势不两立,他们甚至是可以合作的。"四人帮"及其御用文人断言,只有儒家对人民进行"残酷的经济剥削和政治压迫",而法家则是"爱人民"的。"儒家路线"激化了矛盾,造成农民起义。农民反儒而尊法,农民起义是为推翻儒家统治,为"法家人物"推行"法家路线"开辟道路。蒲鲁东在分析资本主义经济的各个范畴的时候,一律把它们分为好坏两方面,主张去掉坏的方面,保留好的方面。他的目的是鼓吹阶级合作,维护资本主义制度。"四人帮"与蒲鲁东如出一辙,所谓尊法反儒即拥护好地主反对坏地主,其实质是宣扬阶级合作,宣扬农民对整个地主阶级和封建制度的阶级调和和阶级投降。这样,"四人帮"就把阶级观点、阶级分析彻底葬送了。

不但要研究阶级斗争对哲学思想的影响,而且要研究生产力和自然科学对哲学思想的影响。哲学是时代精神的精华,它不仅概括了阶级斗争的知识,也概括了生产斗争包括自然科学的知识。研究阶级斗争与哲学思想的关系固然重要,生产斗争、科学实验与哲学思想的关系同样不可忽视。三大革命实践是推动社会前进的动力、源泉。实践出真知,实践出哲学。三大革命实践对哲学的发生发展都起决定作用。探讨每一历史时代自然科学与哲学发展的关系,这是哲学史研究的一个重要方面。

全部哲学史告诉我们,唯物主义哲学的各种形态都与当时的生产力、自然科学水平相适应。恩格斯说:"随着自然科学领域中每一个划时代的发现,唯物主义也必然要改变着自己的形式。"①

在古代,生产力低下,各经济部门都依靠手工劳动,工具也都非常简单、原始,人们改造自然的能力十分有限,这便决定了人们关于自然的知识完全依赖于有限的日常经验。因此古代的唯物主义必然是朴素的、直观的。同时由于没有分门别类地研究世界,人们习惯于从总体上,从联系和运动中观察客观世界,当时的唯物主义学说把世界描绘成能动的、相互联系的、发展变化的,这便使这些学说与17、18世纪的机械唯物主义迥然不同,具有丰富的辩证法思想。

从文艺复兴到18世纪,西欧资产阶级不断成长壮大。为了推翻反动、愚昧的基督教神学的思想统治,资产阶级哲学家们坚持、发展了唯物主义学说。古代的朴素唯物主义学说,已经被证明是不科学的落后的了,哲学家们建立起符合近代科学发展水平的机械唯物主义学说。由于资本主义生产迅猛发展,工业交通等部门逐步实现着从手工劳动到大机器生产的过渡,这便推动着自然科学不断进步。在自然科学领域,与机器制造、航海等有关的数学、力学、天文学取得了巨大的成就,然而化学、生物学、地质学却还处在萌芽状态。唯物主义哲学家们根据最发达的科学——力学的观点,把世界看成一部大机器,把动物和人也都看成机器。根据这个理论,他们否定了作为宇宙主宰的上帝,也否定了脱离肉体的灵魂,但是把一切运动形态归结为简单的机械运动,则是当时唯物主义哲学的严重缺陷。不仅如此,那时

---

① 《路德维希·费尔巴哈和德国古典哲学的终结》,《马克思恩格斯选集》第4卷,第224页。

的各门科学都收集事实,对这些事实进行分门别类的研究,这种情况反映在哲学中就产生了一种形而上学的观点,认为世界是孤立的静止的,是事物的堆积,而不是相互联系的整体、无限的发展过程。这就使机械唯物主义虽然在个别问题上胜过朴素唯物主义,但对世界的联系和发展的理解却低于朴素唯物主义。

辩证唯物主义是无产阶级的世界观,它是马克思和恩格斯在总结人类社会发展史和工人运动经验的基础上,同历史唯物主义一起创立的。但是只认识这些还不够,辩证唯物主义的产生与19世纪科学的巨大进步,特别是细胞、能量转化、进化论三个伟大发现有密切关系。各门自然科学的新成就揭露了自然界的辩证本性,严重地冲击了形而上学的世界观。时刻注意自然科学进展的马克思恩格斯,吸收了这些成果,与其他方面的研究结合在一起,创立了辩证唯物主义。如果没有19世纪科学的进步,自然界还像以前的科学家说的那样,一成不变,亘古如斯,那么在这无比保守的自然界面前,怎么可能建立起彻底革命的无产阶级的世界观呢?还应该看到,科学的进步和辩证唯物主义的产生,使哲学的内容发生了根本的变化。以前的哲学都是“科学的科学”,在自然哲学这一部分中,为了从总体上说明世界,不得不以幻想补科学之不足。但是现在自然科学对许多现象都给予了科学的解释,依靠自然科学本身已经能够形成从宏观世界到微观世界的比较完整的宇宙图画,这样,自然哲学就成为多余的东西,哲学再没有理由作为“科学的科学”而存在了。辩证唯物主义只研究自然、社会、思维发展的最一般的规律,不再是包罗万象的学问了。

当然,自然科学对哲学的影响绝不是刻板的、机械的。对自然科学提供的思想材料,理论思维可以做出不同的概括。进步阶级或阶层的理论代表,特别是其中一些善于吸取前代理论思维的经验教训,对辩证思维规律有所了解的人,在某些方面有可能超越当时科学水平,提出较高的哲学思想。同样是在没有近代自然科学的条件下,古希腊的德谟克里特提出了原子论,中国汉代的王充倡导了元气自然论。他们用理想的一般物质解释世界,克服了用某种具体物质解释世界带来的一些困难。在形而上学思想占统治地位的 18 世纪,法国唯物主义哲学家狄德罗在物质和运动,肉体和精神,无机界和有机界的关系问题上,提出了精辟的辩证法思想,批判了把它们割裂开来的形而上学观念,有力地捍卫了唯物主义学说。应该指出的是,因为没有自然科学作基础,他们的一些观点只能是天才的猜测,其中也还包含着一些错误的见解。可见即使是这些杰出的人物,归根到底也还是受自己时代生产力和科学发展水平的限制。

自然科学不但影响着唯物主义,同时也影响着唯心主义。哲学史和科学史表明,狡猾的唯心主义,一般地并不赤裸裸地反对科学和常识,它是把自己伪装成科学,利用科学暂时解决不了的问题,做出唯心主义的结论,每当科学思想发生深刻变革的时候,这种情况就显得更为突出。历史上不断发生这样的事情,随着自然科学的新发展,唯心主义哲学也相应地改变着自己的面貌,只不过它的改法与唯物主义不同而已。因此为了深入把握和批判唯心主义哲学,也必须了解和熟悉各个历史时代生产力和自然科学发展的状况与水平。

其次,要用实事求是的科学态度对待哲学史。我们主张古为今用,公开申明研究哲学史的目的不是为学术而学术,而是为无产阶级政治服务。但是我们又认为,无产阶级的党性与科学性是统一的,无产阶级党性离不开科学性。社会主义革命和社会主义建设的无数历史经验证明,只有科学才能为无产阶级服务,反科学的东西只会给无产阶级事业带来损害。恩格斯指出:

54

"科学愈是毫无顾忌和大公无私,它就愈加符合于工人的利益和愿望。"①剥削阶级刚刚相反。他们的利益与最广大的人民群众的利益相对立,与历史的发展背道而驰,科学愈是毫无顾忌和大公无私,就愈会触犯他们的利益。他们害怕科学,当然不能科学地对待历史,而是千方百计根据自己的利益去歪曲、篡改历史。资产阶级实用主义是这方面的典型。胡适把历史比作一堆任人摆布的铜钱,一个任人打扮的女孩子,因而是可以任意编造的,怎样对自己有用就怎样编造。"四人帮"这伙地主资产阶级的代表人物,完全继承了胡适的衣钵,用需要代替真理,用臆想代替事实,把"古为今用"篡改为"古为帮用",大搞实用主义的影射史学。

科学是实事求是的,而实用主义是反对实事求是的,这是两者的根本区别。什么是实事求是? 毛主席说:"'实事'就是客观存在着的一切事物,'是'就是客观事物的内部联系,即规律性,'求'就是我们去研究。"②对于研究中国哲学史,实事求是就是掌握大量的、丰富的、实在而非虚构的历史资料,在马克思列宁主义指导下,从中引出哲学史固有的规律性,并为历史所验证。

"四人帮"反对实事求是,他们根据主观需要,任意捏造史料。胡适说,实用主义的方法是"大胆假设,小心求证",这种方法是"创造证据的方法","自由产生材料的考证方法"③。"四人帮"为了打倒老一辈无产阶级革命家,臆造一个永恒不变的"儒法斗争"框子,然后把他们"创造"的"证据"和"自由产生"的"材

---

① 《路德维希·费尔巴哈和德国古典哲学的终结》,《马克思恩格斯选集》第 4 卷,第 254 页。

② 《改造我们的学习》,《毛泽东选集》第 759 页。

③ 《胡适文存》第三集第二卷,第 204 页。

料"塞进去。"四人帮"的方法，也就是胡适的方法。当他们一伙控制宣传大权的时候，"柳下跖痛斥孔丘"的文章、书籍、连环画到处皆是，好像历史上真有这么一回事。唯一的"证据"就是《庄子·盗跖》篇。人所共知，庄周的许多论文包括《盗跖》篇在内，所讲的故事大部分是寓言，用编造的故事表达庄周对当时新事物的不满的思想。根据先秦史料略加分析便可看出，所谓"盗跖"既不姓"柳下"，也不是生活在春秋时期，又怎能与孔丘会见，做那一番绘声绘色的"痛斥"呢？"四人帮"为了借"柳下跖"之口指桑骂槐、攻击敬爱的周总理，把《盗跖》篇当作信史，斩头去尾加以引用，并且禁止人们说它是寓言，谁说就给谁扣政治帽子，企图一手掩尽天下人耳目。这就更加暴露了"四人帮"实用主义影射史学的反动性。

"四人帮"对哲学史的客观规律毫无兴趣，他们寻求的不是规律而是抽象类比。帝国主义的走狗、买办文人胡适曾把中国的东周比作神圣罗马帝国，把几千年前《诗经》篇章说成是"描写女工放假急忙要归的情景"。"四人帮"的影射史学大大发展了这种抽象类比的方法。他们把20世纪70年代的社会主义中国有时比作商鞅变法时的秦国，有时比作刘邦晚年的汉朝，把老一辈无产阶级革命家比作奴隶主贵族、儒家、地主阶级保守派，把我军的高级将领比作居功邀赏的秦将王翦，把光荣的人民军队比作唐代的藩镇。而他们自己则是当代的"法家""地主阶级革新派"，为了赢得这场"新儒法斗争"的胜利，他们要用"秦始皇的暴力手段"对付我们的党、军队和全国人民。最令人愤慨的是为攻击周总理和华国锋同志，他们多次掀起批宰相的妖风；为江青当女皇而大肆吹捧吕后、武则天。这种影射史学只是为了发射反革命的冷枪暗箭，只能表现他们反动、卑鄙、阴险、狡诈、虚弱和愚蠢，与历史的研究毫不相干。

　　我们并不是一般地否定类比。马克思主义经典作家也曾以历史的经验来作为当前斗争的借鉴,曾用历史上某些事实或它们的某些方面、某些特征与当前或未来作比较。这种比较决不是取外貌的类似,而取其在客观规律性上的相同或近似。这里有一个起码的条件,就是要弄清拿来作比较的各个历史事件是否可以互相比较。如果不具备可比的条件,在不可比的情况下硬做抽象类比,那就必定犯错误。"四人帮"及其御用文人在反革命的目的之下,把抽象类比弄到荒谬绝伦的地步,使人妖颠倒,是非混淆,彻底地糟蹋了中国历史和哲学史。

　　影射史学与科学的历史研究是势不两立的。"四人帮"一面大搞影射史学,一面疯狂反对广大史学工作者的科学研究。多年来,他们无中生有地给史学工作者强加过许多罪名,其中重要一条是借古非今,影射攻击。影射本来是他们的拿手好戏,但是当他们要搞"文字狱"的时候,却把这个罪名戴在别人头上。"四人帮"用影射的有色眼镜来看史学界,于是无往而不是影射。许多问题不能研究,一研究就是"影射"。这样就在历史、哲学史领域造成了许多禁区。譬如秦始皇,他统一六国,建立了中国历史上第一个专制主义中央集权的国家,在历史上有进步作用,同时他又是残暴的封建统治者,给人民群众带来了极大的灾难。这样的认识符合历史事实,也符合秦始皇的阶级本性,早已成为群众的历史常识。但是"四人帮"不许这样看问题。他们认为秦始皇有功无过,如果硬要说有什么过的话,那就是"镇反"不彻底,杀人还不多。他们还认为陈涉起义的原因不在秦始皇的残暴,而在于什么赵高"篡权复辟",等等,完全歪曲了历史。但是谁对这种谬论有异议,谁就是大逆不道。再如洪秀全,他是太平天国农民起义的领袖,领导了轰轰烈烈的反帝反封建斗争,但他信奉天父耶和华,世界观是宗教唯心主义的。这是事实,而且是符合客观规律的事实。封建时代的农民起义多是在宗教旗帜下进行的,农民领袖信仰宗教是普遍现象。但是"四人帮"不许对洪秀全一分为二,一定要把他的世界观说成唯物主义的。"四人帮"搞这一套,为的是打击历史科学,以便使他们的影射史学横行天下;同时对领袖做出极力维护的姿态,突出他们"紧跟""高举"的极"左"面目,以便捞取政治资本,实行篡党夺权。他们把无产阶级领袖同农民领袖甚至封建皇帝相提并论,相互比附,不是提高了,恰恰是降低了无产阶级领袖的历史地位,损害了无产阶级领袖的形象,政治影响极为恶劣。在清算"四人帮"反革命罪行的时候,我们要批倒他们把历史科学看作影射的荒谬观点,冲破他们设置的个个禁区,为历史和哲学史研究开辟广阔的天地。

第三,坚持辩证的方法。哲学史的重要任务之一是研究人类认识日益深化的辩证发展过程,总结理论思维的经验教训。要完成这一任务,特别需要用对立统一规律来研究概念的运动和发展,因为认识的成果体现在概念之中。列宁说:"从逻辑的一般概念和范畴的发展与运用的观点出发的思想史——这才是需要的东西!"①这是一个困难的但是非常重要的工作,到现在为止,只有黑格尔在唯心主义基础上从事过这方面的研究。我们要做好这项工作,就要像列宁指示的那样,考察概念的毫无例外的相互依赖、毫无例外的相互转化,特别是概念的对立面的同一。不应当把哲学看作是概念毫无联系的堆积,应该看作概念由对立和转化联系在一起的整体,每一概念都体现着人类认识的一个阶段、一个方面。在中国哲学中,要追踪人类对客观实在的不断深入的认识过程,必须考察五行、阴阳、气这些概念的联系、转化,考察从先秦、两汉到宋明清"气"概念的发展与变化。

---

① 《黑格尔〈逻辑学〉一书摘要》,《列宁全集》第 38 卷,第 188 页。

列宁指出:"人的认识不是直线(也就是说,不是沿着直线进行的),而是无限地近似于一串圆圈、近似于螺旋的曲线。这一曲线的任何一个片断、碎片、小段都能被变成(被片面地变成)独立的完整的直线,而这条直线能把人们(如果只见树木不见森林的话)引到泥坑里去,引到僧侣主义那里去(在那里统治阶级的阶级利益就会把它巩固起来)。直线性和片面性,死板和僵化,主观主义和主观盲目性就是唯心主义的认识论根源。"①哲学史就是要研究人类认识的曲线运动,探讨圆圈上的各个哲学体系如何体现了人类认识的深化,各唯心主义派别在认识的哪一些片断上,将曲线变成直线,从而走向僧侣主义的。人类的认识本身是辩证的,是活生生的多方面的认识,其中包含着无数的各式各样观察和接近现实的成分,是沿着螺旋的曲线不断上升的,如果我们用形而上学的观点去考察人类的认识,就不能理解人类认识的客观性、丰富性、生动性、无限性,同时也不能理解认识过程中通向唯心主义、通向谬误的种种歧途。

为了正确评价每个哲学家在人类认识发展中的地位、作用,必须用历史主义的眼光来看待他们。任何一个哲学家都是历史发展链条上的一个环节,各有贡献又各有局限,既不能贬低他们的历史功绩,又不能把后来的进步归功于他们。如果什么都是古已有之,把我们能够了解而古人根本没有的一种思想硬算到他们账上,那末历史就不存在了。在"四人帮"御用文人所写的"儒法斗争"史中,两千年前的法家又懂"阶级斗争"和"路线斗争",又懂"反复辟",比今天的共产党人还要"高明"。这是根本违反历史发展的实际的。

哲学史是认识发展史,要深入研究哲学史,就要同时研究构

---

① 《谈谈辩证法问题》,《列宁全集》第 38 卷,第 411—412 页。

成认识论的各个知识领域，这就是各门科学的历史、儿童智力发展的历史、动物智力发展的历史、语言史、心理学、感觉器官的生理学以及控制论、信息论、智能模拟等等。吸取所有这些学科的积极成果，丰富哲学史的研究内容，就能更正确、更全面地反映出人类认识的辩证发展过程。这是更为宏伟的工程，需要在马克思列宁主义指导下，各学科工作者的通力协作。我们相信，经过长期的艰苦努力，哲学史的研究工作一定会出现崭新的面貌，写出高水平的认识发展史。

四　中国哲学史的发展过程

实践是认识的基础，随着实践的发展，人们的认识也在向前发展。

中国哲学思想由于生产的提高、阶级斗争的发展，一步又一步地由低级向高级发展着，逐步地由浅入深，由片面到更多的方面。但是这个发展不是直线前进的。因为生产发展是不平衡的，特别是阶级斗争是有起有伏、波浪式前进的，作为它的反映，哲学思想也是有高潮有低潮，波浪起伏的。哲学唯物主义在同唯心主义的斗争中，在总的起伏中沿着螺旋曲线前进。唯物主义的发展不是一帆风顺的，它的胜利不是轻易得来的，它经历了艰苦的探索，激烈的斗争，多次的反复。

在奴隶制时代，基本矛盾是奴隶主和奴隶的矛盾。奴隶们为求解放，同奴隶主进行了长期、英勇的斗争。进入封建社会之后，地主和农民的矛盾成为基本矛盾，从陈胜、吴广到洪秀全，中国农民阶级高举造反大旗，与封建统治者进行了长期艰苦卓绝的斗争。这无数次农民起义和农民战争，是中国封建社会发展的真正动力，也是中国封建文化（包括哲学在内）发展的主要基础。哲学作为远离经济基础的上层建筑,通过唯物主义与唯心主义、辩证法和形而上学的斗争,迂回曲折地反映了奴隶社会、封建社会中的这些基本矛盾,也从属于和服务于上述的阶级斗争。在封建社会末期,新兴的资产阶级同垂死的封建势力发生了尖锐的矛盾和斗争。这些矛盾和斗争也必然在中国哲学思想的发展上有所反映。

在中国哲学史上,朴素唯物主义最初是在和反动奴隶主世代信奉的上帝创世说的唯心主义的严重斗争中成长起来的。以奴隶制为基础的商王朝的统治者们,为了加强对被剥削的奴隶们的思想统治,巩固反动奴隶主贵族的专政,宣扬一套"上帝"主宰世界的宗教唯心主义谬论,以论证其反动统治的自然合理性。但是,随着奴隶们对奴隶主阶级的反抗和斗争的发展,商王朝的统治发生了严重的危机。商末奴隶起义倾覆了商王朝,使周王朝得以建立。正是在这样的阶级斗争的历史背景下,出现了朴素唯物主义的"五行说"。它提出"五行"(金、木、水、火、土)作为万物的本源,在自然物质本身中去寻求万物的根源,从常见的生产、生活资料中,选出几种有形体的特定物质,当作自然现象无限多样性的统一的基础,这显然是对宗教唯心主义的上帝创世说的否定和驳斥。

但是,用一种或几种特殊物质作为万物的共同根源来解释世界和万物的构成,显然有困难。例如,主张五行是万物的根本元素,如何解释别的物质(如石头)又不属于根本元素。凡此种种,尽管他们有所解释,因为与实际不符,总的说来是有困难的。这样,也就给了唯心主义以可乘之隙。在奴隶制度下,宗教唯心主义是符合于奴隶主阶级的利益的,因此主张上帝创造和决定世界的宗教天命论仍然占着统治地位。

周人在夺取商王朝的政权的时候,是个刚刚进入父系家长制不久的民族。为了统治商王朝的广大地域,周人把氏族组织变为国家机关,在意识形态领域强调宗法、天命,并将这两者紧密联系在一起,形成一整套礼治、德治、敬天保民的思想。这些在中国历史上产生了深远的影响。由于奴隶起义、逃亡和奴隶来源枯竭,西周末年奴隶制便没落了。东周以后,开始了向封建制自发而缓慢的过渡。奴隶主意识到奴隶制已经无利可图,于是改变剥削方式,让劳动者以一家一户为单位,有其细小的个体经济,收取劳役或实物地租。这样奴隶主变成了封建主,奴隶变成了农奴。在封建化过程的中后期,有相当数量的自由民、商人转化为地主。到了战国时代各封建国家已经确立,摆在地主阶级面前的任务是巩固地主阶级政权,实现天下统一。这时,孟子继承并发展了孔子的思想,认为天命、宗法思想对地主阶级的统治仍然是得力的工具,宣传礼治、仁政,主张以仁义王天下。在认识论上则鼓吹唯心论的先验论。而以老庄为代表的另一派唯心主义者则宣扬宿命论,他们不满封建统治,幻想回到公社制度,然而对现实无可奈何,因此主张人在自然面前无所作为,在精神世界求得解脱。

与唯心主义路线相对立,唯物主义路线的代表是荀子和他的学生韩非。荀子大胆地把批判的矛头直接指向唯心主义的天命论,他驳斥了把天说成是主宰一切的有意志的上帝这种唯心主义谬论,而用唯物主义精神把天解释为物质的天,亦即自然界。他不仅否认有什么人们必须服从的"天命",而且提出"制天命而用之"的"勘天"思想,主张发挥人的主观能动作用,征服自然界。这充分表现了当时新兴封建地主阶级的积极进取精神。荀子、韩非反对天命思想的同时,在认识论上批判了唯心主义的先验论,提出了唯物主义的反映论。人的聪明才干,唯心主义者说是天生的,是上帝的恩赐,他们却认为知识和才能是后天经过学习得来的。在自然观上,他们也不再以一种或几种常见的物质元素来解释世界,而发展到用一种更具有概括性的、不是可以直接感知的极其细微的原始物质"气"来解释世界,认为天地万物是由气构成的。这种学说与当时发展起来的自然科学如医学有密切关系。它一方面继承了上一阶段朴素唯物主义的优良传统,坚持从世界物质本身来解释世界,坚持万物有它的统一的物质根源,而不承认有什么神灵主宰。另一方面它能更为合理地说明世界的物质统一性,也能更好地解释世界事物构成、差异、变化等现象,它所处理的课题和论证的范围也更为广泛和复杂。韩非在政治上反对礼治,主张法治,要彻底摧毁宗法制度,提倡耕战政策,以武力统一天下,是法家的代表人物。

唯物主义与唯心主义的斗争始终是一浪高一浪,从来没有休战过。秦国实行法家路线,国富兵强,统一了天下。但是由于秦王朝凭着刑罚法令残酷压榨人民群众,激化了地主阶级与农民阶级的矛盾。以陈胜、吴广为代表的农民大起义推翻了秦王朝,也使唯物主义思想在汉初得到发展和传播,传统的宗教唯心主义日趋没落。但是随着汉代地主阶级中央集权的形成,为了给王权神授制造理论根据,巩固封建地主阶级专政,上了台的封建地主阶级又重新乞灵于唯心主义哲学。董仲舒将神学与哲学结合起来,建立了目的论的唯心主义哲学体系。它不像宗教神学那样笨拙地直接宣扬上帝,而是强调通过自然界的许多现象来体认上帝的意志。这就是说,上帝虽然不像人那样有眼耳鼻舌,那样发号施令,但是上帝通过自然界的阴晴雷电,灾异变化表达了自己的喜怒、好恶和意志、要求。董仲舒歪曲了唯物主义五行说的性质,把阴阳五行说成是天的恩德刑罚的表现,与宗法的伦理关系类比地联系了起来。五行的运转具有道德的目的,整个自然万物都是为了体现上帝的意志,有目的地为人类存在着的。很清楚,这种目的论唯心主义不过是宗教唯心主义更为精巧的形式,有更大的欺骗性。到了东汉王朝,与谶纬迷信结合在一起,成了反科学、反进步的极其愚昧反动的官方正统哲学。

哪里有压迫,哪里就有反抗和斗争。"绿林""赤眉""铜马"等农民大起义,摧毁了篡夺西汉政权的王莽豪强地主集团的残暴统治,但胜利的果实却被以刘秀为首的另一个豪强地主集团所窃取了。农民战争虽然失败了,但它有力地冲击了封建地主的统治及其一整套意识形态,对哲学思想的发展带来了深远的影响。正是在这种影响下,出身于"细族孤门"的东汉哲学家王充,敢于对当时的统治阶级的正统思想提出挑战,把矛头指向孔孟,与董仲舒鼓吹的目的论唯心主义针锋相对,提出了元气自然论的理论。王充认为,世界万物的发生消灭都是由于元气自然运动聚散的结果,并不是天有目的有意识地创造出来的,不能把人所独有的、有意识、有目的的活动强加于天。天没有意志,万物的产生都出于自然,并没有目的。王充以大量事实和雄辩的论证揭露和驳斥了目的论唯心主义种种荒诞不经的观点,王充以其对各种自然现象和社会现象的观察和分析,和对汉代初步发展的自然科学的领会、概括,一方面继承了前一阶段朴素唯物主义传统,另一方面又发展了它,把它与现实世界的各种具体的自然规律和运动形态更紧密地联系了起来,使唯物主义哲学达到了新的高度。

魏晋以后,门阀士族地主取得了绝对的统治地位,成为地主阶级中最为腐朽寄生的阶层,这个阶层极力推行和维护落后的农奴剥削制度。沉重的劳役地租,突出的超经济剥削,严重的人身依附,压在广大农民身上。与这种经济形态相适应的,是政治军事上严重的封建割据、地方分权和一套"上品无寒门,下品无势族"的门阀垄断的政治统治制度。为了维护这种反动的政治经济利益,门阀士族地主王弼等人提出了唯心主义本体论。由于东汉末年农民大起义给地主阶级及其意识形态以严重打击,东汉官方正统哲学随着汉王朝的覆灭而衰落了,旧的唯心主义破产了,王弼等人不能再正面论证创造世界的上帝的存在,也不能再直接主张天能赏罚的目的论,他们通过提出体用、本末等"纯粹哲学"的命题,来达到与宗教神学和目的论唯心主义同样的反动目的。他们说,具体的事物虽说是存在的,但是在具体事物之后、之上,还有一个更为根本的本体存在着,这个本体虽然看不见,但它却是一切看得见的东西赖以存在的基础,万事万物都不外是这个精神性的本体的体现。这个精神性的本体,王弼叫作"无"或叫作"本"。他认为,"无"是第一性的、本源的,而一切具体事物和现实世界作为与本体("本""无")相对待的现象("末""有"),只是第二性的、派生的。这种唯心主义本体论实际上是又一次改换了服装的神学。抽象的本体代替了神学的"上帝"和目的论的"天人感应",哲学的精致语言代替了宗教的粗浅说教。唯心主义变得更狡猾更隐蔽了,它披上了漂亮的理论外衣,使用更为"纯粹"的哲学语言,以更精巧的方式欺骗和迷惑着人们。实质上,它却与宗教神学和唯心主义目的论一脉相承,是反对唯物主义,为维护门阀士族地主阶级的反动统治服务的。玄之又玄的纯粹哲学却具有十分现实的阶级内容。并非偶然,这种著名的魏晋玄学很快就与传入中国的佛教唯心主义溶化结合起来。唯心主义本体论经过佛教唯心主义的大量补充,变得更为全面和更为精致了。它成为南北朝隋唐整个历史时期统治社会的意识形态。

庶族地主与门阀士族地主的斗争,只是地主阶级内部的斗争。真正使门阀士族地主这个腐朽透顶的阶层彻底灭亡的,是唐末以黄巢为首的农民大起义。要求废除人身奴役,争取最低限度的生活权利,伟大的农民起义和农民战争给整个地主阶级,特别是给占据社会最上层的门阀士族地主以沉重打击,给这个阶级赖以生存而严重束缚生产力的农奴剥削方式以摧毁和扫荡。为门阀士族地主所倡导而盛极一时的佛教唯心主义终于衰落下来。但是,农民阶级的战斗成果总是被地主阶级篡夺了去。中唐以后以租佃制或实物地租为主、人身依附比较松弛的封建剥削方式充分地发展和巩固起来。代替门阀士族地主,宋以后由官僚地主阶层垄断了政权。这个阶层占据了社会的上层统治地位,形成了与经济基础相适应的高度中央集权的官僚统治制度。这种制度更为广泛地接受和容纳全国各地地主阶级的政治代表,建立了一整套空前集中和巨大的国家军队、法庭、监狱等国家机器,以直接统治、剥削和压迫全国的农民阶级,极大地加强了封建统治。与这种政治要求相吻合,宋明的唯心主义继承孔孟哲学和魏晋以来的唯心主义哲学,吸收和改造了佛教唯心主义的有关成分,提出"理""道""太极"等作为世界万物的本体,并与整个封建道德伦常密切联系起来,用它来囊括整个自然和社会,为封建社会的四条绳索(政权、族权、神权、夫权)提供了哲学根据,比魏晋玄学和佛教等唯心主义本体论具有更为现实的世俗特征。这样,也就把唯心主义本体论发展到了极致,成为中国封建地主阶级最完备、最系统也最反动的哲学唯心主义体系。它统治中国封建社会近千年之久,给中国人民加上了沉重的精神镣铐,成为剥削人民、镇压农民起义的极为重要的反动工具。明清统治者把朱熹请入孔庙,叩头礼拜,正好说明了这种哲学的鲜明的反动党性,而朱熹正是唯心主义本体论集大成的人物。

然而,历史潮流是不可抗拒的。不管唯心主义哲学在一段时期内如何猖獗,但唯物主义哲学的发展终究是阻挡不住的。

宋、明以来的农民起义和农民战争提出了"均贫富""不纳粮"等
更高的斗争纲领和要求。元末、明末的农民大起义给社会发展
和思想意识以巨大的推动和影响。例如,中国 17－18 世纪的唯
物主义思潮就是在明末农民大起义的历史条件和阶级斗争的背
景下产生和发展起来的。与官僚地主阶层有某种矛盾的某些进
步思想家,或者为了反抗民族压迫,反对生产关系倒退;或者与
某种资本主义萌芽和倾向有联系,逐渐与孕育在后期封建社会
母体内的市民阶层结成联盟,反对占据统治地位的封建官僚大
地主。其中一些人比较接近实际,接近下层,注意研究和接受当
时自然科学的发展成果,能够在剧烈的阶级斗争和民族斗争的
环境下,较实际地观察分析社会现象,在客观上反映历史发展的
某种趋向,从而具有唯物主义的哲学思想。为了答复唯心主义
的严重挑战,他们针对唯心主义哲学所提出的种种问题,经历了
长期的艰苦探索,经过反复的斗争,把唯物主义哲学又向前推进
了一步。王安石、张载、王夫之就是这一阶段的卓越的代表。他
们强调指出,物质的"气""器"等是第一性的、本源的,而"理"
"道"只是第二性的、派生的。他们坚决反对和驳斥了超越事物
之上以"理""道"为本体的唯心主义本体论,指出"理""道"不能
脱离物质或具体事物("气""器")而超然存在。"道"只是"器"
的"道",不能倒过来说"器"是"道"的"器"。"道""理"是从属
于"气""器"的。从这个观点出发,他们对于唯心主义本体论所
提出的体用、心性等问题,作了针锋相对的唯物主义的解释,从
而把自然观、认识论、方法论等哲学各个方面的问题联系贯通起
来,构成了比较完整的朴素唯物主义思想体系。在认识论上,他
们比较重视实践的作用。王夫之认为,在知行关系上,行可以包
含知,体现知,获得知,但知不能包含行,如果知而不行,就等于
不知。王夫之还指出宋明理学的共同特点是排斥行,不用行去

检验知,因而都表现出言行不一、道德沦丧的趋向。虽然他所说的行主要还是指道德实践,但强调行在认识过程中的地位,毕竟是进步的。"四人帮"否定实践是认识的源泉和真理标准,摘取经典著作的片言只语,作为不受实践检验的、一切时间、地点、条件下的真理,他们的认识倒退到王夫之的水平以下,与宋明理学毫无二致。

但是,朴素唯物主义毕竟是封建社会的产物,仍然具有种种缺陷。例如,由于没有近代科学知识做基础,它所使用的概念、范畴如"元气"等等,就带着主观臆测的特征,而没有严格的科学规定。它所讲的自然规律和各种现象,具有直观的性质,缺乏近代科学的论证。又如,他们反对精神性的"心"或"理"为"本体",却提出了"元气"是"本体"。但"本体"这个概念本身就是不科学的,辩证唯物主义认为世界就是运动着的物质本身,不承认它们之后有什么"本体"。中国的朴素唯物主义者在自然观方面坚持了唯物主义,但当他们涉及社会历史的领域时,仍然是唯心主义者。这是马克思主义以前的一切唯物主义者所无法避免的局限性。

1840年鸦片战争以后,外国资本主义的侵略,使中国沦为半殖民地半封建社会。中国人民反帝反封建的伟大斗争,开辟了中国历史上的新时期,阶级斗争无论在深度或广度上都是前所未有的,民主革命的任务已经提到日程上来了。中国要不要变?用什么方法去变?成为当时思想斗争的焦点。封建地主阶级顽固派坚持"祖宗之法不能变",根本反对一切变革;代表地主买办阶级利益的洋务派则主张"中学为体,西学为用",同样反对变革封建制度。与顽固派、洋务派相对立,新兴资产阶级的一些代表人物则竭力宣传"变"的思想,主张由封建制度变为资本主义制度,并力图为这种"变"作哲学论证。资产阶级启蒙思想家严复是有代表性的,他通过介绍达尔文学说广泛宣传了进化论的思想,为资产阶级的变革制造舆论,对当时的思想发展起了很大的影响。但是,由于中国民族资本在封建主义和帝国主义双重压迫下没有得到充分发展,中国资产阶级在经济上、政治上极端软弱,又非常害怕革命群众,反帝反封建的决心和力量都不大。他们向西方寻求真理,而当时的西方资本主义社会已开始走上没落阶段,流行的哲学已不是机械唯物主义,而是形形色色的唯心主义。因此,虽然他们接受了当时的近代自然科学的强烈影响,在反帝反封建的政治、经济要求的推动下,他们也曾经产生过唯物主义的思想倾向,但是很不坚决、很不彻底,经常和唯心主义划不清界限。如谭嗣同的以太说,孙中山的生元说等等,一方面有机械唯物主义的思想倾向,但另一方面却被唯心主义所渗透和压倒。中国资产阶级未能建立任何比较完整和彻底的唯物主义哲学体系。这正是中国资产阶级的阶级特性所决定的。毛主席说:"近百年来输入了欧洲的机械唯物论和庸俗进化论,则为资产阶级所拥护。"①又说:"那时的所谓学校、新学、西学,基本上都是资产阶级代表们所需要的自然科学和资产阶级的社会政治学说(说基本上,是说那中间还夹杂了许多中国的封建余毒在内)。在当时,这种所谓新学的思想,有同中国封建思想作斗争的革命作用,是替旧时期的中国资产阶级民主革命服务的。可是,因为中国资产阶级的无力和世界已经进到帝国主义时代,这种资产阶级思想只能上阵打几个回合,就被外国帝国主义的奴化思想和中国封建主义的复古思想的反动同盟所打退了……"②中国近代资产阶级的机械唯物主义的思想倾向,也正是如此。它与传

---

① 《矛盾论》,《毛泽东选集》,第 276 页。
② 《新民主主义论》,《毛泽东选集》,第 657 页。

统的封建唯心主义哲学作过斗争,但很快就被唯心主义所打败,偃旗息鼓,宣告退却了。中国资产阶级由于本身的软弱性和两面性,不可能领导资产阶级民主革命直到彻底胜利,领导反帝反封建的民主革命的历史任务不得不落到了伟大的中国无产阶级的肩上。"五四运动"以后,无产阶级的革命的哲学——辩证唯物主义和历史唯物主义,就登上了历史舞台,以摧枯拉朽之势扫荡了封建地主阶级和资产阶级的形形色色的反动唯心主义哲学,在中国哲学史上造成了翻天覆地的彻底的革命。从此中国哲学思想的发展进入了马克思列宁主义、毛泽东思想的伟大的新阶段。

中国哲学史上的辩证法思想同唯物主义同样悠久,同样丰富,也有它的发展过程。辩证法的发展过程也是由浅入深,由低级到高级,由片面到更多的方面的。

辩证法是一种宇宙观,又是一种方法论。在哲学史上有唯物主义与唯心主义的斗争,也就有辩证法与形而上学的斗争,因为客观世界(自然界、社会)总是辩证地、唯物地存在着、发展着的。

古代朴素的辩证法和朴素的唯物主义,都具有直观、臆测的性质。朴素的辩证法接触到事物发展的客观实际,但是还不够精确,失之笼统、含混,经不起严格的科学分析。

朴素的辩证法和朴素的唯物主义往往是相伴出现的。朴素的辩证法中经常包含着朴素的唯物主义,朴素的唯物主义中也经常具有朴素的辩证法观点。但由于它们都是朴素的,缺乏有机的结合,它们之间的关系有时互相配合得较好,有时两者若即若离。对于某一个学派或某一个哲学家来说,有的朴素辩证法比较突出,朴素唯物主义较弱;也有时情况相反。从古代朴素辩证法的全部发展过程来考察,越到后期,这两者的结合越紧密。

朴素辩证法总是不彻底的。辩证法的根本规律是对立统一的规律。朴素的辩证法思想家们没有把矛盾的对立和斗争放在主导地位,而是把矛盾的统一放在首位,企图调和矛盾,这样,就陷入了形而上学。

朴素辩证法是自发的。在中国哲学史上,殷周之际的《易经》,在宗教的外壳下,透露出朴素的辩证法的曙光。当时周人通过他们的生活实践("近取诸身,远取诸物")提出了"阴阳"概念,认为这两种对立物的相互作用是推动世界万物产生、发展的基本动力。与《易经》同时的《洪范》,提出"五行"的观念,这也是当时生产斗争和阶级斗争的反映。它认为"五行"是构成万物的本原,但"五行"之间又是互相配合、互相联系,而不是孤立的。《洪范》中透露出朴素的唯物主义,也包含了朴素的辩证法思想。

认识的过程总是曲折前进的,人们对客观世界的某一方面理解加深了,但却忽略了对世界的总体的把握。因此,春秋以后到汉魏隋唐这一较长的时期,朴素的辩证法和朴素的唯物主义并不是经常结合的。比如《老子》《易传》有辩证法而缺少唯物主义,《孙子兵法》和汉初的《黄帝内经》、唐朝李筌的兵书,有朴素的辩证法,也有朴素的唯物主义,但它们只是某一特殊学科领域内的知识的概括,不是对世界总体的辩证法的说明。王充是汉代重要的唯物主义哲学家,他大量吸取了当时可能掌握的科学知识,提出了光辉的唯物主义无神论思想,建立了元气自然论的朴素唯物主义。但他的思想里缺少辩证法,他反驳神学目的论,就事论事的地方多,统观全局的辩证法观点很少。南北朝的范缜也有类似缺点。

阶级斗争和生产斗争总是不断深入发展,宋以后,朴素的辩证法与朴素的唯物主义相结合的事实越来越普遍。如王安石、张载以及王夫之都是比较突出的代表。这些哲学家既有朴素的唯物主义思想,也有比较丰富的朴素辩证法思想。在他们以前的朴素的唯物主义还有宿命论(如王充)或偶然论(如范缜)的缺点,把人的主观能动的观点让给唯心论去讲。这一时期,朴素的辩证法和朴素唯物主义结合较紧,从而使唯心主义本体论陷于被动挨打的地位。唯心主义者如程、朱、陆、王等虽然得到反动统治者的大力支持,在理论上却被驳斥得体无完肤。从王安石、张载到王夫之把朴素辩证法思想提高到中国哲学史上一个新的水平。

宋以后的辩证法思想比以前虽有提高,但它仍处在朴素的、自发的阶段,也就是说,朴素的辩证法和朴素唯物主义的结合还未达到自觉的、有机的结合,它和科学的辩证唯物主义有本质的不同。因而古代哲学家虽然对世界的发展做了辩证的描述,对某些现象也从发展的观点加以解释,但这种描述和解释只限于一定范围,而且也是很不完备,很不彻底的。

人类进入资本主义社会以后,由于科学进行分门别类的研究而缺少综合,由于资产阶级本身的局限性,代表新兴资产阶级利益的机械唯物主义和辩证法陷于完全割裂的境地,有辩证法思想的哲学家往往不是唯物主义者,而机械唯物主义者则缺少辩证法。辩证法和唯物主义本来是一家,却长期分裂着。辩证法思想被唯心主义体系所闷死,坚决的唯物主义者又往往陷于形而上学的死胡同。欧洲哲学史是如此,中国哲学史基本上也是如此。只是由于中国资本主义没有得到充分发展,中国近代资产阶级的唯物主义很不彻底,水平也不高,但辩证法和唯物主义相脱离这一基本状况还是大体相似。中国资产阶级思想家有的倾向于机械唯物主义,有的宣扬庸俗进化论,都缺少革命的辩证法。

以上是对中国哲学思想的发展过程的一个极为概略的描

述。历史事实雄辩地说明,哲学始终是有党派性的,哲学史上唯物主义和唯心主义两条路线的斗争,只是社会上阶级斗争的反映。唯物主义与唯心主义的斗争永远不会陈腐,只要存在着阶级和阶级斗争,反映着敌对阶级利益的哲学上的路线斗争也就永远不会停息。

《中国哲学发展史》(先秦卷)
导言*

中国哲学源远流长,已经有了近三千年的发展历史。把中国哲学史建立为一门科学,距今不过三十多年。三十多年来,中国哲学史这门学科受到国内政治经济发展的总形势的影响,有时繁荣和前进,有时停滞和倒退,但总的趋势是前进而非倒退。

封建社会的哲学史名著,如黄宗羲的《明儒学案》《宋元学案》,其中汇集了相当丰富的资料,注重各个学派思想演变的来龙去脉,今天仍然不失为研究宋明理学的有用的参考书。但是这两部学案却有一个根本的弱点,就是不敢触及“经学”的禁区;不敢大胆非议“圣人”。如同中世纪的欧洲哲学是包括在神学里面一样,在中国的封建时代,哲学还没有从“经学”中分化出来。“经”是圣贤垂训的典籍,封建社会的一切成员,只能宣传它,解释它,信奉它,不能怀疑它,议论它,更不能批判它。“五四”前夕,胡适出版了《中国哲学史大纲》上卷。这是用近代资产阶级观点研究中国哲学史的第一部著作,虽然有头无尾,却使当时人

---

　　* 人民出版社,1983 年 10 月初版(其中一部分曾以《中国哲学史的对象和方法》为名发表于《中国哲学》1982 年第 8 辑)。

们的耳目为之一新,得到社会的广泛重视。当时人们认为"新"的地方主要在于它不同于封建时代哲学史书的代圣人立言,为经传作注解,而敢于打破封建时代沿袭下来的不准议论古代圣贤的禁例,把孔子和其他哲学家摆在同样的地位,供人们评论。这是一大变革,标志着哲学开始从古代"经学"的禁锢下解放出来,步入近代。继胡适之后,冯友兰的《中国哲学史》,梁启超、萧公权、钱穆等人的政治思想史、学术史,比封建时代的哲学史都不同程度地有所前进,但是由于缺少历史唯物主义这个先进的武器。总的说来,都不能算作阐明中国哲学史发展规律的科学著作。

解放前,郭沫若、范文澜、翦伯赞、吕振羽、侯外庐、杜国庠等同志运用马克思主义观点对中国的古代社会、古代历史以及古代思想进行了卓有成效的探索。他们开始运用历史唯物主义,进行科学的分析,从而有可能透过各种现象的迷雾,看到了一些真相,或者说更接近于真相。这正是马克思主义学者高出于资产阶级学者的地方。尽管这几位前辈们的著作有一些论点可以讨论,但他们走的道路是一条阳关大道,他们开拓荒地的功劳是不可磨灭的。使中国哲学史开始成为一门科学,他们的著作具有示范作用。

全国解放之后,在党的领导下,马克思主义被广大学者所接受,并被运用于一切社会历史研究领域内。中国哲学史研究这个阵地也在被马克思主义所占领。三十多年来,我们出版了通史、断代史、专题研究、论文集等,举行了几次大规模的讨论。尽管研究者在对于一些重要哲学家或学派进行历史探讨时,得到的结论不同,甚至相反,但是绝大多数人对于以马克思主义作为中国哲学史研究的指导思想,基本上没有分歧。问题在于我们怎样正确理解马克思主义的基本原则,怎样把这些原则和中国哲学发展的具体实际相结合。在这个问题上,我们取得了一些成功的经验,也走了不少弯路。粉碎"四人帮"以后,通过拨乱反正,正确贯彻党的十一届三中全会路线,学术界充满了前所未有的自由讨论的气氛,中国哲学史又呈现繁荣景象。过去曾经讨论后来被窒息了的一些问题,今天又得到哲学史研究者的深切关注。在建国三十多年之后的今天,我们有了丰富的正反两方面的经验,这将大大有益于开展实事求是的学术研究,为进一步发展中国哲学史提供了新的起点。

60年代初期,在教育部主持下,为高等院校开设中国哲学史这门课程,由北京大学、人民大学、中国科学院哲学研究所的几位同志共同编写了四卷本的《中国哲学史》教科书。作为一部用于教学的教科书,讲的是一些比较基本的简明的知识,授课时间的限制,不允许对某一方面的问题多所发挥,同时,观点也力求稳妥,学术界争论大的问题,则尽量避免采入。《中国哲学史》(四卷本)教科书,前三卷出版近二十年,我们对已出版的教科书不能满意:因为有些应当说的,没有说到;也有些问题,书成后我们的观点有了改变,认识有所前进。为了适应于这门学科进一步发展的需要,应当写出一部新的反映我们目前认识水平,比二十年前出版的四卷本教科书更详尽的哲学史专著来。

几十年来,对中国哲学史的特点、道路、发展规律以及中国哲学史的地位,有我们自己的想法和看法,经过多年酝酿、考虑,这些想法和看法更趋明朗。这些看法是否符合中国哲学史的实际,将接受客观实践和历史的考验。但是我们的结论是在消化原始资料,广泛吸取已有的研究成果的基础上,亲手撷取来的。我们力图做到材料和观点的统一;力图运用马克思主义的指导原则;下结论要有事实的依据;对中国哲学史的发展作一次严肃认真的探索。

　　这部哲学史,将分成七卷。以华夏民族的认识史为开端,说明哲学如何从原始宗教中逐渐分化出来的逻辑过程,以《先秦哲学发展史》为全书的第一卷。汉承秦制,从社会结构到政治体制都是一脉相承的。对秦汉之际、两汉之间、东汉之末,我们将在一些专题研究的基础上进行系统的探究,对谶纬思想也有较多的论述,以《秦汉哲学发展史》为第二卷。魏晋时期,哲学从两汉神学目的论中获得一定的解放,在农民起义失败后,佛教、道教都在建立,儒学玄学化,与佛教、道教同时并存,形成时代特点,以《魏晋哲学发展史》为第三卷。隋唐时期,儒、释、道并称三教,互争雄长,国力达到封建社会的高峰,而宗教思想也发展到高峰,以《隋唐哲学发展史》为第四卷。宋元明清,儒教建立,形成体大思精的宗教神学体系,不但关联到中国近千年的国运的兴衰,也影响到东亚诸邻国。由于儒教的内容复杂,体系庞大,在人们的精神生活中直到今天还在起作用,《宋元明清哲学发展史》将分第五、第六两卷叙述。鸦片战争到“五四”前夕,中国社会发生质变,哲学思想亦迥异于前期,《近代哲学发展史》纳入第七卷。七卷既竟,如乘槎以穷河源,如汇百川而归大海,事实既明,条理自见,哲学史规律亦将从此引出。

　　本书写的是一家之言,不求每个章节字数按比例分配。我们认为重要的,或研究得比较多的问题,就多讲;认为不重要或没有多少新见、学术界都已注意到或讲得烂熟的问题,我们就少讲或不讲。因此,对各个哲学家和哲学流派之间的论述占用的篇幅就显得不够匀称,而有些任其自然了。

　　参加这一工作的同志,有的共同合作过一二十年,也有年代较短的,除了在京的几位同志是基本队伍外,也有外地的同志参与某一专题的讨论和写作。第一卷撰写人(按姓氏笔画为序)有孔繁、任继愈、牟钟鉴、余敦康、周继旨、阎韬同志。以后各卷的撰写人,将根据工作的需要,而有些调整,但基本队伍不变。我们这个写作集体,学术观点十分相似以至相同,因而本书的脉络得以自然地保持一贯。本书着眼于中国哲学逻辑的发展过程,所以称之为《中国哲学发展史》。

下面就中国哲学史的对象、特点、方法和目的,分别谈一谈我们的一些看法,这是编写本书的指导思想。

一　中国哲学史是中华民族的认识史

中国哲学史记录了伟大的中华民族在漫长的岁月里改变世界、认识世界的艰难曲折的历程,集中了中华民族的智慧。中华民族远在两千多年前就有了成系统的哲学体系出现,这是可以引为自豪的。在中国历史上,从孔子到孙中山,涌现出了许多重要的哲学家和哲学流派,有如群星灿烂,他们各自体现了时代的精神面貌,代表着认识前进运动中的各个发展阶段。

每个民族的哲学是该民族的精神文明的一面镜子。文学、音乐、美术、宗教都能表现各个民族的文化特点,虽然都反映着民族智慧发展某一方面的成果,但不能表现各民族抽象思维的最高水平。既能表现该民族的特点,又能衡量该民族抽象思维最高水平的只有哲学。哲学是思维进行高度概括的结果,要有相当发达的生产力水平,有相当发达的科学,相当丰富的社会历史经验作为发生发展的前提。只有达到一定发展水平的文明社会才会有哲学,迄今,世界上每一民族都有自己的文学(包括口头文学)、美术、音乐、宗教,它们可以内容丰富,各具特色,甚至具有永恒的魅力,但不能说每一民族都有哲学。社会调查表明,一些停留于氏族社会的民族,抽象的概念还没有产生,他们的社会生活用不着那些抽象概念,因而不会有哲学。没有哲学,当然不会有哲学史。

中国哲学史绵延数千年,这在世界上是仅有的。纵观世界各国,有的民族文化,古代灿烂,后来消沉;有的近代煊赫震烁,其古代则渺茫难考;也有些文化,中世纪时曾横跨欧亚,不久即分崩离析,往事繁华徒供后人凭吊。中华民族则不同,它经历了无数艰难险阻,历数千年之久,融合多种民族的优秀文化,如百川汇归大海,最后形成中华民族的文化。中国哲学史是中华民族优良精神文明的集中表现。中华民族以汉族为主体,实际上汉族是许多兄弟民族长期融合的结果,今天已不具有"纯粹"的汉族。中国哲学史上的优秀哲学家、伟大哲人,既反映了汉族文化的先进水平,也反映了各兄弟民族文化的先进水平。没有多民族大家庭的不断交流①,多次大规模的渗透、竞争、融合,就没有今天中华民族的文化。

因此,中国哲学史实际上是中华民族的精神文明的一面总的镜子。它以逻辑的形式记录了中华民族认识世界的经历,它的历史经验为人类认识史提供了极可宝贵的丰富的内容。总结过去,为的是创造未来,为今后更高的精神文明贡献一份财富。

马克思列宁主义能够在中国生根,并取得伟大成绩,除了中国的革命实践的需要这个决定的因素外,中国文化的优良传统,中国哲学史提供的思想资料也是一个因素。1949 年以前,世界

---

① 春秋战国以前华戎杂处,氏族之间交往频繁,已经融合为华夏族。秦汉时期,六国贵族及边区游牧区贵族牧主大迁徙即形成今天的汉族。南北朝时期,北方汉族地主阶级与北方少数民族的贵族互相结合,共同统治,南迁的汉族也与当地土著相融合,共同统治,这是一次更大规模的民族融合。隋唐时期,皇室、贵族是汉族与少数民族混血的后裔,唐王朝实际上是我国多民族地主阶级共同专政的政权,所以在文化上也互相学习,取长补短,共同进步。宋、元、明、清,自然是多民族共同进步的历史。

上半殖民地半封建的社会不只中国,而毛泽东思想却诞生在中国,它成功地把马克思列宁主义的普遍原理与中国革命实际相结合,形成具有中华民族特色的马克思列宁主义,不能认为是偶然现象。

哲学史作为人类认识的发展史,唯物主义和唯心主义的斗争史,在古代,在奴隶社会和封建社会具体表现为哲学和宗教、理性和信仰的斗争史。哲学的发展过程,就是一步一步摆脱宗教的束缚的过程,征诸中外历史,没有例外。

哲学起源于宗教,古代的希腊是如此,古代的印度是如此,古代的中国也是如此。

人类最初由古猿进化而来,猿人没有宗教,那时人类还不能够从自然中把自己分离出来。后来才产生了宗教。原始社会有宗教而无哲学。由于当时生产力的极度低下,生活的极端困苦,大自然给予人类的考验十分严酷,人类为了生存,把一切力量都用来对付自然。天灾、疾病、部落之间的争夺无情地摆在人类面前,人类无力克服这些苦难,于是产生了宗教,这是自发的宗教,和后来阶级社会的人为的宗教不同。人类从没有宗教到形成宗教,是一个进步,它是人类思维能力向前发展、人类从与自然界浑然一体的状态下分离出来的标志。

进入阶级社会以后,由氏族部落掌权者演变而来的奴隶主贵族,把原始宗教改造成为论证剥削压迫制度合理性的工具。宗教本身所具有的消极特性,恰恰适合了统治阶级的这种需要。

宗教是人类对现实世界的歪曲的反映。它立足于信仰和虔诚,而不是立足于理性的思辨和逻辑的论证;它祈求超自然的神秘力量的拯救,而不是激发人们自身的聪明才智;它指示人们向"上帝"投降,屈服于异己力量,而不赞同人们向压迫自己的自然力量和社会力量进行反抗。

哲学与宗教不同,它是人们通过实践而产生的理性思维,是生产斗争知识和阶级斗争知识的概括。人们在生产斗争和阶级斗争中,犯过错误,也取得过成功。总结成功的经验,吸收错误的教训,人们就逐渐变得聪明起来。不断地积累这些经验教训,并把它们抽象概括为原则性的总结性的格言,这就是哲学的雏形。为了便于记忆和流传,先用诗的形式,后来才有文字的著作。总结经验要有科学的知识,科学的方法,科学的态度。哲学的基础是科学,哲学本身就包含着与宗教分离的内在因素。最早宗教指导着人类生活的全部,后来宗教的阵地逐渐被哲学所挤占,才被迫缩小了它管辖的范围。

哲学必须对自然现象和社会现象做出规律性的解释,它一开始就注意物质和精神的关系问题,由于解释的不同而划分为唯物主义哲学和唯心主义哲学。宗教反对科学实践,而唯心主义哲学则歪曲科学实践。在历史上,宗教和唯心主义哲学经常结成同盟军。宗教是粗糙的唯心主义,唯心主义是精致的神学,这两者的任务和目的相同,只有高低精粗的差别。代表人类正确思维的哲学是唯物主义,它可以称为哲学的主流。但是,人类认识世界不是沿着直线前进的,走过不少的弯路,唯心主义和唯物主义也存在着互相转化和互相促进的复杂情况。不过从总的方面来看,哲学每前进一步,特别在古代,都要和宗教发生冲突。但也有宗教渗入哲学,哲学屈服于宗教的情况。

自发的宗教产生于原始社会,人为的宗教产生于奴隶社会,但宗教得到广泛的滋长传播,无论中外,都是在封建社会。封建社会比奴隶社会前进了一个历史阶段。奴隶社会的存在和巩固,更多的靠暴力。封建社会的经济特点是个体小农经济,统治者采用的统治手段比奴隶制有所改变,不专靠皮鞭和刑罚,允许农民耕种小块土地,使他们对生产比奴隶有较高的积极性。但这并不等于放松了对农民的暴力压迫和剥削,而是更多的用宗教作为思想武器,推行奴化说教,以巩固封建统治秩序。佛教、基督教和伊斯兰教的广泛流传,形成世界宗教,都得力于封建社会统治阶级的支持和推动。

在封建社会,哲学只是宗教的附庸。中外的历史都已表明哲学没有能力从宗教神学的绝对权威下解放出来。中国封建社会的历史特别长,哲学从属于宗教的这种状态也特别久。进入资本主义社会,有了近代生产和实验科学,哲学才具备了独立存在的现实基础,神学才失去了垄断意识形态的至上地位。只有在这时,哲学的基本问题:思维与存在的关系问题,才被十分清楚地突出起来,获得了它的完全意义。哲学发展史的任务就是把人类认识挣脱宗教的过程的规律性揭示出来。

哲学史是整个认识的历史,这是列宁给哲学史下的定义[①]。同时列宁也指出,在两千年的哲学发展过程中,唯心主义和唯物主义的斗争、柏拉图的和德谟克利特的倾向或路线的斗争不会陈腐[②]。苏联日丹诺夫根据列宁的后一种说法否定了苏联亚历山大洛夫的哲学史定义,其实亚历山大洛夫把哲学史看作是认识史也是根据列宁的说法而来的。哲学史是认识史,哲学史是

---

① 列宁认为“哲学史……简略地说,就是整个认识的历史”,并认为“全部认识领域”,包括“各门科学的历史,儿童智力发展的历史,动物智力发展的历史,语言的历史”,加上“心理学”和“感觉器官的生理学”,“这就是那些应当构成认识论和辩证法的知识领域”(《哲学笔记》,《列宁全集》第38卷,第399页)。

② 列宁认为,“在两千年的哲学发展过程中,唯心主义和唯物主义的斗争难道会陈腐吗? 哲学上柏拉图的和德谟克利特的倾向或路线的斗争难道会陈腐吗? 宗教和科学的斗争难道会陈腐吗? 否定客观真理和承认客观真理的斗争难道会陈腐吗? 超感觉知识的维护者和反对者的斗争难道会陈腐吗?”(《唯物主义和经验批判主义》,《列宁选集》第2卷,第128—129页)

唯物主义和唯心主义的斗争史,这两个说法本来是互相补充、并不排斥的。但是在有些马克思主义学者中间,对它的理解却往往产生偏向,似乎用了其中的一个说法就非得反对另外一个说法不可。亚历山大洛夫用哲学史是认识史的定义写他的《西欧哲学史》,确实是忽略了唯物主义和唯心主义的斗争,把认识的发展描述成为一种和平的量的渐进过程,日丹诺夫对他的批评不是没有道理的。解放以后,我们接受了日丹诺夫的定义来研究中国哲学史,又产生了另一种偏向,只看到哲学史上的两军对战,用全部注意力去给哲学家划分阵营,而不去着重研究人类认识螺旋上升的曲折复杂的发展过程,不去总结这种发展过程中的规律和经验教训,也不去注意分析每个哲学体系的内部结构和它在认识史上的地位。现在有人提出要否定日丹诺夫的定义,回到列宁的定义上来。也有人表示担心,认为如果否定了日丹诺夫的定义,将会重复亚历山大洛夫所犯的错误。我们认为,列宁的定义是全面的完整的,日丹诺夫和亚历山大洛夫的定义都只见其一,不见其二。为了克服我们研究工作中的偏向,必须全面地理解列宁的思想。

哲学史,顾名思义,就是哲学发展的历史。哲学这门学科不同于自然科学、社会学、历史学等具体学科,它是一门世界观的学问,所涉及的领域是人类对自然、社会和思维的一般规律的认识。因此,哲学史讲的是各个历史时期人们对自然界发生、发展的认识,即自然观;对社会历史发生、发展的认识,即社会历史观;对思维规律的认识,即逻辑学和认识论。把这些概括起来,哲学史的研究对象就是整个人类认识的历史。认识是不断发展、不断深化的,在各个认识领域里,认识过程中总有先进与保守,正确与错误的斗争。一般说来,唯物主义的认识路线方向对头,能比较正确地反映客观实际,唯心主义的认识路线方向不对头,不能正确地反映客观实际。说唯物主义只是比较正确,是因为人类的认识不可避免地要受到历史的和阶级的局限,只能做到比较正确,不可能完全正确。唯心主义有它的认识论和阶级根源,是人类认识前进运动中的一个必然环节,表现了认识过程的复杂性和曲折性。它是不结果的花。唯心主义对唯物主义提出了质疑,出难题,从而淬砺、锻炼了唯物主义,促进了认识的深化。从这个意义上来说,哲学史也是唯物主义和唯心主义的斗争史。离开唯物主义和唯心主义的斗争来讲认识的发展,它的发展也是讲不清楚的。过去我们离开认识的发展来讲唯物主义和唯心主义的斗争,又陷入了另一种片面性。从亚历山大洛夫的定义到日丹诺夫的定义,再回到列宁的定义,是一个否定之否定的过程。如果我们在具体的研究工作中避免这两种片面性,就能够比较准确地掌握列宁的思想了。

哲学史上的重要人物和重要学派,如果说他们有过重大贡献,就在于他们曾经站在认识世界的最前列,体现了当时的思想高度。他们把当时人们的认识推进到一个新水平,无愧于是他们各自时代的思潮的代表。有贡献的哲学家们提出的一些哲学思想不应仅仅看作属于他们个人的见解,他们是集体智慧的代言人。哲学家虽属于某一个民族,但也不应把他看作仅仅某一个民族的哲学家,同时也具有全人类的意义。后人看前人,不难发现他们的理论有这样那样的缺点,甚至错误。但是更应去发现他们比前人提出了哪些新的命题,进行了哪些新的探索,揭示了哪些新的范畴。这样,哲学史就不是一系列错误观念的积累,而是人类认识世界、解释世界前进道路上连绵不断的里程碑。先进的哲学家(或哲学流派)所以称为先进,就在于他们站在当时人类认识的尖端,给后来人提供了精神财富。凡是不能体现当时先进水平的哲学家或流派,有时得到某种外力的支持,也能

84

行时一阵子,毕竟不能行久及远,经不起历史的考验。

二　中国哲学史的特点

哲学史作为认识史,作为唯物主义和唯心主义的斗争史,在不同的国家和地区,表现形式是不一样的。中国哲学是在中国这块土地上生长、发展的,中国社会历史的特点,决定了中国哲学史的特点,正像欧洲社会历史的特点决定欧洲哲学史的特点一样。中国社会历史大约有以下几个特点:

(1)奴隶制度不典型;但封建制度发展得相当充分而完善,封建社会维持得比较长久和稳定;近代资本主义力量则软弱,始终没有达到成熟阶段。

(2)始自奴隶社会的宗法制度,在封建社会里发展得较为完备,成为联结社会最重要的纽带,一直延续到近代,直到今天还有它的影响。

(3)中央集权下的多民族的大一统国家结构形成得早,统一的时间长,分裂不能持久。

(4)农民起义次数多、规模大;封建统治者在对付农民反抗和进行内部斗争中,积累了较丰富的统治经验。

中国社会历史的特点,给中国哲学史带来如下特点:

(1)封建社会的哲学历史最长。中国有文字记载的历史绝大部分是封建社会的历史,中国哲学发生于奴隶社会,其主要发展过程是在封建社会进行的。如果把中国封建社会的哲学史研究清楚了,找到它的基本规律,中国哲学史的主要研究任务也接近完成了。这是一个长期的任务,不是一代人、两代人的努力就能办到的。从世界范围看,希腊、罗马的奴隶制具有典型性,它的哲学光彩夺目;欧洲的资本主义制度具有典型性,资产阶级哲学最发达兴旺,影响了全世界。中国的封建制度具有典型性,封建时代的哲学最丰富、系统,成为中国哲学史的重点。中国的资本主义没有得到正常的发展,自然科学也没有达到近代实验科学的水平,所以中国哲学史中自然哲学的成分很少。近代的机械唯物论和生物进化论,都是从西方传进来的,不是自身发展出来的。

(2)神学化了的儒学占有极大优势。中国封建社会是宗法制社会,它要求建立与之相适应的意识形态。中国同欧洲的封建社会一样,都是宗教神学在意识形态中占统治地位,但是中国封建社会占统治地位的宗教不是佛教,不是道教,也不是基督教和伊斯兰教,而是一种具有特殊形态的适合于中国封建社会历史特点的宗教,即儒教。表面上看来,儒教这种宗教不同于一般的宗教,甚至它还打出反对佛、道的幌子,缺少一般宗教的外在特征,但是却具有宗教的一切本质属性。

儒教的思想基础是孔子所创立的儒家学说。儒家学说虽然是直接继承了殷周奴隶制时期的天命神学和祖宗崇拜的宗教思想发展而来,但是在先秦它还不是宗教,只是作为一种政治伦理学说与其他各家进行争鸣。由于这种学说强调尊尊、亲亲,维护君父的绝对统治地位,巩固专制宗法的等级制度,能够对劳动人民起极大的麻醉欺骗作用,汉代开始把它推崇为占统治地位的意识形态。为了使这种意识形态有效地稳定封建社会秩序,更好地发挥控制人心的作用,汉以后的历代封建统治者及其思想家们不断地对它加工改造,用政治手段不断扩大它的影响,使它朝着宗教神学的方向发展。他们进行了儒学的造神活动,把孔子偶像化,把儒家经典神圣化,到了宋代又吸收佛教、道教的思想,将儒家学说变成了体大思精的宗教神学。它在整个中国封建社会时期一直占据着正统地位,对于巩固封建制度和延长其寿命,起了十分巨大的作用。

由儒学发展为儒教是伴随着封建统一大帝国的建立和巩固逐渐进行的,曾经历了千余年的过程。这一过程中,孔子的学说共经历了两次大的改造。第一次改造在汉代,它是由汉武帝主持、由董仲舒倡导的,这就是中国历史上所谓"罢黜百家,独尊儒术"的措施。汉代大一统的中央集权封建宗法专制国家需要一套在意识形态上和它紧密配合的宗教、哲学体系。董仲舒、《白虎通》借孔子的口,宣传适合汉代统治者要求的宗教思想。第二次改造在宋代,宋代统治者从唐末五代分散割据的混乱局面中捞到了政权,鉴于前朝覆亡的教训而要求强化中央集权的封建宗法专制制度,思想文化领域里也要有与它相适应的意识形态相配合,于是产生了宋代理学。如果说汉代董仲舒和《白虎通》的神学目的论是一种比较粗糙的宗教神学,经过第二次改造后产生的宋代的理学就精致得多了。它是儒、释、道三教合一的产物。它以儒家的封建伦理为中心,吸取了佛教、道教的一些宗教修行方法,加上烦琐的逻辑思辨的论证,形成了一个体系严密、规模庞大的宗教神学结构。它既是宗教又是哲学,既是政治准则,又是道德规范,将四者融合为一体。理学的建立,标志着中国儒教的完成。

传统的看法认为儒学不是宗教,或者董仲舒的神学目的论虽可称为宗教,但宋明理学却不是宗教,而是一种哲学。其实,在封建社会的历史条件下,无论中外,都是神学笼罩一切。人们不能摆脱宗教这个异己的力量,而统治者则极力把神学树立为正统思想。神学需要利用唯心主义哲学为自己提出论证,唯心主义哲学也只有依附于神学才能发展。欧洲中世纪的经院哲学既是宗教,也是哲学。托马斯·阿奎那的《神学大全》,用亚里士多德的哲学来论证基督教的神学,就是明显的例子。宋明理学不像董仲舒那样宣扬活灵活现的人格神,但是理、气、心、性之辨,天理、人欲之辨,所宣扬的是一种神秘的宗教世界观,中心目的是把维护封建宗法制度的"三纲五常"抬到神圣不可侵犯的地位,叫人把它们当作宗教教条来信奉。说宋明理学是一种哲学,这和说它是一种神学并不矛盾。正如我们研究欧洲中世纪托马斯·阿奎那的思想,既把它看作是一种哲学也把它看作是一种神学一样。但是,也只有首先注意到这些在封建社会用来禁锢人心的思想的神学性质,才能把握他们的实质。

由于欧洲封建社会的历史特点,神权高于王权,因而欧洲中世纪的宗教和教会具有垄断一切的势力,基督教神学成了当时支配一切的意识形态。在中国,封建统治阶级始终是把神权限制在王权之下,而不允许平起平坐,更不用说神权凌驾王权之上了。这种历史特点使得中国封建社会在意识形态领域不像欧洲中世纪那样单调呆板,而是丰富多彩。统治阶级虽然极力培植儒教,同时也利用佛教和道教。儒、释、道三教并行,既斗争,又联合。它们在互相争夺正统地位的斗争过程中,尽量吸取对方所长,以补己之所短,不断地进行渗透交融,这就推动了它们逐渐由粗糙向精致的方向发展。

(3)有光辉的唯物论和无神论传统。中国是文明古国,殷周时代就有了高度文化。进入封建时代以后,这种文明继续昌盛发达,造就了优秀的唯物论和无神论传统,它的朴素唯物论和朴素辩证法达到了古代的最高水平。唯物论和辩证法思想是中国哲学史的精华,它在中国封建社会能够得到较充分的发展,具体地说,得力于以下的社会条件:

第一,根本说来,中国的古代社会比较有生气。地主阶级在上升时期表现出充分的活力,即使到了中、后期,也不乏主张进步、勇于革新的集团或派别。农民起义不断发生,每一次都打击了腐朽势力,推动了社会的前进。在民族危亡的关头,总有一批志士仁人挺身而出来救危图存,寻求真理,主持正义。阶级斗争、民族斗争和统治阶级的内部斗争交织在一起,使社会生活起伏多变、错综复杂,人们从中积累了大量的社会斗争的经验教训,给唯物论和辩证法的发展,提供了现实的动力和生动的资料。

第二,中国古代的自然科学起步早。在封建社会之初,天文、历法、医学、数学、生物、物理等学科就有较高成就。在数千年的封建社会里,自然科学都达到封建制度下可能达到的最高水平,长期保持着世界领先地位。它们为唯物主义者提供了丰富而有价值的自然科学知识,给予哲学的发展以直接的推动。荀子、王充、范缜、王夫之、戴震等人,都是吸收了当时自然科学的成果而成为一代哲人。

第三,在中国封建社会里,意识形态各个部门都得到较充分的发展,不像欧洲中世纪,基督教是唯一的意识形态。在文学、艺术、道德、法学、政治学、史学等领域里,涌现出一大批杰出的学者。撰写出数量众多的鸿篇巨制和不朽的传世之作,给社会增添了宝贵的精神财富。先秦时期诸子百家的思想资料也基本保存下来,给后来的哲学提供了相当大的选择余地。唯物主义者受到丰富的文化典籍的熏陶,在构造自己理论体系时,有广博的文史知识作为基础,有多方面的资料可资借鉴。

第四,道高一尺,魔高一丈。中国封建社会的宗教和唯心论,经历了一个由粗糙到精致的发展过程,在理论上达到相当系统周密的程度。例如宋明理学和佛教哲学,都有庞大的体系,它们在结论上是错误的,对认识过程的分析却有相当的深度。这就从反面诱发了唯物论,使得唯物论者不得不在理论上认真对付这种挑战,用更高水平的唯物论和辩证法去回答对方提出的难题,从而使自己的体系不断完备,使正确的认识不断深化,形成一浪高过一浪的发展势头。

中国哲学史上有许多伟大的唯物论者、无神论者和辩证法思想家,这是中华民族的骄傲。不过我们也不能过分夸大他们的贡献;比起资产阶级的唯物论和辩证法来说,他们的学说毕竟处在朴素、自发的水平,低了一个历史阶段。而且在儒教影响遍及全国以后,从唯物论者身上,或多或少都可以看到儒教(即中国特有的宗教神学)的烙印。这种历史的局限性,我们也要给以足够的注意。

三 中国哲学史的研究方法

科学的世界观和方法论是一致的,如何把历史唯物主义的基本原理与中国哲学发展的实际相结合,是我们长期努力实践的课题。历史唯物主义运用得正确,人们才能从历史上纷繁复杂的现象中揭示出事物的本质和发展规律。历史唯物主义运用得好与不好,是中国哲学史能否真正成为科学的关键。为此,要注意几个问题:

(1)把问题提到一定的历史范围

历史唯物主义要求我们把所研究的问题提到一定的具体历史范围之内,努力还其本来的历史面貌。

"五四"以后,中国文化与西方文化有了大量广泛的接触,无疑给中国哲学史的研究打开了眼界。但是在我国学术界过去缺少现代科学方法的长期训练的传统,借鉴西方本来是件好事,搞不好,流弊所及成了依样画葫芦,生搬硬套。先是生搬西方资产阶级的,后来又生搬苏联的。实际效果证明,这种方法无助于弄清哲学史的本来面貌,反而增加了混乱。我们不能按照西方哲学史的图式来写中国哲学史。老子的"道"绝不同于黑格尔的"绝对理念"，王阳明的心学也不能与贝克莱的主观唯心论相比附，老子和王学属于封建时代的哲学体系，贝克莱和黑格尔属于资本主义时代的哲学体系。把不同时代的哲学强拉在一起机械相比，就是犯了不知类的错误。即使是时代相同或相近，中西的具体历史条件也有差异。孔子不是苏格拉底，孟子不是柏拉图，荀子也不是亚里士多德。不顾中国和西欧古代的历史特点，强行比较，不是一种科学的态度。

　　我们也不能强使古人穿上时装。孔子是春秋末期的思想家，他不是汉以后封建统治者塑造的孔圣人，更不是"四人帮"笔下的"孔丘"。封建时代的正统思想家，标榜尊孔，实际上他们并不尊重历史上的孔子，而把孔子任意改造打扮，名为尊孔，实则用孔。如果说封建地主阶级把孔子当成一面旗子，以此来整肃人心，那么林彪、"四人帮"则把孔子当成一个靶子，用以影射攻击革命家。他们的用意都不在研究历史，而在施展政治策略和手段。无论是正统经学的尊孔，还是影射史学的骂孔，现在都已成为历史陈迹，都不能引起研究者的兴趣。应当指出的是：一个哲学史家怀着善良愿望的借古喻今，同怀着鬼蜮动机的影射史学，作为历史研究的方法，都是不足取的。这样的做法，不可避免地要用主观的好恶去涂抹历史，既歪曲了历史的真实性，也破坏了历史科学，只会引起思想上的混乱。我们不能根据今天某种需要去塑造古代哲学家的形象，不论这种实际需要是否正当。实际需要是经常起变化的，而历史是不能改变的。历史事实是不应涂抹，也涂抹不掉的。否则，我们和实用主义就划不清界限，哲学史的研究就不成为科学。我们只有在揭示历史上客观存在的规律性的前提下，才能正确总结历史经验教训，决不是任意截取或歪曲历史资料以满足眼前的需要。还有，彻底的唯物主义者只需要老老实实地做事,明明白白地讲话,毫不含糊地表明自己的观点,不需要戴着古人的脸谱、穿着古人的服装,来演出历史的新场面。

(2)进行具体的阶级分析

人类的文明史,从根本上说来是生产和科学发展史,是阶级斗争的历史。哲学作为意识形态之一,是人类社会活动在理论上的反映。哲学史研究要想从复杂多变的社会历史现象中,发现社会发展和思想演变的规律性,就要对古代哲学思想进行全面、具体的分析,揭示它的社会属性及时代特征。

阶级分析是历史唯物主义观察社会、认识历史的主要方法。但是不能把阶级分析简单化、公式化。不同的社会形态,有不同的阶级和阶级斗争,在同一社会形态之内的不同时期,阶级斗争的表现也不相同;不同的阶级有不同的属性,而同一个阶级在不同的历史时期,其表现也是有变化的,在其内部还存在着不同的阶层、集团和派别。这一切都需要进行具体的细致的分析。从哲学同阶级斗争的关系来说,哲学是距离社会经济基础较远的上层建筑。它和基础之间的关系是间接的,有时被一些中间环节弄得模糊了,给哲学家贴标签并不能如实地反映哲学家本来的情况。

不能认为,一个阶级只信奉一种学说,他们都说一样的话。历史的实际情况要复杂得多。比如说先秦时期涌现了新兴地主阶级,他们中间有从工商业者和平民上升而成的,有以军功起家的,有从奴隶主转化过来的。他们都要求打破奴隶制,实行封建制,但他们又各有自己的特殊的利益和不同的文化教养,因而具有不同的宇宙观和治国方案。孟子、荀子、韩非三家的异同,直接与上述复杂的社会阶级背景有关。当时的小生产者阶级中,有来自从宗法奴隶制下解放出来的平民或奴隶,有来自没落的奴隶主贵族。同属小生产者阶级,其中有主张兼爱非攻的墨子,有崇尚自然无为的老子和庄周。历史事实表明,一个阶级不仅会有许多主义,这些主义甚至有唯物与唯心的差别;而一个具体的哲学家,由于带着各自的现实条件的烙印,他只能表现特定阶级众多属性中的某些属性,在共同的阶级属性之外,他总还有着自己的个性,并以此在哲学史上表现出自己鲜明的特色。

如何理解唯物主义与唯心主义对立的阶级基础,是一个复杂的问题。秦汉以后,直到鸦片战争以前,中国封建社会的主要矛盾,是地主阶级和农民阶级的矛盾。农民阶级虽然是社会物质财富的直接创造者和文化财富的间接创造者,但是它不是新的生产方式的体现者,又被剥夺了受教育的权利,所以不能产生自己的大理论家,他们往往要靠别的阶级的政治家和思想家来"代表"他们自己。封建时代的主要哲学家,不论是唯物论者还是唯心论者,都出自地主阶级。那么,哲学如何反映出封建社会的阶级斗争,这不仅要对每个历史时期阶级总形势进行分析,还要对地主阶级的发展变化及其内部斗争进行具体分析。封建社会经历了上升、停滞和没落几个重大阶段,地主阶级也从朝气蓬勃的进步阶级逐步转化为腐朽没落的阶级。与此相适应,封建意识形态也经历了很多的变化。

两汉时期有豪强地主阶级和普通地主阶级的矛盾。魏晋南北朝时期有门阀士族阶级和寒门庶族阶级的矛盾,还有世俗地主阶级和僧侣地主阶级以及僧侣地主阶级内部的矛盾,这后一种矛盾一直延续到明清。隋唐以后,有官僚地主阶级同中小地主阶级的矛盾,在官僚地主阶级内部还有进步集团与腐朽集团之间的矛盾。明中叶以后在一部分地主兼工商业者中,出现了资本主义倾向,他们与正统地主阶级有矛盾。在民族矛盾尖锐的年代,地主阶级内部分化为抵抗派和投降派。上述斗争受着地主与农民两大对抗阶级之间斗争的制约和影响,表现得错综复杂,往往进行得十分激烈。哲学战线上的斗争,就是各个时期阶级斗争(包括地主阶级内部的斗争)或明或暗的表现。

有一种说法,封建社会中期以后,中小地主阶级进步,大地主阶级反动。这种说法不能认为是全面的、正确的。一般地说,中小地主阶级没有特权,又受到大地主阶级的压抑,在豪强兼并剧烈的时代,当农民的土地被兼并罄尽的时候,他们也就成了被兼并的对象,容易对特权阶层的腐败政治产生不满,主张革新。但大地主阶级内部,甚至在当权派里,也同样会出现革新集团,他们从本阶级长远的和根本的利益出发,主张革除弊政陋习,整顿封建纲纪,实施轻徭薄赋,推行开明政治,以图挽救社会危机,稳定封建秩序。不能把这类主张,都归属到中小地主阶级身上。唐朝的永贞革新,宋朝的王安石变法,都是一部分官僚地主阶级当权派主动发起的,并得到了皇帝的支持。认为中小地主阶级产生唯物论,大地主阶级产生唯心论,这不能被认为是一个普遍适用的公式。

一般地说,唯物主义哲学与进步阶级相联系,唯心主义哲学与反动阶级相联系。这只是"一般地说",而不能绝对化,绝不能在唯物论与进步、唯心论与反动之间画等号。那会得出十分荒谬可笑的结论。前若干年,我们的哲学史界确曾有过这种荒唐的说法。应当看到,唯物与唯心是哲学概念,表示认识路线上两种世界观的对立,进步与反动是政治概念,是对政治行为所做的肯定与否定的评价。两者有时一致,有时不一致。历史资料表明,错误的理论并不总是起反动作用。地主阶级在上升时期,可以同时采用唯物论和唯心论作为自己的宇宙观和理论武器。如先秦的孟子的唯心论和荀子的唯物论都不失为进步的哲学理论;西汉董仲舒的唯心论,就其社会作用而言,有进步的一面。

地主阶级在没落时期,其统治集团多采用唯心论和宗教,但其中的进步势力和派别,有的主张唯心论和宗教,有的则主张唯物论和无神论。例如李贽和王夫之同为进步思想家,一个相信陆王心学和佛教,一个主张唯物论和无神论。在封建社会里,中国历代农民阶级举行起义时,往往披上宗教的外衣。如东汉末年黄巾起义、宋朝方腊起义、清朝太平天国起义和义和团运动,都是打着宗教的旗号发动的。当然,唯心论和宗教毕竟不是真理而是谬误,当它们作为反动阶级或集团的思想武器时,能够大显身手,顺理成章地发挥其反动社会作用;而当它们被进步的阶级或势力利用时,它的积极社会作用是相当有限的和为时短暂的,它的消极影响在当时或不久就显露出来,最后不得不把革命事业断送。

（3）中国古代哲学发展中的地区性和多种文化的融合过程

哲学思想和学术流派都是在特定的社会环境中产生的,不同的国家和地区有不同的社会环境,这就给哲学思想带来了国别的、民族的、地域的特点。这是哲学不同于自然科学的地方。欧洲近代哲学史,给我们提供了有益的借鉴。法德毗邻,鸡犬相闻;英法相望,一衣带水。英、法、德三国的哲学同属近代资产阶级哲学范畴,但英、法、德三国哲学却各有自己的面貌,这是因为三国的经济结构、新旧力量对比、文化传统等组成的社会历史条件之间有一定差异。

春秋战国时期,华夏民族的活动范围西从渭水流域,东至黄河下游,南到长江中下游流域,北到蓟辽地域相当广阔。哲学上出现众多学派,呈现百家争鸣。这固然反映了不同阶级不同阶层的利益和要求,同时也与各家所在地区文化传统有关。当时有四个文化区,分别产生了四种文化类型,即:邹鲁文化、荆楚文化、三晋文化、燕齐文化。

邹鲁文化对西周传统文化继承得最多。尤其是鲁国,为周公子伯禽封国,保存了丰富的西周文物典籍①。鲁文化对周朝的宗法制度采取肯定和维护的态度。鲁国是儒家的发源地,儒家的经典《诗》《书》《礼》《乐》,都是西周数百年文化积累形成的。

楚文化发生在江汉流域,它受西周传统文化的影响较小,有自己独特的风格,对中原文化持批判态度。在思想方面,《楚辞》《老子》及后来受《老子》影响的庄周②,都带有楚文化的鲜明特征,即偏重于探讨世界万物的构成、起源,人与自然的关系,人在自然界中的地位,对于自然事物歌颂备至。老庄哲学对于人伦日用、政治生活,采取轻蔑的态度,视社会生活为桎梏,认为它破坏了朴素的自然。所以荀子说:"庄子蔽于天而不知人。"荆楚文化的遗风,至西汉时期的《淮南子》犹可辨认。刘安和他的门客的活动地区仍在当年楚境。

三晋文化指韩、赵、魏一带的文化。三晋处于四战之地,地理条件不如邻近大国,缺少天然屏障和回旋余地。为了在激烈斗争中求得生存和发展,这些国家对内注意改革、练兵、储粮,对外则随时权衡国际交往的利弊,利用矛盾,争取外援。法家吴起、商鞅、韩非等,纵横家苏秦、张仪等,虽然其中有些人后来在三晋以外受到重用,但他们最初都萌发于这一地区,这是形势逼出来的。名家公孙龙为赵人。惠施学说流传于梁(魏)、宋间。荀况的思想兼有儒法两家的特点,与他曾受过三晋学风影响有关。秦国是后起的诸侯国,其地虽为姬周故乡,但平王东迁以后,文化重心随之东移,秦陇反呈空虚,所以秦的文化长期落后,

---

① 公元前 540 年,晋国韩宣子到鲁国访问,看到鲁国丰富的文物典籍,惊叹道:"周礼尽在鲁矣。"见《左传》昭公二年。

② 庄周,宋人。《楚辞》《老子》对庄子的影响甚深,故应归为楚文化型。

缺乏自己的传统,没有实行严格的宗法制。秦孝公以后,主要受三晋文化影响,可以归到三晋文化类型。

燕齐文化,发轫于齐国稷下,后转输于燕。齐国的周礼传统不如鲁国深固,而军功新贵的势力又不如三晋强,它产生的管仲学派,对旧有的宗法制采取半保留半否定的态度,主张把法治和礼治结合起来。稷下学宫,人才辈出,以道家的势力较大。邹衍的阴阳五行学说,后来盛行于燕齐。西汉董仲舒生活在燕齐方士、道家最流行的地域,他的学说明显受到燕齐文化的影响。

秦汉以后,全国政治上统一,统治者也在努力使思想文化得到统一,车同轨,书同文,行同伦。但由于封建经济是自给自足的自然经济,由于中国地域辽阔广大,有千山万水相阻隔,加上各地文化传统具有保守性,思想文化上的地区差异性仍然长期存在着。在国家分裂,地方封建势力割据称雄的时代,文化上的地区差异性就更加突出。

三国时,魏、蜀、吴各有自己一大批文人学士。荆州地区集中了不少文学家、经学家。刘备、诸葛亮以荆州人才为基础,夺取了四川。王弼先人王业、王粲都在荆州,如果追溯魏晋玄学思想渊源,可以上溯到荆州学派。

南北朝时,政治、经济上的分裂,使南北两地文化上的差别扩大,学术上形成迥然不同的风格。北方的门阀士族为了在少数民族中保持其封建宗法特权,主要是保持其经济特权,他们着力利用儒家传统,宣扬封建宗法道德来维系人心,于是汉儒的经学在北方得到重视。南方门阀士族不像北方处于少数民族贵族统治之下,他们享有足够的政治、经济、文化及社会地位的特权,他们才有条件尚清谈,擅名理,好庄老。北方文化比南方落后,世俗地主阶级的学风,也影响到僧侣地主阶级。因而北方佛教十分注意禅定,强调宗教实践,对于佛学理论上的发挥不甚在意。南方佛教则偏重佛教理论的探究,与唯心主义玄学清谈相配合,为门阀士族特权制度服务。例如般若学与贵无论相呼应,涅槃佛性学说为门阀士族特权作辩护。南北文化的地区性,一直影响到书法艺术,南方尚飘逸、洒脱,北方多端庄、凝重。

隋唐时期,南北统一,文化融合的趋势随之加强。但学术的地区性差别并未泯除。就拿门户林立的佛教宗派来说,它们之间的不同,既表现在经典、教义与师承传授关系上,也表现在学派的地区性上。如禅宗分为南北两宗,南宗主顿悟,北宗倡渐修,也与南朝重义解,北方重禅定的传统有关。

宋以后,儒教垄断了文化,地区性的特点进一步减弱。凡与正统思想不合的新见解,往往受到限制,甚至遭到扼杀。但是细加考察,一些具有全国影响的学派都有自己活动的中心地区或根据地。就宋代理学而言,有濂、洛、关、闽等学派,分别以江西、关中、洛阳和福建为本学派学术活动的中心。此外,还有永嘉、永康等学派。辽金学术与江南赵宋传统也有差别。北宋苏氏父子在理学上亦自成一家,号称蜀学。明朝则有王守仁学派的分化,有浙中和江右、泰州学派等。这些学派的学说是全国性学术思潮的组成部分,同时又各有自己的特色。

明中叶以后,中国有了资本主义萌芽,社会内部孕生着一种破坏封建桎梏的新生力量。明末清初之际,阶级矛盾和民族矛盾加剧,学术思想趋于活跃。黄宗羲的民主思想的提出,复社知识分子集会结社活动,与他们生活、活动的江浙地区有着深切的关系。那里工商业发达,有手工业工场的存在,受着东林党人的巨大影响。王夫之与黄宗羲同时,两人思想却很不相同,除开两人所受教育、家庭等原因外,生活环境不同也是一个重要原因。王夫之生活在湖南,又到过两广,直接接触到当时湘黔原始氏族社会生活,因此他不相信儒家关于尧舜禹三代盛世之说,提出了今胜于古的进步历史观①。

过去讲哲学史，哲学发展的地区性是常常被忽视的一个环节。为了把具体问题具体分析的原则贯彻到底，在哲学史研究中，不仅要注意哲学家的阶级性、时代性、地区性，也还要分析哲学家个人经历、性格特征给哲学理论形态带来的个性差异。这些问题如不注意，就把哲学史写成千篇一律、千人一面。

既要看到哲学史上地区性的差异，而哲学的融合过程也同样值得注意。中国向来是众多民族混居杂处的国家。殷朝、周朝的诸侯，虽然各自为政，但都拥戴一个共主，是大国中的小国，彼此间有密切的经济文化联系，在黄河、长江流域，形成大范围内的华夏民族共同体。春秋战国时期，各诸侯国由奴隶社会相继过渡到封建社会，各国之间既进行着政治和军事上的激烈争夺，又进行着经济和文化上频繁的交流，并向着统一合并的方向发展。最后由秦国统一了天下。秦王朝由于压迫剥削过甚，激化了与农民的矛盾，不久即被农民起义所推翻。汉朝总结亡秦的经验教训，重建和巩固了全国范围内地主阶级的中央集权，中国从此进入了较稳定的全国统一的时代。政治上的统一，促进了兄弟民族之间经济的往来、文化的交流；民族之间的通婚，加强了民族之间的融合。

在学术思想的发展上，也表现为不断融合的过程，唯物论和唯心论的发展都是这样。荀况的哲学是先秦各种唯物主义哲学的总结，其中既有邹鲁文化，也有三晋文化、燕齐文化及荆楚文化。《吕氏春秋》一书，集合众家之长，儒、墨、道、法、名、阴阳各家，兼而有之。汉初《淮南子》也是一部以老庄为主的综合诸家

---

① 王夫之认为唐虞三代并不高明，那时"国小而君多"，"暴君横取，无异于今川广之土司，吸龁其部民"。见《读通鉴论》卷二十。

的著作。董仲舒号称醇儒，其实他的儒术并不醇正，是燕齐方士与儒学的混合物。董仲舒融合各家，用神学驾驭哲学，使两汉经学具有中古经院哲学的特色。西汉以后，表面上看只有儒家被尊崇，实际上在儒家这面旗帜下对许多别家的思想都有所吸收。王充的哲学，是继荀子之后对唯物论的第二次大的总结，他对于先秦《老子》《管子》《荀子》《韩非子》中的积极成分都有所吸收，同时对汉以来扬雄、桓谭的思想也有直接的继承和发挥。

魏晋时期，儒家独尊的局面暂时被打破，佛教、道教大量流行。儒、释、道三家互有斗争，又互相渗透、吸收、融合，三家都在起着变化。从三国时起，汉译佛经就增加了某些儒家的传统观念①。尔后，儒、释两家在义理上彼此调和、融通的做法，更加盛行。东晋慧远，在佛学内部调和大小乘之间的矛盾，在世俗哲学上则调和儒学与玄学的歧异，在儒佛关系上融合在世与出世的矛盾。南北朝时，梁武帝儒佛兼信。儒家讲的三纲五常成为佛教的善恶标准。

隋唐以后，儒、释、道三教合流的趋势相当明显。唐朝由政府明令禁佛、道两教互相攻击，三教都得到朝廷的大力支持，三教在内容上由互相诋毁而变成互相补充。

宋代理学创始者周敦颐，他的《太极图说》显然来自道士陈抟。朱熹与道教的关系也很深，他曾大力钻研过《参同契》《阴符经》等道教经典。宋明理学是儒、释、道三教在理论上相结合的产物，只是以三纲五常为核心罢了。

---

① 吴支谦译《太子瑞应本起经》卷上："佛言：至于昔者定光佛兴世……寿尽又升第七梵天，为梵天王。如果上作天帝，下为圣王……及其变化，随时而现：或为圣帝，或作儒林之宗，国师道士。"与康孟详译《修行本起经》相较，自"寿尽又升梵天"以下，两译本相同，只是没有"或为圣帝，或作儒林之宗，国师道士"。可见这几句话是译者为了调和佛儒而故意增加的。

　　王夫之的哲学是封建时代唯物主义哲学的最高成就,他集前人之大成,系统地总结了我国古代朴素唯物论和辩证法,吸收了各方面学术研究的优秀成果,在这个基础上,他才能够使自己的哲学有较全面的创新,代表了前资本主义社会人们认识世界一般规律的最高水平。

　　以上只是举例说明,中华民族的文化是各时代、各民族、各地区人民共同创造的。中国历史上重要的哲学家、思想家都善于吸收前人和同时代人的学术思想,经过消化,形成新的理论体系。经过不断的汇合、积累,逐渐形成中华民族独立的文化传统,它有较深厚的根基,较持久的影响力。当然,唯物主义哲学的融合与唯心主义哲学的融合不同。前者是融合科学的积极的成分,使真理得到发展,后者是融合非科学的消极的成分,给谬误保持了地盘。我们应当对这种文化融合的过程作深入的研究,总结出规律性的东西来。

　　(4)详细地占有历史资料,认真地进行审查和鉴别

　　对于中国哲学史的研究工作来说,从实际出发,就是从真实的中国哲学史史料出发。所以研究工作的第一步是全面地搜集资料,去伪存真,确定时代和作者。资料根据不充分就难免陷于空谈和武断,使用错误的资料,同样也得不出正确的结论。

　　搜集资料即使不能"竭泽而渔",而基本的和主要的事实则不能漏掉。这些资料便是我们用以做出论断的依据,我们要尊重它,使自己的观点与之相一致;我们反对那种为了适应主观的需要去剪裁历史事实,取其一点,不及其余。有许多学术上的争论,是由于不能全面地处理资料,而是片面地引用资料引起的。历史上没有纯而不杂的哲学家,其思想资料里不同程度地存在着互相矛盾的部分,倘若我们的研究工作者各取所需,根据观点去找资料,那么持相反论点的双方,都可以从中找到自己所需要

的资料,当然也都不能正视对方所掌握的资料,而结论则都不免陷入片面性。例如《老子》《墨子》《庄子》,它们的思想体系内部有矛盾,我们若各持一端,这笔墨官司一万年也打不清。正确的态度应当是,对资料要有一个全面的观点,承认矛盾的客观存在,历史地说明这种矛盾出现的原因及其发展趋向。情况是多种多样的。唯物主义成分和唯心主义成分在一个哲学家的头脑中同时并存,这是极常见的现象。有的"大醇而小疵",基本倾向(或唯物或唯心)很清楚,有的在这个领域唯物,在那个领域唯心,有的本身观点模糊不清,或者一个学派的早期后期有变化,对此都不应忽略。

有些古代哲学著作不出于同一作者之手,也不是同一时代的产物,需要分开来处理。《墨子》一书,历史上学者们长期把它当作墨翟所作,根据近人的研究,我们把它分为墨子哲学和后期墨家,一个在战国初期,一个在战国中后期,这样更符合古代历史的实际。《庄子》一书也有类似的问题,若不加区别,一律作为庄周的思想,许多矛盾不好解决。我们根据古人的记载,把它分为庄周的哲学和后期庄学。这样,《庄子》书中进步性和保守性的矛盾,唯物主义体系和唯心主义体系的矛盾,也就迎刃而解了。《庄子》书中两种思想的矛盾,不同于《老子》,不是思想本身含混不清,而是存在着两种不同的论证体系,只能说明它分别出于不同时代作者之手。还有《周易》,过去把它当作一部不可分的完整著作,其实,《易经》部分属于殷周之际,《易传》部分属于战国后期,时代相距甚远。《管子》一书并不是管仲亲著,已为学者们公认,其中哪些保存了管仲的思想,哪些属于后来的管学,我们研究得还不够,但也谨慎地做了一些鉴别剔除工作,我们认为,其中大部分应看作是战国时期齐管仲学派的集体著作。学术界经常提到先秦的"思孟学派",我们作了一些考证,认为资料不足,"思孟学派"的存在无法得到证实。

也有些资料,写成文字的时间较迟,但有关事件发生的时代甚早。如早期的宗教、神话、传说,文字流传时期多在汉魏间。我们结合民俗学、少数民族社会调查,考古发掘资料,均可证明其事出有源,不为无据,我们也审慎地、有选择地加以使用。我们对原始社会人类思维的描述,就是以这样的资料为根据的。

辨别资料的真伪,是治哲学史必然遇到的问题。在封建时代,经书是圣人留下来的,敢怀疑的人不多。直到清代,才对《尚书》的真伪开展广泛的讨论。"五四"以后,《古史辨》派的学者在清人考据的基础上,进一步打破旧传统的迷古,提出更大胆的怀疑,为清除封建时代对古史的歪曲和偏见,重新用科学的眼光审查古史资料的真伪,开辟了道路。这一历史功绩,不容抹杀。今天有了更多的考古资料,看来他们当初为了"矫枉",有时难免有"过正"的地方,不该怀疑的也怀疑起来。

解放后,我们不仅有了科学的世界观和方法论,而且得到了逐年增多的大批出土文物,其数量之多,超过以往任何时代。这就为中国哲学史史料的辨伪工作创造了更有利的条件。例如过去有人怀疑《孙膑兵法》传世,现在在同一墓地发现了《孙武兵法》和《孙膑兵法》,问题便迎刃而解。有了马王堆出土的帛书,对于黄老之学的面貌,我们就更清楚了。对于文物考古的新发现新成果,中国哲学史工作者要给予关心,把能够采用的及时吸收进来。当然,我们并不把中国哲学史研究上今后出现重大新突破的希望,寄托在新资料的发现上,而要花大力气研究在历史上发生过重大影响的学派和学说。

有些著作假托古人,如能找到真凭实据,把它作伪的时代搞清楚,那么它就可以从伪书变为该时代真实资料。如东晋的《列子》,前人不把它看作战国时期的列子的思想,因而说它是伪书,但用它来说明魏晋时期的一种思潮，则是可用的和有价值的。在这个意义上说，它一点也不伪。如果我们能善于利用科学手段来处理历史资料，把有用的资料放在它应当被放置的地位，那就有一天会做到人无弃人，物无弃物，书无伪书。当然这是一个长期努力的方向。

四　发扬优良传统，批判封建主义

中国有将近四千年有文字可考的历史，中华民族在长期封建社会中，创造了灿烂的封建文化。中国哲学史是中国文化的重要组成部分，它的内容十分丰富，有许多优良传统值得我们继承发扬。

中华民族善于吸收、消融外来文化，从不照搬照抄。外来文化到了中国，不改变成为中国的样子，就不能立足，因为我华夏文化有深厚的历史的政治、经济根基，形成了独特的民族性格。中国哲学史不仅是国内各民族文化思想的融合结晶，而且也以外来的哲学思想丰富自己的体系内容，像汉魏以后对佛教的吸收和消化，到宋代理学糅合儒、释、道三教思想，成为最完备的儒教哲学体系，佛教经过中国改造又传播到亚洲各邻国，各邻国封建社会时代也大多采用中国的儒家学说。中国哲学史在构成东方世界文明以及影响世界文化的作用中做出了应有的贡献。

中国历史上出现了许多伟大的哲学家和许多博学的学者，如春秋时期的孔子、老子，他们约与古印度的释迦牟尼同时，而早于古希腊的苏格拉底，他们的著述不但成为中华民族的财富，也是世界文化财富。

战国时期的墨子、孟子、庄子、荀子、韩非子等人，他们的学问造诣，可与欧亚任何民族古圣先哲相媲美。至于汉朝以后出现的大哲学家,像董仲舒、王充、王弼、向秀、郭象、范缜、韩愈、柳宗元、玄奘、惠能、王安石、张载、程颢、程颐、朱熹、陆九渊、陈亮、王守仁、王廷相、王夫之、黄宗羲、戴震等。其人物之多,理论造诣之博大精微,更是外国(包括东西方)中世纪无法比拟的。只是到了明中期以后,由于儒教的消极作用抑制了中华民族的生机,统治者切断正常的中外交流,以"天朝"大国故步自封,压制资本主义因素的萌发,当西方已迅速步入资本主义时代,它仍然停滞于封建社会,这样便逐渐落后了。我国近代史上也出现了洪秀全、康有为、严复、谭嗣同、章炳麟、孙中山等大思想家,他们是我国近代最早向西方寻求救国救民真理的先进的代表人物。尽管中国近代社会缺乏西方近代资产阶级哲学发生发展的条件,但是他们作为中国微弱的资本主义因素代表,毕竟将中国哲学发展到一个新阶段,为辛亥革命的胜利准备了思想条件,也为后来的"五四"新文化运动铺了路基,他们的历史功绩是不可磨灭的。

随着社会主义祖国的强大,中国已进入现代世界文化大国之林,旧中国那样长期闭关自守的局面已被打破。我们要面向世界,要无愧于中华民族的光荣历史,对人类做出较大的贡献。我们如果能够写出一部较为科学的中国哲学发展史,能够对中华民族的认识史有所揭示,将是我们的最大光荣,也是我们应尽的责任。随着我国国际地位的提高,中外文化交流将推动我们进一步总结经验,发扬优点,吸取外国哲学思想的长处,创造未来的精神文明。

中华民族在长期封建社会中创造了灿烂的封建文化。如何剔除其糟粕,批判地吸收其优良传统,在新的历史条件下予以发扬光大,这是我们的责任。

中华民族的文化,贯通古今数千年,有文字记载的历史连绵不断,越来越翔实。中国哲学史的著作更是十分丰富,给后人留下了可资依据的大量的思想资料。从春秋战国到近代"五四",使我们对历史上思想发展有一个连绵不断的线索,我们这个传统是值得自豪的。

中国哲学史每一个时代都有它的独特的表现形式和中心思想议题。争论的中心随着人类认识深化而不断创新、前进,有因有革,从而使得中国哲学发展史显得绚丽多彩,既有继承,又有发展,哲学范畴内容不断地得到丰富。这一优良传统给中国哲学史提供了广阔的思想资料来源。

我国自古是个多民族的国家,各民族之间交往频繁。民族交往中随时吸取其他民族的长处,以弥补各自民族的短处,这是民族之间的常规。但是在人民真正当家做主以前,广大劳动人民(人民的主体)没有权利,主宰国家和民族关系的是各个民族中的贵族特权上层人物,他们是剥削阶级的代表,难免要扩大疆土,掳掠人民。因此,在中国历史上除了民族之间的交往和融合之外,也不断发生战争争夺现象。一般地讲,民族之间的战争,掠夺的一方是非正义的,被掠夺的一方,即受害者,如果进行自卫,应当认为是正义的。把历史事件放在当时的历史条件下来评判,古代的民族战争的正义性和非正义性不应含混过去,因为那是当时的大事,它直接影响着有关民族兴衰和当时人民群众的切身利益。中国古代历史上有许多哲学家的新思想往往是在民族矛盾的激发下产生的。这样的进步的思想家,在汉族和其他兄弟民族中都有。维护正义,反对外来民族侵略压迫构成中华民族的爱国主义的精神传统,一直成为中华民族对内融合兄弟民族的长处,对外抗拒侵略的精神支柱。特别到了近代,这种爱国主义精神传统更具有非凡的意义。

在近代,中华民族为了摆脱帝国主义侵略、奴役的处境,民族解放的斗争,成了推动人民觉醒,奋发图强的巨大动力,而先进的中国人为了向西方寻找真理,揭开了中国现代化的序幕,在曲折的道路上摸索前进,最后终于找到了马克思主义这个真理。有了爱国主义的好传统,才使得我们有可能一次又一次地挣脱灾难深重的境地,才能有繁荣富强的今天。也正是有了爱国主义的好传统,才使得中华民族中的优秀的思想家得到鼓舞和力量,抛弃旧成见,钻研当时的新问题,提出了有新意的哲学问题。

中华民族各族劳动人民又具有反压迫反剥削的好传统,从先秦到近代,这种传统一直未断。号召人们向往无拘无束的生活,有老子的小国寡民的理想,有庄子的歌颂无君的思想,直到洪秀全的《天朝田亩制度》和康有为的《大同书》,有过各种反剥削反压迫的思想。这种思想成了经常的反抗儒家正统思想的促进剂,它有时是儒家明显的对立面,也有时作为儒家思想的必要补充,因而形成了中国特有的空想的大同理想。

数千年的中国历史表明中国的无神论思想和唯物主义思想十分丰富。这是由于中国封建社会得到了充分的发展,封建社会的生产力发挥到这个社会形态可能到达的最好水平。在封建社会中,神学当权,宗教神学笼罩了一切学术领域。唯物主义和无神论在中国的存在,当然也受到中国宗教思想的限制,但是,中国的封建生产关系与生产力的关系有较协调的一面,因而生产、经济、文化都有突出的进展。科学技术与文化是发生唯物主义和无神论的土壤。而唯物主义和无神论的进展又必然限制了宗教神学的辖区。这又是中国哲学史的一个好传统。由于不断得到科学和无神论的理性源泉的灌溉,中国的封建哲学才不致显得像欧洲中世纪经院哲学那末枯燥、独断、反理性。

中国哲学史上的辩证法传统也是世界上封建社会中少有的。辩证法的传统在我国有两大思想体系:一是以老子为代表的贵柔体系,一是以《周易》为代表刚健体系。这两大体系经历数千年交相融摄,不断丰富中国哲学的辩证法内容,从而使中国古代的辩证法思想达到了朴素辩证法的高峰。辩证法作为一种思想方法和世界观,它不但表现在哲学上,它已渗透到生产和生活的各个领域,如医学辩证施治的理论,军事学的指导思想,农业生产上的因地制宜,不但形成了中国医学、兵法、农学的独特体系,而且对世界文化宝库也做出了应有的贡献。

当然,我们也应看到,中国古代的朴素唯物主义和朴素辩证法思想毕竟是近代科学以前的产物,它们的水平也是近代科学以前的水平,缺乏科学实验的可靠基础,而带有极大的臆测性、直观性。它们不但与马克思主义哲学的辩证唯物主义不可同日而语,与法国的机械唯物主义和德国古典哲学家黑格尔的造诣也差着一个历史阶段,是不能相比的。

学习中国哲学史,继承发扬祖国优秀的哲学遗产,可以提高我们的民族自信心。马克思主义若不与中华民族的优秀文化传统相结合,社会主义的精神文明便不可能真正建立起来。我们必须反对民族文化虚无主义,反对那种看不起祖国文化的崇洋思想,但是我们亦不主张排斥外来文化的国粹主义。我们继承封建文化的优秀成果,并不继承封建主义,而且要把批判封建主义作为中国哲学史研究的重要内容之一。

从战国到鸦片战争两千多年,中国是封建社会。鸦片战争后,中国进入半封建半殖民地社会。由于中国民族资产阶级的软弱性,旧民主主义革命没有能够完成反帝反封建的任务。在中国无产阶级领导下,新民主主义革命取得成功。但因为中国资本主义极不发达,封建残余势力却十分强大,肃清其影响,不是轻而易举的。"文化大革命"带来的十年浩劫,正是残余封建主义不甘心灭亡,与社会主义进行的一场生死搏斗。秦汉以后

108

的中国,长期处于大一统局面下,与欧洲中世纪分散割据的封建格局很不一样。中国历代封建统治者不断从政治制度、思想体系方面,加强中央集权的统治力量,维系大一统的局面。

为封建制度服务的各种思想体系,也与这个制度密切配合,形成了具有中国特点的封建社会的意识形态。在唐以前封建社会还处于上升阶段,这时政治结构、意识形态着眼于封建宗法制度的加强。随着宗法制度的加强,中央集权也日益强化,皇帝个人及皇室集团的权力也跟着加强起来。中央集权从秦汉到明清,变得越来越集中。这种权力集中的过程反映了封建制度由发展到腐朽的过程。由于中国封建社会有了一套维持统治的重点,即着眼于加强皇帝个人的权力,用皇权的绝对性来维持封建统治,这样便由前期的着重维护封建宗法制度,转到后期着重维护皇帝个人的权力。由于皇权的加强,贵戚、宦官等等腐朽力量依附于皇帝独裁权力的周围,于是造成封建社会政治的腐败和黑暗。

封建的意识形态与封建制度的发展密切关联,有以下几个特点:

第一,封建时代地主阶级的思想,尤其是那些占统治地位的哲学思想,都积极维护封建宗法制度,为封建的三纲五常提供理论根据,因而打上浓厚的封建主义的印记。关于封建制度的"三纲"说,在先秦诸子如荀子、韩非已经提出,但在那时仅仅属于理论主张,并没有形成严整的制度。到了汉朝,地主阶级利用它掌握的政权以行政手段来推行"三纲"准则,提拔那些认真贯彻"三纲"的人做官,从一家一户到全国都推行"家长制",奖励孝道,提倡以孝治天下,这就使得维护封建宗法制度的"三纲"思想的贯彻得到物质保证,比先秦时期着重于讲道理要有效多了。宋元以后,把《大学》这本书定为国家的教科书,这本书讲的是修身、齐家、治国、平天下,把封建的个体自然经济的思想体系哲理化,向全国灌输,以维护封建的"三纲"。皇帝集中体现了封建国家的权力意志,因此,"君为臣纲"便成为"三纲"之首,成为纲中之纲。中国封建社会占统治地位的哲学思想都具有明显的维护皇权的特点。宋代的理学家们提出以"天理"为宇宙的精神本体,所谓"天理"就是把三纲五常扩展为宇宙的根本规律。理学把纲常名教抬高到神圣不可侵犯的"天理"地位,而宣扬"存天理,灭人欲"的僧侣主义说教。从汉到宋是儒教的发展和最后完成,儒学成为儒教,渗透到社会各个机体,成为套在人民身上的沉重枷锁。

封建主义哲学的认识论,不像近代哲学那样,以明确的方式对主体与外界的关系进行探讨。中国封建时代的哲学认识论,特别是儒教说的认识过程,只是为了指示人们通过人伦日用的实践以达到神秘主义的本体。认识论只是达到封建伦理、自我人格完善的手段。虽然它也讲了许多庞大的宇宙结构的"天理""太极"等玄远的观念,而落脚点还在于如何更好地实践事父事君的义务,宋儒把它叫作"践形""尽性"。一般是被用来作为维护封建纲常道德的手段。它把道德作为认识的标准。理学家提倡的"主敬""惩忿窒欲",即变相的"原罪"说。所谓"存天理,灭人欲"的宗教修身方法严重地阻碍了哲学思辨的道路,以信仰主义代替了理性思考,生活中一切疑问,都要在《五经》《四书》中寻求答案。

封建主义哲学宣扬帝王、"圣人"是历史的推动者,这本来是历史唯物主义出现以前人类认识的通病。这里要提出的是中国哲学史上这种唯心史观有其特殊表现。中国封建社会越到后期,它的自我保护的机制越完备,君主中央集权越强大。理论上的"圣人",具体化为当时的君主。以"天理"至上去论证君主至上;以"天理"无谬误去论证君主无谬误。

中国哲学史的研究范围绝大部分是封建时代的意识形态,这些意识形态当然是有着进步与落后,唯物与唯心之分。过去我们在研究中坚持哲学史的党性原则,一般注意了赞扬进步的、唯物的,批判落后的、唯心的,但是忽视了具体分析和批判这些意识形态中的封建主义的糟粕。"四人帮"炮制的"法家进步、儒家反动"的公式就是钻了我们工作中这个空子,他们以赞扬法家为名,贩卖封建专制主义的私货。现在看得很清楚,阻碍我国社会主义发展的,除了资本主义以外,还有大量的封建主义东西。过去由于没有认清中国的这个历史特点,往往在批资本主义的口号下给封建主义留下了后路,甚至错误地把封建主义的东西当作社会主义的东西予以肯定。我们从事中国哲学史的研究,应该自觉地把批判封建主义的任务担负起来。

中国哲学史是中华民族的认识史,它展示出中国哲学与宗教的斗争中发展前进的历程,展示出人类抽象思维从低级向高级的发展,以及人类的认识是如何由浅入深、从片面向更多的方面扩展的。它也展示,哲学压缩了宗教的辖区,而宗教则不断地改变着自己的形式以维护它的阵地。中国哲学史用事实说明儒教形成后,给中华民族带来的苦难,直到今天,人们还不得不背着因袭的重担,不适应现代化的步伐。

哲学史作为认识史,无疑地将为人们提供可贵的借鉴。看到前人如何克服错误,我们从中受到启发;看到后人重犯前人已经犯过的错误,我们从中得到警惕。百年前恩格斯就指出:训练思维能力,迄今为止,还没有比学习哲学史更有效的方法。今天看来,它仍然是颠扑不破的真理。

历史传统悠久,文化积累深厚,这是我们国家的特点,但特点并非尽是优点。正如鲁迅批判的所谓"国粹主义"者们,好比一个人头上长了个赘疣,对这个人来说可以说是"粹",但这又有什么值得保存的价值呢？如果我们对遗产不善于区别什么是精华,什么是糟粕,就可能把赘疣当成"国粹",可能把缺点、弱点当成了优点,被死人拖住活人前进的脚步,这是我们要警惕和要避免的。

《中国哲学发展史》(秦汉卷)
前言[*]

　　《中国哲学发展史(秦汉卷)》,上起秦始皇统一中国前夕,下迄东汉的灭亡。我们把这一时期的哲学不称"两汉哲学"而称为"秦汉哲学",觉得这样更能反映历史的实际。秦始皇建立了中国历史上第一个多民族的封建统一国家,创立了大一统的封建专制体制。秦朝国祚短促,保存下来的思想资料不多。汉承秦制,从经济结构到政治体制,都沿袭秦朝,只是它改进了统治方式,使大一统的封建政权得以稳定。由于汉人的偏见和政治上的需要,他们口头上力图与暴秦划清界限,似乎汉朝的成功都是一反秦人之道。事实上,秦汉两朝有区别,但区别不像汉人所说的那样大,秦汉之间的继承关系是主要的。秦汉两朝开创了支配中国两千多年大一统的政治格局。此后,统一成为主流,被认为是正常的。中华民族的凝聚力,在秦汉奠定了基础。

　　西汉东汉中间,夹着一个短命的王莽政权。它是西汉社会矛盾激化的产物。王莽政权与秦政权都只维持了十几年,但秦朝为后来的历史开创了新局面,王莽政权不过是两汉之间的一

---

　　*　人民出版社,1985 年 2 月初版。

幕插曲。

秦汉四百多年间出现了三次农民大起义。农民起义不但影响了中国历史发展的面貌,也影响着哲学发展的面貌。封建社会的主要矛盾是地主与农民的矛盾。早在战国时期,有远见的思想家已经预感到这个问题的重要性。荀子曾警告统治者说:"君者舟也,庶人者水也,水则载舟,水则覆舟。"①庶人的威力究竟有多大,当时的地主阶级还没有充分领教过,也没有深刻的认识。秦王朝的统治者只看到压迫人民给它带来的利益,万万没有想到它会被起义农民的锄头所埋葬。汉朝顺应农民起义的大浪潮,夺取了政权,才真正认识到农民的威力。汉初君臣们共同总结亡秦的教训,制定了以黄老思想为主导的政策。

第二次农民大起义发生在西汉之末和王莽政权时期。第三次农民大起义发生在东汉桓灵时期。这两次农民大起义在政治上、哲学上都有所反映。忽略了农民革命的作用,秦汉四百年间的哲学发展就讲不清楚。这种作用有时是哲学家明确地讲出来的,虽然有的哲学家没有直接讲到,但他们讲的平治天下,最终目的还是防止农民造反,巩固封建统治。

秦汉哲学发展可分为三个阶段。

第一阶段是为统一封建帝国探索、准备统治思想的时期。从《吕氏春秋》起,黄老思想、陆贾、贾谊、司马迁等人的哲学都属于这一阶段,历时百年。《吕氏春秋》出现在第一次农民起义以前,其余各家都在第一次农民大起义之后,因而,它们的哲学思想各自表现出时代的痕迹。

第二阶段,从西汉武帝独尊儒术到东汉章帝白虎观会议,历时二百年,这是汉朝统治思想确立和巩固阶段。汉武帝以儒家

---

① 《荀子·王制》。

统一各家,由官方制定神学经学为思想统治的武器。通常所说的两汉经学统治,就是指的这一阶段。西汉末年经学形成三大支派,一是今文经学,二是古文经学,三是纬书经学。东汉政权建立于农民起义之后,政府看到神学经学对政治统一的作用,为了消除三派经学的分歧,有必要建立统一的经学体系。《白虎通》一书是由皇帝出面制定的儒家经典的标准答案,只能信奉,不能怀疑。神学经学获得绝对权威,它也从此僵化了。

与此同时,社会上还有一股在野派的思潮,这股思潮的代表人物站在清醒的现实主义立场,用唯物主义与无神论批判神学经学。扬雄、桓谭、王充做出了可贵的贡献。他们的言论官方不支持,不能得到推广,但他们的学说抑制了反理性主义、独断主义,盲目服从、人云亦云的倾向,使哲学思想的内容趋于务实、清新。

第三个发展阶段为东汉末年的批判思潮。

东汉中央政权的基本支柱是分布在全国各地的豪强大族。他们通过察举制度享有入仕特权,出现了累世公侯的一些家族。豪族之间又互相援引、誉扬,在各级政权中形成了盘根错节的关系网。他们凭借出身而据高位,实际上有一些是鄙劣无用之才。东汉皇室家族,出现了不少短命的皇帝。幼主当政,不得不由青年母后代管,青年母后只好援引自己娘家兄弟来协助管理国政,即史书上所谓外戚干政。小皇帝长大,便联合宦官驱逐外戚,大权又落在宦官手中。这样反复循环,造成中央政权的极不稳定。官吏无能,皇帝昏庸,朝廷政局不稳定,老百姓生活极端困苦,终于爆发了黄巾起义。这次起义,虽被豪强大族武力镇压下去,但社会矛盾迄未消除,中央政权名存实亡。皇帝的绝对权威已经动摇。神学经学已不再能挽救当时的社会危机。地主阶级中的有识之士,为了恢复封建秩序,消除社会弊端,缓和阶级矛盾,提出了种种方案,他们批判的锋芒指向神学经学,指向现实政治,指向社会风气,形成批判思潮。王符、荀悦、仲长统等人应时而起。东汉末年的批判思潮为后来魏晋玄学准备了思想条件。

秦汉之际,宗教神学占据当时思想统治地位,笼罩着、影响着哲学,这是秦汉哲学的特征之一。

春秋战国时期的哲学,逐渐摆脱西周以来的天命神学的控制,当时列国纷争,诸侯割据,地上王权力量不能集中,天上神权也受到削弱。春秋战国时期,唯物论和无神论思想相当活跃,神权已在动摇。秦汉统一后,地上王权不断巩固,统治者要起用神权以求配合,这时,宗教神学得到重建①,统治者利用神权来巩固其政治统一。建立神学经学,提倡天人合一的神学目的论,对当时的西汉政治统一起了配合作用。

在封建社会的历史条件下,人们无法摆脱宗教异己力量的控制,这是可以理解的。但宗教的蒙昧主义、反理性主义、反科学的神学世界观给哲学发展的不利影响决不可低估。像王充那样的杰出的无神论者,反谶纬迷信,却相信符瑞。

秦汉时期的哲学家,殚其智力,探求天道、人事规律。举凡天地构成,人物化生,社会结构,政治治乱,人性善恶,命运祸福等问题,都引起他们深切关注。他们往往没有把神学、哲学、科学三者的关系条析清楚,分别给以适当地位。三者时有混淆,造成互相干扰。从人类认识的总进程看,秦汉哲学基本上讲的是关于宇宙构成的认识之学。魏晋玄学则为本体论。由宇宙构成

---

① 据《史记·封禅书》,汉武帝时,认为五帝(青、黄、赤、白、黑)之神代表五方,在五帝之上还应树立一个总管五帝的神,称为"太一"之神。"太一"与上帝是一是二,还需研究,但武帝立"太一"与"罢黜百家,独尊儒术"的措施同时出现,当非偶然。

论发展到本体论的过程,也正是秦汉哲学到魏晋玄学所经历的过程,它是符合人类认识的逻辑发展的。治哲学者每喜先秦哲学之创新及魏晋玄学之空灵,或不甚喜秦汉哲学之滞重。事实上由先秦到魏晋必经历秦汉哲学这个阶段。不经蝶蛹之蠕蠕,何来蝶舞之蹁跹?此不可不察。

　　本卷撰写人(按姓氏笔画为序)有孔繁、任继愈、牟钟鉴、李申、余敦康、钟肇鹏、韩敬同志。

《中国哲学发展史》(魏晋南北朝卷) 绪论*

　　魏晋南北朝这一历史阶段的年代断限为从曹丕称帝(220年)到陈朝灭亡(589年),历时三百六十九年①。这是秦以后,我国政局分裂持续时间最久的一段时期。中间西晋曾有过短暂的统一,不久发生了"八王之乱",此后国无宁日,长期陷于政治纷争、民族纠葛之中。三百六十九年中,只有三十五年是统一的。旧史家称这段时期为乱世。也有的史学家出于传统种族偏见,只承认南方政权为正统,贬斥北方政权僭号。这类偏见长期影响着人们对南北朝的历史作如实地评价。

　　从中华民族的发展、成长、壮大的全过程来考察,在有文字记载的五千年中,这中间近四百年长期分裂,不能看成民族的不幸,而应当为这一段历史欢呼、赞叹。我们认为这是中华民族一次更新时期,它为后来的隋唐盛世积蓄力量,准备条件;它为后

---

　　*　人民出版社,1988 年 4 月初版。
　　①　哲学发展的分期,不同于历史上朝代的断限那样严格按年月划分,不能刀砍斧截似的齐整。按历史朝代分期只表示大体的时限,有的思想可以较早,也可以较迟,不能看死了。

来的文化高潮奠立基础。中国哲学史如果对这一段落研究不好,此后一千多年的文化高峰将无从说起。

再从历史发展的客观形势看,魏晋南北朝这一特定阶段,不是碰巧了出现的,用王弼的话说,"物无妄然,必由其理"。

秦汉奠定了封建大一统的格局,并持续了两千多年。两千多年贯穿着一对基本矛盾:从经济结构看,中国封建社会是小农经济,一家一户为生产单位,小农经济的本性是分散的、封闭的自然经济;从政治结构看,中国封建社会的管理机构是大一统的封建集权制。要统一,必须集中管理,而极端分散又是小农经济的特性。政治上的高度集中与经济上的极端分散有矛盾。集中过了头,影响了小农经济的生存,政治就不稳定;中央失去控制,过度分散,也不利于小农经济的发展。中国地主阶级在两汉时期,由于中央腐败,集中统治失控,造成军阀割据,三国鼎立。出现了地方分散的豪强势力。西晋短暂的统一,并不能扭转地方割据势力发展趋势——门阀士族抬头。这也是地主阶级发展中不可避免的过程。

再从思想发展史的趋势看。两汉的神学经学随着汉政权的衰落失势而失效,于是出现反映门阀士族地主阶级世界观的玄学。

从人类认识史的角度考察,由汉代的宇宙构成论到玄学的本体论,标志着哲学思想的进步。

魏晋南北朝近四百年的哲学发展史,可以分为三阶段。第一阶段为玄学时期;第二阶段为玄学与佛教般若学时期;第三阶段为佛教经学形成时期。

玄学阶段时间不长,极盛时期在正始年间,晋室南渡,玄学思想也带到江南,这时已经与佛教般若学合流。东晋后期,直到南北朝结束,都是佛教经学形成时期。由于玄学的产生在中国哲学史上起着划时代的作用,本书阐述玄学的篇章较多。过去的中国哲学史只讲玄学，对儒教的经学，道教的思想，尤其是佛教思想阐述得不够。

还要指出，中国佛教思想经历几百年的传播与中国传统文化相融合，已成为中国封建社会上层建筑的一部分。佛教哲学思想不应再被看作外来文化，它是中国文化的一部分。佛教哲学与当时中国社会、历史文化息息相关。佛教经学所涉及的问题，是接着中国哲学史讲的，应当看作是中国哲学史的一部分，而不是中国哲学史以外的体系。

南北朝时期形成佛教经学，是接着魏晋玄学讲的，它沿着玄学开创的道路继续发展。

东晋以后，佛教传播较从前更加广泛，经过晋、南北朝僧众的翻译，汉译佛经基本上完成了介绍外来佛教著作的任务。中国人的著作比重增加，先后创立了许多学派，为后来隋唐佛教宗派奠定了基础。

这一时期佛教作为宗教哲学讨论的中心问题是佛性问题。佛教界关心的"佛性论"，实际上就是人世间"人性论"的屈光折射。佛性论（心性论）的提出并受到思想界的普遍关注，它标志着玄学本体论向纵深的发展，由本体论进而探讨心性论，是中华民族认识史上的深化。

南北朝时期，社会上流行的主要佛教经典有《维摩经》《法华经》《涅槃经》《华严经》，流行的主要佛教经论有《摄大乘论》《十地经论》《大乘起信论》，表面上众说纷纭，但中心问题不出心性论范围。它涉及众生有无成佛的可能，人性是善是恶，如果是善，恶从何来？如果是恶，通过什么途径使人弃恶向善？成佛有无捷径？有无佛国净土？佛国净土在心性之外还是在心性之内，等等。这些众多的关于心性论的问题被提出来了，却没有一个令人满意的答案。因为有些问题是佛教自己制造出来的假问题,他们当然无法做出正确的回答。也有些问题受历史的局限,当时任何人也回答不出。总之,当时关于心性论这个范围提出的许多问题,可以促使后人进一步去思考,去寻求答案,这在人类认识史上是一个进步。

从魏晋到南北朝,佛教学派众多,著作丰富,思想活跃,形成了与儒家经学并立的"佛教经学"。它以出世的姿态积极为封建王朝服务。我们不用佛教说明历史,而是用历史说明佛教。

民族融合与文化交流,两者互相促进。南北朝初期,南北双方对峙,民族矛盾占主要地位。如桓温、刘裕北伐时,曾得到中原地区群众的欢迎,即可说明民族矛盾是主要的,北方群众怀念中原地区的旧主人。随着文化的交流,更确切地说,由于社会发展的内在动力,中国封建文化的凝聚力,把北方少数民族迅速带进了封建社会。因为封建制比奴隶制先进,奴隶制向封建制过渡,是不可抗拒的趋势。这个转折点的标志是北魏孝文帝迁都洛阳,大量接受华夏文化,禁胡语、胡服,改汉姓,学习儒家典籍,建立封建宗法制的政权管理体制。南朝梁武帝时,南北朝的对峙,已由民族政权的对立转化为南北政权的对立。南方北方文人学者有了往来,双方互相收受政治避难者,民族成见已不占重要地位。佛教僧团在南北双方的传教活动,也对促进南北融合起了积极作用。

伟大的中华民族,经历了魏晋南北朝三百七十年的磨炼,变得比过去更加成熟了,哲学抽象思维的水平更加提高了。中国哲学发展史比过去更加璀璨夺目。这是在新的历史条件下涌现的新成果。这里所说的新的历史条件和新成果,可以从以下四个方面来考察,即:民族大融合、地区大开发、文化大交流、思想大开放。这四个方面的变革,其深度和广度都远远超过了以前任何时期。后来隋唐社会及其哲学思想就是沿着魏晋南北朝所走的道路继续前进的。

一　民族大融合

中国是个多民族的国家,中华民族是多民族长期交融形成的伟大民族。我国历史上有过五次民族大融合①。第一次在春秋战国时期。当时不但边远地区有少数民族,中原地区也有不少插花地带华夷杂处②。

第二次民族大融合,在魏晋南北朝时期。这一次的民族融合所达到的深度和广度已远超过了春秋战国时期。因为这一次的融合,持续时间很长,近四百年,涉及范围极广,几乎包括了中国长江、黄河、辽河、漠北广大区域。这次民族融合方式也更为复杂多样。有以汉族为主,吸收少数民族文化的;也有以少数民族为主,适当吸收汉族文化的;有通过和平方式交融的;有通过战争掠夺、征服方式强力融合的。当时战争频繁而惨烈,以强力把各族人民组织在一起③。也正是由于这种民族间不幸的战争,使得被奴役的少数民族之间增加了同情与了解。因为古代的社会是封闭型的,只有通过经济交流和战争,才可能打开封闭型的

---

① 第一次在春秋战国,第二次在魏晋南北朝,第三次在 10 世纪到 12 世纪的宋、辽、金、西夏及早期蒙古,第四次在元朝,第五次在清朝。

② 见《中国哲学发展史(先秦卷)》第 6 页。人民出版社,1985 年版。

③ 北方统治者作战时,"每以骑战,驱夏人(汉人)为肉篱"(《通典·边防典》)。魏太武帝在公元 451 年攻宋盱眙城,曾说:"吾今所遣斗兵,尽非我国人,城东北是丁零与胡,南是三秦氐、羌。设使丁零死者,正可减常山、赵郡贼;胡死,正减并州贼;氐、羌死,正减关中贼。卿若杀丁零、胡,无不利"(《宋书·臧质传》)。这是拓跋氏欺凌其他少数民族的自供。

生活。当然,这是在不正常的条件下的融合,为此付出了极高的代价。更多的情况下的融合是通过经常的、正常的经济交往、文化交流产生的。

从五胡十六国开始,北方各民族如匈奴、鲜卑、羯、氐、羌、卢水胡各族先后主持政权,长期杂居,文化、生活,甚至语言也互相影响,逐渐封建化,多民族进一步融合成为中华民族的一部分①。当时的姓氏中,如元氏、长孙氏、独孤氏、呼延氏已完全与汉族相忘于江湖。直接采取汉族姓氏的也很多。隋唐的皇室、贵族也是汉族与少数民族的混血后裔。

南北朝对峙时期,南北双方各成体系,但在南北朝各自内部,民族间的融合相当成功。南方的山越,三国时居住深山,到了南朝梁陈时期,他们走出深山,活跃在会稽一带,事实表明已与汉族融合。蛮族,活动在江汉间。有豫州蛮,活动在江汉一带;荆州蛮,活动在荆襄一带;五溪蛮,活动在常德一带。蛮族上层也接受了封建文化,接受朝廷官职,设立郡县,他们居住在荆、襄、汝、颍,多种民族长期杂处,互通婚姻,也逐渐融为中华民族的一部分。还僚人、俚人活动地区多在广西、广东;僚族活动地区多在广西、贵州,爨族在云南东部,也不同程度地接受了封建文化。

---

①　西晋永嘉以后,民族迁徙有多次。公元318年,氐、羌、胡、羯归于石勒者十余万落,徙处河北郡县。公元320年,刘曜徙巴、氐部落二十余万口于长安。公元329年,石勒灭刘曜,徙氐、羌十五万落于河北。

公元332年,石虎徙秦、雍民及氐、羌十余万户于关东,使氐族部落酋长苻洪为流民都督,居枋头;羌族部落酋长姚弋仲为西羌大都督,率部族数万,移居清河之滠头。

冉闵消灭石赵政权后,欲驱各少数民族势力于赵、魏地区之外,令诸氐、羌、胡、蛮数百万各还本土。魏末晋初,少数民族归附内地的最高数目是"八百七十余万口"(《晋书·文帝纪》)。这八百七十万口进入中原地区的,当不在少数。

南方各少数民族互相影响、互相融合,加速封建化,在二百多年间,走完了社会正常发展要上千年才能走完的进程。

民族大融合,是魏晋南北朝哲学发展的一个极为重要的社会基础。长时期的各民族互相学习、取长补短,从而丰富了中华民族文化,它为后来隋唐统一,形成封建文化高峰,奠定了基础。

二 地区大开发

西晋统治时期短暂,东晋以后,形成了南北割据的形势。

南方从东晋起,有了近百年来的安定局面,农业有了很大的发展,江南地区"一岁或稔,则数郡忘饥"①。

生产发展,首先表现为地区的开发。太湖流域、鄱阳湖流域、洞庭湖流域,都成为粮食基地。原来采用粗放的耕作方法,发展为积粪养田②,并大规模兴修水利,建立堰闸,扩大了灌溉面积,小的可溉田两百顷,大的可达一二千顷以上。当时利用南方水源丰富的优势,围湖造田,不忧水旱,可保高产丰收。江南的农业生产,比三国以前有了极大的发展。

南朝的手工业和商业,较东吴时有极大的发展。刘宋以后,江南兴起织锦业,江南地区发展了木棉和草棉的织布业。江南制盐、冶铁、采煤、造纸、漆器、瓷器、造海船及国际商业。建康(今南京)为南朝历代国都所在,梁时城中二十八万户,出现了百万以上人口的大城市。广州成为当时东方国际贸易港口,活跃了经济,交流了文化。三国时期,几乎不通用铸钱,南朝由于商

---

① 《宋书·孔季恭等传论》。

② 积粪肥与烧草木灰肥田的方法同时存在,庾信有"穿渠引水碓,烧棘起山田",徐陵有"烧田云色暗"。耕种技术,南方落后于北方。

品交换的需要,铸钱多次,有钱币多种。这也是经济繁荣、生产发达的一个标志。

北朝自从拓跋氏接受封建制度以来,挟其塞外少数民族清新刚健之朝气,寓兵于农,建立了府兵制,把战斗编制与生产组织结合起来,合耕战为一体。北方的生产得到迅速发展。就封建性的主要生产项目农业而论,北朝不但懂得施粪肥,还懂得粪肥熟化,制造厩肥。还积累了农作物禾本科与豆科轮作的经验。北方的统治者也不像南朝的贵族那样腐败,脱离生产,而是采取了一系列促进生产发展的措施。北魏的著名科学家贾思勰利用当时已达到的科学知识,总结经验,写成《齐民要术》这部名著,对全世界的农业发展史做出了贡献。随着地区开发、文化交流,地理知识也较前丰富,郦道元的《水经注》也是不朽的地理著作,为人类精神文明积累了财富。

当时天文、历法等学科与农业相伴而发展起来。农业工具、酿造业、手工纺织,不仅比秦汉有显著的发展,其生产的质和量也超过了南朝①。北方也建立了大都市,如洛阳城,大小佛寺达千余处。河北邺城,自曹魏以来不断扩建,规模也十分宏伟。北周的都城西安,也成为关中的中心,隋、唐两朝利用它的基础建为国都。

北朝的生产技术科学胜过南朝,南朝的抽象推导科学,如数学,胜过北朝。

三　国内国际文化大交流

汉代通西域,打开了欧亚交往的大门,当时对外交往只限于

---

① "自淮以北,万匹为市;从江以南,千斛为货"(《宋书·周朗传》)。北朝的纺织业,南朝的粮食生产,各有优势。

欧亚之间的来往。那时东临大海，只知道海上有"仙山"，秦始皇遣徐福等千人赴海上求仙，去而不返，所谓蓬莱诸岛只能停留在若明若暗的传说阶段。北方为大漠所限，而北方民族与中原民族处在对立的立场，相互了解得也不够。南方荒蛮，交趾以南，中外交往不多，因而对南方的知识也很贫乏。

魏晋南北朝时期，对外交往范围扩大了。北方民族进入中原，成为中原主人，对北方辽阔地域，不再是隔绝状态，而使北方、东北方内外连成一片。对海东、南洋地区也建立了定向联系，商旅不避风涛，利用季候风定期往来①。除了昔年丝绸之路以外，又从巴蜀通向西域，开辟了一条几乎与河西走廊并行的道路，这是南朝时期通往西域的主要通道。它不经过河西走廊，而是经益州达吐谷浑，不但成为南朝与西域交往的大道，连北魏有时也避开阳关、玉门关，经益州、吐谷浑去西域②。

魏晋南北朝时期，中国与国外交往，陆上交通有东北、西北、西方；海上交通有海东、日本、南海几个方面。

西域交往的国家有焉耆、龟兹、于阗、渴盘陁、疏勒、乌孙，这些国家有的从曹魏、西晋、前凉、前秦、姚秦、北魏、北周互派使者通问，贡方物，派王子到洛阳学习。名僧竺法护、鸠摩罗什等人，建立学派，凉州成了佛教的重要基地。

在东北及北方，有勿吉族、挹娄与曹魏、西晋、北魏、北齐有过多次使臣来往，互赠方物。室韦，在东魏与北齐时期，也遣使来聘，互赠方物。契丹族，常到平城、洛阳聘问，多达三十余次，北齐时也有六次。库莫奚，到平城、洛阳三十余次，北齐时到邺城五次。柔

---

① 当时海上航船大者长二十余丈（四五十公尺）高出水面二丈，载六七百人，载重达千吨。其中扶南国海船，长二十至四十公尺，大者载百人。

② 根据唐长孺：《魏晋南北朝史论拾遗》。中华书局，1983 年版。

126

然,与北魏多年为敌,但积极与南朝交好,公元464年,与齐武帝萧赜通问,要南朝派医生和锦工,要学习指南车及漏刻造法。高车,为匈奴的一支,与汉族联合,共同反抗北魏的民族压迫。

在西方有鄯善,曹魏赠方物,东晋法显经鄯善西行去印度。伊吾(今哈密),曾并入北魏版图。高昌(吐鲁番县)麴氏王朝,北魏明帝正光(520—524)年间,向北魏求借五经诸史,并请国子助教刘燮为博士到高昌讲学,汉地的《毛诗》《论语》《孝经》,历代子、史、集,在高昌流传。近年来考古发现有《毛诗》《尚书》《孝经》等残片,说明文化交流的密切。汉文也曾用作官方文书,"文字亦同华夏"(《北史·高昌传》),"言语与华略同"(《南史·高昌传》)。发现高昌国汉文墓志,也证实历史记载不虚。民间用语则用胡语(《北史·高昌传》)。据近来的地下文物考古发现,在吐鲁番阿斯塔那5、6世纪时期,墓葬群中发现当地民族,妇女着丝织右衽上衣,下系裙襦,埋在同一墓中的汉人男子头上盘发辫。男子胡服,妇女汉装,说明文化交流的实际状况。他们崇拜胡天神,也信佛教。高昌及西域诸国曾在中国与西域佛教传播中起过桥梁作用。

海东各国与中国建立经常联系的有高句丽、百济、新罗、日本邪马台与大和国。高句丽在后赵、前燕、前秦、后燕、北燕、北朝、南朝,都有往来,江南东晋聘问近三十次,国都平壤设太学,讲授五经三史(《史记》《汉书》《东观汉记》)《三国志》《晋阳春》。高句丽把中国文化介绍到百济、新罗、日本。百济曾从西晋始,先后多次聘问洛阳、邺城、长安,与我国南方的东晋、梁、陈有十一次聘问。从东晋传入佛教,建有僧尼寺塔,百济采用宋何承天制的元嘉历。梁武帝时,表请《毛诗》博士、《涅槃》等经义,求工匠、画师(《三国志》)。新罗在西晋,南朝梁、陈有四次使节,北齐时也有二次来邺城。日本在曹魏时到洛阳聘问,晋武帝时,从中国取《论语》及工匠植桑技术。

魏晋南北朝对西域及五天竺也有了比过去更多的交往。西域各国有大宛、者舌、悉万斤、忸密、粟特、大月氏、俺达汗国、波斯萨桑王朝,北魏时各国有使到平城、洛阳聘问,赠方物。有的国家经历北魏、西魏、北周,聘问三十余次。与南朝也有过多次聘问。最远的西方国家大秦,东吴及西晋时到过洛阳。北方王朝先与西罗马,后与东罗马有过交往。

印度五天竺各国,也有了更详尽的了解。东晋法显到过华氏城(今 Patña)住过三年之久。笈多王朝于符坚时,到长安聘问,赠火浣布。宋文帝、梁武帝、陈宣帝时,不断有天竺使者聘问(南朝称笈多王朝为中天竺,北朝称笈多王朝为南天竺)。也曾有五次到洛阳聘问北魏。北天竺犍陀罗国(都城富楼沙城,在今巴基斯坦白沙瓦)曾遣使到洛阳。乌苌国、尽婆罗(今尼泊尔)、锡兰岛(今斯里兰卡)都与北朝、南朝有过直接交往,东晋时赠玉佛像,宋文帝时赠佛像、象牙,梁时有定期航行商舶。

南海各国,有占婆,又称林邑,在今越南南部。扶南国,在今柬埔寨境。金邻、顿逊、狼牙修,在今泰国南部,这些国家与东吴、西晋、东晋、宋、齐、梁、陈都有往来。槃皇国(马来西亚境内)、丹丹国(马来西亚南部)、婆婆国(沙捞越或文莱境内)、诃罗单(今爪哇岛)、干陀利(位于苏门答腊岛巨港)、婆利国(巴厘岛),这些岛国在宋、梁、陈诸王朝,先后十余次来往,有佛教僧尼寺多处,我国名僧法显在干陀利停住五个月。

魏晋南北朝的文化大交流,表现在许多方面。商业的往来,贸易上互通有无,带动了文化交流,中国的五经、史传、佛教的经传律论,成为国内各族间和国际文化交流的主要媒介。其中佛教文化显然起着更重要的作用。

128

四　思想大开放

　　佛教传入中国后,最早时期与方术、道术相结合,互相附会。它自己的个性还不被认识,佛教自身也未具备充分发展的条件。东晋南北朝时期,佛教得到极大的发展机会,佛教创始人释迦牟尼的地位得与孔子并列,上至帝王将相,下到市井乡里,都受到佛教的熏陶。孔子儒家的教化与佛教的因果报应劝善宣传,都在于加强封建纲常名教,特别是宗教思想深入到各个阶层。

　　佛教在魏晋南北朝时期,由于长期传播,佛教的思想在广大人民心目中,已不被看作外国人的宗教,而是看作自己民族可以接受的宗教。南北朝的佛教造像,也表现出佛已是中国化了的偶像,不大像外国人,更像中国人。佛教的宗教宣传,三世因果报应的民间故事、传说所反映的情况表明佛教的宗教宣传是成功的。鲁迅《中国小说史略》说:

　　　　释氏辅教之书,《隋志》著录九家①,在子部及史部,今惟颜之推《冤魂志》存,引经史以证报应,已开混合儒释之端

　　① 《隋书·经籍志》存佚共三十六种,大部散佚。它们是:刘义庆《宣验记》十三卷,傅亮《应验记》一卷;王琰《冥祥记》十卷;魏文帝《列异传》三卷;王延秀《感应传》八卷;袁王寿《古异传》三卷;戴祚《甄异传》三卷;祖冲之《述异记》十卷,刘敬叔《说苑》十卷;《续异苑》十卷;干宝《搜神记》三十卷;陶潜《搜神后记》十卷,荀氏《灵鬼志》三卷,祖台之《志怪》二卷;孔氏《志怪》四卷;刘之遴《神录》五卷;无疑《齐谐记》七卷;吴均《续齐谐记》一卷;刘义庆《幽明录》二十卷;王曼颖《补续冥祥记》一卷;郭氏《汉武洞冥记》一卷;陆琼《嘉瑞记》三卷;《祥瑞记》三卷;许善心《符瑞记》十卷;《灵异录》十卷;《灵异记》十卷;萧绎《研神记》十卷;侯君素《旌异记》十五卷;刘质《近异录》二卷;谢氏《鬼神列传》一卷;殖氏《志怪记》三卷;王劭《舍利感应记》三卷;《真应记》十卷;《周氏冥通记》一卷;颜之推《集灵记》二十卷;颜之推《冤魂志》三卷。

矣,而余则俱佚。遗文之可考见者,有宋刘义庆《宣验记》,齐王琰《冥祥记》,隋颜之推《集灵记》,侯白《旌异记》四种。大抵记经像之显效,明应验之实有,以震耸世俗,使生敬信之心。

这种现象,说明儒释两家的融合,已不再看成生硬的比附,颜之推信奉儒学,引儒家史传以证报应不虚。《高僧传》是佛教著作,为证明三世因果,也大量采撷儒家史传材料。佛教的三世因果报应已深入人心,从士大夫到老百姓都已自然地接受了这种观点。佛教经学与儒家六经已相互容纳,相互配合。佛教是政府认可的辅助王化的工具之一,寺院的经济来源得到政府的资助(如免役、免税),与政府的上层贵族、王公大人享有同样的特权;佛教寺院建筑、经典翻译由政府资助,列为国家的正常开支。佛教徒有僧官,与国家的官吏一样,受政府的管辖,推行政府的政令。佛教经典虽然没有用来作为开科取士的教科书(因为他们不直接讲治国平天下的方略),但佛教经典的教条受到皇帝及门阀士族的重视。中间不断有排佛的争论,也有过短暂的毁灭佛教的举动,但为时甚暂,旋废旋兴,废佛后的佛教活动比废佛前更为炽烈。

因此,我们对魏晋南北朝佛教的地位,特别对佛教经学的地位和作用不可低估。当时的士大夫一方面读儒书,一方面读佛书,两者的影响都很深远。我们中国哲学发展史研究的是时代思潮。一个时代的思潮反映的是该时代普遍流行的社会风气。学术流派可以独立门户,时代思潮是一面时代的镜子,妍媸毕现。因而魏晋南北朝时期的佛教经典及其主要代表人物的思想要给以适当的地位。

魏晋南北朝时期的儒家经学,是官方肯定的维护封建宗法制度的经典依据,魏晋南北朝佛家经学同样是官方肯定的、维护封建宗法制度的经典依据。所不同者,一在方内,一在方外;一在治世立法,一在治心修身。正如慧远在《答桓太尉书》中所说:"如令一夫全德,则道洽六亲,泽流天下,虽不处王侯之位,固已协契皇极,大庇生民矣。"从慧远开始,结束了从东汉以来佛教主要依附《老》《庄》的历史,转向了与儒家结合的轨道①。

魏晋南北朝时期的经学可以分为两大支系,一是儒家经学,一是佛教经学。儒家经学通过儒家经典阐释直接为门阀地主阶级的统治秩序作论证;佛教经学则从方外立场,在世界观、心性论、心身修养方面为门阀地主阶级的统治秩序作论证。

从社会条件看,魏晋南北朝具备了宗教孳生、蔓衍的土壤和气候,佛教和道教都是在这一时期得到很大的发展。由于汉末三国之初,黄巾起义与当时的民间流行的道教有关,封建统治者们对道教还有戒心,觉得利用道教不甚安全。当道教经过改造,形成上层道教,教义鲜明地维护纲常名教以后,统治者便对道教加以支持和利用,于是出现像北魏天师道那样的官方道教。道教与佛教采取互相排斥立场。道教排斥佛教的理由之一,说佛教是夷狄之道,不是中夏的宗教。道教狭隘的种族偏见,在多民族大规模相互融合的潮流中,不会受到欢迎。特别从五胡十六国以来,在北方少数民族贵族专权的社会环境下,石勒曾公开倡言,"佛是戎神,正所奉祀"。像石勒的观点,颇有代表性,是针对汉族中的"夷夏论"而提出的。汉族的佛教信徒又进一步指出,大道不分夷夏,求道不应为地域、种族所限。佛教经典的教义的确没有宣扬过民族的、国家的观念,倒是更多的情况下讲了废除种族成见,在佛教宗教王国里众生一律平等。佛教的教义在某

---

① 《中国佛教史》第二卷第三章第五节,中国社会科学出版社,1985年版。

种意义上,对于团结我国少数民族,促进文化交流,推进民族和洽方面起过一定的积极作用。这一优点,则是道教所缺少的。

习惯看法,往往认为魏晋南北朝的思想就是玄学。事实并非完全这样。因为魏晋玄学流行于魏晋之际,它的兴盛时期不过几十年。东晋以后,玄学仍有影响,但逐渐衰退。魏晋以后的社会条件变了,人们对玄学的兴趣也发生了变化。

魏晋南北朝这一段历史约为三百七十年,魏晋玄学流行、鼎盛时期约为四十年,以后还有一些影响,那是玄学的余波。其余的约三百年的时间,佛教思潮占了主流。而过去我们的学术界没有把佛教思想放到应当放置的地位上,因而魏晋南北朝这漫长的后一段哲学思想显得如"架漏过时,牵补度日",有些空荡荡的,给人们的印象由魏晋一下子跳到了隋唐。

历史不曾停顿,人类认识不曾停顿。哲学思想发展当然也不曾停滞不前。魏晋南北朝这一段哲学思想,南北朝时期的佛教哲学,对后来隋唐佛教的宗派建立,起着直接的影响。这是本书特别强调的。

魏晋南北朝时期的思想大解放,是对东汉以来的神学经学说的。

神学经学以天意附会人事,把一些本来明确的科学概念,附会为天意,汉代神学经学的出现,在当时可以说是事出有因,为了巩固封建大一统的汉王朝,在思想上建造一种无所不包的神学体系,这是可以理解的。一个极度分散的小农经济的封建大国,如果不在政治上极度加强统一,就很难维持大一统的国家。从小生产、小农经济的本性来说,他们不要求有过多的政治干预;但由于小农经济本身的脆弱,经不起天灾人祸的摧残,他们又自发地要求上面有一个开明的、仁慈的皇帝为民做主。东汉以后,中央集权的格局被打破了,晋以后,长期陷于分散割据的坞堡经济,江南江北的大姓、士族自身有经济、军事、社会声望的实力,他们无需有更强大的中央集权政府。如果真正有了这样的中央政府,它将要求直接控制属下的个体农民,对门阀士族不利。

政治形式发生了变革,中央集权的封建大一统王朝不复存在,与那种政治要求相适应的思想统一也没有存在的必要。所谓思想解放,只是说从汉代绝对统一、定于一尊的神学经学中解放出来。忠、孝从来是我国封建宗法社会的两大思想支柱,魏晋南北朝时期,这两大支柱的"忠"退到第二位,"孝"被推到第一位。因为门阀士族所需要的一切,不必向国君乞讨,士族自己就可以创造;相反,国君的统治地位能否稳固,还得靠地方上门阀大姓的支持。这就不难理解南北朝时期,国君不断更换,而门阀士族并不热心于殉国赴难,往往充当新王朝登基的赞礼官。

对汉代神学经学的解放,并不等于从封建宗法制度下解放出来。封建宗法社会必需的社会秩序还是不能打破,维护封建社会的纲常名教,仍然是所有地主阶级要共同遵守的教条。

即使有这样的局限,魏晋南北朝思想解放的业绩还是不能低估,约略说起,可有以下数端。

(1)神学经学从此结束。三国以后人说经,具有理性主义的精神。

(2)从认识过程看,两汉的宇宙论关心于宇宙构成,魏晋玄学则进入本体论,关心于宇宙万物之所以然。

(3)打破儒家一尊的地位,老、庄等经典著作的地位可与孔子并列,学术思想比较活跃。

(4)打破中华传统文化独霸地位,外来佛教经过中国思想家的改造,佛教哲学、佛教宗教成为中国传统文化的一部分。

(5)打破天人感应神学目的论,神秘主义消退,理性主义占了上风。

（6）科学发达，生产进步。

以上六点，综合考察可以看出魏晋南北朝是我国思想史空前解放的伟大时代，其根本契机是中央集权的削弱，不再干预那些本来管不了、又管不好的过度统一，文化专制主义为殊途同归、兼容并包的文化政策所代替。

*　　　　*　　　　*

本卷佛教经学部分与任继愈主编的《中国佛教史》（第三卷，中国社会科学出版社出版）内容有交叉，重点有所不同，可互相参照。有关历史事实方面，曾吸取王仲荦《魏晋南北朝史》及唐长孺《魏晋南北朝史论》，不再一一注明。刘苏同志担任了一部分抄写工作和核对原文工作。

《中国哲学发展史》(隋唐卷)
绪论[*]

中国历史号称"盛世"的时代,首推汉唐。唐朝的成就比汉朝更为辉煌。

秦汉以后,中国封建社会的基本格局是中央政权高度集中与地方小农经济极端分散的矛盾统一。大一统的封建政权需要高度集中,不集中就无从有效地行使政府职能。因为中国地广人众,民族关系复杂,没有一个绝对权威的中央政府统一指挥、协调各方面的关系,大一统的封建王朝就不能存在。中国封建社会的主要生产者是个体农民、手工业者,个体生产者极端分散,以一家一户为生产单位,生产能力低下,产品除了供一家一户消费外,所余无几,更缺乏抵御自然灾害的能力,因而需要一个强有力的政府的庇护。至于抵御外来侵略势力、兴办全国范围的水利工程,更不是一家一户的小生产者办得到的。因此,中国历史上广大劳动人民一方面受着严重剥削,一方面又不得不安于被强制安排的命运。这是中国汉朝以后长期存在的国情——中央高度集中与小农经济极端分散的一对矛盾。

---

[*]　人民出版社,1994 年 5 月初版。

历史上出现的太平盛世的特点是统一的政治与分散的经济协调得比较好的时期。史书记载的汉代文景之治，唐代贞观之治、武周之治、开元之治，都是小农经济得以正常发展，政府统一职能得以正常发挥的时期。还要指出，即使所谓太平盛世，偶发性农民反叛、局部地区的水旱灾荒、政治上的腐败和黑暗也从未断绝过，只是从主流方面看，比较健康，坏人坏事不占主流而已。在阶级对立的古代封建社会条件下，十全十美的太平盛世是不存在的。唐太宗即位之初，亲眼看到一个强大的隋朝，几年之内就被农民推翻，因而有所警惕，对农民不敢任意剥削。太宗晚年，看到天下太平，又萌发了地主阶级的剥削本性，却说"百姓无事则骄逸，劳役则易使"①。武则天当政时期，善于用人，号称盛唐治世，到她老年怠政，弄臣张易之之弟"张昌仪……为洛阳令，请属无不从。尝早朝，有选人姓薛，以金五十两并状，邀其马而赂之。昌仪受金，至朝堂，以状授天官侍郎张锡。数日，锡失其状，以问昌仪。昌仪骂曰：'不了事人！我亦不记，但姓薛者即与之。'锡惧，退，索在铨姓薛者六十余人，悉留注官"②。玄宗也是唐中兴君主，他在位时间很长，重用李林甫、杨国忠，把政治搞乱，历史有记载，这里从略。从一些小事也可以见其昏庸："玄宗……后得源乾曜，亟用之。谓高力士曰：'若知吾进乾曜遽乎？吾以其貌言似萧至忠。'"③武则天时，大量封官，也大量诛杀官吏，其危害还小，玄宗天宝年以后，官吏只增不减，冗员充斥，不可收拾。太平盛世尚有黑暗面，遇到乱世，百姓的遭遇是十分悲

---

① （唐）魏征：《论慎终》，《贞观政要》。
② 《资治通鉴》卷二〇六，中华书局版，第6547页。
③ 《旧唐书》卷一二三，中华书局版，第4373页。

惨的①。

如何使政治上的高度统一与经济的极端分散这一对矛盾协调得好，就成为秦汉以后直到鸦片战争以前中国政治、哲学、宗教关心的总课题。隋唐时期的哲学思潮（三教鼎立的局面）只是在漫长道路中的一段。从三教鼎立佛教为首，到三教融合儒教为主，是唐宋哲学发展的总脉络。

隋唐的中央集权

隋唐以后，中央政权的总趋势为加强中央集权，隋唐时期又有其特点。

隋朝统治时间不长，从灭陈、统一全国算起，不过二十二年。时间虽短，却也提供了有益的经验，完成了它的历史任务，第二次建成了大一统的政权。

南北朝长期不能统一，有三个因素：一是民族隔阂。中原民族与北方少数民族的生活习惯、文化生活、语言都不同。经过几百年的长期交往，矛盾逐渐减少，相互增加了了解。南朝梁武帝时，南北双方的民族矛盾逐渐退居次要地位，国家政权之间的对立突出出来。二是南北双方经济、文化、政治发展不平衡。开始时，南方政权文化、经济、政治比北方先进，北方政权刚从奴隶制进入封建制，相对落后。南北朝后期，北方很快赶上南方，甚至某些方面超过南方。三是南北双方都没有统一对方的力量，谁

---

① 战乱时期，"民避乱皆入深山，筑栅自保，农事俱废。长安城中斗米直三十缗。贼卖人于官军以为粮。官军或执山寨之民鬻之。人直数百缗，以肥瘠论价。"（《资治通鉴》卷二五四，中华书局版，第8268页）同书又载秦宗权的军队车后载盐尸，以充军粮。

也吃不掉谁。中间有过统一的企图，都未成功①。到了隋初，双方条件起了变化，南北文化、政治、经济发展逐渐接近，民族矛盾趋于消融，北方具备了统一南方的力量，隋灭陈，几乎没有费很大力气，顺利地取得了成功。

隋朝与唐朝的关系，很像秦朝与汉朝的关系。史称"汉承秦制"，同样也可以说"唐承隋制"。秦朝没有来得及实现的一些措施，汉朝把它继续完成了。隋唐两代的因革关系也类似秦汉间的因革关系②。唐朝的政治制度基本上沿袭着隋朝的格局，表现在以下几个方面：

第一，打击门阀士族的经济势力。隋文帝"大索貌阅"，清理全国户籍，把门阀士族占有的劳动力（佃客、部曲）清理出来，农民归国家直接控制，直接对国家负担纳租税、供劳役的义务，使农民感到当佃客、依附门阀士族不如当自由农民得的好处多。"为浮客（依附门阀士族），被强家收大半之赋，为编氓（编入国家户籍），奉公上，蒙轻减之征"（《通典》卷七）。隋朝规定，每户农民授露田八十亩，永业田二十亩，妇人得露田四十亩，奴婢同平民一样分得露田和永业田。地广人稀的地区，可以满足这一分配方案。唐朝继承隋朝这一制度，在更大范围内推广，在边远地区也得到贯彻。近年新疆吐鲁番阿斯塔纳墓葬中，发现唐开元三年（715）西州营名籍，与内地府兵制同。柳中县户籍残卷记载高昌（西州）实行了均田制，其受田、退田与口分田与内地相同③。

---

① 淝水之战，北方企图统一南方；桓温、刘裕北伐，企图统一北方。
② 隋朝把地方官用人权收归中央政府："大小之官，悉由吏部，纤介之迹，皆属考功（考功侍郎主管官吏评核）。"（《资治通鉴》卷一八○，大业三年，中华书局版，《隋书》卷七五《刘炫传》，中华书局版）
③ 《吐鲁番县阿斯塔纳—哈拉和卓古墓群清理简报》，《文物》1972年第2期。

农民有自己的小块土地,人身依附关系有所松弛,对发展小农经济有利。也应看到隋唐统治遍及大江南北,有地多人少的地区,也有人多地少的地区,在内地,特别是在大城市附近繁华地区,难以做到。总之,均田制的推行,从物质利益上调动了农民生产的积极性,对于打击门阀士族的特权起了决定性的作用。

也要看到,南北朝门阀士族的势力逐渐衰退,但又兴起了新的世俗地主和僧侣地主,他们占有广大土地,土地兼并造成了新的无地、少地农民。这种新的地主不同于门阀士族地主,他们没有门阀士族的超经济特权,不能保证几百年不败落的特权优势。士族的社会势力还很强大,还要在政治上继续予以打击。

第二,打击门阀士族的政治势力。唐朝继隋朝之后,大力推行科举取士的制度。这是由中央政府根据实际需要,制定的选拔人才、任用官吏的制度。用考试取代推荐,扩大了选拔人才的范围,使全国有较多的人才参加政府的机会。唐太宗命重修《氏族志》,用意在于提高开国以来新贵族的社会地位。负责编辑的大臣呈送的稿本,仍以山东崔民干为第一等,太宗很不满意,命抑崔氏为第三等。随着新贵族的出现(他们多由科举出身),科举出身的比门荫出身的更受到社会的尊重,人们以科第出身为荣,不从科第出身,则引为终身遗憾①。高宗时,薛元超本是北方大姓,以父荫袭爵,后擢宰相,他却因"不以进士擢第"感到莫大遗憾。唐宗室子弟李洞,因屡次考试不第,曾赋诗云:"公道此时如不得,昭陵恸哭一生休。"唐宣宗当了皇帝也羡慕进士名义,自题"乡贡进士李道隆"以自慰。

---

① 李德裕,由贵族门荫入仕,做到宰相,因他不由科第,引为遗憾。他当政时极力拔擢重用科第出身的士人。李德裕遭到贬谪,放逐到海南岛崖州。时人有诗云:"八百孤寒齐下泪,一时南望李崖州。"

几百年的社会习尚并不是马上彻底改变的,也有把门第看得较重的,这种怀旧的人任何时代都难免,但已不是主流①。科举制度给唐朝选拔了不少人才,如元结、白居易、独孤及、梁肃、韩愈、柳冕等,都是一时之选,得到了社会的承认。唐代任用官吏不仅看文章诗赋,还要考核处理政务的能力。取士任官有四条标准:身、言、书、判②。"身"取其体貌丰伟,"言"取其言词辩正,"书"取其楷法遒美,"判"取其文理优长。如果够录取条件的人数较多,大家相去不远,则先德行,德均以才,才均以劳。任何时代,任用官吏都以忠实可靠为第一标准。政府定出标准,执行者能否完全照办,这是另外问题,但唐朝的科举制度从组织上扩大了统治基础,团结了大批才俊之士,把他们拉进了统治集团,巩固了中央集权的力量,增加了知识分子拥护中央政府的向心力③。有时做得过了限度,产生了不好的结果。如武则天当政时,为了打击太宗时期的旧官僚势力,大力提拔新进的、拥护武则天的人,定了很多考试科目,如"材堪经邦科""道侔伊吕科""下笔万言科""不求闻达科""贤良方正科""博学宏词科"等。科举过滥,并不能达到选拔人才的要求,引起了社会的不满。民间编成歌谣,讽刺选拔不当:"补阙连车载,拾遗平斗量。欛槌侍御史,碗脱校书郎。"④

第三,强化中央集权的权力。唐朝为了强化中央集权,建立了六部分权的中央政府体制。六部的权力集中到皇帝手中。中

---

① 宣宗时,"万寿公主,上(宣宗)爱女,钟爱独异,将下嫁,命择郎婿。郑颢,相门子……时女昏卢氏。宰臣白敏中奏选尚主。颢深衔之。"(《东观秦记》上)

② 《新唐书·选举志》。

③ 科举制度一直延续到清末,可见它对中国封建社会的巩固起了作用。

④ 《全唐诗》,中华书局版,第 9942 页。

央把全国的行政事务由六个部门掌管:吏部、礼部、兵部、都部、度支、工部。后代王朝名称有时改变,但分工及职能未变,一直沿用到清朝末年①。中央政府设尚书、中书、门下三省。三省在政府机构中的地位是平行的,平等的,三省有互相制约的作用。实际上尚书省掌管着行政实权,权力最大,它主管六部②。

为了强化中央集权,皇帝要掌握军队。越是天下大乱,皇帝对掌握军权的将帅越不放心,于是派出宦官代表皇帝出任监军,监视出征的将帅,干预军队的调动、指挥。由于对地方军队不敢信赖③,开始建立皇家直属军队:左右神策军,并规定左右神策军不相统属,都由皇帝直接掌握。当时为了稳定中央政权、震慑地方割据势力,这个设计也算周密,实际运用的效果并不成功。陆贽曾指出由皇帝派宦官监军造成的危害:

> 所谓措置失当者,戍卒不隶于守臣,守臣不总于元帅。至有一城之将,一旅之兵,各降中使监临,皆承别诏委任。分镇亘千里之地,莫相率从;缘边列十万之师,不设谋主。每有寇至,方从中覆,比蒙征发赴援,寇已获胜罢归。土蕃之比中国,众寡不敌,工拙不侔,然而彼攻有余,我守不足。盖彼之号令由将,而我之节制在朝;彼之兵众合并,而我之部分离析故也。④

---

①　鸦片战争后,列强入侵,不同于过去接待四方邻国朝贡的往来关系,原来的六部都难以应付与列强的不平等交往,才增加了专门办外交的部门。

②　史书说,唐太宗当皇帝以前曾担任过尚书令,此后尚书令不再设置。这种解释不符合事实。唐太宗也当过中书令,但后来并未废置中书令。主要原因是皇帝要更多地过问六部的行政事务,多一个尚书令,对强化皇帝的集权不便。这是出于中央高度集权的需要,不能用“避讳”来解释。

③　唐朝郭子仪、李光弼,屡立战功,屡次起用,屡次罢免,原因是朝廷对他们带领的地方部队朔方军不信任。

④　《资治通鉴》卷二三四,中华书局版,第7534页。

从用兵的成败、战争的效果看,陆贽所列举的事实无可争辩。但陆贽不明白为了维护大一统的封建王朝,中央政府需要高度集中。由此可以看出集中统一的要求与所收到的客观效果,没有协调得好,以至事与愿违。

唐朝中央集权的政策,在政权所能达到的地区,贯彻得比较好。如均田制度,推广到新疆,政府的诏令,直到唐末,离唐亡国不到二十年,还能达到海南岛①。维护大一统的有效统治,还要有善于运用权力的人和机构。如果遇上皇帝本人昏庸无能,或者性格上弱点较多,高度集中的权力势必被盗用,宦官集团应运而生。

唐朝建国后制定的政策是维护高度的中央集权,权力集中到皇帝。宦官与皇帝朝夕相处,有的小皇帝是在宦官的照料下长大的,宦官最能吃透皇帝的偏好、习性和弱点。名义上皇帝在指挥宦官,皇帝在发号施令,实际上,在很多情况下,出主意的是宦官。又由于皇帝在位的时间有时比宦官要短,皇帝在位只管一代,宦官在宫廷内形成一种政治集团,有的宦官在宫内掌权长达好几十年,比皇帝在位的年限长得多②。宦官本来用作皇帝的心腹,后来反而成了皇帝的异己力量,皇帝不能利用宦官,宦官

---

① "南中小郡多无缁流,每宣德音,须假作僧道陪位。唐昭宗即位,柳韬为容广宣告使。敕文到,下属州。崖州自来无僧,皆临事差摄。宣时,有一假僧不伏排位。太守王弘夫怪而问之。僧曰:'役次未当,差遣编并,去岁已曾摄文宣王,今年又差作和尚"(高怿《群居解颐》,参《岭表录异》,《太平广记》卷四八三)。

② 大宦官仇士良权力过大,唐武宗让他致仕(退休),他的党徒送他离开皇宫,回到私宅。仇士良教导他的党徒说:"天子不可令闲,常宜以奢靡娱其耳目,使日新月盛,无暇更及他事,然后吾辈可以得志。慎勿使之读书,亲近儒生。彼见前代兴亡,心知忧惧,则吾辈疏斥矣。"(《资治通鉴》卷二四七,中华书局版,第7985页)

却能操纵皇帝,史称宦官之祸。

宦官参与政府机要,开始于唐玄宗重用高力士。肃宗时宦官李辅国专权,拥立肃宗,后来李辅国杀死张皇后,肃宗惊吓而死。代宗、德宗均重用宦官,顺宗被宦官迫胁让位,宪宗遭宦官忌恨,一夕暴死,死因不明。宪宗子敬宗已朝见过百官,被杀死。文宗、武宗、宣宗、懿宗、僖宗、昭宗,直到唐朝灭亡,皇帝都没有摆脱宦官的包围和操纵①。

> (唐文宗)坐思政殿,召当直学士周墀,赐之酒,因问曰:"朕可方前代何主?"对曰:"陛下尧舜之主也。"上曰:"朕岂敢比尧舜,所以问卿者,何如周赧、汉献耳。"墀惊曰:"彼亡国之主,岂可比圣德?"上曰:"赧、献受制于强诸侯,今朕受制于家奴。以此言之,朕殆不如。"因泣下沾襟,墀伏地流涕,自是不复视朝。②

加强中央集权,这一总趋势符合中国封建社会的国情。如何使这个权力正常发挥,不产生副作用,要靠长期的探索,使其机制逐步完善,历史上所发生的失误,为后人提供了有益的借鉴。

隋唐小农经济的发展

政治上的高度统一,经济上的极端分散,是隋唐不同于南北朝的根本点。

---

① 中国历史上发生过三次"宦官之祸",第一次在东汉,第二次在唐朝,第三次在明朝。祸害一次比一次严重。因为从汉到明,中央权力越来越集中,皇帝权力大,宦官权力也随之膨胀。

② 《资治通鉴》卷二四六,中华书局版,第7941—7942页。

政治上的高度统一,要有强大的国力,在古代农业为主的封建制度下,要保持强大的国力,必须发展小农经济。南北朝门阀士族统治下,小农经济得不到充分发展,束缚了生产力。隋唐建国后,使广大农民从严重的人身依附下解放出来,是一大进步,这一趋势也是符合社会发展的总趋势的。为了使小农经济得到发展,隋唐统治者都制定了一些轻徭薄赋、爱惜民力的政策和措施,并收到了实效。经济繁荣和人口增殖是明显的证据。据历史记载,东汉人口最多时曾达到五千万,唐玄宗时,人口也达到了五千万。

隋唐两朝打击门阀士族势力,适应了小农经济的要求,农民富足,国力也随之增强。隋朝统辖范围,南到印度支那的南部,605 年建立林邑郡,608、609 两年,北方击败吐浑,置河源、西海二郡(今青海省)。西边置鄯善、且末二郡(今新疆),还派兵泛海登流求(今台湾)。唐朝肯定隋朝的强盛,说隋朝"统一寰宇,甲兵强盛,三十余年,风行万里,威动殊俗"①。

隋朝国库储藏丰富,为前朝所不及。统一中国后,二十年间,增加了大量物资储备。"西京太仓、东京含嘉仓、洛口仓、华州永丰仓、陕州太原仓,贮米多者千万,少者数万石。天下义仓,又皆充满。京都及并州库,布帛各数千万。"②炀帝时,起义军占领洛口仓,开洛口仓散米,"就食者近百万口……织荆筐淘米,洛水两岸,望之皆如白沙"③。李渊镇守太原,粮米可支十年。隋设在西京长安府库,到贞观年间犹未用尽④。

① (唐)魏征《贞观政要·论君道》。
② 《通典》卷七《食货·丁中》。
③ 《资治通鉴》卷一八六,武德元年九月。
④ 《旧唐书》卷六四《巢王元吉传》,《贞观政要》卷六,马周《论奢纵》疏。

　　国家统一,政治稳定,人口也有了急剧增长。据杜佑《通典》《隋书·地理志》《通鉴》卷二一七《唐玄宗纪》综计,隋大业中有户8907546,口46019956。唐天宝十三年(754),唐有户9069154,口52880488①。在地广人稀的古代,人口是生产力的主要代表方面之一,人力也是财力。中国历史上人口第一次达到五千万,是在东汉,第二次达到这个数字则在唐朝。直到清朝以前,中国人口没有超过唐朝。今天中国人口增长失控,达十一亿之多,成为沉重的负担。古代情况不同于今日,人口众多,是国力强大的标志。唐玄宗时的人口达到五千万,不只是唐玄宗的政绩,那是在武则天政绩基础上继续发展的结果。

　　唐王朝鉴于隋朝由强大走向灭亡,引以为戒,适应小农经济的要求,减轻农民的负担,抑制南北朝以来门阀士族势力,由国家直接控制土地和劳力。这一政策是隋朝政策的继续,并取得了一定的成功。

　　唐王朝辖区内政令得以贯彻执行。如均田制,结合耕战,又使耕者有其田,这本是个理想。在隋末连年兵灾之后,土地荒废,人口减少,这一制度给小农经济带来了生机。在强大的中央政府保护下,农民得以安居乐业,给后来的繁荣昌盛打下了基础。

　　唐朝为了贯彻政令统一,建立了比较完善的驿站制度②。舟船车马,遍及全国。驿站交通系统以长安、洛阳为中心,向四方

　　① 中国史家重男轻女,承认武周政绩的不多。歌颂“开元之治”者史不绝书,这是不公平的。武周之后,为唐王朝留下了开元盛世;开元之后,给唐朝造成了分裂、割据的残局,直到唐亡。武则天与唐玄宗政绩优劣、才能高低,显而易见。

　　② 参看严耕望:《唐代交通图考》,台湾“中央研究院”历史语言研究所,1985年。

辐射,远达边境四裔,结成了统一的交通网络。完善的驿站制度和设施,极大地促进了国内政治、经济、文化的发展。

开元盛时,天下水陆驿一千六百三十九所,根据交通流量大小,置船马,水驿船二至四只,陆驿马八至七十五匹,都亭驿有逾百匹者。驿与驿之间,近者不到三十里,远者八十里以上,平均四十里以上。全国驿道共约六万五千里。官家驿站主要是为了传递文书、接送官员。据李肇《国史补记》载,渑池道中,一次前车出了故障,交通阻塞,后队车旅铃铎数千,罗拥不能行。据《通典》卷七:"东至宋(今商丘)、汴(今开封),西至岐州,夹路列店肆待客,酒馔丰溢。每店届有驴赁客乘。倏忽数十里,谓之驿驴。"驿站交通网可直通边疆。据《沙州都府图经》:"瓜、伊间,大碛道九百里,中间置十驿。"半数驿距在八十里以上。民间有商营驿站,寺院也在交通要道开旅店。"乃宅寺关口,用接远宾,故行旅赖之"①。驿站还可为私人传递信件。"久客多枉友朋书,素书一月凡一束"②。

唐代交通发达也为国际经济、文化交流提供了便利。东到日本,这是来往最频繁的海上通道。取道陆路,经朝鲜半岛,也成为另一条通道。唐代的交通西域,更是为人所习知的。

陆路交通,有时受沿途各国的政治与战争的影响,不能保证绝对畅通,且驼、马运载消耗物力较大,运载货物数量受到限制。海上运输,载运量大,节约运力,且不受沿途各国政治影响,唐朝中期以后,海上丝绸之路逐渐成为更重要的东西方的通道。

由于唐代航海、造船工艺的先进,世界地理知识的增加,由长安、洛阳通向西方,开辟了海上丝绸之路。远洋航船利用罗

---

① 《续僧传·法琳传》。
② 《秋枉裴道州手札遣兴》。

盘,掌握季候风的规律,海洋通道可延伸到很远的地区。最西可以到达拂菻(Farang,今 Istanbul,当时为东罗马都城),通向东南亚的交通更为便利,与尸利佛哲(三佛齐 Sri Vijaya,今苏门答腊之 Palembang)、狮子国(Simhala,今 Srilanka)来往都很频繁。玄宗时的册封为主的临近诸国有三十八个国族,大多在三边之外①。

应当指出,小农经济的社会,不止是生产方式或制度受小农经济的制约,其思想意识也无不打上小农经济的烙印。所谓小农意识,不限于农民,地主阶级,以至地主阶级的最高代表如帝王,也难免有小农意识。史称隋文帝性节俭,虽身为帝王,仍未脱小农意识。王夫之批评隋文帝,说:

> 俭于德曰俭,俭于财曰吝。俭、吝二者迹同而实异,不可不察也。吝于财而文之曰俭,是谓贪人。谚曰:"大俭之后,必生奢男。"贪吝之报也……隋文帝之俭,非俭也,吝也,不共其德而徒厚其财也。富有四海,求盈不厌,侈其多藏,重毒天下,为恶之大而已矣。②

隋朝的家业给第二代皇帝炀帝毁败。唐得天下,深知农民的要求不可忽视,农业生产不能停顿。指出隋朝"穷兵黩武,百姓不堪,遂至于灭亡"③,唐太宗教训群臣:"甲兵武备诚不可缺,然炀帝甲兵岂不足邪? 卒亡天下。若公等尽力使百姓乂安,此乃朕之甲兵也。"④

小农经济社会,农民自然有小农意识,地主阶级、帝王贵族

---

① 受唐册封者,高祖时有高丽、百济、新罗。太宗时增加突厥、西突厥、薛延陀、吐蕃、吐谷浑诸族国。玄宗时又增加龟兹。

② 《读通鉴论》卷十九,岳麓书社,1988 年,第 715 页。

③ 《贞观政要》卷一。

④ 《资治通鉴》卷一九三。

也不能不受小农意识的支配。隋文帝好聚敛，流于吝；隋炀帝肆意享乐，迷醉于低级的生活刺激，流于奢靡。吝和奢都是地主阶级中小农意识缺陷的集中表现。唐初诸帝怵于隋亡的教训，不敢放纵，过了几年安静太平日子，贪图享乐，拒谏饰非的毛病就出现了。唐太宗统治的后期，不喜欢听挑毛病的话，服用长生药，五十多岁即死去。武则天晚年，怠于政事。唐玄宗后期，认为天下已经太平，委政于李林甫、杨国忠、高力士，自己醉生梦死地混日子。唐代帝王中服长生药致死的有六人①。

小农意识，一般表现为目光短浅、急功近利。财富保存在国库还不放心，认为不是自己的，非要把财富堆放在自己身边才感到是自己的，把地方奉献单独储藏，谓之"左藏"。宫廷用品，命宦官到市场上强购，象征性地给几文钱，这种掠夺式的交易谓之"宫市"②。小农意识最大的特点是经不起富，耐不得贫。贫则怨天尤人，富则纵情声色，贪图口腹的快意。由于文化素质的低下，思想境界不高，有了权势之后，以为满足口腹之欲就是幸福。世俗贵族如此，出家的佛教、道教所描绘的极乐世界和神仙洞天的生活享受也多属于耳目口腹的满足③。唐朝皇帝也和其他朝代皇帝一样，好的少，庸劣的占多数。这不是皇帝的过错，而是小农经济社会封建宗法世袭制的普遍现象。

隋唐的民族关系

唐朝是强盛的多民族的封建大国，它处理民族关系，比历代

---

① 太宗、宪宗、穆宗、敬宗、武宗、宣宗。

② 白居易的新乐府《卖炭翁》，就是讽刺皇帝纵容宦官压价强购市上这农民物品的。

③ 今天保留下来的隋唐壁画描绘的神仙、佛祖世界多属此类。

王朝较为平等。因为隋、唐两个王朝的皇帝及贵族都不是纯汉族,如唐太宗李世民自称李耳后裔,奉老子为远祖,其实,他至少是个混血儿。祖母窦氏、母独孤氏、后长孙氏都是鲜卑人。唐朝统治阶层对汉族以外的少数民族不甚歧视。唐太宗自称他对全国百姓一视同仁,这是符合实际的。秦汉以后,与中原地区发生纠纷的民族多来自北方,唐朝对待北方各民族的政策比较妥善。西北等部族,与唐关系其深。贞观二十年(646)平定薛延陀之后,太宗至灵州,"敕勒诸部俟斤遣使相继诣灵州者数千人,咸云:'愿得天至尊为奴等天可汗,子子孙孙常为天至尊奴,死无所恨。"[1]开元二十九年(741),石国上表称"奴自千(先)代以来,于国忠赤",并称唐为"天可汗"("可汗"称号只限于北方回纥、突厥等族,其他边境邻国不称国王为可汗)。安史乱后,代宗永泰元年(765),仆固怀恩引回纥入侵,见郭子仪时,仍称唐代宗为"天可汗"。唐末国势衰落,北方还有些少数民族对唐王朝怀有感情。沙陀部赐姓李氏,李克用称"仆经事两朝,受恩三代,位叨将相,籍系宗支"[2]克用之子李存勖灭后梁,称帝,定国号曰"唐",立宗庙时,并为唐高祖、唐太宗等立七庙。

唐太宗自述成功之道五,其一为"自古皆贵中华,贱夷狄,朕独爱之如一,故其种落皆依朕如父母"[3]。唐盛时,自我约束,不主张无限扩张。

康国求内附。上曰:"前代帝王好招来绝域,以求服远之名,无益于用而糜敝百姓。今康国内附,傥有急难,于义不得不救。

---

① 《资治通鉴》卷一九八。
② 《报西川王建书》,《全唐文》卷一〇三。
③ 《资治通鉴》卷一九八,中华书局版,第6247页。

师行万里,岂不疲劳?劳老百姓以取虚名,朕不为也。"遂不受①。

唐朝科举取士,文人考明经、进士科的,不分种族都可以进入仕途,有的参加中央政府②。武将也同样有上进的机会。唐代番将有国族可考者二千五百三十六人,有姓名可考者七百七十六人③。乾陵前所列石像六十余尊,像背刻有衔名,其中可考者,番臣三十五人④。

唐朝作为一个多民族的大国,有各族基本平等的民族政策,收到了很好的效果,并得到各民族的拥护和支持。归纳起来,有四点前所未有的措施。第一,不强迫其同化;第二,不掠取俘虏分散为奴婢;第三,不使杂处,不强迫通婚;第四,宗教信仰自由,民族风俗得到尊重。

唐代以它的高度文化、富裕生活吸引了国外来华经商或留学者,愿定居长安、不愿返回故乡的,人数甚多⑤。

> 李泌知胡客留长安久者或四十余年,皆有妻子,买田宅,举质取利,安居不欲归……凡得四千人……有不愿归,当于鸿胪自陈,授以职位,给俸禄为唐臣……胡客无一人愿归者。⑥

唐朝以它先进的文化影响到近邻。如唐对南诏文化的影响:韦皋在西川,开青溪道以通群蛮,使由蜀入贡。又选群蛮子弟,聚之成都,教以书数,欲以慰悦羁縻之。业成则去,复以他子

---

① 《资治通鉴》卷一九三,中华书局版,第 6091 页。

② 冯承钧:《唐代华化蕃胡考》,《东方杂志》第 27 卷第 17 号。

③ 参见章群《唐番将研究》第 38—95 页,台湾,联经出版社。

④ 《乾陵石人像及其衔名的研究》,《文物集刊》1980 年第 2 期。

⑤ 日本学者阿倍仲麻吕,汉名晁衡,考取中国科举,做了官,与大诗人李白成了好朋友,传为中日文化交流的佳话。

⑥ 《资治通鉴》卷二三二,中华书局版,第 7493 页。

弟继之。如是五十年,群蛮子弟学于成都者殆以千数①。

（南诏）礼晋右将军王羲之为圣人（《南诏野史》上）。又如开元末,皮罗阁为云南王,"皮罗阁之子阁罗凤抗唐时,攻下隽州,俘西泸令郑回,使之教其子弟,后竟任清平官。"②（《新唐书》卷二二二上）皮罗阁之孙凤伽异曾入朝宿卫数年,有大臣多人在成都学习。唐初文成公主到吐蕃,带去大批工匠艺人。太和三年（829）南诏攻成都,俘去工匠、女工,学会织绫罗技术（《旧唐书》卷一九四上）。

唐朝的对外开放,敢于、乐于接受汉族以外文化及生活方式,引起一些保守思想人士的牢骚。

今北胡与京师杂处,娶妻生子,长安中少年有胡心矣。吾子视首饰靴服之制不与向同,得非物妖乎?〔（唐）陈鸿:《东城老父传》〕

文化交流本来会产生相互影响,保守者视为"物妖",实为正常情况。民族文化交流融合的趋势是不可扼制的。

唐代文明之所以达到较高水准,还在于它善于吸收外来文化,有利的,好用的,随手拿来为我所用。如音乐、舞蹈、乐器,很多是引进的。在大量交流的影响下,才出现了灿烂的唐文化。中国好的传统,文化典籍,都成为与邻国交流的赠品③。高宗时,派养蚕、制酒、磨舂,造币、墨工去吐蕃。武后时,招待吐蕃使臣"观看中国音乐"（《旧唐书》卷一九六）。玄宗时,规定"蕃客入

---

① 《资治通鉴》卷二四九。

② 清平官六人,即宰相。下设六曹长,相当六部尚书;大将军十二人,似唐十二大将军。出镇称节度,有功可授清平官。（向达《蛮书校注》卷九）

③ 这种敞开大门的行为,也曾引起有保守思想的人的反对:"窃为突厥、吐蕃、契丹等,往因入贡,并叨殊奖,或执戟丹墀,策名武秩;或拽居黄门,服改毡裘。词兼中夏,明习汉法。目睹朝章,睹衣冠之仪,知经国之要,窥成败于国史,察安危于古今……"（薛登《请止四夷入侍疏》,《全唐文》卷二八一）

朝,并向国子监,令观礼教"(《唐大诏令集》卷一二八)。开元十九年(731)命抄写《毛诗》《礼记》《左传》《文选》等赐嫁给吐蕃的金城公主。又写给渤海国《唐礼》《三国志》《晋书》等(《唐会要》夷独请经史条)。唐朝与东邻日本、新罗的文化交流,儒家经典、佛教各派的传播,史不绝书,已为众所周知的常识,中外史籍记载详备,此不赘述。

隋唐的社会思潮

仅在政治上取得统一,并不能保证国家的长治久安,还要建立思想上的统一。隋朝统治时间较短,只是在政治上建立大一统的机制,其余的任务由唐朝来完成。

隋唐继承了南北朝长期分裂的格局,思想领域没有一种权威的、大一统的完整体系。南北朝几百年间,在社会上流行的不是一种思想体系,而是三种并存的思想体系——佛教、道教、儒教。三教各有特点,它们相互补充,却不能互相代替,成为当时社会流行的主要思想。

隋唐统一后,即有意识地使三教融合,当时有识之士也看到三教合一的必要性。如隋朝的王通,即有会通三教的尝试。三教内部也有各自会通本宗不同流派,建立统一体系的企图。

佛教在南北朝时期,由于政治的阻隔,形成南北不同的流派。隋唐佛教各宗派都在各自的流派范围内调和、融汇南北不同的思想倾向,建立统一的宗派。如天台宗,建立于隋朝,盛行于唐朝,曾致力于发展南方的思辨传统与北方的禅定传统,建立了定慧双修的天台止观体系。禅宗起源于北方嵩洛一带,本来重禅行,不重义解,唐代禅宗结合禅行与义解,形成了融汇南北禅法的新宗派,湖北黄梅弘忍是唐代禅宗的代表。

　　儒家经典在汉代有各派传承世系,自有家法。两汉经学的基本体系为神学经学。南北朝长期分裂后,南北经学受玄学影响,从神学经学蜕变为玄学经学。对《易》的解释,离开象数转向义理。其义理又偏重于以《老子》解《周易》,以玄学解《论语》。北朝解经保有马融、郑玄的传统。马郑经学偏重名物训诂,脱离古今文师承,与神学经学面貌不同。

　　隋唐统一后,国家为了统一经学思想,由政府编辑了《五经正义》,兼采南北朝经学的成说,定为国家开科取士的标准教材。

　　三教之中,道教在唐朝受到空前的恩宠。东汉时,道教与佛教同时被当作神仙,在宫中立祠奉祀,桓帝在宫中"立黄老浮屠之祠"。南北朝时道教经过改造,受到官方重视,成了与佛教同等地位的宗教。由于道教发展起步较迟,势力及影响均不及佛教。南北朝的道教也有南方重义理、北方重实践(宗教实践)的倾向。唐朝皇室奉李耳为远祖,唐太宗崇道抑佛,唐玄宗对道教大力提倡,全国道观总计一千六百八十七所①,并搜集、编辑道教全集,称为《一切道经》。玄宗自注老子《道德经》,颁发到全国各地的道教宫观,供学者学习。道教自身的发展,也体现了南北统一、南北融合的新形势。

　　儒、佛、道三教都在各自的领域内协调、统一、融合南北朝长期分裂的学术思想。三教之间也分别做出了自己的贡献。唐王朝对三教的态度,有时抬高某一宗教,有时打击某一宗教,但唐朝的宗教政策是一贯的,对三教都要利用,认为三教都是劝人尽忠尽孝,奉公守法,对国家统治秩序有利。国家每逢遇到重大节日或隆重庆典,即诏三教推派代表,在宫廷开展辩论。代表三教

---

　　①　道观、寺院数目,都是指政府承认的,是记录在政府档案的,不包括民间私立的小庙、小道观。

参加辩论的都是当时三教中最有影响的人物①。

三教合一是隋唐时代思潮发展的总趋势。由于三教除了共同为唐王朝的统治帮忙以外，还有各自的观点和团体的利益。三教之间有一致处，也有互相对立的地方。对高度集中的大国来说，三教长期分立，不能满足国家的客观需要，有时会造成思想上的混乱。比如儒家一致认为隋炀帝是个败坏伦理纲常、荒淫无道的昏君，他与历史上的亡国之君夏桀、殷纣不相上下。由于隋炀帝信奉佛教，支持佛教的发展，佛教徒对隋炀帝另有评价，为他辩护，引经据典，指出炀帝的行为与世俗罪恶性质不同，炀帝的弑父、篡乱，是前世夙因造成的，是佛教有意安排用来教化世人，使人皈依佛教的。

> 世谓炀帝禀戒学慧，而弑父代立，何智者(智颛)不预鉴耶？然能借阇王之事以比决之，则此滞自销。故观经书释之，则有二义：一者事属前因，由彼宿怨，来为父子。故阿阇世云："来生怨。"二者大权现逆，非同俗间恶逆之比。故佛言"阇王昔于毗婆尸佛发菩提心，未尝堕于地狱。"(《佛祖统纪》卷三九)

《佛祖统纪》是天台一派的著作。天台宗的创始人智颛曾得到炀帝的支持、鼓励。炀帝为太子时即与智颛相结纳，为杨广授"菩萨戒"。杨广即位后，天台宗更受到皇家的政治庇护，成为隋唐诸宗派中最早建立的有势力的宗派。

隋唐的三教关系

三教鼎立，是唐代哲学界的总形势。三教的势力并不相等，

---

① 白居易、李荣等儒教、道教的代表发言人，参加过多次三教辩论。

三教中佛教的社会影响最大，其次是道教，儒教影响最小。佛教社会影响大，主要有三方面的优势。

1. 寺院经济的优势。佛教寺院经济，从南北朝以来逐渐壮大。仅以河南嵩山少林寺为例，它拥有庄园几十处，土地上百顷，拥有寺户、碾硙等①。天下众多大寺院，情况与此大致相同，不再多举。寺院占有劳动力，享有免交赋税租调的特权。当寺院佃户，可以不充当政府的劳役、兵役。寺院经济发展到与国家争利的地步②，国家不得不以强力限制。会昌废佛③，使寺院经济受到打击④，在此以前，寺院财富充足，超过一般地主阶级。佛教寺院利用雄厚财力，兴办社会福利事业，有悲田养病坊，灾年施药施粥。会昌后，由政府接管。但救济不及时，且有贪污，政府又把它交还寺院经管。"兼差有道行僧人专勾当。"（懿宗《疾愈推恩敕》，《全唐文》卷八四）佛教寺院还兴办旅店，供商旅住宿。废佛以后，毁掉的寺院，由于客观需要，政府下令恢复。宣宗时，"其诸县有户口繁盛，商旅辐辏，愿依香火，以济津梁。亦任量事，各置一院……其山谷险难，道途危苦，羸车重负，须暂憩留，

---

① 参见《皇唐嵩岳少林寺碑》，《文苑英华》卷八五八，李邕《嵩岳寺碑》。

② "今道人私度者几数十万。其中高户多丁。黠商大贾，诡作台符，羼名伪度。且国计军防，并仰丁口。今丁皆出家，兵悉入道，征行租赋，何以备之。"（《新唐书》卷一二三《李峤传》，中华书局，第4370页。）

③ 会昌五年（845），政府下令废佛，没收良田数千万亩，奴婢十五万人，僧尼还俗二十六万五百人。

④ 会昌废佛前，日本留学僧人圆仁（793—864）等来华。会昌废佛期间他看到寺院经济破坏后僧人的穷困情况。他说："天下僧尼尽令还俗。乍作俗形，无衣可着，无物可吃，艰穷至甚，冻饿不彻，便入乡村，劫夺人物，触处甚多。州县捉获者皆是还俗僧。"（《入唐求法巡礼行记》卷四）废佛前后的生活形成鲜明的对比。

亦任依旧基,却置兰若"①。

2. 普及宣传的文化优势。寺院除具有特殊的政治、经济待遇（免税、免役等特权），还具有文化优势。一个寺院等于一座图书馆，一般清寒士人多借寺院读书。

寺院除拥有高层次的有文化的僧人主持讲经、译经事业外，对广大佛教信徒多采取一般通俗宣传的方式，如用说故事（俗讲）、映幻灯，吸引听众。佛教通俗宣传有极大的吸引力，上层贵族妇女，一般市民，都是俗讲的热心听众。从敦煌变文所保存的材料，可以推知当年的宣传盛况②。

佛教宣传，还善于借助音乐节奏，配合讲经内容③。利用当时民间小调乐谱形式，填充以佛教出世内容，使之便于记诵传唱。敦煌写本佛书中发现以"五更转"宣扬佛教者多种④。

宗教的发展，没有上层统治者的支持，不能推广，并享有特权合法地位；没有下层广大群众为基础，也难以取得重大社会影响。佛、道二教都注意这两个方面，所以能长久流传，超过儒教。

3. 理论体系的优势——相当完整的心性论。本卷《佛教编》有重点讲述，这里从略。

道教在皇族大力支持提倡下，也比南北朝时有较大发展，宫观之盛丽，仅次于佛教。本卷《道教编》有专章。

----

① 《唐会要》卷四八《议释教下》。

② 向达：《唐代俗讲考》。

③ 参看《净土五会念佛略法事仪赞》，敦煌遗书中存有中、下两卷。

④ 神会的《顿见境》五首："一更初，涅槃城里见真如，妄想是空非有实，不言为有不言无。非垢净，离空虚，莫作意，入无余，了性即知当解脱，何劳端坐作工夫……五更分，净体由来无我人，黑白见知而不染，遮莫青黄寂不论。了了见，的知真，随无相，离缘因，一切时中常解脱，共俗和光不染尘。"（《敦煌歌辞总编》，上海古籍出版社版，第1424页。）

只有儒教,典籍整理尚停留在结集水平,提出创见的极少,不像佛、道二教成立宗派,建成理论体系。儒教经学不振,甚于南北朝。汉儒尊孔子、周公,唐人尊佛,重禅师。中唐以后,社会随处充斥着佛教徒与诗人。到了五代时期,天下大乱,政治失去中心,为中央集权在理论上作论证的儒教自然软弱无力。儒教寺院——文庙也日趋败落。晚唐诗人罗隐"谒文宣庙"诗云:

> 晚来乘兴谒先师,松柏凄凄人不知。九仞萧墙堆瓦砾,三间茅殿走狐狸。雨淋状似悲麟泣,露滴还同叹凤悲。倘使小儒名稍立,岂教吾道受栖迟。①

仅仅从哲学思想体系而论,三教中佛教最为完整,它提出了中国哲学发展中的核心问题。但它是出世的世界观,不能直接为大一统的封建王朝服务。因为政治上的高度统一,要贯彻忠君原则,为适应小农经济一家一户的家庭生产方式,要讲孝父母的原则。佛教在这一关键处输了一着。儒家如何吸取佛、道两教的长处(心性论),以充实自己的体系,从而引发出宋代哲学。

唐代的政治、经济、文学、艺术、科技以及国际文化交流的规模,均超过汉朝,在当时国际,其地位遥遥领先。唯独唐代的哲学思想体系,学术界一般认为似不及汉朝的博大完整。治中国哲学史者对上述现象不免困惑。

传统看法,以儒家为正脉嫡传,治哲学史者不惜以浓墨重彩介绍韩愈、李翱、柳宗元、刘禹锡几位大思想家。韩、柳等人不失为第一流人物,但完全靠他们来支撑唐朝的盛大局面,毕竟显得

---

① 罗隐又有"代文宣王答"诗云:"三教之中儒最尊,止戈为武武尊文。吾今尚自披蓑笠,你等何须读典坟。释氏宝楼侵碧汉,道家宫殿拂青云。若教颜闵英灵在,终不羞他李老君。"(《全唐诗》卷六五七,中华书局版,第 7551 页。)

单薄。

我们现在打破传统习惯,不抱儒家为正统的偏见,按历史实际情况考察隋唐哲学思潮,儒家以外还有佛、道两家。佛、道两家的社会影响及理论造诣均超过儒家。佛经、道经的数量也多于儒经。佛、道两家,特别是佛教,在哲学理论上更有其独到处。

魏晋玄学把中国哲学从元气自然论推进到本体论的阶段,南北朝时期,中国哲学已由本体论发展为心性论。这一认识过程体现了人类认识规律。汉代哲学致力于宇宙万物生成的探索,魏晋玄学进而探索世界的本体。由本体论再进一步探索,即进入心性论的领域。隋唐佛教讨论的心性问题,其范围至广,钻研功力也极深。它涉及人类心理活动、感觉经验、道德观、认识论(认识能力、认识限度、认识的真实性等)、社会观、本体论、宗教实践(修养方法)等诸多方面,都有创造性的见解。隋唐哲学最突出的贡献在于把心性论研究推向新的高度。

> 荆公王安石问文定张方平曰:"孔子去世百年,生孟子。后绝无人,或有之而非醇儒。"方平曰:"岂为无人,亦有过孟子者。"安石曰:"何人?"方平曰:"马祖、汾阳、雪峰、岩头、丹霞、云门。"安石意未解。方平曰:"儒门淡泊,收拾不住,皆归释氏。"安石欣然叹服。后以语张商英。(商英)抚几赏之曰:"至哉此论也!"①

张方平服膺佛教禅宗,王安石是儒门信徒,也信仰佛教,他们有共同语言。张方平列举的一批胜过孟子的圣贤,都是禅宗大师,如果把佛教其他宗派的大师和道教学者都列举出来,唐朝的哲学界实在是一个群星灿烂的时代,比过去任何一个朝代都丰富、充实。张方平说"儒门淡泊,收拾不住",道出了问题的关

---

① 《辅教篇·广原教》。

键。唐朝儒家哲学确实还没有进入时代思潮的主旋律——心性论——的大合唱。当时哲学界普遍关心的心性论这一领域，儒教还没有取得多少发言权。所谓"儒门淡泊"，指的是缺少哲学味道①。

　　哲学史从汉魏到隋唐，好比沿着一条大河航行的船，航行到隋唐这一段，主河道忽然出现三条。沿着一条走下去，势必遗漏其余两条。因此，根据实际情况，按照三教并立的状况，本卷分为"儒教编""道教编""佛教编"和"会通编"，这样安排，可以如实反映三教并立的实际情况，又指出三教趋于会通的总趋势，为下面宋元卷作准备。

———————————

①　"淡泊"不是淡泊以明志，不热衷追求富贵名利的意思。

《中国哲学发展史(隋唐卷)·佛教编》序

  佛教在隋唐时期深受中华传统文化影响,佛经的撰述、流传、保管、整理、分类也采取了儒家经学的方式,形成了中国佛教经学的特点。儒家典籍兴盛于汉代,经学讲家法,重师承,有训诂考订、史传、家乘及目录分类之学。佛教经学兴起于南北朝,隋唐时期佛教完全摆脱了依靠外国译人主持领导经学的发展,走向独立发展创造的新阶段。

  汉以后,儒家学者多用注解经典的方式来表达当时的新见解,即古人所谓"以述为作"。佛教经学继承了这一传统。佛教典籍浩如烟海,据隋开皇法经目录记载,佛经总数达五千三百一十卷,炀帝大业年间智果目录有六千一百九十八卷。《隋书·经籍志》中佛教经、律、论、疏及记,有一千一百二十七卷。隋以前,中国人的撰著约有千卷。唐道世《法苑珠林》,庐山东林寺藏有译本五千卷,文记三千卷。据唐贞元《续开元录》,从隋初到唐元和间唐人注疏不下三千卷。卷帙数量远远超过儒家典籍。

  隋唐佛教典籍按涉及内容可分为五大类:注疏类、论著类、纂集类、史传类、目录类。

  (1)注疏类

160

为解释经、律、论之作。虽号称注解,承袭儒家传统方式,但佛教经学有更详尽的体例。

注——随文逐句,注明文义,或阐明音训、典故,如杜顺的《法界观门注》。

文句——随文句解说,讲明句义,如《法华文句》。

玄义——有钩玄索隐的作用,为总揽一书的主旨,不同于随文注解,主要是用概括全书的大义,如《三论玄义》。

述记——依据师说、笔记成篇,如《成唯识论述记》,是玄奘讲授唯识学时弟子的笔记。

科文——寻章摘句,逐段讲解。

义疏——随文解释,把注释连贯起来,串讲。

集注——汇集前人有关注解于一处。如道世《金刚经集注》。

疏钞——疏的注解。

音文——为工具性的书。如慧琳《一切经音义》。因佛教经学发达,仅音义类的工具书达二十部。

问答——为了突出主题,自设问答,解释难点。如法藏的《华严经问答》。

疏演义抄——对经疏的演义的经解。如澄观的《华严经疏演义抄》。

注疏一类,有的是客观的诠释原旨,多数不在于注解原书,而在于借佛经发挥注者个人的经学见解。

(2)论著类

注疏类基本上随经典文句,阐发作者的宗旨,论著类则为作者独标新解,开展论战的著作。有专著性质,有的书名为论,如法上的《佛性论》,杨上善的《六趣论》,道世的《敬福论》,善应的《破邪论》,法琳的《辩正论》,彦琮的《崇正论》,宗密的《原人论》。

不以"论"的名称出现,实际上属于论著类的,如法藏的《华严一乘教义分齐章》,智颛的《小止观》,惠能的《坛经》。

论著类最能体现佛教各宗派的特色,本书论述隋唐佛教经学部分取材于佛教各大宗派的专注。佛教经学的精华部分,都在这一类著作中。不同宗派,各有自己的注疏。

(3)纂集类

这是佛教经学形成以后,大量经典出现,按经典整理归并,成为合集。如宝贵的《金光明经》四家八卷,道世的《法苑珠林》一百卷,道宣的《广弘明集》三十卷,《集古今佛教论衡》三卷。

(4)史传类

大体可分为释迦传,《释迦氏谱》;佛教重要人物,有道宣《高僧传》;著名僧人塔铭、传、赞等,如灌顶《智者大师别传》,彦琮《法林别传》;有教派史,净苑《楞伽师资记》,智炬《宝林传》,天台宗《国清百录》,慧祥《古清凉传》,圆照的《悟空入竺记》。

(5)目录类

目录之学起源于汉儒,佛教经典传入后,仿照儒家典籍编制目录,一则便于研读,二则便于寺院内部管理、检查、贮藏。目录分类的方式,不仅仅是典籍的按类排列,它也是佛教当时流通,传播宗派势力范围的一面镜子。仅隋唐时期见于史籍记载的佛经目录已十余种,影响最大,至今仍为僧众所采用的是智昇的《开元释教录》,据敦煌手写佛经资料,可知《开元释教录》以前各地大寺院藏经编目有不同办法,有经目帙号法,有定格贮存法,吐蕃统治时期敦煌地区还流行偈颂帙号编号方式,经过实践考验,最后《千字文》编号法取得了全国通行的胜利。因为《千字文》是古人普及识字的初级课本,人人都记得,千字文不重复,便于安排顺序。

　　总之,隋唐时期的佛教经学全部资料均分属于上述五类。本书论述佛教经学思想多取材于论著及注疏两类。这两大类之中也只能选取与中国哲学发展关系较深、影响较大的几个宗派。了解佛教经学,可以透过这几大宗派来窥见佛教思潮发展的概貌。注疏、论著类,各宗派拥有自己的典籍,世代相传。今举华严、天台两家为例①。

---

① 华严宗——

《华严疏》六十卷(澄观)

《华严一乘十玄门》(杜顺)

《华严一乘法界图》(新罗义湘)

《演义抄》九十卷(澄观)

《华严一乘成佛妙义》(见登)

《华严一乘教义分齐》(法藏)

《华严十明论》(李通玄)

《华严五教止观》(杜顺)

《华严法界玄镜》(杜顺)

《华严法界观科文注》(宗密述)

《华严金师子章》(法藏)

《华严原人论并解》(宗密)

《华严发菩提心章》(法藏)

《华严关脉义记》(法藏)

《华严经七处九会颂释章》(澄观)

《华严经大意》(李通玄)

《华严内章门等杂孔目章》(智俨)

《华严经文义记》(灵裕)

《华严经玄义》(静居)

《华严经行愿品疏》(澄观述)

《华严经旨归》(法藏)

《华严经明法界品》(法藏)

《华严经修行次第决疑论》(李通玄)

《华严经愿行观门首目》(湛然撰述)

《华严经探玄记》(法藏)

《华严经略疏》(智俨)

《华严经搜玄记》(智俨)

《华严经普贤行愿王品》(澄观)

《华严经普贤观行法门》(法藏)

《华严经疏》(澄观)

《华严经疏演义抄》(澄观)

《华严经传记》(法藏)

《华严经义海百门》(法藏)

《华严经纲要》(澄观)

《华严经随疏演义钞》(澄观)

天台宗——

《法界次第初门》(智颢)

《法苑义林章》(窥基)

《法苑义林章补阙》(慧沼)

《法华三昧忏仪》(智颢)

《华严五十要问答》(智俨)

《华严心要法门注》(宗密)

《华严法界观门注》(杜顺、宗密注)

《华严法界观科文注》(宗豫述)

《华严原人论》(宗密)

《华严海印三昧论》(新罗明晶)

《华严奥旨妄尽还原观》(法藏)

《华严玄谈会玄记》(澄观)

《华严入法界品十八问答》(澄观)

《华严经不思议佛境界分》(提云般若)

《华严经文义要诀问答》(新罗表员)

《华严经文义纲目》(法藏)

《华严经合论》(李通玄)

《华严经行愿拼疏抄》(宗密撰集)

《华严决疑论》(李通玄)

《华严经音义》(慧苑)

《华严修慈分》(提云般若等)

《华严经海印道场九会请佛仪》(一行)

《华严经略策》(澄观)

《华严经刊定记》(慧苑)

《华严经策林》(法藏)

《华严经行愿品疏科》(宗密疏钞)

《华严经问答》(法藏)

《华严经疏注》(澄观)

《华严经疏抄玄谈》(澄观)

《华严经感应传》(惠英)

《华严游意》(吉藏)

《新华严经论》(李通玄)

《大乘无差别论疏》(法藏)

《法苑珠林》(道世)

《法苑义林章抉择记》(智周)

《法华三昧行事运想补助仪》(湛然)

《法华五百问论》(湛然)

《法华宗要》(新罗元晓)

《法华经大意》(湛然)

《法华经文句记》(湛然)

《法华经文句私志诸品要义》(智云)

《法华(经)玄义》(智颛)

《法华经玄赞》(窥基)

《法华经玄赞抉择记》(崇俊)

《法华经玄赞摄释》(智周)

《法华经为为章》（窥基）

《法华经游意》（吉藏）

《法华经疏略》（吉藏）

《法华论疏》（吉藏）

《法华开题》（慧祥）

《法华文句》（智颛）

《法华经文句私志记》（智云）

《法华经文句辅正记》（道暹）

《法华(经)玄义释义》（湛然）

《法华经玄赞要集》（栖复）

《法华经玄赞义决》（慧沼）

《法华经玄论》（吉藏）

《法华经疏义赞》（智度）

《法华经义疏》（吉藏）

《法华经传记》（慧祥）

《中国哲学发展史（隋唐卷）·
道教编》序

　　南北朝时期，道教发生了分化，有一部分领袖人物力图摆脱农民起义给上层统治阶级造成的印象，取得上层社会及中央政府的信任，结集了道教全集，约有一千余卷，称为"一切经"①。唐朝是道教在中国发展的第二次高峰。唐玄宗命道士史崇玄等搜集道书约二千卷，并编纂了《一切经音义》。玄宗后来又继续搜求道书，编辑总目曰《三洞琼纲》②，卷帙增到三千七百余卷。

　　佛教传播，开始即进入上层社会，与帝王、贵族交往，佛教徒的文化知识层次较高（当然也有众多文化水平不高的一般群众）。道教最初传播于农村，杂以民间巫术，以符水治病，信教群众以农民为主。张鲁道教起于巴蜀，黄老道教起于华北。道教典籍不可避免地带有阶级烙印。道教取得官方承认后，为了满足上层贵族需要，取得他们的信赖和支持，从治病发展到长寿、

――――――

　　①　这一名称与当时的佛教总集相同。因为佛教总集结集在先，道教为了使自己的典籍区别于佛教，改称《一切道经》。宋以后，有佛教雕版印刷的《大藏经》，道教称自己的总集为《道藏》，以示区别。

　　②　"三洞"是道教典籍最早的分类，即洞神、洞玄、洞真三部。

养生、服食、炼丹、房中等方面的宗教内容。道教典籍以现代科学方法,按内容可划分为九大类①,除去宗教训练、宗教仪式、符箓等不计,其哲学思想多保存在"道经"和"道论"两大类项下,这也是本书中讲到的道教经学所包括的主要内容。道教经学与佛教经学一样,用注疏方式表达各自宗派的观点。除了明白标出著者真实姓名者以外,很多经典号称神仙颁赐。其中有真实姓名的,像关于《老子》《庄子》《列子》的多种注释,也是借题发挥,与原书的宗旨未必相合,有的甚至歪曲原意。但是,这些注疏却反映了当时某派的思想体系,则是无可怀疑的。道教经学也是唐朝宗教思想不可缺少的一面镜子。

---

① 见《道藏提要》,中国社会科学出版社,1991 年版。

《中国哲学发展史(隋唐卷)·会通编》序

　　隋唐初期,为稳固、发展大一统的政治局面,封建统治者在思想文化方面采取了比较开明而有远见的政策。凡是有利于封建国家统一和安定的文化思想体系及社会思潮,他们都兼容并蓄。在这一时期,儒、释、道"三教"各自都有独立的发展,逐渐形成了"三教"鼎立的新格局。"三教"间虽仍继续互相论辩,互争高低,但调和融合的趋势日益发展。成书于唐高宗麟德元年(664)的《广弘明集》,就是一部着重反映自南北朝至隋唐初封建统治集团的"三教"政策以及"三教"间既斗争又融合的著作汇编。

《中国哲学史》(四卷本)
2003 年修订版绪论 *

中国是世界上少数几个文明古国之一,有文字可考的历史至少五千年以上。中国哲学源远流长,有将近三千年的发展历史。它记录了伟大的中华民族在漫长的岁月里改变世界、认识世界的艰难曲折的历程,集中了中华民族的智慧。中华民族远在两千年前就有了成系统的哲学体系,这是我们可以引以为自豪的。

一 哲学史的性质和任务

哲学史是哲学发展的历史。这门学科不同于自然科学和社会科学等涉及专一门类的具体学科,它是一门关于世界观的学问,所涉及的领域是人类对自然、社会和思维的一般规律的认识。自然观是各个历史时期人们对自然界发生、发展规律的认识;对社会历史发生、发展的认识是社会历史观;对思维规律的认识即逻辑学和认识论。将这几方面综合概括起

---

* 人民出版社,2003 年 7 月版。

来,哲学史的研究对象就是整个人类认识前进的历史。哲学发生、发展的前提是要有相当发达的生产力水平,相当丰富的科学技术知识,相当丰富的社会历史经验,是人类思维进行高度概括的结果。哲学反映了一个民族抽象思维的最高水平。哲学史上的重要人物和重要学派,都曾经走在当时人类认识世界的前列,体现了当时社会历史的思想高度,将当时人们的认识推进到一个新水平。

人类认识是不断发展、不断深化的,在各个认识领域中总有先进与保守、正确与错误的矛盾和斗争。一般说来,唯物主义能比较正确地反映客观实际,尽管唯物主义也不可避免地要受历史和阶级的局限;唯心主义不能正确地反映客观实际,但唯心主义有其认识论和阶级的根源,也是人类认识前进的运动中的一个必然环节,从而表现了认识过程的复杂性和曲折性。唯心主义对唯物主义提出的难题,淬砺、锻炼了唯物主义,促进了人类认识的发展和深化。从这个意义上说,哲学史是唯物主义和唯心主义相互斗争、影响的历史。

二 中国哲学史的特点

哲学史在不同的国家和地区,表现形式是不一样的。中国社会历史的特点决定了中国哲学史的特点。

中国社会历史的特点主要有这样几个:(1)奴隶制度不典型;封建制度发展充分而完备,维持得长久、稳定;近代资本主义力量软弱,始终没有达到成熟阶段。(2)始自奴隶社会的宗法制度,在封建社会更完备,一直延续到近代,成为联结社会生活的最重要的纽带。(3)中央集权下的多民族的大一统国家结构形成得早,统一时间长,是历史主流,分裂不能持久。(4)封建社会中的中央集权与自给自足的小农自然经济之间的矛盾长期存在;(5)农民起义次数多,规模大,封建统治集团积累了较丰富的统治经验。

中国社会历史的特点给中国哲学史带来如下特点:

(1)封建社会的哲学历史最漫长。从世界范围看,希腊、罗马的奴隶制哲学最具典型;欧洲资本主义制度具有典型性,资产阶级哲学最发达。中国有文字记载的历史绝大部分在封建社会。中国哲学发生于奴隶社会,但主要发展过程在封建社会,最典型、最丰富、最系统,是中国哲学史的重点。

(2)神学化了的儒学占有极大优势。中国封建社会是宗法制社会,适合中国封建社会历史特点的宗教神学即儒教在社会意识形态中占统治地位。孔子创立的儒家系统在先秦只是一种政治伦理哲学。因为它有助于维护君父的统治基础,巩固宗法专制的等级地位,自汉代开始被推崇为占统治地位的意识形态。历代封建统治者及思想家们不断对其加工改造。孔子被塑造成崇拜的偶像,儒家经典神圣化。到了宋代,儒教吸收佛教、道教的宗教训练方法,终于成为体大思精的宗教神学体系。它对于巩固封建制度,稳定社会秩序,起了十分重要的作用。

(3)有光辉的唯物主义和辩证法传统。朴素唯物论和辩证法思想是中国哲学史的精华,达到了古代的最高水平。中国古代社会生活起伏多变,积累了大量社会斗争的经验教训;自然科学(如天文、医学等)起步早,成就高,曾长期保持世界领先地位;封建社会意识形态各部门如文学、史学、艺术等发展充分,提供了大量思想资料和古典文献。以上这些条件都为中国古代朴素唯物主义和辩证法思想创造了条件。

三　中国哲学史的研究方法

我国以科学的方法研究中国哲学史的历史并不长。封建社会的哲学史名著(如《明儒学案》等),不能从"经学"中分化出来,不能触及"经学"的禁区。近代以来一批学者用资产阶级观点研究中国哲学史,冲破古代"经学"的禁锢,比封建时代的哲学史有所前进,但由于缺少历史唯物主义的指导,还不能真正阐明中国哲学史发展的规律。只有把历史唯物主义的基本原理与中国哲学发展的实际相结合,才能从纷繁复杂的现象中揭示事物的本质和发展规律。

在学习中国哲学史的过程中应注意这样几个问题:

(1)从历史发展的角度,以具体问题具体分析的原则研究哲学史中的问题。历史唯物主义要求我们把中国哲学史研究放到一定的具体历史范围之内,努力还原其本来的历史面目。孔子是春秋末的思想家,汉以后被封建统治者塑造为"孔圣人",使孔子穿上后代的时装。又如,五四以来,中国文化与西方文化广泛接触,学术界曾经生搬硬套地依照西方哲学史的模式来写中国哲学史。这些都是忽视了古代与现代、中国与西方的各个不同的历史条件和特点,也就脱离了历史的真实性,破坏了历史的科学性。只有运用具体问题具体分析的原则,考察哲学家以及哲学流派的阶级性、时代性和地区性,才能弄清中国哲学史的本来面目。

(2)进行具体的阶级分析。中国哲学史是要对古代哲学思想进行全面、具体的分析,揭示其社会属性和时代特征,而阶级分析是历史唯物主义观察社会、认识历史的主要方法。中国哲学史上的思想斗争,实际上就是各个历史时期阶级斗争(包括地主阶级内部的斗争)或明或暗的表现。但是阶级分析不能简单化、公式化,比如,封建社会经历了上升、停滞和没落几个重大阶段,地主阶级也从朝气蓬勃的进步阶级转化为腐朽没落的阶级。与此相适应,封建意识形态也经历了很多变化。

(3)注意中国古代哲学发展的地区性和多种文化的融合过程。哲学思想和学术流派是在特定社会环境中产生的,所以带有国别、民族、地域的特点。春秋战国时期,哲学上众多流派百家争鸣。秦汉以后,全国政治上统一,但由于小农经济的生产形式、各地文化传统的保守性以及地方封建割据势力称雄,思想文化上的地区差异仍长期存在。同时,中国哲学史的发展也是相互影响、不断融合的过程,表现在国家地区之间(如佛教传入对中国文化的影响)、民族之间(汉族和少数民族),以及各种哲学思想流派之间(如唯物主义和唯心主义)。中华民族的文化是各时代、各民族、各地区人民共同创造的。中国历史上重要的哲学家和思想家都善于吸收前人和同时代人的学术思想,经过消化形成新的理论体系。经过不断汇合、积累,逐渐形成中华民族独立的文化传统。

(4)充分占有历史资料,认真鉴别和分析。就中国哲学史研究工作而言,从实际出发,就是从真实的哲学史料出发,做到材料与观点相统一。全面搜集资料,去伪存真,确定时代和作者,是研究工作的第一步。过去认为《周易》是不可分的完整著作,其实《易经》部分属于殷周之际,《易传》成于战国后期。东晋的《列子》虽不能代表战国时期列子的思想,但可以作为研究魏晋思想的资料。从上可知,资料根据不充分,难免陷于空谈和武断;使用错误的资料,得不出正确的结论。

作为一部用于教学的参考书,讲的是一些比较基本、简明的知识,受授课时间的限制,不允许对某一方面的问题多作发挥;

但本书所讲授的内容是我们认为一个大学生所应该具备的基础知识,要求能够认真学习、掌握。同时,书中的观点也力求稳妥,学术界争论大的问题,则尽量避免采用。

中国哲学史是中国文化的精华部分,是中华民族的认识史。它展示出中国哲学与神学在斗争中发展前进的历程,展示出人类抽象思维从低级向高级,人类认识由浅入深的发展历程。学习祖国优秀的哲学遗产,可以提高我们的民族自信心。中华民族在长期的封建社会中,创造了灿烂的封建文化。我们要批判地继承封建文化的优秀成果,剔除其封建主义的糟粕。在新的历史条件下,将中国哲学予以发扬光大,创造未来的精神文明,是我们的责任。

《中国哲学史》(四卷本)1963 年初版第四章《老子的唯物主义体系和朴素的辩证法思想》*

第一节　老子思想的产生

老子即老聃,生卒年不可详考,约生于公元前 580 年(周简王六年),约死于公元前 500 年(周敬王二十年)。据史书记载,他曾当过周王朝的史官,孔子三十四岁时曾向他请教过有关古礼的问题。老子晚年,看到周王朝日趋没落,回到他的故乡楚国苦县厉乡曲仁里过着隐居的生活①。

《老子》(后来称为《道德经》)书共五千多字,是用韵文写成的一部哲理诗。它没有引用西周以来官方的典籍训诂,其中吸

---

* 关于老子的思想,学术界也有些人认为是属于唯心主义的,代表没落奴隶主阶级的。

① 据《史记》卷六十三《老子韩非列传》,孔子问礼时,老子正在周王朝当史官,他还没有和奴隶主贵族的正统思想决裂;《老子》书的思想应在归隐后。

收了不少民间谣谚。这部书是研究老子哲学思想的直接材料。其中有个别章句是战国时人的注解混入正文的。全书大体可以代表老子的思想①。

春秋战国时期,除了奴隶和奴隶主阶级,农奴和地主阶级以外,还有少量的自由手工业者和相当广大的农民小私有者。农民小私有者,自从公社解体后,是一直存在的人数众多的阶层。也有些小私有者是由于春秋后半期世袭贵族制逐渐破坏,多数小国被大国吞并,有些小国贵族,一部分降为皂隶,或成为大国的庶民,取得自由农民的身份。在社会变动剧烈的时代,逃亡的奴隶,暂时得到自由,成为个体自由农民也是可能的。因此,农民小私有者这一阶层在由奴隶制向封建制过渡时期,有扩大的趋势。个体自由农民在奴隶制繁荣时期,享受一定的优待,他们往往和奴隶主贵族有宗法关系的联系。奴隶制衰落,奴隶主贵族自顾不暇,对个体自由农民的某些优待也取消了。因此,这一特定历史条件下的个体农民小私有者往往同情奴隶,甚至参加奴隶的反抗和暴动。《老子》书中的反对剥削的思想,农民平均主义思想,以及"小国寡民"的社会理想,都反映了当时农民小私有者的愿望。由于他们长期所受的奴隶主贵族教育,他们的思想中还不免带有奴隶主阶级的思想残余和一些消极因素。

春秋时期农民小私有者这个阶层,没有政治特权,受压迫,也有反抗压迫的要求。又由于它不是一无所有,有自己的少量的土地,在受压迫、剥削的群众中它还不是处在最下层,因而它的革命性不像奴隶要求解放那样的坚决;只要统治者对它不过苛,能使它保持住现有的经济地位,它也就"知足",而不积极要

---

① 《老子》书和老子思想的关系,本书采取郭沫若同志的说法。认为即使书成于战国,但书中的基本思想是春秋时代老子的思想。

求打破现状。老子的哲学,正是在一定程度上反映了这一阶层的要求和愿望。

春秋末期,随着生产发展,科学水平也有所提高。在天文学方面掌握了冬至、夏至的周期,发现了岁星约十二年一循环的规律,对朔日的推算能做到基本上正确不误,开始打破了对过去以为天道运行高远莫测的迷信思想。关于天道(日月星辰)运行自有它的规律的思想在老子的哲学里有所反映。他形容道体的运动,说"大曰逝,逝曰远,远曰反"(二十五章),就是用描述天体运动的词句来描述道体的。因为天体无限广大,星辰运行到辽远的地方,似乎消逝了,但它们从辽远处又回到原来的地方。老子是周王朝的史官,史官必需通晓天文星象历史文化知识(当时的科学本身还夹杂着迷信成分,但在当时已算最先进的科学知识了)。做过史官的老子,具有一定的科学文化知识,并且有反抗奴隶制的愿望,他建立了朴素的唯物主义和自发的辩证法思想体系,这是可以理解的。

在农业生产上,由于对作物的生长的规律性有了一定的认识,认识到植物生长,不能勉强助长,像老子说"治人事天莫若啬"(五十九章),就是说对待自然、对待生活,最好学习种庄稼的原则,顺应事物自己生长变化的原则,不要生硬勉强去做。《老子》书中讲到"治人事天"做得好,就能符合"深根、固柢、长生久视之道"(五十九章)。这些描述是借用了农业术语的。由于当时已利用水利,老子书中也讲到"上善若水,水善利万物而不争"(八章)。讲到柔弱胜刚强的原理,说"草木之生也柔脆,其死也枯槁"(七十六章)。老子讲的是事物发展的一般原则,但所用的语言,举的例子,有许多和当时农业生产有关。

当时的医学也有了很大的发展,出现了医和、医缓等著名医生。他们总结了人们长期向疾病做斗争的经验,对生命、养生的

178

知识也有所提高,因而促成老子哲学中的养生、养气、"专气致柔"的观念。

老子的唯物主义思想和朴素的辩证法思想是春秋末期中国社会特定历史条件之下的产物。东周以来,唯物主义无神论思想的不断高涨,天或帝的传统信仰在日渐动摇,天上神权的动摇,是地上周天子王权的衰落、奴隶制王权的动摇的反映。当时科学的发展,使人们对于一些过去不能解释的现象,开始有条件做出比较科学的说明。史官出身的老子,具有当时先进的科学文化知识,他看透了奴隶主阶级统治集团的腐朽内幕,又认识到奴隶制给农民小私有者带来的灾难,因此,他反对奴隶制的礼乐文化、典章制度,也攻击为奴隶主阶级服务的上帝、鬼神宗教迷信思想。老子的唯物主义无神论思想和朴素的辩证法思想的产生,是当时生产斗争、阶级斗争经验的总结。反映农民小私有者的利益的老子,在打击旧势力,反对旧思想(宗教迷信)方面做出特殊的贡献。老子打击奴隶主阶级,客观上是有利于新兴地主阶级的成长的。

第二节　自然无为的天道观和无神论思想

春秋末期在哲学战线上斗争的主要问题,是环绕着"天"是否是有人格有意志的神的问题展开的。当时主张"天"是有人格的上帝、它创造和支配整个自然界和人类社会的,属于唯心主义阵营;反对人格的上帝,主张天道自然无为,按照自然界本来的面目说明自然界的,属于唯物主义阵营。西周以来,奴隶主阶级的哲学把一切自然现象和社会现象都看作是有意志的主宰上帝(天)安排的。这些宗教迷信思想是奴隶主阶级赖以维持他们统治的理论支柱。老子的唯物主义无神论思想的重要贡献,就在于他打击了宗教迷信,促进了科学,动摇了奴隶制度的哲学思想基础,客观上有利于封建制的成长。

老子反对天道有知,提出了天道无为的思想。他认为"天"只是与地相对待的天空,它是物质性的。上帝是古代相传最高的天神、天道人事的决定者,但老子认为上帝也算不得最高的主宰,道比上帝更根本,他说道是"象帝之先",它出现在上帝之先。世界的产生、变化是由道所决定的,而不是由有意志有主宰的上帝决定的。道对于万物,"生而不有,为而不恃,长而不宰"(十章),生养了万物而不据为己有,推动了万物而不自以为尽了力,作万物的首长而不对它们宰制。老子取消了造物主上帝的地位。

老子提出:"道常无为,而无不为"(三十七章)。"道"是构成万物的基础,因此"道"是"无不为"的;"道"并不是有意志有目的的构成世界万物,所以它又是"无为"的。"无不为"以"无为"为条件。"道"是世界万物自身的规律。老子又说:"道之尊,德之贵,夫莫之命而常自然"(五十一章)。"道"之所以重要,"德"对于万物之所以珍贵,就在于它让万物自己生长、发展,而不发号施令。老子反对天道有为的神秘主义思想,提出"天道自然无为"这一唯物主义原则,在中国哲学史上起了划时代的作用。而在老子的哲学体系中完全排除了有意志的天的地位。他说"天地不仁,以万物为刍狗"(五章)。意思是,天地没有意志,无所谓仁与不仁,它让万物自生自灭。

老子针对西周以来长期占统治地位的上帝有知、天道有为的宗教思想,提出了天道自然无为的唯物主义、无神论学说。这是老子学说的贡献。老子为了彻底与宗教唯心主义对立,反对上帝有知、天道有为,他把天道无为的思想也提到了绝对化的程度。并认为只有"无为"才是最高原则,人要向天道学习,也不能

180

有为。因而人在自然规律的面前显得无能为力。当时人类的科学知识还在萌芽状态,没有控制自然的能力,老子只能提出认识自然规律,服从它,而不能进一步根据自然规律提出改造自然的主张。这是当时科学水平的局限。同时个体的小私有者,比较脆弱的经济地位,以及老子个人所受奴隶主贵族教育的影响,使他的哲学不敢主张有为,而认为无为、柔弱谦下,可以避免损失。这些局限,都使得老子的天道无为的思想在贡献之中包涵了它的消极因素,有走向宿命论的倾向。这一倾向到了老子以后的庄子,有所滋长,他只讲自然无为,抹杀了人的主观能动作用。战国末期的荀子,吸取了老子的天道自然的合理部分,在承认自然规律的前提下,主张利用自然规律为人类造福。荀子的"制天命而用之"的唯物主义自然观是老子哲学思想的发展和提高。

第三节　唯物主义体系的核心——道

老子第一个提出了"道"作为哲学的最高范畴。"道"字本来是人走的道路,有四通八达的意思。这一意义引申为"方法""途径",已初步地具有规律性、普遍性的意思。"天道"一词,在春秋时期已是指天象运行的规律,也有时包括人生吉凶祸福的规律的意义。老子吸取了道与天道的一般涵义,把它概括为事物存在和变化的最普适的原则。它有物质实体和它的规律这两方面的意义。

关于"道",《老子》书中有简明的概括:他说:"有物混成,先天地生。寂兮寥兮,独立而不改,周行而不殆。可以为天下母。吾不知其名,字之曰道,强名之曰大。"(二十五章)。这是说,有这样一个浑然一体的东西,它比天地更在先,听不见、看不见,它不靠外力而存在,永远循环往复地运行着。可以作为天下万物的根源。我不知道应当叫它什么好,就叫作"道",勉强给它起个名叫作"大"。混沌未分,在天地剖判之前就存在着的这个道,是物质性的,弥漫于一切,无所不在,所以又叫作"大"。

恩格斯指出:"在希腊哲学家看来,世界在本质上是某种从混沌中产生出来的东西,是某种发展起来的东西,某种形成的东西。"①恩格斯指出希腊古代唯物主义哲学反对世界是上帝一下子创造出来的、是外来的原因形成的。老子这里也是反对上帝创造世界,反对世界的形成起于外因。道是客观存在着,不停地运行着的物质实体。《老子》接着说:"大曰逝,逝曰远,远曰反。故道大、天大、地大、人亦大。"(二十五章)这里是借用当时天文学上描述天体运行的状态描述道体的运行状态,道的运行,周而复始。道、天、地、人这四者都是重要的,但道是最基本的。所以《老子》说:"人法地,地法天,天法道,道法自然"(同上),人以地为根据,地以天为根据,天以道为根据,道以它自己本来的样子(自然)为根据。道的内在的原因决定了它的存在、运动,而不靠另外的原因。这里没有给上帝留下地盘。

对于道,在《老子》书中还说:"道之为物,惟恍惟惚。惚兮恍兮,其中有象。恍兮惚兮,其中有物。窈兮冥兮,其中有精。其精甚真,其中有信。"(二十一章)这是说,道不是通过耳目见闻直接感受得到的。它包含着细小的粒子状的(精)东西,它是真实存在着的东西。所以《老子》接着说"自古及今,其名不去,以阅众甫"(同上)。因为它最真实、最具体,它是永恒存在,根据它,才能认识万物的开始。

老子看到,有某一具体形象和性质的东西,就不能构成与它的形象和性质不同的东西,有形有象的东西只能是由无形无象

---

① 《自然辩证法》,人民出版社1955年版,第8页。

的东西构成,"有生于无"。但是无形无象的"道"在老子看来并不是空无所有的"虚无",它是最真实的存在,它是一切具体事物所以产生的最后根源。

"道"具有"有"和"无"两种性质,老子常常用"有"和"无"来说明自然界的存在。老子是我国古代哲学史上,第一个用"有"和"无"一对范畴说明宇宙构成的本源的哲学家。

老子认为"道"从一个方面看是"无"。老子所说的"无"是指"无名"("道常无名""道隐无名")"无形"("大象无形"),而不是一无所有的"零"、空无。老子看来,凡是有固定形象的东西就是有限性的。具体的、有名的东西,只能生出具体的、有名的东西,如马只能生马,豆只能生豆,它们不能产生万物。所以老子说"无名天地之始,有名万物之母"(一章)。这是说混沌的、还说不上名字的"朴",是天地的开始。有了名的具体的东西产生了万物。个别的东西都可以找到它们的产生者(母),天地的产生,只能追溯到"无名"这个总根源。老子认为构成世界的"无",是无名无形的混沌状态的精气,而不是与有相对待的空虚部分,它是无限的混沌状态的原始物质。用老子自己的话说,是"玄之又玄,众妙之门"(一章)。玄是黑暗、深远、混沌的意思,这里是说,混沌而又混沌,它是一切变化的总门。"道"不能是有限的东西,只能是无限,老子叫作"无极"。"道"虽不具有具体事物的形象,但它是构成一切有形有象的东西的基础,因此它原来就包含着形成各种各样的有形有象的东西的可能性,所以在它中间本来就是"有象""有物""有精"的。就这方面说,老子的"道"又是"有"。

关于"有"和"无"的相互依存的关系,老子作过详细的说明。他认为,有了车毂中间的空间,才有车的作用;有了器皿中间的空虚之处,才有器皿的作用;有了门窗四壁中间的空隙,才有房屋的作用。从这里他得出结论:"有之以为利,无之以为用。"(十一章)老子这里的"无",指的房子、车子、器皿中间的空虚的部分,这一部分,看来虽是空虚的,但它(空虚部分)是使车子、房子、器皿发挥具体的作用的关键。在老子看来,"无"比"有"更为根本。老子在这里,把两种"无"的意义弄混了。作为构成宇宙万物的最后根源的"无",是无形、无象、无限、无名,而不是空虚的虚无。而老子讲的车轮、门窗、房屋的空间是空无的部分。说"空无"比"有"更根本,是错的,这里给唯心主义留下了后路。

老子从"道"具有"有"和"无"两种性质,得出"天下万物生于有,有生于无"(四十章)的结论。从无形无象到有形有象的过程是:"道生一,一生二,二生三,三生万物。万物负阴而抱阳,冲气以为和。"(四十二章)"道"是无形无象的混沌状态的精气,只是混然一体的存在,所以说道生一。如果勉强说"一"的性质,那就是最原始的物质。"一"与"道"在老子的哲学里经常用作同义词,如"天得一以清"(三十九章),"圣人抱一为天下式"(二十二章)中所说的"一"就是"道"。"道生一",也可以说道产生它自己;道是最根本的存在。这是关于世界起源的彻底的唯物主义的命题。道("一")不得不分化为两种对抗的势力,阴阳二气。由阴阳二气的对立,产生新的第三者。由新生的第三者产生了千差万别的东西。一切东西内涵着阴阳两种对立的势力。阴阳两种对立的势力在看不见的气中得到统一。在这里,老子说明了事物由混沌状态的气,逐渐分化为万物、由简到繁的过程。

由于当时科学水平的限制,老子的理论,和古代所有朴素唯物主义者一样,建立在直观、臆测的基础上。

在生产发展、科学发展和无神论思潮影响下,老子第一次提出"道"作为认识世界、说明世界的基础。"道"这一范畴的提出,标志着中国春秋时期人们认识世界的抽象思维能力的进一步提高。

老子以前的一些唯物主义学说,都是从自然界中选取某些具体的东西作为构成世界的总根源。例如《洪范》的五行说认为水、火、木、金、土,五种最基本的物质是构成世界不可缺少的元素。《管子·水地》篇认为水是万物的根源。《易经》以天、地、水、火、风、雷、山、泽八种自然物作为万物的起源。这些不同的学说都力图在物质世界中寻出一种或几种物质来说明世界的成因。这些学说的哲学价值首先在于它们摆脱了上帝创造万物的宗教迷信,从自然本身寻求说明世界的原因,体现了唯物主义路线。其次,它们力图在复杂多样化的现象中找寻统一的概括的总原则,促进了人类抽象思维的提高。但是它们共同的缺点是用部分说明全体,用具体的东西说明普遍的规律。概括性和抽象思维还停留在比较低级的阶段。用带有局限性的某一种或几种物质元素来反对普遍存在、先于天地万物而存在的上帝(或天),在理论上有一定的困难。

老子从唯物主义观点给世界的生成、变化找寻共同的物质总根源,他提出了"道"。老子高出于过去一切唯物主义流派的地方在于他否认了上帝的最高地位,提出了世界构成的普遍的物质性的总根源。他特别强调了物质性的道不同任何具体的事物,它有更广泛、更概括、更具有普遍规律的意义。

老子的道,具有以下五个特点:

第一,道是混沌未分的原始物质,它是"混成"的,其中"有精","有象"。由这种混沌状态的原始物质剖判为万物,"道生一,一生二,二生三,三生万物"。

第二,道是最原始的、永恒运动着的物质实体,它"先天地生","独立而不改,周行而不殆"。

第三,道,不同于任何具体事物那样的性质,因而老子也叫它做"无名"。他说"道常无名,朴虽小,天下莫能臣也"(三十二章)。又说,道的特点是"其上不皦,其下不昧,绳绳不可名,复归于无物;是谓无状之状,无物之象,是谓惚恍"(十四章)。一切具体东西,光线照射到的上部就明亮一些(皦),光线照不到的下面就黑暗一些(昧)。可是道,它是宇宙万物的总根源,无所谓上面下面,所以不能说它上面明亮,下面黑暗。它是没有相状的相状,没有形体的形象。它的形象不固定,所以叫作"惚恍"。由于它不同于一般物体的形象,所以又叫作"大象","大象无形"(四十一章)。

第四,道不是肉眼或身体直接所能感触得到的。对于道,"视之不见名曰夷,听之不闻名曰希,搏之不得名曰微。此三者不可致诘,故混而为一"(十四章)。看不见,听不到,摸不着,但三者指的是一个东西。老子说"有生于无",不是从空无中产生万物,而是说从道产生万物。

第五,道是物质,又是物质运动的规律,如"天之道""人之道"(七十七章),"谓之不道"(五十五章),等等。

综合以上五点,可以看出老子提出了"道"这一哲学最高范畴,开始避免了以前唯物主义者用具体的某一种元素说明世界的困难。老子力图区别于过去的唯物主义者,他不免过分强调了道不同于日常生活中的具体事物的特点,割裂了"道"和具体事物的关系,把"道"和具体事物对立起来。老子不适当地强调了"道"的不同于具体事物这一方面,把本来是正确的思想引向它的反面去。后来有许多唯心主义哲学家,利用老子关于强调"道"不同于具体事物的这些说明,把道说成绝言超象的精神性的本体,歪曲了老子的道的学说。

中国哲学史上,老子第一次建立了"道"这一最高范畴,建立了精气论的朴素唯物主义。它表明当时人类在认识世界漫长的过程中,反对了精神性的上帝的宗教观念,超出了低级阶段的元素论的朴素唯物主义。

第四节　朴素的辩证法思想

春秋末期由于所有制发生了变革,因而国家的兴亡、个人富贵贫贱,都有了极大的变化。作为史官的老子,看到不少"社稷无常奉,君臣无常位"①的现象,又从当时自然科学的知识中认识到自然界也是独立于人的意识之外不停地运动着。世界的总根源,无所不在的"道"就是"独立而不改,周行而不殆"(二十五章)的。从道产生的天地万物也是在变化着。他说:"天地尚不能久,而况于人乎?"(二十三章)老子的辩证法思想是当时重大社会变革的客观辩证法深刻的反映。

老子比较系统地揭示出事物的存在是相互依存的,而不是孤立的。如美丑、难易、长短、高下、前后、有无、损益、刚柔、强弱、祸福、荣辱、智愚、巧拙、大小、生死、胜败、攻守、进退、静躁、轻重等等,都是对立的统一。一方不存在,对方也就不存在。他说:"有无相生,难易相成,长短相形,高下相倾,音声相和,前后相随。"(二章)矛盾统一观念的进一步明确,是当时人类认识世界深化的表现。老子概括了当时自然现象和社会现象,他指出事物都向着它的相反的方向变去。他说"正复为奇,善复为妖","祸兮福之所倚,福兮祸之所伏"(五十八章)。由于老子看到事物无不向着它的对立面转化这一基本规律,他说"反者道之动"(四十章)。老子从这一原则出发,决定了他认识世界,对待生活的态度。他主张贵柔、守雌,反对刚强和进取。

---

① 见《左传》昭公三十二年。

老子通过农业生产实践,看到植物的幼苗虽然柔弱,但它能从柔弱中壮大;相反,等到壮大了,反而接近死亡。他说:"草木之生也柔脆,其死也枯槁。"(七十六章)他认为对待生活也应当这样,他说"物壮则老,是谓不道,不道早已"(三十章)。这是说,事物强大了,就会引起衰老,有意造成事物的强大,是违反道的原则的,因为这会促进它早日结束它的生命。老子说"强梁者不得其死"(四十二章),他以为最好经常处在柔弱的地位,就不会转为坚强,就可以避免走向死亡的结局。他说,"兵强则灭,木强则折"(七十六章),又说"弱之胜强,柔之胜刚"(七十八章)。因而他主张"曲则全,枉则直,窪则盈,敝则新,少则得,多则惑"(二十二章)。这是说,委曲反能保全,屈枉反能伸直,卑下反能充盈,敝旧反能新奇,少取反能多得,多取反而迷惑。他又说"天下莫柔弱于水,而攻坚强者莫之能胜"(七十八章)。他教人向柔弱的水的品质学习。水看来是柔弱的,但它可以冲决一切比它坚强的东西,所以老子说,"上善若水,水善利万物而不争"(八章)。由于水不争,"故天下莫能与之争"(六十六章)。这是老子的"柔弱胜刚强"的原则在生活方面的运用。他说"知其雄,守其雌""知其荣,守其辱";"知其白,守其黑"(二十八章)。老子虽深知什么是雄强,却安于柔雌;虽深知什么是光荣,却安于卑辱;虽深知什么是光彩,却安于暗昧。

老子贵柔守雌的态度和春秋末期个体小私有者的社会地位、经济地位有深切的联系。个体小私有者经济力量微弱,无权无势,他们在奴隶制下没有奴隶主那样居高临下的特权;在封建制下,还是遭到剥削压榨,因而老子的辩证法带有保持自己的利益、以柔胜刚、以退为进的特点。

对待敌人,老子主张创造一些不利于敌人的条件,使他们陷于不利。他说:"将欲弱之,必固强之;将欲废之,必固兴之;将欲

188

夺之,必固与之"(三十六章)。这是说,将要削弱它,必先暂时增强它;将要废毁它,必须暂时兴起它;将要夺取它,必须暂时先给它。历代统治者往往用这种思想作为对付人民的阴谋权术,历代革命的战争和民族解放斗争中也往往用它作为克服顽强敌人的武器。

老子发现了事物转化的规律,并用来反对有目的、有意志的上帝(天),是有它的积极意义的。他说,"祸兮福之所倚,福兮祸之所伏。孰知其极? 其无正"(五十八章)。"正"通"政",即领导者,主宰者,他认为福与祸互相转化,没有穷尽,也没有一个主宰者。老子指出事物的变化是它自己的原因,没有主宰者,这是对的。但是他把对立面的转化看作无条件的,绝对的,人们在变化中显得无能为力。老子脱离了条件讲对立面的转化,不但破坏了他自己的唯物主义原则,也影响了他的辩证法思想的正常发展。毛泽东同志说:"矛盾着的对立的双方互相斗争的结果,无不在一定的条件下互相转化。在这里,条件是重要的。没有一定的条件,斗争的双方都不会转化。"①老子只看到事物向它对立面转化的规律,没有注重条件在转化中重要作用,因而在祸福、得失面前显得缩手缩脚。他认为"有为"必然招致失败;有所得必然有所失。他说"无为故无败,无执故无失"(六十四章)。"多藏"必招致"厚亡",为了避免厚亡的损失,最好不要多藏。强大了会带来死亡,为了避免死亡,最好不要过于强大。他看到刚强会带来挫折("兵强则灭,木强则折"),他宁肯安于柔弱;抢先会落在后边,他宁肯居后;争荣誉会招致屈辱,他宁肯不要荣誉。他要"去甚、去奢、去泰"(二十九章)。老子有丰富的政治生活经

---

① 《关于正确处理人民内部矛盾的问题》,人民出版社 1957 年版,第 35 页。

历,也亲身感触到奴隶主贵族是怎样由过分剥削、贪得无厌而遭到更大的失败的。老子把奴隶主阶级的衰落的经验看作生活的普遍原则。他的辩证法缺乏斗争、进取的精神,使他的辩证法最终没有摆脱循环论的影响。

老子脱离了条件去看柔弱战胜刚强的原理,因而把柔弱胜刚强抽象化、绝对化。他看到一些柔弱的事物目前虽不够强大,后来居然战胜了强大的敌人,他说"坚强者死之徒,柔弱者生之徒"(七十六章)。但是他没有区别垂死的、腐朽的事物的衰弱,与新生事物的柔弱的性质的差别。事实表明,只有新生的事物才可以由柔弱转化为强大;垂死的事物的柔弱,不但不能转化为强大,前途却只有死亡。老子没有能够认识这一差别,他把强与弱,胜与败,看作循环往复的无尽过程,对于新生事物表示淡漠,采取"不敢为天下先"的保守态度。老子不能理解掌握了事物客观规律后,可以从一个胜利走向新的胜利。在老子看来胜利后接着出现的必是失败。当时科学发展水平的局限,无论从农业科学、天文科学,都存在着严重的循环论的缺点,老子的辩证法也无法超出当时科学水平的局限。农民小私有者有自己的小块土地,过着自给自足的生活,也使他们容易产生安于现状,保持自己小天地的思想。他说:"祸莫大于不知足","知足之足,常足矣"(四十六章)。这都是老子的辩证法思想的消极因素。

老子的辩证法还不可能认识量和质的关系,但模糊地初步接触到事物的量的积累可以引起性质的变化的一些观点。他说:"合抱之木,生于毫末;九层之台,起于累土。"(六十四章)毫末(种子的萌芽)不是大树,但毫末不断发展,终于长成为合抱的大树;一堆土不是高台,但不断积土,可以造成九层的高台。老子还说,"图难于其易,为大于其细"(六十三章)。难和易,大和细,是质的不同,但从一点一滴的细小努力做起,即可克服困难,完成巨大的工作。这都是老子对于一定的量的积累可以引起性质变化的初步认识。在生活方面,老子也有意识地运用了这一原则。他说:"其安易持,其未兆易谋,其脆易泮,其微易散"(六十四章)。在事物还稳定时,它的稳定容易维持;事物还没有显著变化的迹象时,容易打主意;事物还脆弱时,容易消融;事物还微细时,容易打散。他还说"多易必多难"(六十三章),把事情看得太容易,势必遭到困难。这些思想虽然还说不上已认识到质量互变的规律,但他已初步接触到了这一方面的问题,并提出了一些粗浅的在当时却是深刻的看法。

老子的辩证法也没有由低级到高级的发展观念,但也初步接触到这一方面的问题。他指出经过发展阶段的事物比前一阶段的事物表面相似,但实质上是提高了。他说:"大成若缺,其用不弊;大盈若冲,其用不穷。大直若屈,大巧若拙,大辩若讷。"(四十五章)老子指出了好似拙的大巧并不是真正的拙,好似空虚的充实并不是真正的空虚,它们都是原来的质的进一步提高后的新质。老子还说,"明道若昧,进道若退,夷道若纇,上德若谷,大白若辱,广德若不足,建德若偷,质真若渝"(四十一章)。这一连几个"若"字,都是指的比原来阶段的质有所提高的新的质。老子有时用婴儿朴素天真的状态描绘有德的人,他说,"含德之厚,比于赤子"(五十五章)。这也是一种形象的比喻,他不是主张人们都退回去真正当婴儿,而是希望人们最好能够像婴儿那样纯朴。

老子的辩证法思想继承了《易经》和春秋以前丰富的辩证法思想的成就,并在前人成就的基础上有所发展。它的缺点在于注重柔弱,反对进取,不敢迎接新事物;脱离了条件讲变化,没有摆脱循环论的影响。老子的辩证法还有过分强调矛盾对立面的统一性而忽视矛盾对立面的斗争性的一方面,因而包含有走向相对主义的可能。庄子的相对主义哲学体系就是沿着这条道路发展的。这些消极因素,在一定程度上妨碍了老子的朴素的辩证法的正常发展。

第五节　"静观""玄览"的认识论

老子的认识论,是建立在他的朴素的唯物主义哲学的基础上的。他提出认识事物,要根据事物的本来的面貌,不能有任何附加。他主张要"以身观身,以家观家,以乡观乡,以国观国,以天下观天下"(五十四章)。就是说,认识一身,必须从一身来观察、了解;认识一家、一国以至天下,都不能离开这个原则。恩格斯指出过,唯物主义必须如实地去认识客观世界:"唯物主义的世界观,不过是对自然界本来面目的了解,不附加以任何外来的成分。"①

认识个别的、具体的事物,老子认为可以通过和它相当的概念(名),但认识的最终目的在于认识世界发生、变化的总规律——"道"。认识"道",不能用认识一般事物的方法。《老子》第一个提出了"道",他不免特别强调道的至高无上的地位,他力图指明"道"与一般事物的不同。他说:"道可道,非常道;名可名,非常名。"(一章)认识一般事物,他认为可以通过学习,日积月累,去增加知识,所以老子说"为学日益";如果认识最高原理的道,必须从复杂、多样的耳目闻见的感觉经验中解脱出来,要站得更高些,才能认识它。这就是老子所谓"涤除玄览"(十章),"为道日损"(四十八章)。老子认为认识总规律和认识个别的东西的方法应有所区别,要更高的理性概括。他由此得出结论,认

---

① 《自然辩证法》,人民出版社1955年版,第163页。

为通过感觉经验认识一般事物的方法去认识世界的总根源和总规律,是不可能的。他是中国哲学史上第一个唯物主义的唯理论的哲学家。但是他夸大了理性的作用,错误地把理性思维和感觉经验对立起来,因而背离唯物主义,开始陷入唯心主义。

只靠耳目感觉经验,不能认识事物的本质,只有通过理性思维,才能使认识深刻化。这是人类取得科学知识所必经的过程。老子的错误在于排斥了感觉经验的地位,认为"不出户,知天下;不窥牖,见天道。其出弥远,其知弥少"(四十七章)。恩格斯说:"实物、物质无非是实物的总和,而这个概念就是从这总和中抽象出来的……因此,只有研究了个别的实物和个别的运动形式,才能认识物质和运动;而且因为我们认识了个别的实物和个别的运动形式,我们也才认识物质和运动本身。"①老子的认识论失足之处,正是他要摆脱"个别的实物和个别的运动形式"去直接认识"物质和运动本身(道)"的。

老子的唯物主义和他的辩证法思想在很大程度上与当时的天文学有密切联系。观察天文,只能用从旁静观的办法,求得天道运行的规律,光靠"观"还不够,还要用"玄览",即是用深远的思维去考察(玄览)。"玄览"是用思想而不是用感官去览,它有神秘的直观,排斥感官的意义,这是它唯心主义的因素。应当说,对天文学这门科学来说,用静观,不失为认识天文学规律的科学实践。但老子把神秘主义的直观(玄览)当作正确的认识方法,和静观同等看待,并且轻视实践的作用,把静观、玄览夸大为认识论的一般原则,就背离了唯物主义。

唯物主义地认识事物,必须排除主观成见,摒除杂念的干扰,否则就会影响认识的准确性。老子说"致虚极,守静笃"(十

---

① 《自然辩证法》,人民出版社1955年版,第197页。

六章),这是中国古代唯物主义认识论共同信守的条件。老子的后继者,宋钘、尹文和荀子的认识论,都是沿着这一条路线发展的。宋、尹学说中所说的使心保持"虚一而静"的状态,荀子的认识论中所谓心的"大清明"的状态,都是静观、玄览思想的批判地继承和发展。但老子的认识论的过失在于把摒除内心杂念的干扰和参加变革现实的实践对立起来,他认为只有袖手静坐思维,冷眼旁观,才能保持客观,取得正确的认识。因此,他说,"万物并作,吾以观复"(十六章)。他把保持头脑冷静的客观态度和置身局外、不参加实践混同起来。老子的静观、玄览的认识论也和他的小私有者的阶级特点密切联系着。这一阶层和一无所有的奴隶劳动者要求改变现状的决心不同;有革命的一方面,也有观望的一方面。它也和作为哲学家的老子个人的生活经历、文化科学教育有关。老子出身贵族,他有奴隶主阶级思想意识的残余。他比较重视神秘的直观(玄览),轻视实践。

认识开始于实践,经过感性、理性,再回到实践。它是一个反复深入,循环往复的过程。不是一次完成的,更不是脱离感官经验,只靠头脑可以完成的。"一个闭目塞听、同客观外界根本绝缘的人,是无所谓认识的"[①]。只靠理性思维将失去认识的源泉。老子认为只有理性认识可以认识事物的实际,感觉有欺骗作用,他要绕过感性而只靠理性的直观。这也使得老子的认识论从唯物主义立场出发,导致唯心主义。

第六节　小国寡民的社会思想

春秋时代,奴隶制向封建制过渡的特点是奴隶主阶级内部

---

① 《毛泽东选集》第 1 卷,第 2 版,第 279 页。

被阶级斗争形势所迫，发生了分化。有些原来处在中、下层的奴隶主被迫采取了封建剥削方式，因而财富增加，势力扩张。新旧两种势力的代表者虽都是贵族身份，但已经分别属于不同的阶级了。这一转化是代表新旧两种势力（奴隶主和封建主）的斗争的结果。他们斗争的手段往往是通过篡夺、叛乱、弑父弑君。多年当史官的老子对贵族们的政治内幕是十分熟悉的。他看到一方面奴隶主贵族过着荒淫无耻的豪华生活，互相欺骗、掠夺，发动战争，而另一方面人民长年受饥寒，生活朝不保夕。老子不懂得也不可能懂得这些贵族之间有代表新兴势力（封建地主阶级）和代表没落势力（奴隶主阶级）的区别。他只看到当时贵族的势力此起彼伏，战乱频繁，礼坏乐崩，旧局面已无法维持。老子离开周王朝后，背离了他原来的阶级，不再循循守礼，反而转过来激烈地抨击当时周礼的虚伪。他说"礼者，忠信之薄而乱之首"（三十八章）。从精通周礼的老子，转变为菲薄周礼的老子，在社会大变动时代，阶级地位的转变影响到思想的转变，是不难理解的。

老子的哲学反映了农民小私有者阶层的利益。

老子认为人民生活中的灾难是由于统治者的过分剥削造成的。他说："民之饥，以其上食税之多，是以饥。民之难治，以其上之有为，是以难治。民之轻死，以其上求生之厚，是以轻死。"（七十五章）他特别指出，生产上的灾荒是由于统治者吞食赋税过多的结果；人民是不怕死的，因此残暴的杀戮并不能使人民屈服。

老子对当时的统治者不顾人民死活，都过着越来越奢侈的生活，提出批判，他说："朝甚除，田甚芜，仓甚虚，服文彩，带利剑，厌饮食，财货有余，是谓盗竽。非道也哉。"（五十三章）这是说，贵族们宫殿很整洁，但是农田很荒芜；仓库已经空虚了，贵族们穿着文彩的衣服、佩戴着锋利的宝剑,饱吃精美的饮食,占有多余的财富,他们这些贵族真是强盗头子(盗竽)。由于贵族们贪得无厌,才使人民生活困苦,社会秩序混乱。

老子从农民小私有者的立场,还反对战争,他说,"兵者不祥之器"(三十一章)。因为军队驻扎过的地方,到处长满了荆棘,打过大仗之后,必有荒年。他反对商业所带来的经济上的剥削,以及由此引起的抢夺,老子反对商品经济,"不贵难得之货"(六十四章),是有它的阶级根源的。马克思说:"一方面高利贷对于古代的和封建的财富,对于古代的和封建的所有权,发生了覆灭的和破坏的影响。另一方面,它又颠覆了、破坏了小农民和小市民的生产,总之,颠覆了、破坏了一切在其内生产者还是当作他的生产资料所有者出现的形态"[①]。马克思论证的是欧洲古代奴隶制和封建制的社会,但他揭示的基本原则也适用于中国的古代社会。他指出了小生产者、农民反对商品经济、高利贷的阶级根源。

从农民小私有者的利益出发,老子提出了反对剥削的平均主义思想。他认为"天之道"本来是"损有余而补不足"的;但是当时"人之道"相反,是"损不足以奉有余"(七十七章),这是极不合理的。他认为人应该向"天之道"学习。老子所描绘的理想社会是:"小国寡民,使有什伯之器而不用,使民重死而不远徙。虽有舟舆,无所乘之。虽有甲兵,无所陈之。使人复结绳而用之。甘其食,美其服,安其居,乐其俗,邻国相望,鸡犬之声相闻,民至老死,不相往来。"(八十章)这个社会的特点是,国家小,人民少,人民吃得很香,穿得很漂亮,住得很安适,大家都过得很习惯,人民都不用冒着生命的危险,迁移到别的地方去。虽然住得

---

① 《资本论》第3卷,人民出版社1956年版,第774页。

很近，鸡鸣犬吠的声音都可以互相听见，可是人们老死也不相往来。在这个社会里，虽然有各种各样的器物，但不使用它。大家不必远徙，虽有舟车，也没有使用的必要。那里没有战争，虽有兵戈，也没有地方去用。生活也简单朴素，没有使用文字的必要，用古代结绳记事的办法就够了。

老子理想的社会中，也有统治者与被统治者，他认为统治者应当行"无为之治"，不要过多干涉老百姓。他说"我无为而民自化，我好静而民自正，我无事而民自富，我无欲而民自朴"（五十七章）。这种关系就像天道与万物之间的关系那样："生而不有，为而不恃，长而不宰。"（十章）统治者很少发号施令，事情自然而然地就办好了，老百姓不觉得，他们说"我们本来就是这个样子的"，"悠兮，其贵言，功成事遂，百姓皆谓我自然"（十七章）。这样的统治者，虽然处在领导的地位，人民拥护他而不感到是负担，"圣人处上而民不重，处前而民不害，是以天下乐推而不厌"（六十六章）。

有这样的统治者，天下的人民都归顺他，会像小河归顺大海一样。

老子从小私有者的利益出发，有力地攻击奴隶主贵族对人民的剥削和压迫。小私有者，不是推翻奴隶制度的主力军，只要它能从某些方面对正在崩溃着的奴隶制度进行攻击，在客观上它就成了新兴封建势力的同盟者，起了打击奴隶制度的作用。

老子也和古代的农民小私有者一样，他幻想有"圣人"出来为自己谋福利。但是在理论上、在事实上都不可能找到实现他那"小国寡民"的理想社会的途径。因此他的理想只能是幻想。

老子反对剥削者的文化，有它的进步一面，但他错误地认为文化本身就是社会混乱的根源，不加区别地反对一切文化，主张"绝圣弃智"才能够"民利百倍"，因而认为"圣人"治国，"非以明

197

民,将以愚之"(六十五章)。他看到了西周以来的礼乐文化制度
给人们带来了自私、欺诈的不道德行为,而提倡愚朴的原始道
德,这里面也有其善良的愿望和合理的因素,但也有它幻想的不
正确的一面。"结绳而用之"的社会,固然人不剥削人,但是这种
社会不能使人们"甘其食,美其服"。这是无法调和的矛盾。老
子的理想社会反映着农民小私有者的空想性。

反剥削、反压迫的斗争是历史前进的骨架;反剥削、反压迫
的思想是古代民主思想的灵魂。在工人阶级出现以前,许多反
映农民小私有者的愿望的思想家只能停留在空想的阶段。只有
工人阶级取得政权后,农民在工人阶级领导下,才能真正免于剥
削和压迫。老子是中国哲学史上系统地论证剥削制度不合理的
第一个思想家。他的反剥削的积极意义应给予应有的重视,尽
管他的方案是错的。

老子的这些思想对后来的进步思想家,空想的社会改革家,
起着深远的影响。

老子的哲学思想两千多年来,在中国封建社会里成为唯一
可以与孔子哲学抗衡的最大思想流派。老子的哲学也和孔子的
哲学一样,曾被统治者利用,向唯心主义方面解释,也被进步的
思想家向唯物主义方面发展。老子这个人也曾被道教徒推奉为
道教的祖师。这些应当和老子本人的思想区别开来。

《中国哲学史简编》1973 年初版第二章第四节《老子的唯心主义哲学和朴素的辩证法思想》

　　老子即老聃,生卒年不可详考,但肯定在庄子之前。据史书记载,他曾当过周王朝的史官。《老子》书(后来称为《道德经》)共五千多字,可能成于战国初期,为老子后学所编纂。它是用韵文写成的一部哲理诗,它没有引用西周以来官方的典籍训诰,其中吸收了不少民间谣谚。这部书是研究老子哲学思想的直接材料。

　　老子生活在社会大变动时期,奴隶制已日趋没落,新兴的封建势力日益强大。作为没落奴隶主阶级的思想代表,老子面临着奴隶制已经崩溃的形势,他反映着当时一部分没落奴隶主贵族在现实生活面前无可奈何的心情,采取消极对抗的态度。他一方面对现实不满,幻想社会开倒车,希望历史倒退到过去的"黄金时代",对当时伴随着封建制度而产生的一些社会现象予以冷嘲热讽,另一方面却又感到无能为力,只能听任命运的支配,因此陷于悲观消极,鼓吹所谓"自然无为",用这种方式来抵制历史潮流。老子的唯心主义哲学从根本上来说是反映当时历史条件下没落奴隶主阶级的立场和愿望的。

一　唯心主义体系的核心——道

老子第一个提出了"道"作为哲学的最高范畴,它构成了他的整个唯心主义体系的核心。"道"本来是人走的道路,经过引申而具有规律的意思。如"天道"一词,在春秋时期已是指天象运行的规律,也有时包括人生吉凶祸福的规律的意义。老子吸取了"道"的这些涵义,加以唯心主义的解释,使之神秘化,把它说成为宇宙万物的创造主和最后源泉。

老子所说的"道"不是物质实体,恰恰相反,它是产生整个物质世界的总根源,是绝对精神之类的东西。在他看来,"道"是第一性的,而世界万物是从"道"派生出来的,因此是第二性的。他把"道"叫作"万物之宗",还说:"吾不知谁之子,象帝之先。"(《老子》四章,以下《老子》引文只注章数)就是说,"道"是宇宙万物的宗主,没有别的产生它的东西了,它自己就是老祖宗,甚至出现在上帝之先。"道"是最原始的,存在于物质世界之前,正是由于"道"的存在,万物才得以产生。"道"产生万物的过程则是:"道生一,一生二,二生三,三生万物。"(四十二章)这里的"一"可以解释为元气,亦即指原初的物质。照他讲,原初的物质是从"道"产生出来的,然后又进一步产生出宇宙万物来。这种说法企图给原初的物质寻找一个创造主,把"道"说成是比原初的物质更原始的东西,这是彻头彻尾的唯心主义谬论。很明显,如果否认物质的第一性,那就必然要走向精神的第一性,"道"也正是先于物质存在的精神性的东西。由于老子的"道"是不依赖于人而独立存在的,所以老子的哲学体系是客观唯心主义。

老子的唯心主义还表现在他把"道"说成是"无"。他说:"天下万物生于有,有生于无。"(四十章)在他看来,"无"比"有"

更根本，"无"是天下万物的最后根源，因此，这里的"无"也就是他所说的"道"。因为"道"是"无"，所以它是人根本无法感触到的，它没有任何物质的内容和属性，只是一种纯粹的思维抽象。老子形容"道"的特点是"其上不皦，其下不昧，绳绳不可名，复归于无物。是谓无状之状，无物之象"（十四章）。就是说，一切具体的东西，光线照射到的上部就明亮一些，光线照不到的下部就黑暗一些，而"道"是"无状之状，无物之象"，和具体的东西全不相同，没有规定性，无所谓上面下面，所以不能说它上面明亮，下面黑暗，难以给它起名字，它最后是归结到什么也没有。道是看不见，听不见，也摸不到的，"视之不见，名曰夷，听之不闻，名曰希，搏之不得，名曰微"（十四章）。老子极力把"道"和具体的事物区别开，是要强调指出"道"不是任何物质的存在，而完全是人的感官不能感触到的虚无缥缈的东西。这样的"道"，就等于"无"，没有任何物质属性和形象，却超越于物质世界之上，成为物质世界的源泉，它本身当然不是物质实体，而只能是一种抽象的精神性的东西了。

列宁曾经批判过黑格尔关于"从无到无"的那种唯心主义观点，他说："在自然界和生活中，是有着'发展到无'的运动。不过'从无开始'的运动，倒是没有的。运动总得是从某个东西开始的。"[①]老子所鼓吹的正是"从无开始"的运动，把宇宙万物说成是起源于"无"，他的这种从"无"中产生"有"的说法是十足的唯心主义观点。

老子的"道"又是超时空的绝对，它先于天地而生，"寂兮寥兮，独立而不改，周行而不殆"（二十五章）。就是说，"道"是无声无形的，它不停地循环运行，却是独立而永远不会改变的。老

---

① 《黑格尔〈逻辑学〉一书摘要》，《列宁全集》第 38 卷，第 138 页。

子认为形而下的事物是有变化的,但形而上的"道"却是绝对不变的;一切具体事物都不是永久的,包括天地在内(二十三章:"天地尚不能久"),而"道"却是永久的(十六章:"道乃久")。万物都会消灭,而"道"依然存在。"夫物芸芸,各复归其根,归根曰静,是谓复命"(十六章)。多种多样的万有世界,最后终究要回到老根,也就是要复归于"道",而"道"是静止的。总之,物质世界的一切是转瞬即逝的,而产生出物质世界的那个"道"则常住不变。因此,老子的"道"不仅是唯心的,而且也是形而上学的虚构。

老子的"道"的学说,是一种客观唯心主义哲学,表面上它和传统的宗教唯心主义的"上帝"创世说有所不同,但它更精致了,具有更大的欺骗性。这种客观唯心主义的"道",从世界的构成图式看,与宗教唯心主义并无本质的区别,都是在力图证明物质世界是某种精神力量产生的。所谓"道"不过是雕琢得更加精致的宗教而已。

老子提出天道自然无为的思想,他说"道法自然"(二十五章),又说,"道常无为而无不为"(三十七章)。自然"无为"是说"道"生育万物是无意志、无目的、自然而然的。"道"没有意志,因而它无所求,无所私,无所争。他说:"生而不有,为而不恃,长而不宰。"(十章)就是说,"道"生养了万物,但是不据为己有,也不以为是自己的功劳,也不去宰制它们。"道"正因为它是自然无为的,所以它才有巨大的化育万物的力量:"以其终不自为大,故能成其大。"(三十四章)老子的天道自然无为的思想,为后来的唯物主义哲学家加以批判改造后成为反对宗教目的论的武器。但老子的自然无为思想在他的唯心主义体系中是消极的、反动的。他提出自然无为,主要是反对社会人事的有为。他完全抹杀人的主观能动作用,认为人在自然界和社会面前是完全无能为力的,结果使人导致消极的宿命论,要人完全听任自然的安排,放弃任何斗争。他说:"知常曰明,不知常,妄作,凶。"(十六章)就是说,认识"常"就是明智,不认识"常"而轻举妄动,其结果必凶。所以老子认为最好是消极无为,什么也不做。宗教唯心主义叫人相信"天命",听任鬼神的安排。老子则否定天道(无为)与人事(有为)的区别,要人消极无为,所起的反动作用是一样的。老子的自然无为思想在他的唯心主义哲学体系中终于走向了神秘主义。

二　唯心主义先验论的认识论

老子从他的唯心主义体系出发,提出了唯心主义先验论的认识论。

老子根本否认人的认识来源于感觉经验,来源于社会实践,他把认识完全看作一种主观自生的东西。他说:"不出户,知天下,不窥牖,见天道。其出弥远,其知弥少。是以圣人不行而知,不见而名,不为而成。"(四十七章)就是说,不出大门,就能知道天下大事,不望窗外,就能认识"天道",与外界接触得越多,反而知道得越少,因此,"圣人"不用行动就有知识,不用去看就能作判断,不用去做就能成功。毫无疑问,这是一种纯粹的唯心论的先验论。毛主席说:"'秀才不出门,全知天下事',在技术不发达的古代只是一句空话。"①老子胡说什么"圣人"不经过实践就可知天下事,显然是十分荒谬的。老子认为,认识的最终目的在于认识他所说的"道"。在他看来,认识就是以"道"观物,只要得了"道",就可以认识万物,知道一切。这种认识是完全排除人的感

---

① 《实践论》,《毛泽东选集》,第 264 页。

觉经验的,根本不需要通过耳目口鼻等感官去接触客观物质世界。他说:"塞其兑,闭其门,终身不勤。"(五十二章)就是说,要塞住知识的穴窍,关上知识的门户,把感官都塞住、关闭住,就可以终身不病。相反地,如果打开这些知识的穴窍,用感官去接物,完成知识的事业,那就终身不可救药了。老子完全否定人的感官在认识中的作用,他主张的是闭目塞听的先验主义的认识论,这样就把认识和外部物质世界隔绝了。

毛主席说:"无论何人要认识什么事物,除了同那个事物接触,即生活于(实践于)那个事物的环境中,是没有法子解决的。"①又说:"一个闭目塞听、同客观外界根本绝缘的人,是无所谓认识的。"②唯物论的反映论认为,人的认识是对于客观世界的反映,因此认识只能来源于实践,只能开始于感官经验,否则认识就成了无源之水,无本之木。老子的认识论把认识和实践完全割裂开,否认感官经验是认识的源泉。在认识论的两条路线的斗争中,他是站在唯心论的先验论这一边反对唯物论的反映论的。

老子的认识论不仅否认感官经验,而且也否认理性思维的作用,他主张的是一种神秘主义的直观的方法。照他讲,"道"与一般事物不同,因而不能用一般的认识方法去认识,只有依靠神秘的直观才能去认识"道"。他提出所谓"涤除玄览","玄览"就是用神秘的直观的方法去体验"道"。因为"道"是无形无名的,"大象无形"(四十一章),"道常无名"(三十二章),所以必须用内省体验的方法才能认识它。"涤除玄览"就是要把自己的内心打扫干净,清除外物,做到没有瑕疵,这样通过神秘的直观就可

---

① 《实践论》,《毛泽东选集》,第263页。
② 同上,第267页。

以得"道"。他所说的"致虚极，守静笃"（十六章）也有同样的意思，就是要尽量使心灵虚寂，坚守清静。他认为只要这样做就能考察万物的往复循环，抓住事物的根本。他所提倡的这种神秘的直观，实际上是一种拒绝参加客观实践，站在客观事物之外冷眼旁观的方法。老子的认识论和他的唯心主义体系有着不可分割的联系，他的"道"是消极无为的，因而在认识论上他也主张消极无为。这种脱离实践，摒弃一切感觉经验的内省的直观，当然是根本不可能获得真正的认识，而只能使人陷入神秘主义的泥坑中去。

还应当指出，老子的认识论在本质上是反对人的认识的，而公然宣传蒙昧主义。他认为人的认识要进到无知无欲的消极无为状态，才算达到了最高境界。他主张去智，无知无欲，要"如婴儿之未孩"（二十章），好像还不会笑的婴儿那样浑浑噩噩，才能够得"道"。他根本否认理智的必要，反对求学问，声称要"绝圣弃智""绝学无忧"（十九章），就是要抛弃智慧，抛弃一切学问，回到无知无欲的浑沌状态。他说："为学日益，为道日损，损之又损，以至于无为。"（四十八章）就是说，追求学问，知识就一天比一天增加，而追求"道"，知识却一天比一天减损，以至于减损到没有什么作为。在这里，他明确地指出求"道"和求学问是正相反的，求"道"不仅不会增加知识，反而会使人越来越无知，以至最后一无所知，无所追求，无所作为。这样就算是得"道"了。从这种反理性主义的认识论出发，老子主张对被统治的劳动群众实行愚民政策，他说："古之善为道者，非以明民，将以愚之。民之难治，以其智多。"（六十五章）就是说，从来善于为"道"的人，不是用"道"来教人聪明，而是来教人愚昧，人民所以难统治，是因为他们知识太多。这就完全暴露了老子的认识论的反动实质，原来老子主张"常使民无知无欲"（三章），其真实目的是为了防止人民起来造反。在老子看来,人民掌握知识,对于统治阶级是极为不利的,为了维持统治阶级对人民的专政,就必须使人民成为愚昧无知的驯服工具。他的全部认识论归根到底就是这样为统治阶级反动政治服务的。

三　唯心主义的朴素辩证法思想

老子哲学中包含着朴素的辩证法思想,但这种辩证法是建立在唯心主义的基础之上的,是唯心主义的辩证法,因此在他的唯心主义体系的重压下,朴素的辩证法终于被扼杀了,最后归结为形而上学。

春秋末期由于所有制发生了变革,因而国家的兴亡、个人富贵贫贱,都有了极大的变化。作为史官的老子,看到不少"社稷无常奉,君臣无常位"的现象,又从当时自然科学中认识到自然界万物也是不停地运动变化着。他说:"天地尚不能久,而况于人乎?"(二十三章)老子的朴素的辩证法思想是当时社会大变动的反映。

老子比较系统地揭示出事物的存在是相互依存的,而不是孤立的。如美丑、难易、长短、高下、前后、有无、损益、刚柔、强弱、祸福、荣辱、智愚、巧拙、大小、生死、胜败、攻守、进退、静躁、轻重等等,都是对立的统一。一方不存在,对方也就不存在。他说:"有无相生,难易相成,长短相形,高下相倾,音声相和,前后相随。"(二章)关于矛盾统一的朴素观念的形成,是当时人类认识世界深化的表现。但是,由于老子把对立的统一夸大成为绝对,而把对立的斗争看作是相对的,这就不可能正确地阐明对立统一的意义。

老子概括了当时自然现象和社会现象,他指出事物都向着它的相反的方向变去。他说:"正复为奇,善复为妖","祸兮福之所倚,福兮祸之所伏。"(五十八章)老子看到事物无不向它的对立面转化,他说:"反者道之动。"(四十章)但是,由于老子是没落奴隶主阶级的代表,他不可能从中得出积极的、正确的结论。相反地,为了迎合他的整个唯心主义体系的消极无为的精神,他主张贵柔、守雌,反对刚强和进取。

老子看到植物的幼苗虽然柔弱,但它能从柔弱中壮大;相反,等到壮大了,反而接近死亡。他说:"草木之生也柔脆,其死也枯槁。"(七十六章)他认为对待生活也应当这样,他说:"物壮则老,是谓不道,不道早已。"(三十章)这是说,事物强大了,就会引起衰老,有意造成事物的强大,是违反道的原则的,因为这会促进它早日结束它的生命。老子说:"强梁者不得其死。"(四十二章)他以为最好经常处在柔弱的地位,就不会转为坚强,就可以避免走向死亡的结局。他说,"兵强则灭,木强则折"(七十六章),又说"弱之胜强,柔之胜刚"(七十八章)。因而他主张"曲则全,枉则直,洼则盈,敝则新,少则得,多则惑"(二十二章)。这是说,委曲反能保全,屈枉反能伸直,卑下反能充盈,敝旧反能新奇,少取反能多得,多取反而迷惑。他又说:"天下莫柔弱于水,而攻坚强者莫之能胜。"(七十八章)他教人向柔弱的水的品质学习。水看来是柔弱的,但它可以冲决一切比它坚强的东西,所以老子说:"上善若水,水善利万物而不争。"(八章)这是老子的"柔弱胜刚强"的原则在生活方面的运用。他说:"知其雄,守其雌","知其荣,守其辱","知其白,守其黑。"(二十八章)老子虽知什么是雄强,却安于柔雌;虽知什么是光荣,却安于卑辱;虽知什么是光彩,却安于暗昧。

这种贵柔守雌的观点完全是没落奴隶主阶级意识的表现。没落的奴隶主阶级在同新兴封建势力的斗争中失败了,失去了原先的统治地位,他们已经丧失积极斗争的勇气,却又不甘心于自己的灭亡,于是就只得乞助于这种以柔胜刚,以退为进的策略来保存自己。老子的这一套处世哲学充分表现了已经失势的剥削阶级的自私,他说:圣人"非以其无私邪?故能成其私"(七章),又说:"夫唯不争,故天下莫能与之争。"(二十二章)就是说,由于"圣人"没有私心,反而成全了他的私心;正因为他不与人争,所以天下没有谁能争得过他。戳穿了讲,这就是剥削阶级所鼓吹的装伪君子,"吃小亏占大便宜"之类的两面派手法。

老子还依据他"柔弱胜刚强"的原则,主张创造一些不利于敌人的条件,使他们陷于不利。他说:"将欲弱之,必固强之;将欲废之,必固兴之;将欲夺之,必固与之。"(三十六章)这是说,将要削弱它,必先暂时增强它;将要废毁它,必须暂时兴起它;将要夺取它,必须暂时先给它。历代统治者往往用这种思想作为对付人民的阴谋权术,这就说明了它的反动性。

老子对事物转化的规律有所认识,但是他把对立面的转化看作无条件的,绝对的,人们在变化中显得无能为力。老子脱离了条件讲对立面的转化,想用贵柔、守雌的办法防止事物转化,这是唯心主义的,使得他的辩证法思想不能正常发展。毛主席说:"矛盾着的对立双方互相斗争的结果,无不在一定条件下互相转化。在这里,条件是重要的。没有一定的条件,斗争着的双方都不会转化。"[1]老子只看到事物向它对立面转化,没有注重条件在转化中的重要作用,因而在祸福、得失面前显得缩手缩脚。他认为"有为"必然招致失败;有所得必然有所失。他说:"无为故无败,无执故无失。"(六十四章)"多藏"必招致"厚亡",为了

---

[1] 《关于正确处理人民内部矛盾的问题》,《毛主席的五篇哲学著作》,第183页。

避免厚亡的损失,最好不要多藏。强大了会带来死亡,为了避免死亡,最好不要过于强大。他看到刚强会带来挫折,他宁肯安于柔弱;抢先会落在后边,他宁肯居后;争荣誉会招致屈辱,他宁肯不要荣誉。他要"去甚,去奢,去泰"(二十九章)。老子的辩证法是消极的辩证法,他虽然承认矛盾的存在,却不主张通过斗争去解决矛盾,促进矛盾的转化,而是害怕斗争,想逃避矛盾。这也是由他所代表的没落奴隶主阶级的地位和他的唯心主义体系的保守性质所决定的。他的辩证法缺乏斗争、进取的精神,使他的辩证法最终没有摆脱循环论的影响。

老子脱离了条件去看柔弱战胜刚强的原因,因而把柔弱胜刚强抽象化、绝对化。他看到一些柔弱的事物目前虽不够强大,后来居然战胜了强大的敌人,他说:"坚强者死之徒,柔弱者生之徒。"(七十六章)但是他没有区别垂死的、腐朽的事物的衰弱,与新生事物的柔弱的性质的差别。事实表明,只有新生的事物才可以由柔弱转化为强大;垂死的事物的柔弱,不但不能转化为强大,前途却只有死亡。老子没有能够认识这一差别,他把强与弱,胜与败,看作循环往复的无尽过程,对于新生事物表示冷漠,采取消极的保守态度。老子不能理解掌握了事物客观规律后,可以从一个胜利走向新的胜利。在老子看来,胜利后接着出现的必是失败。他说:"祸莫大于不知足","知足之足,常足矣。"(四十六章)这都说明老子辩证法思想的消极性。

老子的辩证法思想和他的形而上学的体系是有矛盾的,但归根到底朴素辩证法思想被形而上学的体系窒息了。例如,他看到了宇宙万物的运动和变化,但他的唯心主义的"道"作为宇宙万物的起源和归宿,却是静止的、不变的。照他说来,"归根曰静"(十六章),"静为躁君"(二十六章)。就是说,宇宙万物虽然有运动和变化,但回到它们的根本来看都是静止的,因此,静是动的主宰。这样,承认运动和变化的朴素辩证法就完全被唯心主义体系所扼杀了,最后导向了彻头彻尾的形而上学。这是老子的唯心主义辩证法的不可避免的结局。

老子的辩证法思想继承了《易经》和春秋以前丰富的辩证法思想的成就,并在前人成就的基础上有所发展。但是,辩证法也受到了他的唯心主义的歪曲,他注重柔弱,反对进取,不敢迎接新事物;脱离了条件讲变化,没有摆脱循环论的影响。老子的辩证法还有过分强调矛盾对立面的统一性而忽视矛盾对立面的斗争的一方面,因而容易走向相对主义。庄子的相对主义哲学体系就是沿着这条道路发展的。

四　小国寡民的反动社会思想

在老子的时代,由于生产力的发展和奴隶的反抗和斗争,促进了旧的奴隶制的崩溃。新兴的封建地主阶级用火与剑的手段登上了历史舞台,出现了新的生产关系和新的封建剥削方式。处在这样一个社会急剧变动的时代,老子代表没落奴隶主阶级的利益,对新的封建制度的一切都感到不满,妄想历史向后倒退。他的社会思想是和历史发展潮流背道而驰的,因而是落后的、反动的。

老子看到,奴隶制的瓦解已成定局,礼坏乐崩,旧局面已无法维持,作为奴隶主世袭宗法制度的周礼已经不可能恢复了。因此,他不再循循守礼,而反过来对礼采取批评态度。他说:"礼者,忠信之薄而乱之首。"(三十八章)就是说,"礼"这个东西是忠信的不足,是大乱的祸首。老子对礼的这种态度,丝毫不是意味着他反对奴隶制。恰恰相反,在他看来,"礼"这个东西是不中用了。它葬送了奴隶制,因此要用"复礼"的办法去挽救奴隶制,也是不可能的。

老子站在没落奴隶主阶级的立场上,把他的批判的锋芒指向了新兴封建地主阶级,但他是从右的方面来进行批判的。因此有时他虽然揭露和谴责了新的封建制度的一些阴暗面,甚至发表一些表面上看来相当"激烈"的言论,似乎他是同情人民的疾苦而斥责新的统治者的,但只要揭开他的漂亮的外衣看一看,就可以发现他的臀部盖有旧的奴隶主阶级的印章,并且以他那种完全不能理解历史发展进程的劣根性而使人感到可笑。

比如说,老子谴责当时新的封建统治者的过分剥削造成人民生活中的灾难,他说:"民之饥,以其上食税之多,是以饥。"(七十五章)还说:"朝甚除,田甚芜,仓甚虚,服文彩,带利剑,厌饮食,财货有余,是谓盗竽。"(五十三章)这是说,那些新的统治者们的宫殿很整洁,但是农田很荒芜,仓库已经空虚了,而统治者们穿着文彩的衣服,佩戴着锋利的宝剑,饱吃精美的饮食,占有多余的财货,他们这些人就叫作强盗头子。老子也反对新的封建地主阶级为了扩大统治而进行的战争,说什么"兵者不祥之器"(三十一章),因为军队驻扎过的地方,到处长满了荆棘,打过大仗之后,必有荒年。老子对新的封建统治阶级的这些批判,对于被剥削、被压迫的人民群众来说,是有一定欺骗性的,但他不是站在人民这一边根本反对剥削和压迫,而是站在下台的没落奴隶主的立场上对新的封建制度发泄不满。至于对待人民群众,老子同样是主张镇压,对他们实行奴隶主专政的,只是他更强调利用愚民政策,对人民加强思想麻醉而已。他说:"民不畏死,奈何以死惧之? 若使民常畏死,而为奇者,我得执而杀之,孰敢?"(七十四章)显然,老子完全是站在统治阶级立场上说话的,他不是反对镇压人民,而是要求更有效地镇压人民。他认为:如果使人民果真怕死,那末把那些捣乱的人抓来杀掉,谁还敢再捣乱？这就完全显出了穷凶极恶的奴隶主阶级的一副狰狞面目。

针对新兴封建地主阶级积极有为的政治思想，老子提出"无为而治"，实际上就是反对封建地主阶级积极地从奴隶主手里夺取政权，希望大家"无为"，从而为奴隶主阶级保留一定的地盘，尽可能维持旧的统治秩序。他把天道自然无为的思想运用到社会政治上来，要统治者在政治上无为，听其自然。他主张"不尚贤""不贵难得之货"，正是代表没落奴隶主贵族的利益，反对破坏旧的奴隶制秩序的尚贤政治和商品经济。他的所谓"圣人之治"是："虚其心，实其腹，弱其志，强其骨，常使民无知无欲。使夫智者不敢为也。为无为，则无不治。"（三章）就是说，要简化人民的心思，满足人民的肚子，削弱人民的志气，增强人民的筋骨，经常使人民没有知识，没有欲望，使那些聪明人不敢有所作为，照这种"无为"的原则办事，就天下太平了。从这里可以看得很清楚，老子的"无为而治"的真实用心在于，要人民成为头脑简单、四肢发达、俯首帖耳地服从奴隶主统治的剥削对象，并反对新兴的地主阶级起来夺取政权。老子提倡的无为政治的反动性也正在这里。

老子提出的"小国寡民"的理想社会，最充分地表明他的社会政治思想是代表没落奴隶主阶级的倒退的、反动的思想。他所描绘的理想社会是："小国寡民，使有什伯之器而不用，使民重死而不远徙。虽有舟舆，无所乘之。虽有甲兵，无所陈之。使民复结绳而用之。甘其食，美其服，安其居，乐其俗，邻国相望，鸡犬之声相闻，民至老死，不相往来。"（八十章）这个社会的特点是，国家小，人民少，人民吃得很香，穿得很漂亮，住得很安适，大家都过得很习惯，不用冒着生命的危险而迁移到别的地方去。虽然住得很近，鸡鸣犬吠的声音都可以互相听见，可是人们老死也不相往来。在这个社会里，虽然有各种各样的器物，但不使用

212

它。虽有舟车,也没有使用的必要。虽有兵戈,也没有地方去用。生活也简单原始,没有使用文字的必要,用古代结绳记事的办法就够了。显然,老子在这里提供的并不是一幅未来理想社会的图景,而是早已在历史上消逝了的、经过他的美化和理想化的殷周社会。作为没落奴隶主阶级思想的代表,老子恋恋不舍地怀念过去,企图把历史拉向倒退。他违背历史发展的要求,反对新的生产力和生产关系,希望回到早已过去的陈旧的生产方式和闭塞的落后社会状态,这完全是痴心妄想。老子的"小国寡民"的理想和他的整个唯心主义哲学体系一样,都是没落奴隶主阶级的思想反映。

《中国哲学史》(四卷本)1979 年版
附录一《老子的唯心主义哲学
和朴素的辩证法思想》*

第一节　关于老子和《老子》书

司马迁的《史记》中,简短地记载了关于老子的事迹。一说老子姓李名耳,字聃,楚苦县厉乡曲仁里人,曾做过周柱下史,这是周王朝宫廷中一个小官。他的生卒,历代有种种烦琐的考证,我们根据《史记》老子传,知道孔子少年时曾向老子请教关于周礼的问题,他大约比孔子大几十岁,是孔子的前辈。但《老子》书写成较晚,是经过他们这一学派编定的。现在看来,《老子》书包括的思想基本上是老聃本人的思想,但也有后人加进去的东西,时代最迟不得迟过战国中期,它在《庄子》以前。

春秋战国时代,奴隶制向封建制过渡,这一变化正如大海的怒涛,各阶级和不同阶层的人都被迫卷进去,因为这是关系

---

*　人民出版社,1979 年 3 月第 3 版。

到各个阶级和阶层生死存亡的大问题。奴隶制日趋没落,面临着朝不虑夕的处境。

孔子是没落阶级的代言人。老子也反映了当时一部分没落的社会力量在现实生活面前无可奈何的心情,从消极方面反映和看待当时天翻地覆的大变化。老子看到了周王朝一套礼乐典章制度的虚伪性,奴隶主贵族们口上讲的是一套,实际做的又是一套,所以他教训孔子曾指出,书上讲的那些东西早已消逝了,那些宣扬礼乐的人们连骨头早已烂掉了,剩下来的不过是他们的一些教训罢了。不该出头就隐居起来。会做生意的并不把财货都罗列出来,有修养的人也不要处处锋芒外露。

老子对待当时剧烈大变革的态度,主张退守以自保,而反对任何作为。这也反映了当时没落的奴隶主和正在分化的中间阶层的下降部分的政治态度。

奴隶制解体的形势下,在新旧制度交替的时代,老子用消极避世的办法来对付,以退为进。孔子要复辟,妄图挽救"礼坏乐崩"的局面,是个"知其不可为而为之"的顽固派。老子比孔子多了一点辩证法,他看到崛起的新兴力量的强大,又深感自己的软弱无力,幻想倒退到"小国寡民"的远古时代,他认为能保住已经下沉的眼前的小块天地就不错了,"祸莫大于不知足","知足之足常足矣"。他的基本的经济地位和政治地位,决定了老子的哲学思想。

《老子》这部书仅五千多字①。在我国以及在世界上都有广泛的影响。由于它是以非常抽象概括的赞颂体写成的哲理著

_____

① 《老子》号称"五千言",说的一个概数,最少的版本不足五千字,多的五千几百字以上。

作,所以,它对后世的影响也是多方面的,在各个阶级中的影响不同。历代封建统治者的重视、推崇《老子》,是为了宣扬复古倒退,起着瓦解人民革命斗志的作用。老子这个人也被后来的道教徒奉为祖师爷。东汉末年黄巾起义就曾打原始道教的旗帜,借用《老子》书中的某些词句来反对封建剥削。近代资产阶级学者也十分欣赏它的神秘主义、唯心主义思想,往往通过对《老子》的注释、翻译来宣扬唯心主义、对抗唯物主义。由于它符合中国地主阶级要求,历代关于《老子》注解之多仅次于儒家的《论语》,在国外也有多种语文的译本流传着。

先秦时代的《老子》书是个什么样子,现在无从知道。"道德经"这一名称显然是后来人加给它的。按先秦著作通例,往往以著者姓氏为书名,如《孟子》《庄子》《墨子》等。《韩非子》中有《解老》《喻老》两篇,"解"和"喻"的不是老子这个人,而是《老子》这部书。

1973年,长沙马王堆三号汉墓中发现了大量西汉初期的帛书,其中有《老子》两种写本,编排顺序和《韩非子》中《解老》《喻老》两篇中引用的《老子》篇章的顺序一样。说明先秦时期《老子》书是从今天流行的各种版本的"下篇"开始的,今天《老子》的"上篇"是后人为了突出《老子》的唯心主义观点,重新编排的。马王堆本《老子》较接近古代《老子》的本来面貌。

《老子》书在西汉初年曾流行了一阵子,当时人们称为"黄老之学","黄"是托名"黄帝"的主张,"老"即是老子。孔子的学说经过地主阶级的改造,增添,建立了一套"三纲""五常"封建思想体系,给封建统治者帮了大忙。《老子》所起的作用,看起来不像孔孟学说那末正统,因而老子身后的声名不及孔孟显赫。正如马克思所说:

理论在一个国家的实现程度,决定于理论满足这个国家的需要的程度。①

但是,也必须看到老子主张保守,反对进取,宣扬知足,号召不争,教人安于命运,这些思想对于统治者是有利的。他提出了愚民政策,以及镇压人民的一些手法。地主阶级把它略加改造,即可为地主阶级所用,因而受到重视,它的地位和影响虽逊于孔孟,却远远超出先秦其他各学派之上。

辩证法是老子哲学的一个重要内容,《老子》中这部分合理的内核也被历代进步思想家用来作为宣扬进步思想、反击形而上学的武器。历来对《老子》的注释、发挥,形成了两大体系。韩非、王充以及后来的王夫之等人从进步的观点来解释它。反动思想家则着重发挥其中的神秘主义、唯心主义部分,抛弃它的辩证法,成为对抗革命人民的反动思想武器。毛主席指出:

> 禁止人们跟谬误、丑恶、敌对的东西见面,跟唯心主义、形而上学的东西见面,跟孔子、老子、蒋介石的东西见面,这样的政策是危险的政策。它将引导人们思想衰退,单打一,见不得世面,唱不得对台戏。②

我们既要看到老子哲学中的朴素辩证法的一面,更要着重指出老子哲学中这些唯心主义、形而上学的东西的危害性。

第二节　小国寡民的反动社会思想

在老子的时代,由于生产力的发展和奴隶的反抗和斗争,促进了旧的奴隶制的崩溃。新兴的封建地主阶级用火与剑的手段

---

① 《〈黑格尔法哲学批判〉导言》,《马克思恩格斯选集》第 1 卷,第 10 页。
② 《在省市自治区党委书记会议上的讲话》,《毛泽东选集》第 5 卷,第 346 页。

登上了历史舞台,出现了新的生产关系和新的封建剥削方式。处在这样一个社会急剧变动的时代,老子代表没落的社会力量的利益,对新的封建制度的一切都感到不满,妄想历史向后倒退。他的社会思想是和历史发展潮流背道而驰的,因而是落后的、反动的。

老子看到,旧制度的瓦解已成定局,礼坏乐崩,旧局面已无法维持,作为奴隶主世袭宗法制度的周礼已经不可能恢复了。因此,他不再循循守礼,而反过来对礼采取批评态度。他说:"礼者,忠信之薄而乱之首。"(《老子》三十八章,以下《老子》引文只注章数)就是说,"礼"这个东西是忠信的不足,是大乱的祸首。老子看来,"礼"这个东西是不中用了,它葬送了旧制度,因此要用"复礼"的办法去挽救旧制度,那是不可能的。

老子站在没落阶级的立场上,把他的批判的锋芒指向了新兴封建地主阶级,但他是从右的方面来进行批判的。因此,有时他揭露和谴责了新的封建制度的一些阴暗面,甚至发表一些表面上看来相当"激烈"的言论。

比如说,老子谴责当时新的封建统治者的过分剥削造成人民生活中的灾难,他说:"民之饥,以其上食税之多,是以饥。"(七十五章)还说:"朝甚除,田甚芜,仓甚虚,服文彩,带利剑,厌饮食,财货有余,是谓盗竽。"(五十三章)这是说,那些新的统治者们的宫殿很整洁,但是农田很荒芜,仓库已经空虚了,而统治者们穿着文彩的衣服,佩戴着锋利的宝剑,饱吃精美的饮食,占有多余的财货,他们这些人是强盗头子。老子也反对新的封建地主阶级为了扩大统治而进行的战争,说军队驻扎过的地方,到处长满了荆棘,打过大仗之后,必有荒年。老子对新的封建统治阶级的这些批判,对于被剥削、被压迫的人民群众来说,是有一定欺骗性的,但他不是站在人民这一边根本反对剥削和压迫,而是

218

站在没落阶级的立场上对新的封建制度发泄不满。至于对待人民群众,老子同样是主张镇压,对他们实行专政的,只是他更强调利用愚民政策,对人民加强思想麻醉而已。他说:"民不畏死,奈何以死惧之? 若使民常畏死,而为奇者,我得执而杀之,孰敢?"(七十四章)他认为:如果使人民果真怕死,那末把那些捣乱的人抓来杀掉,谁还敢再捣乱? 这就完全显出了穷凶极恶的统治阶级的一副狰狞面目。

针对新兴封建地主阶级积极有为的政治思想,老子提出"无为而治",实际上就是反对封建地主阶级积极地夺取政权,希望大家"无为",从而为没落阶级保留一定的地盘,尽可能维持旧的统治秩序。他把天道自然无为的思想运用到社会政治上来,要统治者在政治上无为,听其自然。他主张"不尚贤""不贵难得之货",正是代表没落阶级的利益,反对破坏旧秩序的尚贤政治和商品经济。他的所谓"圣人之治"是:"虚其心,实其腹,弱其志,强其骨,常使民无知无欲。使夫智者不敢为也。为无为,则无不治。"(三章)就是说,要简化人民的心思,满足人民的肚子,削弱人民的志气,增强人民的筋骨,经常使人民没有知识,没有欲望,使那些聪明人不敢有所作为,照这种"无为"的原则办事,就天下太平了。从这里可以看得很清楚,老子的"无为而治"的真实用心在于,要人民成为头脑简单、四肢发达、俯首帖耳地服从统治的剥削对象。老子提倡的无为政治的反动性也正在这里。

老子提出的"小国寡民"的理想社会,最充分地表明他的社会政治思想是代表没落阶级的倒退的、反动的思想。他所描绘的理想社会是:"小国寡民,使有什伯之器而不用,使民重死而不远徙。虽有舟舆,无所乘之。虽有甲兵,无所陈之。使人复结绳而用之。甘其食,美其服,安其居,乐其俗,邻国相望,鸡犬之声相闻,民至老死,不相往来。"(八十章)这个社会的特点是,国家小，人民少，人民吃得很香，穿得很漂亮，住得很安适，大家都过得很习惯，不用冒着生命的危险而迁移到别的地方去。虽然住得很近，鸡鸣犬吠的声音都可以互相听见，可是人们老死也不相往来。在这个社会里，虽然有各种各样的器物，但不使用它。虽有舟车，也没有使用的必要。虽有兵戈，也没有地方去用。生活也简单原始，没有使用文字的必要，用古代结绳记事的办法就够了。显然，老子在这里提供的并不是一幅未来理想社会的图景，而是对早已在历史上消逝了的、经过他的美化和理想化的远古社会的幻想。老子的"小国寡民"的理想和他的整个唯心主义哲学体系一样，都是没落阶级的思想反映。

第三节　唯心主义体系的核心——道

老子第一个提出了"道"作为哲学的最高范畴，它构成了他的整个唯心主义体系的核心。"道"本来是人走的道路，经过引申而具有规律的意思。如"天道"一词，在春秋时期已是指天象运行的规律，也有时包括人生吉凶祸福的规律的意义。老子吸取了"道"的这些涵义，加以唯心主义的解释，使之神秘化，把它说成为宇宙万物的创造主和最后源泉。

老子所说的"道"不是物质实体，恰恰相反，它是产生整个物质世界的总根源，是绝对精神之类的东西。在他看来，"道"是第一性的，而世界万物是从"道"派生出来的，因此是第二性的。他把"道"叫作"万物之宗"，还说："吾不知谁之子，象帝之先。"（四章）就是说，"道"是宇宙万物的宗主，没有别的产生它的东西了，它自己就是老祖宗，甚至出现在上帝之先。"道"是最原始的，存在于物质世界之前，正是由于"道"的存在，万物才得以产生。"道"产生万物的过程则是："道生一，一生二，二生三，三生万物。"（四十二章）这里的"一"可以解释为元气,亦即指原初的物质。照他讲,原初的物质是从"道"产生出来的,然后又进一步产生出宇宙万物来。老子认为"一"或元气不是原初的物质,他企图给原初的物质寻找一个创造主,把"道"说成是比原初的物质更原始的东西,这是彻头彻尾的唯心主义谬论。很明显,如果否认物质的第一性,那就必然要走向精神的第一性,"道"也正是先于物质存在的精神性的东西。由于老子的"道"是不依赖于人而独立存在的,所以老子的哲学体系是客观唯心主义。

　　老子的唯心主义还表现在他把"道"说成是"无"。他说:"天下万物生于有,有生于无。"（四十章）在他看来,"无"比"有"更根本,"无"是天下万物的最后根源,因此,这里的"无"也就是他所说的"道"。因为"道"是"无",所以它是人根本无法感触到的,它没有任何物质的内容和属性,只是一种纯粹的思维抽象。老子形容"道"的特点是"其上不曒,其下不昧,绳绳不可名,复归于无物。是谓无状之状,无物之象"（十四章）。就是说,一切具体的东西,光线照射到的上部就明亮一些,光线照不到的下部就黑暗一些,而"道"是无状之状,无物之象,和具体的东西全不相同,没有规定性,无所谓上面下面,所以不能说它上面明亮,下面黑暗,难以给它起名字,它最后是归结到什么也没有。道是看不见,听不见,也摸不到的,"视之不见,名曰夷,听之不闻,名曰希,搏之不得,名曰微"（同上）。老子极力把"道"和具体的事物区别开,是要强调指出"道"不是任何物质的存在,而完全是人的感官不能感触到的虚无缥缈的东西。这样的"道",就等于"无",没有任何物质属性和形象,却超越于物质世界之上,成为物质世界的源泉,它本身当然不是物质实体,而只能是一种抽象的精神性的东西了。

　　列宁曾经批判过黑格尔关于"从无到无"的那种唯心主义观

点,他说:"在自然界和生活中,是有着'发展到无'的运动。不过,'从无开始'的运动,倒是没有的。运动总得是从某个东西开始的。"①老子所鼓吹的正是"从无开始"的运动,把宇宙万物说成是起源于"无",他的这种从"无"中产生"有"的说法是十足的唯心主义观点。

老子的"道"又是超时空的绝对,它先于天地而生,"寂兮寥兮,独立而不改,周行而不殆"(二十五章)。就是说,"道"是无声无形的,它不停地循环运行,却是独立而永远不会改变的。老子认为形而下的事物是有变化的,但形而上的"道"却是绝对不变的;一切具体事物都不是永久的,包括天地在内(二十三章:"天地尚不能久"),而"道"却是永久的(十六章:"道乃久")。万物都会消灭,而"道"依然存在。"夫物芸芸,各复归其根,归根曰静,是谓复命"(十六章)。多种多样的万有世界,最后终究要回到老根,也就是要复归于"道",而"道"是静止的。总之,物质世界的一切是转瞬即逝的,而产生出物质世界的那个"道"则常住不变。因此,老子的"道"不仅是唯心的,而且也是形而上学的虚构。

老子的"道"的学说,是一种客观唯心主义哲学,表面上它和传统的宗教唯心主义的"上帝"创世说有所不同,但它更精致了,具有更大的欺骗性。这种客观唯心主义的"道",从世界的构成图式看,与宗教唯心主义并无本质的区别,都是在力图证明物质世界是某种精神力量产生的。所谓"道"不过是雕琢得更加精致的宗教而已。

老子提出天道自然无为的思想,他说"道法自然"(二十五章),又说,"道常无为而无不为"(三十七章)。自然、无为是说

---

① 《黑格尔〈逻辑学〉一书摘要》,《列宁全集》第38卷,第138页。

222

"道"生育万物是无意志、无目的、自然而然的。"道"没有意志，因而它无所求，无所私，无所争。他说："生而不有，为而不恃，长而不宰。"（十章）就是说，"道"生养了万物，但是不据为己有，也不以为是自己的功劳，也不去宰制它们。"道"正因为它是自然无为的，所以它才有巨大的化育万物的力量："以其终不自为大，故能成其大。"（三十四章）老子的天道自然无为的思想，为后来的唯物主义哲学家加以批判改造后成为反对宗教目的论的武器。但老子的自然无为思想在他的唯心主义体系中是消极的、反动的。他提出自然无为，主要是反对社会人事的有为。他完全抹杀人的主观能动作用，认为人在自然界和社会面前是完全无能为力的，结果使人导致消极的宿命论，要人完全听任自然的安排，放弃任何斗争。他说："知常曰明，不知常，妄作，凶。"（十六章）就是说，认识"常"就是明智，不认识"常"而轻举妄动，其结果必凶。所以老子认为最好是消极无为，什么也不做。宗教唯心主义叫人相信"天命"，听任鬼神的安排。老子则否定天道（无为）与人事（有为）的区别，要人消极无为，所起的反动作用是一样的。老子的自然无为思想在他的唯心主义哲学体系中终于走向了神秘主义。

第四节　唯心主义先验论的认识论

老子从他的唯心主义体系出发，提出了唯心主义先验论的认识论。

老子根本否认人的认识来源于感觉经验，来源于社会实践，他把认识完全看作一种主观自生的东西。他说："不出户，知天下，不窥牖，见天道。其出弥远，其知弥少。是以圣人不行而知，不见而名，不为而成。"（四十七章）就是说，不出大门，就能知道天下大事；不望窗外，就能认识"天道"。与外界接触得越多，反而知道得越少，因此，"圣人"不用行动就有知识，不用去看就能作判断，不用去做就能成功。毫无疑问，这是一种纯粹的唯心论的先验论。毛主席说："'秀才不出门，全知天下事'，在技术不发达的古代只是一句空话……"[①]老子说"圣人"不经过实践就可知天下事，显然是十分荒谬的。

老子认为，认识的最终目的在于认识他所说的"道"。在他看来，认识就是以"道"观物，只要得了"道"，就可以认识万物，知道一切。这种认识是完全排除人的感觉经验的，根本不需要通过耳目口鼻等感官去接触客观物质世界。他说："塞其兑，闭其门，终身不勤。"（五十二章）就是说，要塞住知识的穴窍，关上知识的门户，把感官都塞住、关闭住，就可以终身不病。相反地，如果打开这些知识的穴窍，用感官去接物，完成知识的事业，那就终身不可救药了。老子完全否定人的感官在认识中的作用，他主张的是闭目塞听的先验主义的认识论，这样就把认识和外部物质世界隔绝了。

毛主席说："无论何人要认识什么事物，除了同那个事物接触，即生活于（实践于）那个事物的环境中，是没有法子解决的。"[②]又说："一个闭目塞听、同客观外界根本绝缘的人，是无所谓认识的。"[③]唯物论的反映论认为，人的认识是对于客观世界的反映，因此认识只能来源于实践，只能开始于感官经验，否则认识就成了无源之水，无本之木。老子主张闭目塞听，把认识和实践完全割裂开，否认感官经验是认识的源泉。在认识论的两条

---

① 《毛泽东选集》，第 264 页。
② 《实践论》，《毛泽东选集》，第 263 页。
③ 同上，第 267 页。

路线的斗争中,他是站在唯心论的先验论这一边反对唯物论的反映论的。

老子的认识论不仅否认感官经验,而且也否认理性思维的作用,他主张的是一种神秘主义的直观的方法。照他讲,"道"与一般事物不同,因而不能用一般的认识方法去认识,只有依靠神秘的直观才能去认识"道"。他提出所谓"涤除玄览","玄览"就是用神秘的直观的方法去体验"道"。因为"道"是无形无名的,"大象无形"(四十一章),"道常无名"(三十二章),所以必须用内省体验的方法才能认识它。"涤除玄览"就是要把自己的内心打扫干净,清除外物,做到没有瑕疵,这样通过神秘的直观就可以得"道"。他所说的"致虚极,守静笃"(十六章)也有同样的意思,就是要尽量使心灵虚寂,坚守清静。他认为只要这样做就能考察万物的往复循环,抓住事物的根本。他所提倡的这种神秘的直观,实际上是一种拒绝参加客观实践,站在客观事物之外冷眼旁观的方法。老子的认识论和他的唯心主义体系有着不可分割的联系,他的"道"是消极无为的,因而在认识论上他也主张消极无为。这种脱离实践,摒弃一切感觉经验的内省的直观,当然是根本不可能获得真正的认识,而只能使人陷入神秘主义的泥坑中去。

还应当指出,老子的认识论在本质上是反对人的认识的,而公然宣传蒙昧主义的。他认为人的认识要进到无知无欲的消极无为状态,才算达到了最高境界。他主张去智,无知无欲,要"如婴儿之未孩"(二十章),好像还不会笑的婴儿那样浑浑噩噩,才能够得"道"。他否认理智,反对求学问,声称要"绝圣弃智""绝学无忧"(十九章),就是要抛弃智慧,抛弃一切学问,回到无知无欲的浑沌状态。他说:"为学日益,为道日损,损之又损,以至于无为。"(四十八章)就是说,追求学问,知识就一天比一天增加,而追求"道",知识却一天比一天减损,以至于减损到没有什么作为。在这里,他明确地指出求"道"和求学问有着绝对相反的途径,求"道"不仅不会增加知识,反而会使人越来越无知,以致最后一无所知,无所追求,无所作为,这样就算是得"道"了。从这种反理性主义的认识论出发,老子主张对被统治的劳动群众实行愚民政策,他说:"古之善为道者,非以明民,将以愚之。民之难治,以其智多。"(六十五章)就是说,从来善于为"道"的人,不是用"道"来教人聪明,而是来教人愚昧,人民所以难统治,是因为他们知识太多。这就完全暴露了老子的认识论的反动实质,原来老子主张"常使民无知无欲"(三章),其真实目的是为了防止人民起来造反。在老子看来,人民掌握知识,对于统治阶级是极为不利的,为了维持统治阶级对人民的专政,就必须使人民成为愚昧无知的驯服工具。他的全部认识论归根到底就是这样为统治阶级反动政治服务的。

第五节　唯心主义的朴素辩证法思想

老子哲学中包含着朴素的辩证法思想,但这种辩证法是建立在唯心主义的基础之上的,是唯心主义的辩证法,因此在他的唯心主义体系的重压下,朴素的辩证法终于被扼杀了,最后归结为形而上学。

春秋末期由于所有制发生了变革,因而国家的兴亡、个人富贵贫贱,都有了极大的变化。作为史官的老子,看到不少"社稷无常奉,君臣无常位"的现象,又从当时自然科学中认识到自然界万物也是不停地运动变化着。他说。"天地尚不能久,而况于人乎?"(二十三章)老子的朴素的辩证法思想是当时社会大变动的反映。

老子比较系统地揭示出事物的存在是相互依存的,而不是孤立的。如美丑、难易、长短、高下、前后、有无、损益、刚柔、强弱、祸福、荣辱、智愚、巧拙、大小、生死、胜败、攻守、进退、静躁、轻重等等,都是对立的统一。一方不存在,对方也就不存在。他说:"有无相生,难易相成,长短相形,高下相倾,音声相和,前后相随。"(二章)关于矛盾统一的朴素观念的形成,是当时人类认识世界深化的表现。但是,老子把对立的统一夸大成为绝对,而把对立的斗争看作是相对立,这就不可能正确地阐明对立统一的意义。

老子概括了当时自然现象和社会现象,他指出事物往往会走向自己的反面。他说:"正复为奇,善复为妖","祸兮福之所倚,福兮祸之所伏。"(五十八章)老子看到事物无不向它的对立面转化,他说:"反者道之动。"(四十章)但是,由于老子是没落阶级的代表,他不可能从中得出积极的、正确的结论。相反地,为了迎合他的整个唯心主义体系的消极无为的精神,他主张贵柔、守雌,反对刚强和进取。

老子指出,植物的幼苗虽然柔弱,但它能从柔弱中壮大,相反,等到壮大了,反而接近死亡。他说:"草木之生也柔脆,其死也枯槁。"(七十六章)他认为对待生活也应当这样,他说:"物壮则老,是谓不道,不道早已。"(三十章)这是说,事物强大了,就会引起衰老,有意造成事物的强大,是违反道的原则的,因为这会促进它早日结束它的生命。老子说:"强梁者不得其死。"(四十二章)他以为最好经常处在柔弱的地位,就不会转为坚强,就可以避免走向死亡的结局。他说:"兵强则灭,木强则折。"(七十六章),又说"弱之胜强,柔之胜刚"(七十八章)。因而他主张"曲则全,枉则直,窪则盈,敝则新,少则得,多则惑"(二十二章)。这是说,委曲反能保全,屈枉反能伸直,卑下反能充盈,敝旧反能新奇,少取反能多得,多取反而迷惑。他又说:"天下莫柔弱于水,而攻坚强者莫之能胜。"(七十八章)他教人向柔弱的水的品质学习。水看来是柔弱的,但它可以冲决一切比它坚强的东西,所以老子说:"上善若水,水善利万物而不争。"(八章)这是老子的"柔弱胜刚强"的原则在生活方面的运用。他说:"知其雄,守其雌","知其荣,守其辱","知其白,守其黑。"(二十八章)老子虽知什么是雄强,却安于柔雌;虽知什么是光荣,却安于卑辱;虽知什么是光彩,却安于暗昧。

这种贵柔守雌的观点完全是没落阶级意识的表现。没落阶级在同新兴封建势力的斗争中失败了,失去了原先的地位,他们已经丧失积极斗争的勇气,却又不甘心于自己的灭亡,于是就只得乞助于这种以柔胜刚、以退为进的策略来保存自己。老子的这一套处世哲学充分表现了已经失势的剥削阶级的自私,他说:圣人"非以其无私邪?故能成其私"(七章),又说:"夫唯不争,故天下莫能与之争。"(二十二章)就是说,由于"圣人"没有私心,反而成全了他的私心,正因为他不与人争,所以天下没有谁能争得过他。这反映了剥削阶级的阴暗心理和两面派手法。

老子还依据他"柔弱胜刚强"的原则,主张创造一些不利于敌人的条件,使他们陷于不利。他说,"将欲弱之,必固强之;将欲废之,必固兴之;将欲夺之,必固与之。"(三十六章)这是说,将要削弱它,必先暂时增强它;将要废毁它,必须暂时兴起它;将要夺取它,必须暂时先给它。历代统治者往往用这种思想作为对付人民的阴谋权术,这就说明了它的反动性。

老子对事物转化的规律有所认识,但是他把对立面的转化看作无条件的、绝对的,人们在变化中显得无能为力。老子脱离了条件讲对立面的转化,想用贵柔、守雌的办法防止事物转化,这是唯心主义的,使得他的辩证法思想不能正常发展。毛主席说:"矛盾着的对立的双方互相斗争的结果,无不在一定条件下互相转化。在这里,条件是重要的。没有一定的条件,斗争着的双方都不会转化。"[①]老子只看到事物向自己的对立面转化,没有注重条件在转化中的重要作用,因而在祸福、得失面前显得缩手缩脚。他认为"有为"必然招致失败;有所得必然有所失。他说:"无为故无败,无执故无失。"(六十四章)"多藏"必招致"厚亡",为了避免"厚亡"的损失,最好不要"多藏"。强大了会带来死亡,为了避免死亡,最好不要过于强大。他看到刚强会带来挫折,他宁肯安于柔弱;抢先会落在后边,他宁肯居后;争荣誉会招致屈辱,他宁肯不要荣誉。他要"去甚,去奢,去泰"(二十九章)。老子的辩证法是消极的辩证法,他虽然承认矛盾的存在,却不主张通过斗争去解决矛盾,促进矛盾的转化,而是害怕斗争,想逃避矛盾。这也是由他所代表的没落阶级的地位和他的唯心主义体系的保守性质所决定的。他的辩证法缺乏斗争、进取的精神,使他的辩证法最终没有摆脱循环论的影响。

老子脱离了条件去看柔弱战胜刚强的原因,因而把柔弱胜刚强抽象化、绝对化。他看到一些柔弱的事物目前虽不够强大,后来居然战胜了强大的对手,他说:"坚强者死之徒,柔弱者生之徒。"(七十六章)但是他没有区别垂死的、腐朽的事物的衰弱,与革命的新生事物的柔弱的性质的差别。事实上,只有革命的新生事物才可以由柔弱转化为强大,垂死的事物的柔弱,不但不能转化为强大,前途却只有死亡。老子没有能够认识这一差别,他把强与弱,胜与败,看作循环往复的无尽过程,对于新生事物表示冷漠,采取消极的保守态度。老子不能理解,人们掌握了事物

---

① 《关于正确处理人民内部矛盾的问题》,《毛泽东选集》第5卷,第398页。

客观规律后,可以遵循和利用客观规律,从一个胜利走向新的胜利。在老子看来,胜利后接着出现的必是失败。他说:"祸莫大于不知足","知足之足,常足矣。"(四十六章)这都说明老子的辩证法思想的消极面。

老子的辩证法思想和他的形而上学的体系是有矛盾的,但归根到底朴素辩证法思想被形而上学的体系所窒息了。例如,他看到了宇宙万物的运动和变化,但他的唯心主义的"道"作为宇宙万物的起源和归宿,却是静止的、不变的。照他说来,"归根曰静"(十六章),"静为躁君"(二十六章)。就是说,宇宙万物虽然有运动和变化,但回到它们的根本来看都是静止的,因此,静是动的主宰。这样,承认运动和变化的朴素的辩证法被唯心主义体系所扼杀了,最后导向了形而上学。这是老子的唯心主义辩证法的不可避免的结局。

老子的辩证法思想继承了《易经》和春秋以前丰富的辩证法思想的成就,并在前人成就的基础上有所发展。但是,辩证法也受到了他的唯心主义的歪曲,他注重柔弱,反对进取,不敢迎接新事物;脱离了条件讲变化,没有摆脱循环论的影响。老子的辩证法还有过分强调矛盾对立面的统一性而忽视矛盾对立面的斗争的一方面,因而容易走向相对主义。庄子的相对主义哲学体系就是沿着这条道路发展的。

《中国哲学发展史(先秦卷)· 老子的哲学思想》

　　解放前,对老子这个人和《老子》这部书,曾经有过争论。当时争论的焦点是:老子这个人和《老子》这部书的时代问题。有人认为老子在孔子之前,有人认为在孔子之后,有人认为在庄子之后,也有人认为老子是汉初人,争论没有得到一致的结论。

　　解放后,除了继续争论关于老子的时代问题外,又多出了两个争论的问题:老子代表什么阶级;老子的哲学是唯物主义还是唯心主义。至于老子的辩证法思想,则为大家所公认,虽然对他的辩证法思想的特点和作用,看法不尽一致。

　　关于老子的研究,今后还要继续进行下去。希望短时间做出定论,将是不可能的。现在我们试图对各种不同的意见做些比较和分析,肯定论据较充分的见解,纠正一些不符合实际的片面的看法(包括著者本人),力求对老子这个哲学史上较复杂的问题能有一个接近于全面的认识。

一　老子这个人和《老子》这部书

对于老子这个人和《老子》这部书,归纳起来,有以下三派不同的意见：

第一派认为《老子》一书是老聃遗说的发挥。老聃确在孔子之先。主此说者最早为马叙伦、张煦、唐兰、郭沫若、吕振羽、高亨和苏联学者杨兴顺等。

马叙伦考证，"老子生当定王、简王之世（笔者按：周定王时代是公元前606—前586年，周简王时代是公元前585—前571年）。孔子五十一岁见老子，为敬王十八年（笔者按：公元前502年），盖已八九十岁，其卒年虽不可知，而《庄子》载秦失吊其死，则非不知所终者也"①。

唐兰：在《老子时代新春》（载《古史辨》第六册）中，作出如下结论：

（1）《老子》的作者及其时代

唐兰引证《庄子·天下篇》和《韩非子》中之《六反》《内储说下》《亡征》诸篇关于老子言论的记载后说："根据上面的材料，可以知道《天下篇》的作者和韩非子都以为《老子》里的话是老聃所说。《天下篇》的作者，现在很难断定，但总和庄周惠施都接近，而文章里面又提到公孙龙，可以证明是平原君时代的作品，那么孔子卒后二百年左右，有一本业已流传的著作和今本《老子》差不多，当时人以为是老聃的语录，这大概是很真确的事了。"

但这语录的作者老聃是什么时代的人呢？作者分为三个问题来说明：

（A）老聃和孔子的关系。根据《礼记·曾子问》和《庄子》中对孔老关系的记载及《吕氏春秋·当染篇》，都一致认为老子在孔子前，孔子曾经跟老子学习过。所以，"至少可以证明老子和

_____

① 《老子核诂》第36页。

孔子同时,见过面,而年辈比孔子长的事实"。

(B)根据《庄子》中《应帝王》和《寓言》篇,证明杨子居即杨朱是老子的弟子"是可能的",而"杨朱墨翟时代相近","杨墨和曾子时代相当",所以"老子和孔子并时是可能的"。

(C)《史记》老子传中的恍惚之辞,是根据"假"和"解"的家谱推出来的,其实不可信,"却一则说:与孔子同时云,再则说:自孔子死之后,表明他是深信老子和孔子是同时的"。

(2)《老子》书撰成时代

作者认为,《老子》书的撰成,应当在《墨子》《孟子》撰成的时期。这因为:仁义并称,《论语》所无,而《墨》《孟》所有;《老子》的文体,很像《墨子》《尚贤》《尚同》等篇。

郭沫若:认为唐兰的说法为近是,并进一步考证:

(1)《老子》上下篇乃环渊所录老子遗训,唯文经润色,有失真之处;

(2)环渊即关尹、它嚣,因音变与字误成了不同姓名的好几个人;

(3)环渊生于楚而游于齐,大率与孟子同时,盖老聃之再传或三传弟子。(《青铜时代·老聃、关尹、环渊》)

吕振羽认为《老子》书除一部分后人搀入错乱以外,是可以信为老子手著的。孔子受老子影响是显著的,如《论语》有:"以德报怨","仁者必有勇","无为而治者其舜也与!"老子亦有此说。其次,《老子》书说明的社会情况和代表的阶级,恰合于封建兼并时代的背景和春秋末期没落贵族的身份言论。(见《中国政治思想史》第52—54页)

第二派人的意见,认为老子是战国时代人,《老子》书也是战国时代的书。主张这种说法较早的有清代汪中,近现代人有梁启超、冯友兰、范文澜、罗根泽、侯外庐、杨荣国等。

梁启超:在他《评胡适之中国哲学史大纲》中提出六条证据断定《老子》书的著作时代在战国之末。

(1)老子的八代孙与孔子的十三代孙同时;

(2)孔墨孟都没有称及老子;

(3)《曾子问》所载老子的谈礼,和《老子》书中的反对礼的思想相反;

(4)《史记》老子传本于《庄子》,《庄子》是寓言,不能看作历史;

(5)《老子》有许多太激烈太自由的话,不像春秋时人说的;

(6)《老子》书中的"王侯""侯王""王公""万乘之君""取天下""仁义"等字样,也不像春秋时所应有。(见《古史辨》第四册)

冯友兰:《老子》是战国时之作品。一则孔子之前无私人著述之事,故《老子》不能早于《论语》。二则《老子》之文体,非问答体,故应在《论语》《孟子》后。三则《老子》之文为简明之经体,可见其为战国时之作品。其实老学首领战国时之李耳也。传说中之老聃,果为历史人物与否,则不可知。(《中国哲学史》第210页)

罗根泽:老子即太史儋。《老子》书即太史儋所著。证据如下:

(1)《史记》载太史儋即老子,决非虚造;

(2)"儋"和"聃"音同字通,《吕氏春秋·不二篇》作老耽;

(3)聃为周柱下史,儋亦周之史官;

(4)老子有西出关之故事,太史儋见秦献公,亦必出关(见《诸子考索·老子及〈老子〉书的问题》)

范文澜:《道德经》五千言,确是战国时期的著作。据《史记·老子列传》所说,《道德经》的著者是楚国苦县(河南鹿邑

县)厉乡曲仁里人李耳。《道德经》是战国时李耳作,《史记》载李耳乡里世系甚详,决非虚构。(《中国通史》第241页)

侯外庐:老子思想为孔墨显学的批判发展,其书出于战国之世。(《中国思想通史》第1卷第257页)

杨荣国:《老子》一书不仅成于战国时代,而且成于战国时代的庄子之学大兴之后,理由是:

(1)书中包含有先秦道家各派思想。如杨朱的贵生思想,如宋轻的情欲寡浅的思想,关尹的清虚的思想,彭蒙、田骈的"不教"的思想,庄周、慎到的"弃知去己"的思想等。

(2)书中有对各派学说的批判。如对孔子的仁,对墨子的贵义、尚贤、明鬼,对孟子的仁义对举,以至商鞅的变法,一概加以否定。

(3)充分发挥了庄子"道先天地"的道的观念而舍了庄子的天的自然观念。把运动静止化,说明道家立场转向反动①。

第三派认为《老子》成书更晚,在秦汉之间。主张这一派学说的有顾颉刚、刘节等。

顾颉刚:在他的《从吕氏春秋推测老子之成书年代》一文中认为"其书成于《吕氏春秋》和《淮南子》之间"。他统计了"《吕氏春秋》的作者……简单地把五千言的三分之二都吸收进去了,但始终不曾吐出这是取材于《老子》的"。"在《吕氏春秋》一书中,虽到处碰见和《老子》相类的词句,但寻不出一点它的引用《老子》的痕迹。于是作一个大胆的假设,在《吕氏春秋》著作时代,还没有今本《老子》存在"。至《淮南子》中,则老聃的独尊的地位已确立。《老子》成书必在此二书之间。但"非一人之言,亦非一时之作"。"上自春秋时的'以德

---

① 《中国古代思想史》第231—241页。

报怨',下至战国末的'绝圣弃智',大约有三百年的历史"。
"所包涵的学说甚复杂,自杨朱的贵生,宋轻的非斗,老聃的
柔弱,关尹的清虚,慎到庄周的弃知重己,战国末年的重农愚
民思想,以及倪良的兵家言,都有"。至于老聃则是"杨朱宋
钘以后的人,已当战国的中叶。他的学徒的宣传,使孔子为其
弟子,而他的生年遂移前,又使黄帝与之同道,而他的学术地
位遂益高"。

刘节:今本《老子》所讨论的中心思想在孟子和庄子之
间,而五千言则在西汉文景之间才出现。老子讲心讲气,如没
有宋轻孟子思想作根据,那便是无源之水。假定把五千言放
在孟宋诸家之后,便语语有据了。盖《庄子·天下篇》里所说
的老子思想是最朴素的隐君子之说。在这一基地上,经过杨
朱、孟轲、宋钘、慎到乃至庄周,才孕育成今本《老子》五千言
里的思想。在五千言的形式方面,也是经过"丹书"的杂抄先
秦诗式格言以后,又经过一番洗炼才有今本的《老子》。五千
言的撰成是在《易传》和《中庸》之间,这三部书的立足点是相
同的,而说法不相同的。《淮南子·修务训》:"书传之微者,
唯圣人能论之。今取新圣人之书名之孔墨,则弟子句指而受
者必众矣!"今本《老子》正是作《修务训》的学者所看到的新
圣人之书①。

*　　　　*　　　　*

我们基本上同意第一派考证所举的理由(除环渊为《老子》
撰者尚可存疑外),还有以下几点补充:

(1)在先秦的典籍中,如《老子》《荀子》《韩非子》《吕氏春
秋》及《墨子》佚文中都不曾怀疑过老子这个人和他的学说的关

① 《古史考存·老子考》。

系,以上这些不同的学派都从不同角度描绘着一个思想面貌的轮廓大致相同的老子。他们所描绘的老子学说与《老子》书的基本思想是符合的。可以清楚地看到,战国中期以后,诸子受到老子哲学思想的深刻影响。只是到了汉初,才开始把老聃、李耳、太史儋三人的关系弄混了,以致时代先后相差两百多年,连老子这个人的存在也变得模糊起来。马王堆帛书《老子》的出土,证明汉初成书说不实。

(2)《老子》的成书,是经过一段时间的。先秦的典籍很少由个人执笔写成,而是由各学派的门徒不断地发展、补充,经过若干年代才成为"定本"。这一补充和发展的时间可以长达一二百年以至几百年以上。像《周易》的形成至少经过五百年甚至更长的时间,《墨子》的《墨经》与墨翟的时代也有一百多年的间隔,《管子》一书,包含了从春秋到汉初的思想;《孙子兵法》也是长期集结成书的。此外,很少受到怀疑的《论语》《荀子》《韩非子》书中也都夹杂着汉儒所增补的材料,但并不能因此否认孔、墨、韩、荀诸哲学家是他们的书的基本思想的奠基人。《老子》书也不应例外。我们不能因为其中发现个别地方有战国时代思想的一些迹象,就把全书的时代转到最后。

(3)《老子》书中有些思想在老子以前就已相当流行。如"无为""贵柔"、不信"天命"的思想,在春秋时期已具备雏形,只是还没有概括为哲学的普遍原则。

因此,我们认为,《老子》书中如反对仁义、反对法令的一些思想,可能晚出。但老子的天道观(也就是老子哲学的基本部分)是老子本人的思想;贵柔,反对战争,和辩证法思想也是老子本人的思想,小国寡民的政治理想也接近老子本人的思想。这个看法是从先秦诸子由不同角度所描绘的老子的精神面貌综合概括出来的。

二　老子代表哪个阶级？是进步，还是反动

对于这个问题,有两派意见。

(甲)认为老子代表没落阶级的有:

范文澜:《老子》一书反映了没落领主的思想。老子应用无的学说在阶级矛盾上,对统治阶级主张无为,对被统治者主张愚民。事实上愚民是困难的,因此它想倒退到小国寡民的远古时代去。老子想分解正在走向统一的社会为定型的和分离的无数小点,人们被拘禁在小点里,永远过着极低水平的生活,彼此孤立,没有接触的机会,社会进步所不可缺少的愿望和努力,老子都看作有害。这种反动思想,正是没落领主的思想①。

吕振羽:老子的思想,基本的和新兴地主——商人相反对。因而老子便无疑是属于统治阶层中的一分子,不过他由楚跑到周去做"守藏吏",必已失去其自有的领地。在春秋二百余年间,由于强大领主的兼并,曾引起若干小领主的没落,这种没落者的呼声和其悲观失望的愤懑情绪,在老聃的全部著作中能充分表现出来②。

吕振羽把老子的社会思想和政治理想归纳为以下几点:

(1)老聃之所以提出"小国寡民"的政治思想,正因为其自己所代表的社会阶层存在的依据是封建初期的社会秩序,所以他的要求是永恒不变的西周型社会。

(2)他之反对大封建主和封建战争,正因为其自身的社会地位是消失在这种封建兼并的战争中。

---

① 《中国通史》第246—247 页。
② 《中国政治思想史》第54 页。

（3）他之反对新兴地主——商人，正因为其自己没落的另一面是这些分子之部分的代起，而且商人又是促进封建战争的一个因子。

（4）他主张调和统治阶级内部的矛盾，取消斗争，也主张愚民政策，正因为他出身于统治阶级，又还在代表统治阶级利益。

最后说到他的政治主张所以不能实现，一方面因为社会在其本质上便是不能后退的；另一方面他的主张和大封建主、新兴地主——商人都有矛盾而立于利益相反的地位。从其主张维持利益关系这一点上又和农民根本对立着。其自身所代表的没落集团，则已失去其政治的经济的依据，特别重要的，是他的"无为"，即取消斗争的主张，是根本违反了客观法则的①。

这一派认为老子代表没落贵族，或小贵族。它的特点表现为感到自己阶级的没落，又无力挽回，因此主张复古、消极、倒退。

（乙）认为老子代表农民思想的有：

杨兴顺：老子的社会伦理学说有以下中心思想：

（1）对压迫者深恶痛绝的老子，揭发了中国古代社会的罪恶，对灾难深重的人民，表示了真挚的同情。老子认为，社会中的一切不幸与灾害，乃是废弃自然法则"道"与破坏人民原来的生活的后果。他认为这一切都不是合乎规律的现象，并深信：以非正义性与压迫人民为基础的社会政治制度，必然垮台。

（2）按照老子的学说，智慧，对精美之物的迷恋，"大伪"，是社会罪恶的根源。必须恢复"损有余而补不足"的"天之道"。

（3）圣人为恢复自然法则"道"，并使人民"甘其食，美其服"，应和人民紧密地联系，没有个人利益，应以个人的正当行为

---

① 《中国政治思想史》第64页。

成为人民的领袖。

(4)圣人的主要品质是：对人民的忠诚和热爱、勤劳和谦逊。除了为人民服务外，他没有其他的目的。

(5)慈是圣人实际活动的主要基础。

(6)热爱人民是老子论战争的学说基础。他在原则上是反对战争的，又认为防御战争是必要的。要想把人民从战争及其严重的后果中拯救出来，唯一的出路是复归于原始社会。

根据老子社会伦理学说的主要特点，作者认为，《道德经》所反映的是周代社会的公社农民的思想，这些古代的公社农民由于奴隶制经济发展和不断的战争而日益破产。他们的情况有两方面：一方面，当时社会的现实条件和他们的根本利益有极大矛盾，迫使他们激烈地反对现存的社会政治制度，即反抗压迫者对被压迫者的统治；另一方面，古代的公社农民反对社会的不公道，力图恢复农村公社的闭塞的农业生活，他们认为这是当时忍无可忍的困境中的唯一出路。正因为古代公社农民带有二重性，《道德经》的社会伦理学说也带有二重性。老子学说揭发了社会的罪恶，这就加深了受压迫人民的大众对统治阶级的仇恨。同时，老子学说宣传这种思想：恢复过去，恢复原始公社，停止社会的智力与文化的发展，这样，《道德经》的社会伦理学说同时又是反动的乌托邦思想。老子对于社会罪恶的揭发表达了被压迫的人民对奴隶主的抗议①。

侯外庐：同意杨兴顺在这一点上的意见，即老子代表了没落的公社农民。因为第一，老子所幻想的"小国寡民"的氏族公社正是公社农民的幻想。第二，在战国时代公社农民的没落是由

---

① 《中国古代哲学家老子及其学说》，科学出版社 1957 年版，第 75—78 页。

阶级分化所形成的,老子以损的观点反对"以求生之厚"的国民阶级,这种否定阶级,并反对阶级分化的思想,正反映了公社农民的情绪。第三,老子思想中的天真观点是和公社农民的想法一致的;正因为公社农民的没落,才反映出"为者败之,执者失之"的败北主义观点。

老子站在宗法组织支配的天真的公社农民的观点上,有其积极因素。但也表现了公社农民的消极情绪,其表现如下:

婴儿状态的天真:"我愚人之心。"

朴素状态的憧憬:"绝圣弃智。"

对政治的疏远:"其政闷闷,其民淳淳。"

"神秘主义"的"道"。

"无名"的离奇古怪的世界观。

不抵抗主义的"无为"和"不争"。

对金钱的咒骂。

黑格尔所说:"非历史的历史"正是公社农民的天真的幻想的写照 ①。

*　　　*　　　*

我们基本上同意第二派的看法。为了使这种看法得以成立,针对着第一派所提出的疑难重新加以解释和证明。春秋后半期,世袭贵族制逐渐破坏,多数小国被大国吞并,这些小国的贵族,一部分降为皂隶,大部分变为大国的庶民,取得自由民的身份。再加上原有的自由民农民及小生产者,以及从农奴解放出来的一部分自耕农,自由民阶层逐渐在扩大,成为社会上一个相当巨大的力量。如果不是在这样巨大的变革的时代,老子、墨子这些思想家是不会出现的,因为他们所代表的阶级在政治上

---

① 《中国思想通史》第 1 卷,第 262—263 页。

是没有发言权的。像《老子》这部书就部分地,而不是全部地,反映了农民和小私有者的要求。由于小生产者的经济特点,使他们"不敢为天下先",他们贵柔,不与人争强斗胜,怕冒险,怕冒尖,他们有自给自足的经济,总希望政府对他们不干涉或少干涉。他们反对工商业者对他们的剥削,所以"不贵难得之货"。他们还直接参加了些生产劳动,他们也是被剥削的对象,因此,不相信统治阶级对人民进行的欺骗宣传。当时一般农民不可能学到文化知识,像老子这样由贵族下降的隐士,有条件说出自己的要求和希望。一个阶级的代言人,他自己不一定参加那个阶级的直接的经济活动。资产阶级大学教授并不是大资本的拥有者,墨子后来也不靠当木匠维持生活,老子也不是氏族公社的成员,孔子、孟子已失去贵族的身份。但他们都分别代表着各自所代表的阶级利益。老子的思想确也反映了农民的某些要求和希望。

同时也应看到,老子以及和老子情况相类的隐士,与当时真正的农民之间还有一定程度的差别。《老子》书中责骂统治者,表现了反压迫、反剥削、爱自由的进步要求。但这种进步,有它的阶级局限性,所以在社会观、历史观方面,它又是保守的,甚至有些是反动的。历史向着老子所不愿走的一条道路进行着。这是老子思想的悲剧。

老子本人的阶级出身可能是没落贵族,但《老子》书中说到"损有余以补不足",对剥削者憎恨,反对政治压迫,主张让百姓自化、自正、自朴,描绘了小国寡民的农村公社的蓝图,不像是没落贵族。当时确实有一批像老子那样的隐者,像长沮、桀溺、荷蓧丈人,他们亲身参加一些劳动,和农民在一起,因此反映了一些农民思想。

春秋末期,社会已起了阶级分化。新兴的封建地主阶级刚刚露面,奴隶制已开始崩溃,旧贵族的统治已经动摇,这时,各个阶级、各个阶层都引起了震动。孔子代表奴隶主阶级势力,但他具有在某些方面进行改良的思想,因此,一方面要保存旧的制度,一方面又要向新的力量作些妥协。孟子、荀子这一派的儒家,站在新兴地主立场,发展了进步的倾向。墨子代表新兴自由手工业者、农民、小私有者的利益和要求。法家中商鞅、吴起、韩非等人虽然出身于旧贵族,但由于家世的败落,他们在政治上转变为反映由军功上升的新兴地主阶级,所以他们特别反对无功而富贵、靠宗法血缘关系维持其既得利益的旧贵族,强调除国君以外,一律受法律的约束。这是从下面涌现出来的地主阶级。所以孔、孟、荀都讲礼,讲宗法等级制度;而商鞅、韩非只讲法,与礼表示决绝。老子代表的是另一部分群众。他们多半是由贵族下降为农民的,他们当前身份是小生产者、自由农民,同时还带着原来出身的阶级烙印,因而在老子的政治思想、社会思想中不免充满着矛盾。一方面提供了一些统治人民的愚民政策,另一方面又对当时的统治者的残酷剥削提出抗议和控诉。如果只看重《老子》书中消极、倒退、愚民的一些内容,就容易把老子说成是没落贵族的思想家;如果只看重《老子》书中反抗压迫、反抗剥削的一些思想,就容易把老子说成农民思想的代言人。现在有些人偏在前一看法,我个人以前偏在后一看法。双方恐怕都有些片面。

老子的朴素的唯物主义思想,固然和当时的天文学、自然科学有关,也和老子这一派人未曾完全脱离生产劳动的现实生活有关。和老子所属的江南多水地区的荆楚文化有关,老子经常用水的品质来比喻自然力量的伟大,比喻人类高尚品质(七十八章:"天下莫柔弱于水,而攻坚强者莫之能胜",八章:"上善若水")。

把老子的思想完全说成没落贵族（出身可以是没落的）的没落思想，这是有困难的。

一个人只要生活和劳动者有了某些一致，社会地位和劳动人民有了某种程度的一致，那末，他的思想感情必然会反映一些劳动者的呼声。老子是一个例子，后来的陶潜、杜甫、陆游等人，也有类似的情况。一定要抹煞《老子》书中愤世嫉俗、反抗压迫、向往自由的一方面，这种看法是不全面的。

也正是由于老子的哲学思想带着他的旧贵族的烙印，他的辩证法思想和唯物主义思想不可避免地有严重的弱点。他的辩证法，表现为不敢迎接矛盾，片面夸大了柔弱的作用，他的唯物主义也不明确。

对老子的社会观、历史观的"倒退"思想，也要加以具体的分析。中国古代许多农业空想社会主义者，抛开老子且不说，如人所公认的有进步意义的《礼运》大同思想、南北朝的鲍敬言的"无君论"，以及明末清初的黄宗羲的《原君》《原臣》，没有一个是面向前看，把美好的理想放在未来的（从先秦到明末清初，中间许多具有进步思想的学说不必——列举），它和具有资本主义性质的空想社会主义有所不同。这正是古代的和近代的差别，不能因此而完全抹煞它对现实批判的积极意义。古人谓之"托古改制"，通俗的说法叫作"借古说今"。问题在于老子借的什么古，说的什么今？如果他所向往的是无压迫、无剥削的理想社会，他的小国寡民应当和《礼运》的"大同"社会在性质上同样值得肯定。正如我们不能以卢梭号召回到自然，而认为他可以招致蒙昧主义一样（这里不是把卢梭和老子相提并论，而在于说明衡量一种学说，要看他站在什么立场，反对的是什么，在客观上会有什么作用）。

老子的社会历史观是不现实的，但是老子和后期庄学是有

244

性质上区别的。老子为了反对当时的剥削制度,从而反对一切社会制度;为了反对剥削阶级的文化,从而反对一切文化;为了反对欺诈和不信任,从而反对一切知识。这是老子的错误所在。老子提出的解决方案错了,却不能说老子对不合理现象的攻击也错了。有些研究老子的学者,似乎过于看重老子说错了的方案,忽视了老子对不合理社会现象的攻击中的正确部分。

也许有人会想到欧洲19世纪初期,有些封建贵族从右的方面攻击资本主义,讲什么"封建的社会主义","声讨资产阶级","其中半是挽歌,半是谤文;半是过去的回音,半是未来的恫吓;它有时也能用辛辣、俏皮而尖刻的评论刺中资产阶级的心。但是它由于完全不能理解现代历史的进程而总是令人感到可笑。"(《共产党宣言》,《马克思恩格斯选集》第1卷第274页)

老子以复古的口号对当时的剥削制度,提出了批判,看来有些和封建社会主义对资产阶级的攻击相似,其实不然。欧洲19世纪的初期,封建的社会主义思想只能唱出封建残余的挽歌,它的目的还是剥削,梦想用更落后的封建剥削代替较为进步的资本主义的剥削,它一点也不反映劳动人民的愿望和要求,所以它是彻底反动的。老子企图用公社制代替剥削制,在一定程度上反映了劳动者农民的朴素愿望。所以它和彻底反动的思想应有所区别。

《老子》书中以最激烈的言辞,抨击阶级社会带来的弊端,反对忠孝,抨击仁慈,鄙薄礼义,诅咒战争,向往小国寡民的社会。过去学术界认为老子主张倒退。春秋战国时期,宣扬复古的不止老子一家。但是同样的复古,孔子主张回到西周,墨子主张回到夏禹,老子主张回到结绳而治,后来的黄老学派主张回到黄帝,他们的政治主张和他们所代表的阶级利益是息息相关的。

老子看到在变革中产生的新生活方式并没有给下层带来多

少幸福,倒是随着新的文明,给人们带来不少新的灾难。新的生产方式,新的租税制度(奴隶制不要租税)给人们带来饥饿,"民之饥,以其上食税之多,是以饥。民之难治,以其上之有为,是以难治。"(七十五章)他对当时统治者不顾人民死活、过着越来越奢侈的生活提出批判,他说:

> 朝甚除,田甚芜,仓甚虚,服文采,带利剑,厌饮食,财货有余,是谓盗竽。(五十三章)

这是说,由于贵族们贪得无厌,才使人民生活困苦,社会秩序混乱。老子从小私有者的立场,反对商业带来的经济上的剥削,以及由此引起的争夺,他反对商品经济,"不贵难得之货"(六十四章)。马克思说:

> 一方面,高利贷对于古代的和封建的财富,对于古代的和封建的所有制,发生破坏和解体的作用。另一方面,它又破坏和毁灭小农民和小市民的生产,总之,破坏和毁灭生产者仍然是自己的生产资料的所有者的一切形式。①

马克思论证的是欧洲古代奴隶制和封建制的社会,但他揭示的基本原则也适用于中国古代的封建社会。商品经济、高利贷者给小生产者没有带来什么好处,这是显而易见的。

因为老子思想带有氏族公社的某些烙印,他对原始社会的平等、平均制度有着深切怀恋。他提出了反对剥削的平均主义思想。他认为"天之道"本来是"损有余而补不足",但当时的"人之道"却相反,"损不足以奉有余"(七十七章),这是极不合理的,他认为应该向天之道学习。老子所描绘的理想社会是:

> 小国寡民,使有什伯之器而不用,使民重死而不远徙。虽有舟舆,无所乘之。虽有甲兵,无所陈之。使民复结绳而用

---

① 《马克思恩格斯全集》第25卷第674页。

之。甘其食,美其服,安其居,乐其俗,邻国相望,鸡犬之声
相闻,民至老死不相往来。(八十章)

老子理想的社会中,也有统治者与被统治者,他认为统治者应当
行"无为之治",不要过多地干涉老百姓。他说:"我无为而民自
化","我无事而民自富"(五十七章)。有领导而不干涉,有君主
而不压迫,这种关系就像天道与万物的关系那样,"生而不有,为
而不恃,长而不宰"(十章)。

老子也和古代小私有者一样,幻想有"圣人"出来实行他的
理想,这种"圣人"虽然处在领导地位,人民拥护他而不感到是负
担,"圣人处上而民不重,处前而民不害,是以天下乐推而不厌"
(六十六章)。

老子反对剥削者的文化,有他进步的一面,但他不加分别
地反对一切文化,认为文化本身就是社会混乱的根源,主张
"绝圣弃智"才能"民利百倍",因而认为"圣人"治国,"非以
明民,将以愚之"(六十五章)。他作为周王朝史官,亲身看到
西周以来礼乐文化制度给人们带来了自私、欺诈的不道德行
为,而且这种言行背离,说的一套,做的又是一套,正是来源
周王朝贵族最高统治者集团。他发出这种愤世嫉俗的呼声,
完全是可以理解的。正如唐朝的史官刘知几,身居宫廷,历事
四朝,任史官达三十年,对剥削阶级的明争暗斗,互相倾轧的
黑暗内幕感受较深,他敢于怀疑尧舜禅让的美好传说,不相信
桀纣亡国之君被描绘得那样坏。

我们也应当指出,老子的朴素善良愿望有合理因素,但也有
它幻想的不正确的一面。"结绳而用之"的社会,固然人不剥削
人,但是这种社会不能使人们"甘其食,美其服"。这种理想只能
是空想。老子是中国哲学史上抨击剥削制度不合理并有较为系
统的言论的第一个思想家。他的意义重大,尽管他的方案是错

的,他对后来的进步思想家、空想的社会改革家有着深远的影响。

老子的哲学思想,两千多年来在中国封建社会成为唯一可以与孔子学派相抗衡的最大思想流派。老子哲学也和孔子学派的遭遇一样,被统治者所利用,改造,但发展的情况有所不同。孔子被奉为儒教的教主,老子被奉为道教的教主。由于老子哲学中有反剥削的平均主义思想,曾为早期道教所借用,成为农民革命的思想武器,与农民运动有一段因缘。而孔子始终是帝王治国平天下的导师,他的思想积极维护地主阶级对农民的剥削压迫,因而很少被农民运动所采纳,而当农民起义成为燎原之势时,孔子的儒家思想便失去羁縻社会的作用。

三 老子的哲学是唯物主义还是唯心主义?

这个问题有两派意见:一派认为是唯心主义,一派认为是唯物主义。

(甲)主张老子思想是彻底的唯心主义的有吕振羽、杨荣国等。

吕振羽:"在他说到物质和精神的依存关系时,虽还承认本体(朴)是先于概念(名)而存在的;但当他进一步去研究本体的究极时,便又绕回去了","他所谓道的内容,并不是物质的东西,而是神化的东西;同时,在这个本原的道的地方,一切斗争是完全没有的,它只是一'虚'而'静'的'无为'的本体","天和道还是有意识地主宰万物。所以在老聃的思想体系中,'道'才是第一义的,'名'和'朴'不过是第二义的东西。道是创造宇宙,统制宇宙的最高主宰('道冲而用之……渊兮似万物之宗')……老聃在这里,不但是一个不可知论

248

者，而且是倾向着有神论了。"①

杨荣国:《老子》书的思想中心是帝王术,是汩没人理性消灭人斗志的柔弱思想,崇尚阴谋。"道"有如下几种涵义:(1)帝王术:老子的"道"是先天地生的,是超然独处的,是永恒不变而可以应万变的。"道"为"德"的全体,"德"乃"道"的部分,有"常道",也有"常德",帝王把握了"常道",也就握住了个别性的"常德",可以为"天下贞",人民万物自然宾服。(2)柔弱:老子的"道",是指的柔弱,所谓"德",是为了使刚强之趋向柔弱。因此,《老子》书中的中心思想是柔弱;"道"也就是柔弱;"道"散而为万物,而万物之各自得遂其柔弱,便是"德"。(3)阴谋:老子主张上下都浑浑噩噩,都无所作为,才能太太平平。结论,老子以"道"为先验的,又认为这先验的"道"为柔弱而多归侯王所持守②。

认为老子哲学的上半截是唯心主义,下半截是唯物主义,但从根本上说是唯心主义,持这种看法的有侯外庐、杨柳桥。

侯外庐:老子哲学的道和德的二元论思想,德以下的半截(天地万物)和物质联系着,德以上的半截(道)脱离了物质实体。同时,就其思想体系而言,基本上是唯心主义。

(1)唯物主义的因素:这是指讲天地万物时所说的物,它既指物质的实体,也指物质属性。这里还包含哲学所说的物质的意义。

(2)道这范畴,就其义理性方面而言,是有一定的规律性的,而在反乎自然万物的性质上而言,是背叛于规律性的,其中并不包含有物质的实体。

---

① 《中国政治思想史》第57—59页。
② 《中国古代思想史》第276—288页。

《老子》书中的道,除了讲知识论和伦理学的"道"而外,可以分为三类:

第一,道字和万物在一起形容时,道并不指的是"道"的本身,第二,道字用于和万物的性质相反对时,如"复归于无物,是谓无状之状,无物之象……"等等,道不仅不是物质实体,而且和物质实体性质相反,第三,道用于物质生成之先而和物质背向而行时,如"道……渊兮似万物之宗……象帝之先","有物混成;先天地生",等等,道不但是万物之宗,而且和万物背向而反动,这显然是上帝的别名,也即所谓神秘的力在最初的一击。

(3)老子的"德"是介于"道"和"万物"之间的范畴,是可以当作万物无限的本源来理解的。

(4)"道"之陷于唯心主义,不但因为"道"的义理性类似泛神论的神,而且是超越人类认识的彼岸的东西。我们知道,凡是否定了现实世界的可认识性的,那就不可避免地要走向唯心主义。

老子哲学主要是唯心主义的,他的"道"是超自然的绝对体,在他的学说中占支配地位,然而当他讲到德时,就向唯物主义动摇过去,特别是讲到万物生成发展的自然规律时,便富有唯物主义观点了[①]。

杨柳桥:"道之为物"的物,应理解为:"道这个概念",是天地生成以前存在的,这个"物"不是物质。

老子的一和玄才是指的物质实体,就原始物质的浑沦之数而言则谓之一,就原始物质的浑沦之象而言则谓之玄,玄和一兼有与无。

老子重视无、道,而轻视有、物,认为道是最根本的,物是道

---

① 《中国思想通史》第一卷第263—272页。

所生。把道提升为万物的主宰,带有神秘主义①。

认为《老子》书中的思想基本上是唯心主义的看法,归纳起来可以有以下的理由:

(1)道是宇宙万物的最后的实体,是抽象的观念。无形象,不是感觉所能认识。

(2)道具有超时空、超经验的永恒性。

(3)老子的"道"是"无",从无生有,不是唯物论。

(4)老子的道也叫作一,一是抽象的数的概念。

(5)老子以道代表自然法则,以玄或一代表物质整体。"一"和"玄"之上才是道。所以说"道生一,一生二……"

(6)古代唯物主义的一般特点是以现实生活中的某一具体元素,或几种元素为宇宙的最后根源。不可能拿一个抽象性很高的道作为万物的根源。

(7)老子轻视感觉经验,而把玄览、静观的抽象思维活动看作知识来源。他的认识论的道路,也不像唯物论。

从以上几个特点来看,说"老子"是唯心主义的,比说它是唯物主义的,更为合理。

(乙)主张老子是唯物主义者,有范文澜和(苏联)杨兴顺等人。

范文澜:老子是有极大智慧的古代哲学家。他观察了自然方面天地以至万物变化的情况,他观察了社会方面历史的、政治的、人事的成与败,存与亡,祸与福。在马克思主义的唯物辩证法传入中国以前,古代哲学家中老子确是杰出的无与伦比的伟大哲学家。

老子的唯物论是把天地万物的运行生灭,看作纯循自然规

———————

① 《老子译话》第69—83页。

律,并无人格化的神存在。人对自然只能任(顺从)和法(效法)。不能违背它。他说"天地不仁(无情),以万物为刍狗",所以"圣人不仁,以百姓为刍狗"。刍、狗、人都是天地间自然生长的物,兽食草、人食狗,都合乎自然规律,天地并不干预兽食草、人食狗,所以圣人也不干预百姓的各谋其生活。

儒道两家是封建统治阶级不可偏废的两个重要学说。孔子与老子两大学派,一显一隐,灌溉着封建社会政治、文化的各个方面①。

杨兴顺:老子的道可以归结为如下基本特点:

(1)道是物的自然法则,它排斥一切神或天志。

(2)道永远存在,它是永恒的物质世界的自然性。道在时间和空间上都是无限的。

(3)道是万物的本质,它通过它自己的属性(德)而显现。没有万物,道就不存在。

(4)作为本质来说,道是世界的物质基础气及其变化法则的统一。

(5)道是物质世界中不可破灭的必然性,万物都从属于道的法则。

(6)道的基本法则是:万物与一切现象,处于经常的运动和变化之中,万物与一切现象都转化为自身的对立物。

(7)万物与一切现象,都处在互相联系的状态中,这种联系通过统一的道而完成。

(8)道是视之不见,搏之不得的。它是我们感官所不能感知的,但在逻辑思维中它是可以认识的。

---

① 《中国通史》,第243—248页。

结论,老子是唯物主义者①。

*　　　　*　　　　*

对于上述主张老子是唯心主义的姑称为甲派,主张老子是唯物主义的姑称为乙派。本书作者的四卷本哲学史属乙派,1973 年作者的《中国哲学史简编》发现主张老子是唯物主义有困难,改变了观点,又主张甲派。今天看来,甲、乙两派都有一定的根据,但根据不充分。双方都把老子的思想说过了头,超出了老子时代(春秋)的人们的认识水平。

唯物与唯心是两种截然对立的世界观,两种体系,是不可调和的,正如科学与宗教两种体系不能共处。但科学与宗教两种思想确实可以同时存在于同一个人的头脑里。

甲派方法有错误,错在把老子的唯心主义体系与近代唯心主义哲学相类比,把老子的"道"比做黑格尔的绝对精神。这种类比是不科学的。因为老子的"道"不同于黑格尔的绝对精神。这样的比较,不但无助于说明老子,甚至连黑格尔的哲学也理解错了。因为,按照人类思维发展规律,老子的时代,不能达到像黑格尔的那样高度抽象的程度。乙派同样把老子的"道"解释为"物质一般"。"物质一股"的概念是近代科学以前不可能有的,甲、乙两派犯了把古人现代化的错误。

甲、乙两派都把老子的哲学体系说得太系统化了,其实许多问题老子自己还不甚清楚。古人无力说明白的问题,由我们后来人讲明白,这是科研工作者的责任。因为哲学家们并不是人人都能正确地认识自己的哲学体系的。真正了解黑格尔的,并不是黑格尔自己,马、恩、列对黑格尔的论述和评价比黑格尔自己更深刻、更准确。我们对老子的研究,也必须采取马克思、恩

---

① 《中国古代哲学家老子及其学说》第 53—54 页。

格斯、列宁研究黑格尔的方法,即还其本来的面目,明其本来的价值,而不能采取代替老子分析的方法。

那末,老子哲学到底是唯物主义还是唯心主义?这个问题还可以继续争论。但必须看到老子的哲学本身确有不清楚的地方。我们的任务之一就是要把古人(老子也在内)确实不清楚的哲学思想,清清楚楚地解说明白,指出不清楚的所在和原因,这是研究古代哲学家思想的必要的前提。

这样做,是不是不要划分唯心、唯物主义阵营了?是不是说唯心主义与唯物主义永远划不清楚呢?当然不是。评价哲学家的历史作用,首先要看他在当时的斗争中起了什么作用,有利于科学还是有利于宗教,是促进人类认识的前进,还是相反。只要放在当时的历史条件下来考察,是可以做出科学判断的。只要不把老子现代化、绝对化,我们今天的认识就会超出前人的水平。

对于《老子》书中"道"的理解,从哲学史看有不同的两大派,以韩非、《淮南子》、王充为代表的唯物主义者,从唯物主义观点去理解老子。汉代的黄老学派,基本上属于这一系统。黄老学派讲老子的哲学时,强调他的无为而治,也强调法治;强调不争,也强调战争。老子与韩非同传,并非司马迁分类不当,它代表汉初人对黄老之学的一般理解。如汉初张良受黄石公兵书,以柔克刚,得老子用兵处世之道。从唯心主义观点去理解老子的也有它的渊源,以后期庄学为代表。后期庄学历经汉魏,何晏、王弼等人加以发挥,从唯心主义的观点阐发老子的哲学,蔚为大宗,对后世影响极大。因为《老子》书中确实有含混不清的概念和字句,可以做出不同的解释。老子哲学究竟是唯物主义的,还是唯心主义的?按照这种打破砂锅问到底的方式去追问,是不会有真正的结果的。因为历史已成定局,它就是那个样子,不能

254

改变了。按照人类认识发展的规律来探索，老子的哲学还不足以达到一种明确的结论。从不明确到明确需要一个过程。这种情况，并不是老子一家如此。我们也不能因此就对老子的哲学体系束手无策，任其含混不清。我们的方法是把老子的哲学思想放在当时的具体历史环境中去考察，看它在思想斗争中处在什么地位，与什么思想为敌，对当时的社会发展、科学进步起着什么性质的作用。通过作用来评价其地位，就容易看清楚老子哲学的性质。

从人类认识史的角度看春秋时期的思想斗争，可以发现奴隶制度的崩溃和封建制度的形成在当时是头等大事。社会上的大变革，促使思想界的大混乱。旧秩序破坏了，新事物在生长。我国历史上文化思想上的大变革，就它剧烈程度而言，只有"五四"新文化运动，和解放后的思想大解放可以和它相比。这三次文化思想大变革，都标志着社会发展阶段的飞跃。划时代的社会发展阶段，决定了划时代的文化思想的变革。

关于中国封建社会与奴隶社会的分期问题，史学界有种种说法，都能言之成理，持之有故。我们从思想文化变化之深刻剧烈的程度看，从西周到"五四"以前，三千年来，没有超过春秋战国之交的。秦汉之际，也是个大变革，那只是政治上的统一，是战国形势的继续，魏晋时期也是一个变革，那只是农民起义失败后封建制度的进一步发展。主张西周封建论者，没有说明为什么社会制度变了，反倒没有深刻剧烈的文化思想的变革。

春秋末期的社会变革，主要表现在哪些方面？大略可以从四个方面来看。第一政治上，周天子已失去统率天下的权势，奴隶制的等级制遭到破坏，诸侯僭越，大夫横恣。第二经济上，赋税制度改变，意味着奴隶制的所有制向封建的所有制过渡，出现了不贵而富的新兴阶级。反映新兴阶级利益的法律也跟着改

变,有所谓刑书、刑鼎的出现。第三社会生活、旧观念旧行为准
则变了。上下尊卑、君臣、父子的牢固关系已破裂,不能维持;父
不慈,子不孝,臣弑君,子弑父的事变史不绝书。第四天道观变
了,人们怨天恨天的思想活跃起来,以至肆无忌惮。这四方面的
变革,都是奴隶制崩溃、封建制降临的反映。面对这种大的变
革,迫使许多伟大的思想家进行深刻的思考。当然思考也要受
思想家们所属阶级利害的制约。

　　上述四个方面的变革,天道观的争论是先秦哲学史上的一
个中心问题。哲学史要阐明唯心主义与唯物主义斗争的表现形
式、发展过程及其规律。中国哲学史在先秦则主要是透过天道
观来表现其唯心主义和唯物主义的。天道观虽讲的是"天道",
但它和当时的阶级斗争、政治生活、科学发展息息相关,而不是
由少数人的兴趣,随便提出来的。先秦时期,关于宇宙起源、发
展、变化的中心问题是"天道观";关于社会政治生活方面的中心
问题是"礼"与"法"。"天道观"已经成为所有先秦哲学家都要
对它表明态度的一个问题。除了《老子》书以外,孔子、墨子、孟
子、庄子、荀子、韩非都严肃地对天道观问题表示了他们的意见,
反复申述。其中有从唯物主义观点出发的,也有从唯心主义观
点出发的,有从自然科学、生产斗争的总结中提出问题的,也有
从宗教迷信观点提出问题的。

　　"天道观"不同于今天人们了解的"世界观",它的范围比世
界观小,天道观主要讲天地万物生成变化的原理。中国哲学前
进的道路和西方古代哲学所经历的差不多。西方古代哲学也是
从他们的天道观开始的。古希腊哲学家,探寻世界万物生成、变
化、发展的原因。根据他们所作出的不同的解释,区分为唯物主
义阵营与唯心主义阵营。至于认识论、方法论,虽说古已有之,
只有到了近代,才提到了突出的地位,到了资本主义社会有了大

工业生产,有了近代科学,才能深刻地揭示主观与客观的相互关系。不但西方如此,印度古代哲学也是从他们的"天道观"开始的。这可能是人类认识世界的必要过程,总是先注意到"身外之物",然后再认识自己。古代哲学相当于人类认识世界幼年时期,幼年儿童也是先认识周围外界,然后才认识自己。儿童的认识,先从他的保育者(父、母或其他人)开始,随后认识所接触的环境,最后才意识到自己(我)。

只就老子的"天道观"这个问题来看,老子的学说是进步的,因为它客观上打击了"天道有知"的宗教迷信思想。天有意志,能赏罚,这是阶级社会的宗教加给神的特权。在原始社会里,神只是为人群造福,而不管赏功罚罪。赏功罚罪是有了国家以后所体现的统治阶级的意志。在老子的哲学里,天不具有人格,它只是一种自然状态。天不过是万物中之一物,是万物中的最广大的一种客观存在。最根本的存在,构成万物的原始材料,老子叫作"道"。老子的道,在五千言中共出现过七十四次。为了叙述方便,先把《老子》关于"道"的重要表述列在下面:

道,可道,非常道。(一章)

道冲,而用之或不盈。(四章)

故几于道。(八章)

功成身退,天之道。(九章)

执古之道。(十四章)

是谓道纪。(十四章)

保此道者不欲盈。(十五章)

天乃道,道乃久。(十六章)

大道废。(十八章)

惟道是从。(二十一章)

道之为物。（二十一章）

字之曰道。（二十五章）

故道大。（二十五章）

道法自然。（二十五章）

道常无名。（三十二章）

道常无为。（三十七章）

反者道之动，弱者道之用。（四十章）

道生一。（四十二章）

见天道。（四十七章）

道生之。（五十一章）

天之道，不争而善胜。（七十三章）

综观《老子》，"道"有五种涵义：

（1）混沌未分的原始状态："有物混成"；"道之为物，惟恍惟惚"；"道生一，一生二，二生三，三生万物。"

（2）自然界的运动："独立而不改，周行而不殆"，"大曰逝，逝曰远，远曰反。"

（3）道是最原始的材料："道常无名，朴虽小，天下莫能臣也。"

（4）道是肉眼看不见，感官不能直接感知的："视之不见"，"听之不闻"，"搏之不得。"

（5）道又有事物规律的涵义："天之道"，"人之道。"

主张老子的哲学是唯物论的人，把老子的道解释为"物质实体及其规律"，把"道"概括为物质一般。事实上古代朴素唯物主义不能达到这样高度抽象的水平，当时人类认识还不具有相当于"物质"的概念。把近代唯物主义关于物质的概念提前到春秋末期，是不对的。

老子的"道"，仅仅是构成万物的原始材料的初步设想，他没有可能形成"物质一般"的认识水平。因此,老子的哲学概念中有"混沌"未分的概念。讲到混成,叫不出名字,谓之无名,谓之朴。

> 无名,天地之始。(一章)
>
> 道常无名。(三十二章)
>
> 无名之朴。(三十七章)
>
> 朴虽小,天下莫能臣也。(三十二章)
>
> 朴散则为器。(二十八章)
>
> 镇之以无名之朴。(三十七章)

老子对于"道"有所描述,但是不能清楚地讲明它的特点,有时用"无""无形""无物""无状",这些否定性的词来描述,在中国哲学史上第一次提出作为万物之本的负概念——"无"的范畴,这都表明人类认识前进的重要里程碑。因为"无"有时又不作为空无所有的"无"来解释,而有混沌不清的意思,因此"无"既可以给以唯心主义的解释,也包含着以唯物主义解释的可能。这是老子的哲学后来向着相反的两个方向发展的契机。

> 复归于无物。(十四章)
>
> 是谓无状之状。(十四章)
>
> 无物之象。(十四章)
>
> 复归于无极。(二十八章)
>
> 有生于无。(四十章)
>
> 大象无形。(四十一章)

这个看不见的"无","道",是产生天地万物的总根源,又叫作大。

> 强为之名曰大。(二十五章)
>
> 执大象,天下往。(三十五章)
>
> 夫为大,故似不肖。(六十七章)

这个"道"是老子力图摆脱传统宗教的统治所提出的一个新的根

据,它要比上帝更有权威。

老子提出的取代上帝的最高发言权的"道",是精神,是物质,他自己没有讲清楚。就人类认识的水平来看,他也不可能讲清楚。思维与存在的关系的问题,古代已经存在着,但古人没有明显地意识到这一点,不像后来那末清楚,古代的先进思想家,只是朦胧地探索着前进的途径。思维与存在哪是第一性的这个问题,到了近代才明确起来。

老子自己没有讲清楚(这是古人的局限性),我们评论他的思想,应不增不减,如实地讲清,进行历史地科学地评价,这是哲学史工作者的职责。但是我们不能代替古人改变他们学说的内容,不能替古人发挥到他们自己还没达到的地步。

由于老子的哲学确有含混的地方,所以后来对老子的理解,有唯物、唯心两大支派,向相反的方向分头发挥。韩非,《淮南子》,荀子,王充代表着一条路线,《庄子》内篇……王弼等代表着又一条路线。

衡量哲学家或哲学流派的历史价值,主要看他在当时的作用,是不是推动历史前进和科学发展,而不只是看它提出的口号。我们还要看它是不是体现了当时人类认识所达到的先进水平。一般说来,唯物主义正确反映了人类认识,唯心主义歪曲地反映人类认识。但也有时唯心主义提出了比较深刻的问题,使认识深化,这些问题又是当时的唯物主义所无力解答的。在这种情况下,唯心主义也起着推动认识发展的作用。老子的哲学,企图使人们的思想从宗教神学的束缚中获得解放,站在当时宗教神学的对立面,他的天道自然无为的学说,尽管还说得不够清楚,但有利于唯物主义的发展。

由于老子的"道",没有讲得明确、清晰,不够圆满,也给唯心主义留下了很多的可乘之隙。特别在认识论方面,老子不重视感觉经验,甚至认为感觉经验不但无助于认识,反而对认识有害,"其出弥远,其知弥少"(四十七章),还说"圣人不行而知",这就堵死了认识外界事物的道路。由于他不重视感性认识,提出反经验的"玄览"的认识方法,这就给以后的唯心主义认识论开了先例。他主张"为学日益,为道日损,损之又损,以至于无为"(四十八章)。这就是说认识道和求学问走着截然不同的两种道路。这样发展下去,势必把科学与哲学强行割裂。后期庄学所标榜的"堕肢体,黜聪明"的修养方法,是直接来自老子的。

只看到老子哲学的一个趋向,而否认另一趋向,都不符合老子哲学的本来面貌。老子有时把"道"解释为"朴","朴"是待雕琢的素材。老子的哲学也是一个"朴",有待于后人进一步发展。后来的唯物主义与唯心主义两大流派,对老子思想都有所本,是发展、修正,而不能简单地说是篡改。过去我们哲学史工作者,主张乙说的,总是说韩非继承了老子,王弼等人歪曲、篡改了老子的观点。主张甲说的,则说庄子、王弼等继承了老子的观点,韩非、王充改造了老子的观点。今天看来,这甲、乙两派都不免片面。

四　贵柔的辩证法思想

春秋末期由于所有制发生了变革,因而国家的兴亡、个人富贵贫贱,都有了极大的变化。作为史官的老子,看到不少"社稷无常奉,君臣无常位"(《左传》昭公三十二年)的现象,又从当时自然科学的知识中认识到自然界也是独立于人的意识之外不停地运动着。世界的总根源,无所不在的"道",就是"独立而不改,周行而不殆"(二十五章)的。从道产生的天地万物也是在变化着。他说"天地尚不能久,而况于人乎"?(二十三章)老子的辩证法思想是当时重大社会变革的客观辩证法的深刻反映。

老子比较系统地揭示出事物的存在是相互依存的,而不是孤立的。如列举的美丑、难易、长短、高下、前后、有无、损益、刚柔、强弱、祸福、荣辱、智愚、巧拙、大小、生死、胜败、攻守、进退、静躁、轻重等等,都是对立的统一。一方不存在,对方也就不存在。他说:"有无相生,难易相成,长短相形,高下相倾,音声相和,前后相随。"(二章)矛盾统一观念的进一步明确,是当时人类认识世界深化的表现。

老子概括了当时自然现象和社会现象的变化,指出事物都向着它的相反的方向变去。他说:"正复为奇,善复为妖","祸兮福之所倚,福兮祸之所伏。"(五十八章)老子看到事物无不向着它的对立面转化这一基本规律,他说"反者道之动"(四十章)。老子从这一原则出发,决定了他认识世界、对待生活的态度;主张贵柔,守雌,反对刚强和进取。

老子通过农业生产实践,看到植物的幼苗虽然柔弱,但它能从柔弱中壮大;相反,等到壮大了,反而接近死亡。他说:"草木之生也柔脆,其死也枯槁。"(七十六章)他认为对待生活也应当这样,他说"物壮则老,是谓不道,不道早已"(三十章)。这是说,事物强大了,就会引起衰老,有意造成事物的强大,是违反道的原则的,因为这会促进它早日结束它的生命。老子说"强梁者不得其死"(四十二章)他以为最好经常处在柔弱的地位,就不会转为坚强,就可以避免走向死亡的结局。他说,"兵强则灭,木强则折"(七十六章),又说"弱之胜强,柔之胜刚"(七十八章),因而他主张"曲则全,枉则直,窪则盈,敝则新,少则得,多则惑"(二十二章)。这是说,委曲反能保全,屈枉反能伸直,卑下反能充盈,敝旧反能新奇,少取反能多得,多取反而迷惑。他又说,"天下莫柔弱于水,而攻坚强者莫之能胜"(七十八章)。他教人向柔弱的水的品质学习。水看来是柔弱的,但它可以冲决一切比它坚强的东西,所以老子说,"上善若水,水善利万物而不争"(八章)。由于水不争,"故天下莫能与之争"(六十六章)。这是老子的"柔弱胜刚强"的原则在生活方面的运用。他说"知其雄,守其雌";"知其荣,守其辱","知其白,守其黑"(二十八章)。老子虽深知什么是雄强,却安于柔雌;虽深知什么是光荣,却安于卑辱;虽深知什么是光彩,却安于暗昧。

老子贵柔守雌的态度和春秋末期个体小私有者的社会地位、经济地位有深切的联系。个体小私有者经济力量微弱,无权无势,他们在奴隶制下没有奴隶主那样居高临下的特权;在封建制下还是遭到剥削压榨,因而老子的辩证法带有保持自己的利益、以柔胜刚、以退为进的特点。

对待敌人,老子主张创造一些不利于敌人的条件,使他们陷于失败。他说:"将欲弱之,必固强之;将欲废之,必固兴之;将欲夺之,必固与之。"(三十六章)这是说,将要削弱它,必先暂时增强它;将要废毁它,必须暂时兴起它;将要夺取它,必须暂时先给它。历代统治者往往用这种方法作为对付人民的阴谋权术;历代革命的战争和民族解放斗争也往往用它作为克服顽强敌人的武器。

老子发现了事物转化的规律,并用来反对有目的、有意志的上帝(天),是有它的积极意义的。他说,"祸兮福之所倚,福兮祸之所伏。孰知其极?其无正"(五十八章)。"正"通"政",即领导者、主宰者。他认为福与祸互相转化,没有穷尽,也没有一个主宰者。老子指出事物的变化是它自己的原因,没有主宰者,这是对的。但是他把对立面的转化看作无条件的,绝对的。老子脱离了条件讲对立面的转化,不但破坏了他自己的唯物主义原则,也影响了他的辩证法思想的正常发展。毛泽东同志说:"矛

263

盾着的对立的双方互相斗争的结果,无不在一定条件下互相转化。在这里,条件是重要的。没有一定的条件,斗争着的双方都不会转化。"①老子只看到事物向它对立面转化的事实,没有注意条件在转化中的重要作用,因而在祸福、得失面前显得缩手缩脚,在变化中显得无能为力。他认为"有为"必然招致失败;有所得必然有所失,企图用消极无为的方法避免转化带出的危害。他说"无为故无败,无执故无失"(六十四章)。"多藏"必招致"厚亡",为了避免厚亡的损失,最好不要多藏。强大了会带来死亡,为了避免死亡,最好不要过于强大。他看到刚强会带来挫折("兵强则灭,木强则折"),他宁肯安于柔弱;抢先会落到后边,他宁肯居后;争荣誉会招致屈辱,他宁肯不要荣誉。他要"去甚、去奢、去泰"(二十九章)。老子有丰富的政治生活经历,也亲身感触到奴隶主贵族是怎样由过分剥削、贪得无厌而遭到更大的失败的。老子把奴隶主阶级的衰落的经验看作生活的普遍原则。他的辩证法缺乏斗争、进取的精神,最终没有摆脱循环论的影响。

老子脱离了条件去看柔弱胜刚强的原理,因而把柔弱胜刚强抽象化、绝对化。他看到一些柔弱的事物目前虽不够强大,后来居然战胜了强大的敌人,他说:"坚强者死之徒,柔弱者生之徒。"(七十六章)但是他没有区别垂死的、腐朽的事物的衰弱,与新生事物的柔弱在性质上的差别。事实表明,只有新生的事物才可以由柔弱转化为强大;垂死的事物的柔弱,不但不能转化为强大,前途却只有死亡。老子没有能够认识这一差别,他把强与弱,胜与败,看做循环往复的无尽过程,对于新生事物表示淡漠,

---

① 《关于正确处理人民内部矛盾的问题》,人民出版社1957年版,第35页。

采取"不敢为天下先"的保守态度。老子不能理解掌握了事物客观规律后,可以从一个胜利走向新的胜利。在老子看来,胜利后接着出现的必是失败。当时科学发展水平的局限,无论从农业科学,天文科学,都存在着严重的循环论的缺点,老子的辩证法也无法超出当时科学水平的局限。农民小私有者有自己的小块土地,过着自给自足的生活,也使他们容易产生安于现状,保持自己小天地的思想。他说:"祸莫大于不知足","知足之足,常足矣。"(四十六章)这都是老子的辩证法思想的消极因素。

老子的辩证法还不可能认识量和质的辩证关系,但模糊地初步接触到事物的量的积累可以引起性质的变化的一些观点。他说:"合抱之木,生于毫末;九层之台,起于累土。"(六十四章)毫末(种子的萌芽)不是大树,但毫末不断发展,终于长成为合抱的大树,一堆土不是高台,但不断积土,可以造成九层的高台。老子还说,"图难于其易,为大于其细"(六十三章)。难和易,大和细,是质的不同,但从一点一滴的细小努力做起,即可克服困难,完成巨大的工作。这都是老子对于一定的量的积累可以引起性质变化的初步认识。在生活方面,老子也有意识地运用了这一原则。他说:"其安易持,其未兆易谋,其脆易泮,其微易散。"(六十四章)在事物还稳定时,它的稳定容易维持;事物还没有显著变化的迹象时,容易打主意;事物还脆弱时,容易消融;事物还微细时,容易打散。他还说"多易必多难"(六十三章),把事情看得太容易,势必遭到困难。这些思想虽然还说不上已认识到质量互变的规律,但他已初步接触到了这一方面的问题,并提出了一些粗浅的在当时却是深刻的看法。

老子的辩证法也没有由低级到高级的发展观念,但也初步接触到这一方面的问题。他指出经过发展阶段的事物比前一阶段的事物表面相似,但实质上是提高了。他说,"大成若缺,其用不弊。大盈若冲,其用不穷。大直若屈,大巧若拙,大辩若讷"(四十五章)。老子指出了好似拙的大巧并不是真正的拙,好似空虚的充实并不是真正的空虚,它们都是原来的质的进一步提高后的新质。老子还说,"明道若昧,进道若退,夷道若纇,上德若谷,大白若辱,广德若不足,建德若偷,质真若渝"(四十一章)。这一连几个"若"字,都是指的比原来阶段的质有所提高的新的质。老子有时用婴儿朴素天真的状态描绘有德的人,他说,"含德之厚,比于赤子"(五十五章)。这也是一种形象的比喻,他不是主张人们都退回去真正当婴儿,而是希望人们最好能够像婴儿那样纯朴。

老子的辩证法思想继承了春秋以前丰富的辩证法思想的成就,并在前人成就的基础上有所发展。它的缺点在于注重柔弱,反对进取,不敢迎接新事物,脱离了条件讲变化,没有摆脱循环论的影响。老子的辩证法还有过分强调矛盾对立面的统一性而忽视矛盾对立面的斗争性的一方面,因而包含有走向相对主义的可能。《庄子》内篇的相对主义就是沿着这条道路发展的。这些消极因素,在一定程度上妨碍了老子的朴素的辩证法的正常发展。在老子以前,中国哲学史上还没有哪一个哲学家像老子那样广泛而深刻地接触到世界的运动变化的规律。无论主张老子的哲学属于唯物主义还是唯心主义的人,都认为老子的哲学充满着辩证法。老子的哲学中一些辩证法的警句,长期流传在社会上,如"弱之胜强,柔之胜刚","强梁者不得其死","将欲取之,必固与之","祸福相倚","大巧若拙",由此衍生出来的如"大智若愚"(由"大巧若拙"衍生),"慢藏诲盗"(由"多藏必厚亡"衍生),几千年来已成为中国人民的精神财富。老子的辩证法用于军事学,也成为以弱胜强,避实击虚的指导原则。用在体育锻炼,中国的柔术,太极拳,导引术也都直接间接发挥着老子贵柔、守雌的精神，并已收到实效。

　　但是应当指出，老子的辩证法，仍然带有原始朴素性质。它第一次揭示自然和社会普遍存在着矛盾对立的现象，却没有来得及整理成为体系，提高到一个总的原则。后来《易传》就提出了一对矛盾变化的总范畴"阴阳"，把自然现象、社会现象都归结为"阴阳"这一对范畴之中。老子的辩证法则是分散的、零碎的列举了许多对立现象。

　　辩证法在我国的哲学史上有两大系统：一个流派或系统尚柔，主静，贵无，这是老子哲学开创的；一个流派或系统尚刚，主动，贵有，这是《易传》开创的。这两大流派在中国哲学史的发展中都有很大影响。由于宗法制度贯串着封建社会的全过程，《易传》是儒家的经典，因此刚健一派的辩证法体系略占优势。事实上，不论尚柔的辩证法还是尚刚的辩证法，都只是说到了事物发展的一个方面，而不是全部。刚能克柔，柔能克刚，都是在一定的条件下，才能实现；脱离了条件，矛盾的双方不能转化。恰恰在这个问题上，老子、《易传》的作者都没有认识到。"反者道之动，弱者道之用"，只能在一定条件下实现。老子不管条件是否具备，主张凡是好事都要变成坏事，凡是坏事都要变成好事（"正复为奇，善复为妖"），这就把问题看死了，甚至背离了辩证法。氏族公社游离出来的小生产者，看不到出路和前途，他们看到了事物要变化，但又害怕变化，没有从辩证中得出积极的结论，而得到相反的结论，主张贵弱、守雌，"不敢为天下先"。甚至想利用辩证法的原则来防止事物的变化。

　　老子提出事物的正面必然变到反面，但他看不到客观事物的多样性、复杂性以及运动变化的曲折性和螺旋式地发展，而把事物的转化看成机械重复的，也损害辩证法的全面性。他对社会上的真假、美丑、善恶等矛盾对立的社会现象，指出表面现象与实际内容未必一致。这是他看问题深刻的地方。他又把事物表面和内容的不一致看成绝对的,从而陷于武断。比如说"信言不美,美言不信;善者不辩,辩者不善;知者不博,博者不知"(八十一章)。他认定"信言"都是"不美"的,"美言"都是"不信"的,"辩者"一定都"不善","善者"一定都"不辩",这就片面了。不能说世界上真、善、美的事物永远不能统一,只能互相排斥。这就使他的辩证法思想,通过他自己的体系走向形而上学。

辩证法,不能脱离哲学体系。老子的哲学既有唯物主义的因素,也有唯心主义的因素。体系本身的矛盾,含混,限制了老子的辩证法的正常发展。

辩证法,不能脱离哲学家的阶级性。老子不代表先进的、有发展前途的阶级,所以老子的辩证法表现为退守、知足、维持现状、安于现状、号召不争,这些思想的传播与我国的长期落后,不无关系。鲁迅对于毒害广大人民几千年之久的一切腐朽思想曾进行过猛烈抨击,他对旧中国灾难深重的中华民族,"哀其不幸","怒其不争"(《摩罗诗力说》)。系统地宣扬不争哲学,并讲出一套"不争"的合理性,首推老子。

《中国哲学史简编》1984 年版
《老子的哲学思想》*

一　老子这个人和《老子》这部书

对于老子这个人和《老子》这部书,在学术界向来有不同的意见:

有一派认为《老子》一书是老聃遗说的发挥。老聃确在孔子之先。主此说者最早为马叙伦、张煦、唐兰、郭沫若、吕振羽、高亨和苏联学者杨兴顺等。

我们基本上同意这一派的意见,并且提出我们的几点看法:

(1)在先秦的典籍中,如《老子》《荀子》《韩非子》《吕氏春秋》及《墨子》佚文中都不曾怀疑过老子这个人和他的学说的关系,以上这些不同的学派都从不同角度描绘着一个思想面貌的轮廓大致相同的老子。他们所描绘的老子学说与《老子》书的基本思想是符合的。可以清楚地看到,战国中期以后,诸子受到老子哲学思想的深刻影响。只是到了汉初,才开始把老聃、李耳、

---

*　人民出版社,1984 年 10 月版。

太史儋三人的关系弄混了,以致时代先后相差两百多年,连老子这个人的存在也变得模糊起来。

(2)《老子》的成书,是经过一段时间的,先秦的典籍很少由个人执笔写成,而是由各学派的门徒不断地发展、补充,经过若干年代才成为"定本"。这一补充和发展的时间可以长达一二百年以至几百年以上。像《周易》的形成至少经过五百年甚至更长的时间,《墨子》的《墨经》与墨翟的时代也有一百多年的间隔;《管子》一书,包含了从春秋到汉初的思想;《孙子兵法》也是长期结集成书的。此外,很少受到怀疑的《论语》《荀子》《韩非子》书中也都夹杂着汉儒所增补的材料,但并不能因此否认孔、墨、荀、韩诸哲学家是他们的书的基本思想的奠基人。《老子》书也不应例外。我们不能因为其中发现个别地方有战国时代思想的一些迹象,就把全书的时代转到最后。

(3)《老子》书中有些思想在老子以前就已相当流行。如"无为""贵柔"、不信"天命"的思想,在春秋时期已具备雏形,只是还没有概括为哲学的普遍原则。

因此,我们认为,《老子》书中如反对仁义,反对法令的一些思想,可能晚出。但老子的天道观(也就是老子哲学的基本部分)是老子本人的思想;贵柔,反对战争,和辩证法思想也是老子本人的思想;小国寡民的政治理想也接近老子本人的思想。这个看法是从先秦诸子由不同角度所描绘的老子的精神面貌综合概括出来的。

二 老子代表哪个阶级?

春秋后半期,世袭贵族制逐渐破坏,多数小国被大国吞并,这些小国的贵族,一部分降为皂隶,大部分变为大国的庶民,取得自由民的身份。再加上原有的自由民农民及小生产者，以及从农奴解放出来的一部分自耕农，自由民阶层逐渐在扩大，成为社会上一个相当巨大的力量。如果不是在这样巨大的变革的时代，老子、墨子这些思想家是不会出现的，因为他们所代表的阶级在政治上是没有发言权的。像《老子》这部书就部分地，而不是全部地，反映了农民和小私有者的要求。由于小生产者的经济特点，使他们"不敢为天下先"，他们贵柔，不与人争强斗胜，怕冒险，怕冒尖，他们有自给自足的经济，总希望政府对他们不干涉或少干涉。他们反对工商业者对他们的剥削，所以"不贵难得之货"。他们还直接参加了些生产劳动，他们也是被剥削的对象，因此，不相信统治阶级对人民进行的欺骗宣传。当时一般农民不可能学到文化知识，像老子这样由贵族下降的隐士，有条件说出自己的要求和希望。

同时也应看到，老子以及和老子情况相类的隐士，与当时真正的农民之间还有一定程度的差别。《老子》书中责骂统治者，表现了反压迫、反剥削、爱自由的进步要求。但这种进步，有它的阶级局限性，所以在社会观、历史观方面，他又是保守的，甚至有些是反动的。历史向着老子所不愿走的一条道路进行着。这是老子思想的悲剧。

春秋末期，社会已起了阶级分化。新兴的封建地主阶级刚刚露面，奴隶制已开始崩溃，旧贵族的统治已经动摇。这时，各个阶级、各个阶层都引起了震动。孔子代表奴隶主阶级势力，但他具有在某些方面进行改良的思想，因此，一方面要保存旧的制度，一方面又要向新的力量作些妥协。孟子、荀子这一派的儒家，站在新兴地主立场，发展了进步的倾向。墨子代表新兴自由手工业者、农民、小私有者的利益和要求。法家中商鞅、吴起、韩非等人，虽然出身于旧贵族，但他们在政治上反映由军功上升的新兴地主阶级,所以他们特别反对无功而富贵、靠宗法血缘关系维持其既得利益的旧贵族,强调除国君以外,一律受法律的约束。这是从下面涌现出来的地主阶级。所以孔、孟、荀都讲礼,讲宗法等级制度;而商鞅、韩非只讲法,与礼表示决绝。老子代表的是另一部分群众。他们多半是由贵族下降为农民的,他们当前身份是小生产者、自由农民,同时还带着原来出身的阶级烙印,因而在老子的政治思想、社会思想中不免充满着矛盾。一方面提供了一些统治人民的愚民政策,另一方面又对当时的统治者的残酷剥削提出抗议和控诉。如果只看重《老子》书中消极、倒退、愚民的一些内容,就容易把老子说成是没落贵族的思想家;如果只看重《老子》书中反抗压迫、反抗剥削的一些思想,就容易把老子说成农民思想的代言人。现在有些人偏在前一看法,我个人以前偏在后一看法。双方恐怕都有些片面。

老子的朴素的唯物主义思想,固然和当时的天文学、自然科学有关,也和老子这一派人未曾完全脱离生产劳动的现实生活有关。和老子所属的江南多水地区的荆楚文化有关,老子经常用水的品质来比喻自然力量的伟大,比喻人类高尚品质(七十八章:"天下莫柔弱于水,而攻坚强者莫之能胜",八章:"上善若水")。

也正是由于老子的哲学思想带着他的旧贵族的烙印,他的辩证法思想和唯物主义思想不可避免地有严重的弱点。他的辩证法,表现为不敢迎接矛盾,片面夸大了柔弱的作用;他的唯物主义也不明确。

老子为了反对当时的剥削制度,从而反对一切社会制度;为了反对剥削阶级的文化,从而反对一切文化;为了反对欺诈和不信任,从而反对一切知识。这是老子的错误所在。老子提出的解决方案错了,却不能说老子对不合理现象的攻击也错了。有些研究老子的学者,似乎过于看重老子说错了的方案,忽视了老子对不合理社会现象的攻击中的正确部分。

《老子》书中以最激烈的言辞,抨击阶级社会带来的弊端,反对忠孝,抨击仁慈,鄙薄礼义,诅咒战争,向往小国寡民的社会。过去学术界认为老子主张倒退。春秋战国时期,宣扬复古的不止老子一家。但是同样的复古,孔子主张回到西周,墨子主张回到夏禹,老子主张回到结绳而治,后来的黄老学派主张回到黄帝,他们的政治主张和他们所代表的阶级利益是息息相关的。

老子看到在变革中产生的新生活方式,并没有给下层带来多少幸福,倒是随着新的文明,给人们带来不少新的灾难。新的生产方式,新的租税制度(奴隶制不要租税)给人们带来饥饿,"民之饥,以其上食税之多,是以饥。民之难治,以其上之有为,是以难治"(七十五章)。他对当时统治者不顾人民死活,过着越来越奢侈的生活,提出批判,他说:

> 朝甚除,田甚芜,仓甚虚,服文采,带利剑,厌饮食,财货有余,是谓盗竽(五十三章)。

这是说,由于贵族们贪得无厌,才使人民生活困苦,社会秩序混乱。老子从小私有者的立场,反对商业带来的经济上的剥削,以及由此引起的争夺。他反对商品经济,"不贵难得之货"(六十四章)。马克思说:

> 一方面,高利贷对于古代的和封建的财富,对于古代的和封建的所有制,发生破坏和解体的作用。另一方面,它又破坏和毁灭小农民和小市民的生产,总之,破坏和毁灭生产者仍然是自己的生产资料的所有者的一切形式。①

马克思论证的是欧洲古代奴隶制和封建制的社会,但他揭

---

① 马克思:《资本论》第3卷,《马克思恩格斯全集》第25卷第674页。

示的基本原则也适用于中国古代的封建社会。商品经济、高利贷者给小生产者没有带来什么好处,这是显而易见的。

因为老子思想带有氏族公社的某些烙印,他对原始社会的平等、平均制度有着深切怀恋。他提出了反对剥削的平均主义思想。他认为"天之道"本来是"损有余而补不足",但当时的"人之道"却相反,"损不足以奉有余"(七十七章),这是极不合理的,他认为应该向"天之道"学习。老子所描绘的理想社会是:

> 小国寡民,使有什伯之器而不用,使民重死而不远徙。虽有舟舆,无所乘之。虽有甲兵,无所陈之。使民复结绳而用之。甘其食,美其服,安其居,乐其俗,邻国相望,鸡犬之声相闻,民至老死不相往来(八十章)。

老子理想的社会中,也有统治者与被统治者,他认为统治者应当行"无为之治",不要过多地干涉老百姓。他说:"我无为而民自化","我无事而民自富"(五十七章)。有领导而不干涉,有君主而不压迫,这种关系就像天道与万物的关系那样,"生而不有,为而不恃,长而不宰"(十章)。

老子也和古代小私有者一样,幻想有"圣人"出来实行他的理想,这种"圣人"虽然处在领导地位,人民拥护他而不感到是负担,"圣人处上而民不重,处前而民不害,是以天下乐推而不厌"(六十六章)。

老子反对剥削者的文化,有他进步的一面,但他不加分别地反对一切文化,认为文化本身就是社会混乱的根源,主张"绝圣弃智"才能"民利百倍",因而认为"圣人"治国,"非以明民,将以愚之"(六十五章)。他作为周王朝史官,亲身看到西周以来礼乐文化制度给人们带来了自私、欺诈的不道德行为,而且这种言行背离,说的一套,做的又是一套,正是来源周王朝贵族最高统治者集团。他发出这种愤世嫉俗的呼声,完全是可以理解的。正如唐朝的史官刘知几,身居宫廷,历事四朝,任史官达三十年,对剥削阶级的明争暗斗,互相倾轧的黑暗内幕感受较深,他敢于怀疑尧舜禅让的美好传说,不相信桀纣亡国之君被描绘得那样坏。

我们也应当指出,老子的朴素善良的愿望有合理因素,但也有它幻想的不正确的一面。"结绳而用之"的社会,固然人不剥削人,但是这种社会不能使人们"甘其食,美其服"。这种理想只能是空想。老子是中国哲学史上抨击剥削制度不合理并有较为系统的言论的第一个思想家。他的意义重大,尽管他的方案是错的,他对后来的进步思想家、空想的社会改革家有着深远的影响。

老子的哲学思想,两千多年来在中国封建社会是成为唯一可以与孔子学派相抗衡的最大思想流派。老子哲学也和孔子学派的遭遇一样,被统治者所利用,改造,但发展的情况有所不同。孔子被奉为儒教的教主,老子被奉为道教的教主。由于老子哲学中有反剥削、平均主义思想,曾为早期道教所借用,成为农民革命的思想武器,与农民运动有一段因缘。而孔子始终是帝王治国平天下的导师,他的思想积极维护地主阶级对农民的剥削压迫,因而很少被农民运动所采纳。而当农民起义成为燎原之势时,孔子的儒家思想便失去羁縻社会的作用。

三　老子的哲学是唯物主义还是唯心主义

本书作者的四卷本哲学史曾主张老子是唯物主义者,1973年作者的《中国哲学史简编》发现主张老子是唯物主义有困难,改变了观点。今天看来,主张老子是唯物主义或唯心主义都有一定的根据,但根据不充分。双方都把老子的思想说过了头,超出了老子时代(春秋)的人们的认识水平。

唯物与唯心是两种截然对立的世界观,两种体系,是不可调和的。正如科学与宗教两种体系不能共处,但科学与宗教两种思想确实可以同时存在于同一个人的头脑里。

那末,老子哲学到底是唯物主义还是唯心主义?这个问题还可以继续争论。但必须看到老子的哲学本身确有不清楚的地方。我们的任务之一就是要把古人(老子也在内)确实不清楚的哲学思想,清清楚楚地解说明白,指出不清楚的所在和原因,这是研究古代哲学家思想的必要的前提。

这样做,是不是不要划分唯心、唯物主义阵营了?是不是说唯心主义与唯物主义永远划不清楚呢?当然不是。评价哲学家的历史作用,首先要看他在当时的斗争中起了什么作用,有利于科学还是有利于宗教,是促进人类认识的前进,还是相反。只要放在当时的历史条件下来考察,是可以做出科学判断的。只要不把老子现代化、绝对化,我们今天的认识就会超出前人的水平。

对于《老子》书中道的理解,从哲学史看有不同的两大派,以韩非、《淮南子》、王充为代表的唯物主义者,从唯物主义观点去理解老子。汉代的黄老学派,基本上属于这一系统。黄老学派讲老子的哲学时,强调他的无为而治,也强调法治,强调不争也强调战争。老子与韩非同传,并非司马迁分类不当,它代表汉初人对黄老之学的一般理解。如汉初张良受黄石公兵书,以柔克刚,得老子用兵处世之道。从唯心主义观点去理解老子的也有它的渊源,以后期庄学为代表。后期庄学历经汉魏,何晏、王弼等人加以发挥,从唯心主义的观点阐发老子的哲学,蔚为大宗,对后世影响极大。因为《老子》书中确实有含混不清的概念和字句,对这些含混不清的地方可以做出不同的解释。老子哲学究竟是唯物主义的,还是唯心主义的?按照这种打破砂锅问到底的方式去追问,是不会有真正的结果的。因为历史已成定局,它就是那个样子,不能改变了。按照人类认识发展的规律来探索,老子的哲学还不足以达到一种明确的结论。从不明确到明确需要一个过程。这种情况,并不是老子一家如此。我们也不能因此就对老子的哲学体系束手无策,任其含混不清。我们的方法是把老子的哲学思想放在当时的具体历史环境中去考察,看它在思想斗争中处在什么地位,与什么思想为敌,对当时的社会发展、科学进步起着什么性质的作用。通过作用来评价其地位,就容易看清楚老子哲学的性质。

从人类认识史的角度看春秋时期的思想斗争,可以发现奴隶制度的崩溃和封建制度的形成在当时是头等大事。社会上的大变革,促使思想界的大混乱。旧秩序破坏了,新事物在生长。我国历史上文化思想上的大变革,就它剧烈程度而言,只有“五四”新文化运动,和解放后的思想大解放可以和它相比。这三次文化思想大变革,都标志着社会发展阶段的飞跃。划时代的社会发展阶段,决定了划时代的文化思想的变革。

关于中国封建社会与奴隶社会的分期问题,史学界有种种说法,都能言之成理,持之有故。我们从思想文化变化之深刻剧烈的程度看,从西周到“五四”以前,三千年来,没有超过春秋战国之交的。秦汉之际,也是个大变革,那只是政治上的统一,是战国形势的继续;魏晋时期也是一个变革,那只是农民起义失败后,封建制度的进一步发展。主张西周封建论者,没有说明为什么社会制度变了,反倒没有深刻剧烈的文化思想的变革。

春秋末期的社会变革,主要表现在哪些方面？ 大略可以从四个方面来看。第一政治上,周天子已失去统率天下的权势,奴隶制的等级制遭到破坏,诸侯僭越,大夫横恣。第二经济上,赋税制度改变,意味着奴隶制的所有制向封建的所有制过渡,出现了不贵而富的新兴阶级。反映新兴阶级利益的法律也跟着改变,有所谓刑书、刑鼎的出现。第三社会生活,旧观念旧行为准则变了。上下尊卑、君臣、父子的牢固关系已破裂,不能维持,父不慈,子不孝,臣弑君,子弑父的事变史不绝书。第四天道观变了,人们怨天恨天的思想活跃起来,以至肆无忌惮。这四方面的变革,都是奴隶制崩溃,封建制降临的反映。面对这种大的变革,迫使许多伟大的思想家进行深刻的思考。当然思考也要受思想家们所属阶级利害的制约。

上述四个方面的变革,天道观的争论是先秦哲学史上的一个中心问题。哲学史要阐明唯心主义与唯物主义斗争的表现形式、发展过程及其规律。中国哲学史在先秦则主要是透过"天道观"来表现其唯心主义和唯物主义的。"天道观"虽讲的是"天道",但它和当时的阶级斗争、政治生活、科学发展息息相关,而不是由少数人的兴趣,随便提出来的。先秦时期,关于宇宙起源、发展、变化的中心问题是"天道观";关于社会政治生活方面的中心问题是"礼"与"法"。"天道观"已经成为所有先秦哲学家都要对它表明态度的一个问题。除了《老子》书以外,孔子、墨子、孟子、荀子、韩非都严肃地对天道观问题表示了他们的意见,反复申述。其中有从唯物主义观点出发的,也有从唯心主义观点出发的;有从自然科学、生产斗争的总结中提出问题的,也有从宗教迷信观点提出问题的。

"天道观"不同于今天人们了解的"世界观",它的范围比世界观小,"天道观"主要讲天地万物生成变化的原理。中国哲学前进的道路和西方古代哲学所经历的差不多。西方古代哲学也是从他们的"天道观"开始的,古希腊哲学家,探寻世界万物生成、变化、发展的原因,根据他们所作出的不同的解释,区分为唯物主义阵营与唯心主义阵营。至于认识论,方法论,虽说古已有

278

之,只有到了近代,才提到了突出的地位,到了资本主义社会有
了大工业生产,有了近代科学,才能深刻地揭示主观与客观的相
互关系。不但西方如此,印度古代哲学也是从他们的"天道观"
开始的。这可能是人类认识世界的必要过程,总是先注意到"身
外之物",然后再认识自己。古代哲学相当于人类认识世界幼年
时期,幼年儿童也是先认识周围外界,然后才认识自己。儿童的
认识,先从他的保育者开始(父、母或其他人),随后认识所接触
的环境,最后才意识到自己(我)。

只就老子的"天道观"这个问题来看,老子的学说是进步的,
因为它客观上打击了"天道有知"的宗教迷信思想。天有意志,
能赏罚,这是阶级社会的宗教加给神的特权。在原始社会里,神
只是为人群造福,而不管赏功罚罪。赏功罚罪是有了国家以后
所体现的统治阶级的意志。在老子的哲学里,天不具有人格,它
只是一种自然状态。天不过是万物中之一物,是万物中的最广
大的一种客观存在。最根本的存在,构成万物的原始材料,老子
叫作"道"。老子的道,在五千言中共出现过七十四次。为了叙
述方便,先把《老子》关于"道"的重要表述列在下面:

> 道,可道,非常道。(一章)
>
> 道冲,而用之或不盈。(四章)
>
> 故几于道。(八章)
>
> 功成身退,天之道。(九章)
>
> 执古之道。(十四章)
>
> 是谓道纪。(十四章)
>
> 保此道者不欲盈。(十五章)
>
> 天乃道,道乃久。(十六章)
>
> 大道废。(十八章)
>
> 惟道是从。(二十一章)

道之为物。(二十一章)

字之日道。(二十五章)

故道大。(二十五章)

道法自然。(二十五章)

道常无名。(三十二章)

道常无为。(三十七章)

反者道之动,弱者道之用。(四十章)

道生一。(四十二章)

见天道。(四十七章)

道生之。(五十一章)

天之道,不争而善胜。(七十三章)

综观《老子》,"道"有五种涵义:

(1)混沌未分的原始状态:"有物混成";"道之为物,惟恍惟惚";"道生一,一生二,二生三,三生万物。"

(2)自然界的运动:"独立而不改,周行而不殆","大曰逝,逝曰远,远曰反。"

(3)道是最原始的材料:"道常无名,朴虽小,天下莫能臣也。"

(4)道是肉眼看不见,感官不能直接感知的:"视之不见,听之不闻,搏之不得。"

(5)道又有事物规律的涵义:"天之道","人之道。"

主张老子的哲学是唯物论的人,把老子的道解释为"物质实体及其规律",把"道"概括为物质一般。事实上古代朴素唯物主义不能达到这样高度抽象的水平,当时人类认识还不具有相当于"物质"的概念。把近代唯物主义关于物质的概念提前到春秋末期,是不对的。

老子的"道",仅仅是构成万物的原始材料的初步设想,他没有可能形成"物质一般"的认识水平。因此,老子的哲学概念中有"混沌"未分的概念。讲到混成,叫不出名字,谓之无名,谓之朴。

> 无名,天地之始。(一章)
>
> 道常无名。(三十二章)
>
> 无名之朴。(三十七章)
>
> 朴虽小,天下莫能臣也。(三十二章)
>
> 朴散则为器。(二十八章)
>
> 镇之以无名之朴。(三十七章)

老子对于道有所描述,但是不能清楚地讲明它的特点,有时用"无","无形","无物","无状",这些否定性的词来描述,在中国哲学史上第一次作为万物之本的负概念——无的范畴,这都表明人类认识前进的重要里程碑。"无"既可以给以唯物主义的解释,也包含着以唯心主义解释的可能。这是老子的哲学后来向着相反的两个方向发展的契机。

> 复归于无物。(十四章)
>
> 是谓无状之状。(十四章)
>
> 无物之象。(十四章)
>
> 复归于无极。(二十八章)
>
> 有生于无。(四十章)
>
> 大象无形。(四十一章)

这个看不见的"无","道",是产生天地万物的总根源,又叫作大。

> 强为之名曰大。(二十五章)
>
> 执大象,天下往。(三十五章)
>
> 夫为大,故似不肖。(六十七章)

这个道是老子力图摆脱传统宗教的统治所提出的一个新的根据,它要比上帝更有权威。

老子提出的取代上帝的最高发言权的"道",是精神,是物质,他自己没有讲清楚。就人类认识的水平来看,他也不可能讲清楚。思维与存在的关系的问题,古代已经存在着,但古人没有明显地意识到这一点,不像后来那末清楚,古代的先进思想家,只是朦胧地探索着前进的途径。思维与存在哪是第一性的这个问题,到了近代才明确起来。

老子自己没有讲清楚(这是古人的局限性),我们评论他的思想,应不增不减,如实地讲清,这是哲学史工作者的职责。但是我们不能代替古人讲他们自己所不知道的东西,不能替古人发挥到他们自己还没达到的地步。

我们要清清楚楚地把古人的糊涂思想讲出来,并加以科学的分析,指出古人为什么在这个问题上糊涂了,失足之处何在。而不允许把老子说成春秋时期的黑格尔或斯宾诺莎。

由于老子的哲学确有含混的地方,所以后来对老子的理解,有唯物、唯心两大支派,向相反的方向分头发挥。韩非,《淮南》,荀子,王充代表着一条路线,《庄子》内篇……王弼等代表着又一条路线。

衡量哲学家或哲学流派的历史价值,主要看他在当时的作用。是不是推动历史前进和科学发展,而不只是看他提出的口号。我们还要看它是不是体现了当时人类认识所达到的先进水平。一般说来,唯物主义正确反映了人类认识,唯心主义歪曲地反映人类认识。但也有时唯心主义提出了比较深刻的问题,使认识深化,这些问题又是当时的唯物主义所无力解答的。在这种情况下,唯心主义也起着推动认识发展的作用。老子的哲学,企图使人们的思想从宗教神学的束缚中获得解放,站在当时宗教神学的对立面,他的天道自然无为的学说,尽管还说得不够清楚,但有利于唯物主义的发展。

由于老子的"道"，没有讲得明确、清晰，不够圆满，也给唯心主义留下了很多的可乘之隙。特别在认识论方面，老子不重视感觉经验，甚至认为感觉经验不但无助于认识，反而对认识有害，"其出弥远，其知弥少"（四十七章），还说"圣人不行而知"，这就堵死了认识外界事物的道路。由于他不重视感牲认识，提出反经验的"玄览"的认识方法，这就给以后的唯心主义认识论开了先例。他主张"为学日益，为道日损，损之又损，以至于无为"（四十八章）。这就是说认识道和求学问走着截然不同的两种道路。这样发展下去，势必把科学与哲学强行割裂。后期庄学所标榜的"堕肢体，黜聪明"的哲学修养方法，是直接来自老子的。

老子的哲学本身包含着向唯物主义和唯心主义发展的两种可能趋向。只看到老子哲学的一个趋向，而否认另一趋向，都不符合老子哲学的本来面貌，老子有时把道解释为"朴"，朴是待雕琢的素材。老子的哲学也是一个"朴"，有待于后人进一步发展。老子的哲学后来分为唯物主义与唯心主义两大流派，都有所本，是发展、修正，而不能简单地说是篡改了老子的原义。过去我们哲学史工作者，主张乙说的，总是说韩非继承了老子，王弼等人歪曲、篡改了老子的观点。主张甲说的，则说庄子、王弼等继承了老子的观点，韩非、王充改造了老子的观点。今天看来，这甲、乙两派都不免片面。像老子哲学的这种内在矛盾的现象，在先秦哲学史上不是个别的。墨子的哲学也有这种内在的矛盾，使它不得不分化。《周易》的思想也是这样。孔子的"仁"也是这样，他没有讲清楚，这给后来儒家各派留下了各自发展他们认为孔门真传的机会。古人对世界的认识，经历了曲折的道路，犯过各种错误。唯物主义的体系中有唯心主义的因素，唯心主义体系中有唯物主义因素，不是一刀切的，我们研究古人的哲学，也要避免"一刀切"。

四　老子的贵柔的辩证法思想

春秋末期由于所有制发生了变革,因而国家的兴亡、个人富贵贫贱,都有了极大的变化。作为史官的老子,看到不少"社稷无常奉,君臣无常位"(《左传》昭公三十二年)的现象,又从当时自然科学的知识中认识到自然界也是独立于人的意识之外不停地运动着。世界的总根源,无所不在的"道",就是"独立而不改,周行而不殆"(二十五章)的。从道产生的天地万物也是在变化着。他说"天地尚不能久,而况于人乎"?(二十三章)老子的辩证法思想是当时重大社会变革的客观辩证法的深刻反映。

老子比较系统地揭示出事物的存在是相互依存的,而不是孤立的。如美丑、难易、长短、高下、前后、有无、损益、刚柔、强弱、祸福、荣辱、智愚、巧拙、大小、生死、胜败、攻守、进退、静躁、轻重等等,都是对立的统一。一方不存在,对方也就不存在。他说:"有无相生,难易相成,长短相形,高下相倾,音声相和,前后相随。"(二章)矛盾统一观念的进一步明确,是当时人类认识世界深化的表现。

老子概括了当时自然现象和社会现象的变化,指出事物都向着它的相反的方向变去。他说:"正复为奇,善复为妖","祸兮福之所倚,福兮祸之所伏。"(五十八章)老子看到事物无不向着它的对立面转化这一基本规律,他说"反者道之动"(四十章)。老子从这一原则出发,决定了他认识世界、对待生活的态度:主张贵柔、守雌,反对刚强和进取。

老子通过农业生产实践,看到植物的幼苗虽然柔弱,但它能从柔弱中壮大;相反,等到壮大了,反而接近死亡。他说:"草木之生也柔脆,其死也枯槁。"(七十六章)。他认为对待生活也应当这样,他说"物壮则老,是谓不道,不道早已"(三十章)。这是说,事物强大了,就会引起衰老,有意造成事物的强大,是违反道的原则的,因为这会促进它早日结束它的生命。老子说"强梁者不得其死"(四十二章),他以为最好经常处在柔弱的地位,就不会转为坚强,就可以避免走向死亡的结局。他说:"兵强则灭,木强则折。"(七十六章)又说:"弱之胜强,柔之胜刚。"(七十八章)因而他主张"曲则全,枉则直,窪则盈,敝则新,少则得,多则惑"(二十二章)。这是说,委曲反能保全,屈枉反能伸直,卑下反能充盈,敝旧反能新奇,少取反能多得,多取反而迷惑。他又说:"天下莫柔弱于水,而攻坚强者莫之能胜。"(七十八章)他教人向柔弱的水的品质学习。水看来是柔弱的,但它可以冲决一切比它坚强的东西,所以老子说"上善若水,水善利万物而不争"(八章)。由于水不争,"故天下莫能与之争"(六十六章)。这是老子的"柔弱胜刚强"的原则在生活方面的运用。他说"知其雄,守其雌";"知其荣,守其辱","知其白,守其黑"(二十八章)。老子虽深知什么是雄强,却安于柔雌;虽深知什么是光荣,却安于卑辱;虽深知什么是光彩,却安于暗昧。

老子贵柔守雌的态度和春秋末期个体小私有者的社会地位、经济地位有深切的联系。个体小私有者经济力量微弱,无权无势,他们在奴隶制下没有奴隶主那样居高临下的特权;在封建制下还是遭到剥削压榨,因而老子的辩证法带有保持自己的利益、以柔胜刚、以退为进的特点。

对待敌人,老子主张创造一些不利于敌人的条件,使他们陷于不利。他说:"将欲弱之,必固强之;将欲废之,必固兴之;将欲夺之,必固与之。"(三十六章)这是说,将要削弱它,必先暂时增强它;将要废毁它,必须暂时兴起它;将要夺取它,必须暂时先给它。历代统治者往往用这种方法作为对付人民的阴谋权术;历代革命的战争和民族解放斗争也往往用它作为克服顽强敌人的武器。

老子发现了事物转化的规律,并用来反对有目的、有意志的上帝(天),是有它的积极意义的。他说:"祸兮福之所倚,福兮祸之所伏。孰知其极? 其无正。"(五十八章)"正"通"政",即领导者,主宰者。他认为福与祸互相转化,没有穷尽,也没有一个主宰者。老子指出事物的变化是它自己的原因,没有主宰者,这是对的。但是他把对立面的转化看作无条件的,绝对的。老子脱离了条件讲对立面的转化,不但破坏了他自己的唯物主义原则,也影响了他的辩证法思想的正常发展。毛泽东同志说。"矛盾着的对立的双方互相斗争的结果,无不在一定条件下互相转化。在这里,条件是重要的。没有一定的条件,斗争着的双方都不会转化。"①老子只看到事物向它对立面转化的事实,没有注意条件在转化中的重要作用,因而在祸福、得失面前显得缩手缩脚,在变化中显得无能为力。他认为"有为"必然招致失败;有所得必然有所失,企图用消极无为的方法避免转化带出的危害。他说:"无为故无败,无执故无失。"(六十四章)"多藏"必招致"厚亡",为了避免"厚亡"的损失,最好不要"多藏"。强大了会带来死亡,为了避免死亡,最好不要过于强大。他看到刚强会带来挫折("兵强则灭,木强则折"),他宁肯安于柔弱;抢先会落到后边,他宁肯居后;争荣誉会招致屈辱,他宁肯不要荣誉。他要"去甚、去奢、去泰"(二十九章)。老子有丰富的政治生活经历,也亲身感触到奴隶主贵族是怎样由过分剥削、贪得无厌而遭到更大的失败的。老子把奴隶主阶级的衰落的经验看作生活的普遍原则。

---

① 《关于正确处理人民内部矛盾的问题》,人民出版社,1957年版,第35页。

他的辩证法缺乏斗争、进取的精神，最终没有摆脱循环论的影响。

老子脱离了条件去看柔弱胜刚强的原理，因而把柔弱胜刚强抽象化、绝对化。他看到一些柔弱的事物目前虽不够强大，后来居然战胜了强大的敌人，他说："坚强者死之徒，柔弱者生之徒。"（七十六章）但是他没有区别垂死的、腐朽的事物的衰弱，与新生事物的柔弱在性质上的差别。事实表明，只有新生的事物才可以由柔弱转化为强大；垂死的事物的柔弱，不但不能转化为强大，前途却只有死亡。老子没有能够认识这一差别，他把强与弱，胜与败，看作循环往复的无尽过程，对于新生事物表示淡漠，采取"不敢为天下先"的保守态度。老子不能理解掌握了事物的客观规律后，可以从一个胜利走向新的胜利。在老子看来，胜利后接着出现的必是失败。当时科学水平发展的局限，无论从农业科学、天文科学，都存在着严重的循环论的缺点，老子的辩证法也无法超出当时科学水平的局限。农民小私有者有自己的小块土地，过着自给自足的生活，也使他们容易产生安于现状，保持自己小天地的思想。他说："祸莫大于不知足"，"知足之足，常足矣。"（四十六章）这都是老子的辩证法思想的消极因素。

老子的辩证法还不可能认识量和质的辩证关系，但模糊地初步接触到事物的量的积累可以引起性质的变化的一些观点。他说："合抱之木，生于毫末；九层之台，起于累土。"（六十四章）毫末（种子的萌芽）不是大树，但毫末不断发展，终于长成为合抱的大树；一堆土不是高台，但不断积土，可以造成九层的高台。老子还说："图难于其易，为大于其细。"（六十三章）难和易，大和细，是质的不同，但从一点一滴的细小努力做起，即可克服困难，完成巨大的工作。这都是老子对于一定的量的积累可以引起性质变化的初步认识。在生活方面，老子也有意识地运用了这一原则。他说:"其安易持,其未兆易谋,其脆易泮,其微易散。"(六十四章)在事物还稳定时,它的稳定容易维持;事物还没有显著变化的迹象时,容易打主意;事物还脆弱时,容易消融;事物还微细时,容易打散。他还说:"多易必多难。"(六十三章)把事物看得太容易,势必遭到困难。这些思想虽然还说不上已认识到质量互变的规律,但他已初步接触到了这一方面的问题,并提出了一些粗浅的在当时却是深刻的看法。

老子的辩证法也没有由低级到高级的发展观念,但也初步接触到这一方面的问题。他指出经过发展阶段的事物比前一阶段的事物表面相似,但实质上是提高了。他说:"大成若缺,其用不弊;大盈若冲,其用不穷。大直若屈,大巧若拙,大辩若讷。"(四十五章)老子指出了好似拙的大巧并不是真正的拙,好似空虚的充足并不是真正的空虚,它们都是原来的质的进一步提高后的新质,老子还说:"明道若昧,进道若退,夷道若纇,上德若谷,大白若辱,广德若不足,建德若偷,质真若渝。"(四十一章)这一连几个"若"字,都是指的比原来阶段的质有所提高的新的质。老子有时用婴儿朴素天真的状态描绘有德的人,他说:"含德之厚,比于赤子。"(五十五章)这也是一种形象的比喻,他不是主张人们都退回去真正当婴儿,而是希望人们最好能够像婴儿那样纯朴。

老子的辩证法思想继承了春秋以前丰富的辩证法思想的成就,并在前人成就的基础上有所发展。它的缺点在于注重柔弱,反对进取,不敢迎接新事物;脱离了条件讲变化,没有摆脱循环论的影响。老子的辩证法还有过分强调矛盾对立面的统一性而忽视矛盾对立面的斗争性的一方面,因而包含有走向相对主义的可能。庄子的相对主义哲学体系就是沿着这条道路发展的。这些消极因素,在一定程度上妨碍了老子的朴素的辩证法的正常发展。

288

　　在老子以前,中国哲学史上还没有哪一个哲学家像老子那样广泛而深刻地接触到世界的运动变化的规律。无论主张老子的哲学属于唯物主义还是唯心主义的人,都认为老子的哲学充满着辩证法。老子的哲学中一些辩证法的警句,长期流传在社会上,如"弱之胜强,柔之胜刚","强梁者不得其死","将欲取之,必固与之","祸福相倚","大巧若拙",由此衍生出来的如"大智若愚"(由"大巧若拙"衍生),"慢藏诲盗"(由"多藏必厚亡"衍生),几千年来已成为中国人民的精神财富。老子的辩证法用于军事学,也成为以弱胜强、避实击虚的指导原则。用在体育锻炼,中国的柔术、太极拳、导引术也都直接间接发挥着老子贵柔、守雌的精神,并已收到实效。

　　但是应当指出,老子的辩证法,仍然带有原始朴素性质。它第一次揭示自然和社会普遍存在着矛盾对立的现象,却没有来得及整理成为体系,提高到一个总的原则。后来《易传》就提出了一个矛盾变化的总范畴"阴阳",把自然现象、社会现象都归结为"阴阳"这一对范畴之中。老子的辩证法则是分散地、零碎地列举了许多对立现象。

　　辩证法在我国的哲学史上有两大系统:一个流派或系统尚柔,主静,贵无,这是老子哲学开创的;一个流派或系统尚刚,主动,贵有,这是《易传》开创的。这两大流派在中国哲学史的发展中都有很大影响。由于宗法制度贯串着封建社会的全过程,《易传》是儒家的经典,因此刚健一派的辩证法体系略占优势。事实上,不论尚柔的辩证法还是尚刚的辩证法,都只是说到了事物发展的一个方面,而不是全部。刚能克柔,柔能克刚,都是在一定的条件下,才能实现;脱离了条件,矛盾的双方不能转化。恰恰在这个问题上,老子、《易传》的作者都没有认识到。"反者道之动,弱者道之用",只能在一定条件下实现。老子不管条件是否具备,主张凡是好事都要变成坏事,凡是坏事都要变成好事("正复为奇,善复为妖"),这就把问题看死了,甚至背离了辩证法。氏族公社游离出来的小生产者,看不到出路和前途,他们看到了事物要变化,但又害怕变化,他们没有从辩证中得出积极的结论,而得到相反的结论,主张贵柔、守雌,"不敢为天下先"。甚至想利用辩证法的原则来防止事物的变化。

老子提出事物的正面必然变到反面,但他看不到客观事物的多样性、复杂性以及运动变化的曲折性和螺旋式地发展,而把事物的转化看成机械不变的,也损害辩证法的全面性。他对社会上的真假、美丑、善恶等矛盾对立的社会现象,指出表面现象与实际内容未必一致。这是他看问题深刻的地方。他又把事物表面和内容的不一致看成绝对的,从而陷于武断。比如说:"信言不美,美言不信;善者不辩,辩者不善;知者不博,博者不知。"(八十一章)他认定"信言"都是"不美"的,"美言"都是"不信"的,"辩者"一定都"不善","善者"一定都"不辩",这就片面了。不能说世界上真、善、美的事物永远不能统一,只能互相排斥。这就使他的辩证法思想,通过他自己的体系走向形而上学。

辩证法,不能脱离哲学体系。老子的哲学既有唯物主义的因素,也有唯心主义的因素。体系本身的矛盾、含混,限制了老子的辩证法的正常发展。

辩证法,不能脱离哲学家的阶级性。老子不代表先进的、有发展前途的阶级,所以老子的辩证法表现为退守、知足、维持现状、安于现状、号召不争,这些思想的传播与我国的长期落后,不无关系。鲁迅对于毒害广大人民几千年之久的一切腐朽思想曾进行过猛烈抨击,他对旧中国灾难深重的中华民族,"哀其不幸","怒其不争"(《摩罗诗力说》)。系统地宣扬不争哲学,并讲出一套"不争"的合理性,首推老子。

290

《中国哲学发展史(魏晋南北朝卷)·魏晋南北朝的佛教经学》*

概　述

　　佛教初传入中原地区,宫廷帝王,上层贵族把佛(浮屠)当作神仙,与黄帝、老子并列,没有把佛当作外国的教主,而是当作中国的神仙。后来佛经翻译渐多,信仰者对佛教的了解也逐渐深入,知道佛不同于中国圣人。经历了几百年在中国的传播,发展,佛教把它的宗教教义修饰得更加符合中国封建社会的需要,已成为中国文化的一部分。佛教教义的解释权已从外国僧人之手逐渐转移到中国僧人手中。中国僧人的著作越来越多,中国僧人学习佛教理论,不专靠诵习翻译经典,也借助于中国僧人的注疏,因为中国人教中国人,更有针对性,使听受者容易理解。

　　中国人学习经典,自汉代开始,形成了经学家法的传授方式。同一部经典,由于注释者观点、理解不同,可以有不同的解

---

　　* 曾以《魏晋南北朝佛教经学》为名出版单行本,国家图书馆出版社,2013 年 8 月版。

释,由此产生不同的学派。如《春秋》有左氏、公羊、穀梁;《诗》分毛、鲁、韩;《论语》有齐、鲁,等等。细案佛教知识僧侣,多从儒家转来(《高僧传》此例极多,不可胜举),他们用儒家治儒经的方法转而治佛教经典,本是轻车熟路。南北朝开始,形成佛教经学,决非偶然。佛教理论更加符合中国封建社会需要,已取得中国封建社会上层建筑的资格。

魏晋时期,佛教力图与玄学相适应,佛教理论家力图与玄学家讲的老庄之教相结合,出现了佛教般若学所谓"六家七宗"。般若学实际上是玄学佛教版的本体论。般若学的本体论,不同于玄学讲的名教与自然那样接近现实政治,与门阀士族的政治生活隔了一层。佛教为自身的发展,它还须进一步适应门阀士族的需要,随着玄学势力的下降,它又与儒家相结合,离开以老庄为标志的玄学,转而投向儒学,与儒教相结合。这一转变,以庐山慧远为契机。从此以后,佛教经学与儒家经学互相配合,取长补短,结成同盟军。

从南北朝开始,信仰佛教已不仅是个人的私事,佛教已成为封建政府教育人民、洽和王化的得力工具。当时虽有一部分反对佛教的政府官吏和知识分子,有一部分无神论者在理论上也做出了卓越的贡献,但他们人数不多,势力不大,佛教的社会影响并没有因为受到理论上的批判而减弱。只要佛教赖以孳生的土壤还在,光靠理论上的批判,是打不倒它的。在北方非汉族统治的地区,更没有把佛当作外国人看待,他们普遍认为释迦、周孔都是圣人,都是维系世道不可缺少的思想最高权威。理论上如发生争议,只要在儒佛两家经典中找到根据,就算有了正确的答案。佛家经典与儒家经典有同样崇高的地位①。

中国僧人对佛教的经论,都做过系统的研究,并做出各自的解释。解释的形式有多种多样,经师讲经,弟子记录,号为"义疏"(如《摄论俱舍疏》),或号为"注记"(如《唯识论注记》),或称为"本记"(如《东域传灯录》、真谛《王仁疏》注云:"诸疏云本记"、《金刚经本记》),或称"文义"(如《金刚经后记》称此经为"文义")。集各家注释的,号称"集解"(如《涅槃经集解》),着重经文字义解释的称为"注"、有串讲的称为"疏"。隋唐以后,佛教经学更趋繁琐(详见本书隋唐卷)。

正是由于佛教在南北朝时对国家有极大帮助,佛教享有极高的政治待遇。佛教徒遍及天下,上自朝廷,下及闾里,因果报应、轮回之说,深入人心,弥漫天下。北方少数民族统治地区,佛教徒达二百万以上,南朝"户口几亡其半"。译经费用由国库支付,僧众管理由国家任命僧官,寺院经济由国家给予免除租税劳役,佛教经像除私家传播外,由国家资助传抄。寺院宏大建筑,有的由私人捐赠,有的由国家公帑建筑。由于佛教成为政府不可缺少的精神支柱,佛教经学才有可能成为官方公开提倡支持的文化事业。中间曾短期遭到打击,但为时不久,即得恢复。恢复之后,气焰转盛。

中国僧人经历了自己长期的创作和研究,形成了佛教经学,与儒家经学争衡。它表现在四个方面:

----

① 《弘明集》的辩论中,可以看出,无神论者反对佛教有神论,遇到儒家的有神论,就不敢坚持己见。佛教的辩论,引出经中文句来,就有了保证。这里不一一列举。

（一）注疏

南北朝译经，由主译者随译随讲，经典译出后，随着流布地区不断扩大。讲解者根据各自的理论修养及理解水平进行注解。南北朝时期，南方社会风气尚文采，重思辨，注疏较多。北方社会风气尚质朴，重宗教实践，石窟造像较多，而注疏较少。

佛教经学的传授方法与两汉儒家经学传授方法大体相同。中国知识僧人出家前夕受儒教熏陶，出家后为了传教，为了扩大佛教影响，为了与佛教以外的外道争辩，佛教徒不能不读佛教以外的典籍。僧传所载著名学僧"学通内外"。中国特殊历史环境培养出来的佛教知识分子，都受过儒家经学的训练。汉儒章句训诂之学，魏晋玄学，得意忘言之教，都给南北朝的佛教经学提供了现成的模式。东晋道安已开始对佛教经典进行注解，他在《安般守意经序》中说："魏初康会为之注义，义或隐而未显者，安窃不自量，敢因前人，为解其下。"《道地经序》说，"寻章察句，造以训传。"道安的《人本欲生经序》说，"……为人撮注，其义同而文别者，无所加训焉"。早期佛经注大致如道安所说的逐文释义，不作发挥，对佛经初学者有辅导作用。南北朝时期，长江南北有许多《成实论》师，他们一生讲《成实论》若干遍，受到朝廷和社会上重视。《成实论》为小乘学的一派，佛教的基本概念，这部书里讲得比较清楚，是当时流行的一种"佛教哲学手册"。学了《成实论》，对佛教的基本概念有了一些了解，再读其他经典就容易了。许多《成实论》师，自己没有什么体系，他们所从事的是佛教的章句之学。

有了章句之学为基础，中国僧人对佛教的理解逐步加深，他们不满足于文句解释，而要求钻研其基本思想。魏晋玄学探究本末、体用的治学方法，也给佛教经学以启发。用玄学方法解释佛理，南北朝时曾被广泛采用。当时用"经序"来概括一部佛经的宗旨,用"品目"来概括经中某一章节的宗旨,可收到提纲挈领的效果。僧叡《中论序》称,"予玩之味之,不能释手,遂复忘其鄙拙,托悟怀于一序,并目品义,题之于首"。又如道生在《法华经疏》中对《药草喻品》说"圣教沾神则烦恼病愈,故寄药草以目品焉"。佛经早期的章句解释,为了启迪初学,文字不能太简,有时注文与原著篇幅相当[1]。后来佛教受魏晋玄学的注疏方法影响,尚清通简要[2],有的讲大义,有的指事数,注文篇幅往往不太长。南北朝后期,佛经著述逐渐增多,学派林立,讲经的章句、口义(讲义)渐多,越来越详备,注疏又由简到繁。到隋唐时,佛经注疏、佛经讲说,有似汉儒解经的末流,广博繁琐兼而有之。

(二) 论著

　　注疏不能离开原著经典,论著则可以离开原著,尽量发挥个人的见解。曾涌现了多种经序。经序是概括介绍某部经的基本要点,但随着个人的理解的不同,有的序并不一定能代表原著的宗旨。如鸠摩罗什译出《大智度论》后,请慧远作序。慧远的序反映慧远个人对《大智度论》的看法,有些话说对了,也有些见解并不符合中观学派的宗旨[3]。又如鸠摩罗什的《实相论》、僧肇的《肇论》都有独创性的见解,论著之中除了论以外,还有经序[4],虽不能据以理解佛经原旨,而足说明作者的学术观点。此外还有专题论文,如支道林的《即色游玄论》《肇论》《心无义》《法性论》

---

① 如《人本欲生经》一卷,注本篇幅亦一卷。
② 《法华经》(鸠摩罗什译)有七卷,竺道生《疏》只有两卷。
③ 见《中国佛教史》第二卷,中国社会科学出版社,1985 年版,《慧远的佛教思想体系》部分,第 676 页。
④ 《出三藏记集》保存经序很多。

《佛性论》《辩宗论》等①。有"义章"是专门为经中事数的,分门别释,与注疏体例不尽相同。有辩论集,如《神灭论》的辩论,《夷夏论》等。

(三)译著纂集

有全集的节略本②,有汇编本,如《众经要钞》《义林》《经律异相》《出要律仪》《法宝联璧》《内典博要》《增一法数》这类著作,有的把众经汇为一编,有的把一经简化,也有的属于辞典性质,是佛教学习的工具书。还有把几种佛经译本合编为一本,如《合首楞严经》《合维摩诘经》《合放光般若》等。这都是为了便于研读,对佛教经学的整理工作。

(四)佛教史传的编辑

佛教史传的编辑如释迦传记、印度圣贤传记,最多的是中国传人传记,如《释迦谱》《马鸣传》《龙树传》《提婆传》《佛图澄传》《支遁传》《道安传》《高僧传》《名僧传》《比丘尼传》《庐山僧传》等数十种。其中慧皎的《高僧传》起自佛教初传,讫梁天监十八年,开僧传的规模,分僧人为十科,后来的僧传都沿用这一体制。属于通史性质的,如《魏书·释老志》《三宝记传》《三宝集》,三书均为纪传体。寺志、山志著作有《庐山记略》《天台山铭序》《京师寺塔记》,最著名者有《洛阳伽蓝记》,保存史料极有价值。关于外国历史知识有《佛国记》,北魏慧生《行传》,如《扶南记》《历国传》《外国传》《游行外国传》《历国传记》等。

---

① 论著,保存在《弘明集》及《广弘明集》及《高僧传》中,不具引。
② 《大智度论》一百卷,慧远节抄为二十卷。

此外,佛教经学从道安开始,仿儒家经典整理方式,创建了佛教目录学。据唐智昇《开元释教录》所见到的有二十八家,今存在僧祐的《出三藏记集》。

北朝自孝文帝迁都于洛阳,弘扬佛教,造像建寺的同时,也注意佛教理义的宣扬。当时南方佛教重心有三处,一在南京,一在庐山,后来海上交通发达,广州也成为中心之一。与南方相对峙,北方也有三个中心,一在彭城(徐州),一在洛阳,一在邺都。北朝后期,北周以长安为政治中心,佛教得到相应的发展,其活动规模、僧众数目,北方均超过南方①。

北方以徐州为中心的佛教学者,有僧渊、僧嵩、道登、慧纪、昙度,都宣传《成实论》《涅槃》之学。僧人智游兼擅《毗昙》《成实》。魏末齐初,渤海明彦擅《成实》,彭城慧嵩擅《毗昙》,如法上、慧远(净影寺)擅《涅槃》。当时山东、河南、河北、徐州广大地区,讲论学习的佛教经典,偏重在《成实》《涅槃》《毗昙》。东魏到北齐邺都,道宠、慧光宣扬《地论》,有相州南北二道两大学派。禅学也在嵩山、洛阳不断发展,唐朝相传禅宗初祖以下数代,均在北方。

佛教势力发展,佛教理论有广泛的社会影响,上面有朝廷的倡导,更起了推波助澜的作用。魏孝文帝时,钦慕江南文化学术,朝臣中通晓佛教经学的,如崔光、王肃原为江南人。南方文人到北方多受到重视。东魏北齐时,朝廷上下颇好玄谈,亦杂以佛教理论。孝静帝曾召名僧于显法殿,讲说佛理。文学重臣如

————

① 据《续高僧传·靖嵩传》载:北魏建都洛阳后,译经、建寺、岩窟造像,规模均为前代所未见。都下大寺略计四千,所住僧尼将八万,讲席相拒二百有余。听者常过一万。又据《续高僧传·法上传》载,天下僧尼二百余万,寺四万余所。

杜弼、杨愔、邢劭、魏收,也参加辩论。杜弼也主讲佛经,与专业佛教徒僧达、道顺等往复问难,往复数十番,莫有能屈。杜弼好玄理,尝与孝静帝讲说佛性、法性。对形神生灭问题,北方也有兴趣,《老》《庄》《周易》三玄之学,在北方又引起学术界的关注。孝静答杜弼诏:"卿栖息儒门,驰骋玄肆,既启专家之学,更畅释老之言。"三教之间交涉渐多,趋向融会,这种新趋势,江南与北方基本相似。北方由文化落后的奴隶制向封建制转化,不得不刻意摹仿,向南方学习。《续高僧传·菩提流支传》讲北方学风时,说"山东江表,乃称学海",北方的佛教经学与江南并称。

南方的佛教经学与玄学关系较多,也可以说是从玄学中蜕变出来的。北方也吸收了魏晋玄学的学风,同时由于北方的儒家经学比南方更受重视,士大夫与汉族以外的少数民族帝王贵族共同统治着人民,因而生活在北方的门阀士族与江南的门阀士族有所不同,他们更注重汉代传统经学,北方经学较江南为盛。北朝的政局有一段较长的稳定时期,燕、齐、赵、魏之间,儒家经典著述颇多,超过江南①。儒学极盛的地区也就是佛教理论极盛的地区。儒家经学与佛教经学同时繁荣,儒生与僧人相互影响,形成了佛教经学的特色。儒家学者高允信佛法,刘献之注《涅槃经》(《魏书·刘献之传》),孙惠蔚侍讲儒学,也讲佛法,加法师称号。卢景裕在邺,寓僧寺,听讲佛法,李同轨兼读释氏,在洛阳平等寺与僧徒辩论②。崔暹好佛经,儒者权会馆于崔家,名僧昙迁乃权会之甥,并从之学《易》《礼》《诗》《书》《老》《庄》。释道宠为相州地论学派的重要人物。僧范从大儒熊安生问学。此外,如兖州僧人昙衍、定州僧人灵裕,都是从儒家转信佛教的。

---

① 参看《北史·儒林传序》。
② 同上。

地论师慧光门下十哲,除僧人外,中有儒生冯衮。慧光通佛教律学,僧范、冯衮均由儒入佛。当时儒家三礼,佛之戒律均盛行于世,江南与北方都很重视。佛教律学兴起,出于客观需要。佛教发展迅速,人数众多,没有一个章程,难以管理。《魏书·释老志》引任城王澄奏:

> 今之僧寺,无处不有,或比满城邑之中,或连溢屠沽之肆,或三五少僧,共为一寺。梵唱屠音,连檐接响。象塔缠于腥臊,性灵没于嗜欲,真伪混居,往来纷杂。下司因习而莫非,僧曹对制而不问。

北朝出家人数达数百万之众,主要原因是群众为了避徭役,且僧法处分极轻,犯戒最重的逐出寺院为止。儒家重礼教,是门阀士族为了保护自己的世袭特权和高贵的社会地位的一种自我保护的措施。

一 佛教的输入与早期传播

佛教的输入

佛教创立于公元前6—前5世纪的古印度,创始人为悉达多(Siddhātha),族姓乔达摩(Gautama),中国旧译为瞿昙。他生于迦毗罗卫(Kapilavastu),该地现在尼泊尔境内,相传为净饭王太子。他一生传教于印度北部、中部恒河流域一带。释迦牟尼(Śākya - Muni)是佛教徒对他的尊号。关于他的生卒年,根据文献史料推算,约生于公元前565年,约死于公元前490—前480年之间,略早于中国的孔子[①]。

---

① 孔子生卒年为公元前551—前479年。参看汤用彤《印度哲学史略》。

佛教开始在古印度传播时期,信徒甚少,地区也不出印度北部和中部。到公元前 3 世纪,孔雀王朝阿育王统治以后,佛教凭借国王的势力,向印度以及周围国家传播。向南传到斯里兰卡和东南亚国家;向北传入大夏、安息及大月氏,并越过葱岭传入中国西北地区,经丝绸商路传入中国内地。

佛教传入中国西北地区,经天山南路龟兹、于阗等国,进玉门关、阳关到河西走廊。由于佛教最早传入的主要途径是新疆、中亚一带,这一带信奉者多属小乘佛教。大乘佛教在印度创立时间迟于小乘佛教。但佛教小乘、大乘差不多同时传入中国,当时中国人士还不大了解小乘大乘的区别,就一齐接受下来。而在西域一带,佛教大小乘区别比较明显。

印度的习惯,师徒传授多靠口头传诵,没有文字记载。最早传入的佛经称为"浮屠经",也称"复豆经"①。东汉初年,上层统治者已有信奉佛教者,《后汉书·楚王英传》记载,楚王刘英"晚年更喜黄老学,为浮屠,斋戒祭祀"。汉明帝永平八年(65)诏令天下有死罪者可用缣(细绢)赎罪。刘英派郎中令奉黄缣白纨三十匹送到中央赎罪。皇帝下诏安抚刘英,说:

> 楚王诵黄老之微言,尚浮屠之仁祠,洁斋三月,与神为誓。何嫌何疑,当有悔吝?其还赎,以助伊蒲塞(即优婆塞——男居士)、桑门(沙门,出家人)之盛馔。

可以看出,当时人把浮屠与黄老并提,也是祠祀的对象,用以祈福。刘英信奉方士,也信奉佛教(供养沙门),在上层贵族中有少数佛教信奉者,在社会上影响不大。

东汉末年,佛教的译经,如佛本生经,佛本行经,大、小乘经

---

① 参见《魏略》关于浮屠经的解释。据《世说新语》注引文作"复豆",与"浮屠""佛陀"同音。

典渐多,对佛的所谓神通,有不少介绍。比如《牟子》[①]曾说:

> 佛者,谥号也。犹名三皇神、五帝圣也。佛乃道德之元祖,神明之宗绪。佛之言觉也。恍惚变化,分身散体,或存或亡,能小能大,能圆能方,能老能少,能隐能彰,蹈火不烧,履刃不伤,在污不染,在祸无殃,欲行则飞,坐则扬光。故号为佛也。[②]

《牟子》把佛描述得和中国传统宗教的所谓神仙、"真人""神人"相似。如《庄子》描写的"真人"能"入水不濡,入火不热燕"。秦始皇时,方士卢生说,"真人者,入水不濡,入火不蓺,凌云气与天地久长"(《史记·秦始皇本纪》)。《淮南子·精神训》所描述的真人是:

> 所谓真人者……大泽焚而不能热,河汉冱而不能寒也,大雷毁山而不能惊也,大风晦日而不能伤也……其动无形,其静无体,存而若亡,生而若死,出入无间,役使鬼神。

《牟子理惑论》也还认为佛教与儒家、道家的道理没有什么差别,甚至认为佛教的道理是儒教的阐发,其基本精神是一致的,都宣扬忠孝。佛教出家,背离父母,是更大的孝,佛教离开政治活动,是更大的忠。

《牟子》尽量用中国熟悉的词句来解释什么是佛。佛能飞升变化,其崇高的地位有似中国的圣人(三皇、五帝)。只有"分身散体",是中国传统神仙方术中所没有的,但所占分量不多。

讲到佛的相貌奇特,不同于凡人,他尽量用中国古书中相传有关"圣人"的奇特相貌的记载,如尧眉八彩,舜目重瞳,皋陶马

---

① 《牟子》:三国时人的著作。见《中国佛教史》第一卷,中国社会科学出版社,1981年版,第186—224页。

② 《牟子》第二章。

喙,文王四乳……骨相的说法,佛是圣人,不同于凡人。

《牟子》尽力避免用佛教语汇来表述佛教的基本教义。《牟子》以前已有一些佛经汉译本,安世高译"无常"为"非常","无我"为"非我","涅槃"为"无为"等。书中讲过"太子曰,万物无常,有存当亡",只有过一次,更多情况下,用中国哲学家关于"道"的描写:

> 道之言导也,导人致于无为。牵之无前,引之无后,举之无上,抑之无下,视之无形,听之无声。

这里的对"道"的形容,与《淮南子》的《原道训》和马王堆出土帛书的《道原》十分相似。道家的"道",与佛教的"道"根本不相同,这些描述,当然不准确。

《牟子》进而发挥他理解的"道":

> 立事不失道德,犹弦调不失宫商。天道法四时,人道法五常。老子曰:有物混成,先天地生,可以为天下母,吾不知其名,强字之曰道。道之为物,居家可以事亲,宰国可以治民,独立可以治身。履而行之,充乎天地,废而不用,消而不离。(第四章)

这样的"道",可以治国,可以治身,又是天地万物的根本。这样的"道"完全是中国儒家、道家的道,它不是佛教的教义。佛教从来不讲五常(仁、义、礼、智、信),更不讲居家事亲,宰国治民。这正好说明当时中国的佛教信奉者对佛教理解的水平。

稍后,三国时期吴国康僧会译出一部分佛经。当时大乘、小乘均已传入中国内地,而佛教徒还不大了解它们的区别。如康僧会在《安般守意经序》中认为安世高:

> 怀二仪之弘仁,愍黎庶之顽暗……乃陈演正真之六度,译《安般》之秘奥。

安世高是小乘禅学者,康僧会把他看成宣扬"六度"的大乘信徒。

康编译的《六度集经》充分体现了他的仁政救世思想。佛教制定戒律,本是用来约束僧众,只施用于僧团内部,康僧会把它扩大为人类共同的道德信条。"不盗"还要包括"捐己济众""富者济贫"。"不杀"还要"恩及群生""爱活众生"。"不饮酒"还要与"尽孝"相联系。《六度集经》还认为"慰孝悌,养孤独""布施一切圣贤,不如孝事其亲"。还经常以儒家的"三纲五常"解释佛教,说"君仁臣忠,父义子孝,夫信妇贞,比门皆贤"。康僧会还吸收中国传统灵魂不死的观念以解释佛教轮回说:

> 深睹人原,始自本无生。元气强者为地,软者为水,暖者为火,动者为风。四者和焉,识神生焉。上明能觉,止欲空心,还神本无。(《察微王经》)

又说:

> 神依四立,大仁为天,小仁为人,众秽杂行为蜎飞跂行蠕动之类。由行受身,厥形万端……魂灵与元气相合,终而复始,轮转无际,信有生死殃福所趣。(同上)

早期传入的佛教,译文方面尽量用中国传统思想去翻译。从佛教观点看来,是驳杂不纯,这种不纯,正是当时中国社会历史的反映。

佛教传来中国,对善恶报应、三世轮回之说很自然地与中国的灵魂不死观念相比附。有人问,"为道亦死,不为道亦死,有何异乎?"《牟子》回答说"有道虽死,神归福堂;为恶既死,神当其殃"。

从《牟子》书中可以看出佛教传入初期中国人对佛教的理解。佛教传到一个新环境,不得不与当地的社会相适应。它要依附道家和中国的方士迷信思想,有许多解释与佛教宗旨不合。佛教正是靠了这种更为接近中国习惯的方式,逐渐成为中国的佛教的。

佛教的早期传播

除了文献记载以外,近年考古发现也说明佛教传入中国后,与中国传统思想信仰相结合的事实。

1954 年,山东沂南发掘一个东汉墓,墓室中八角柱上线雕的神仙、奇禽异兽中,刻有一个神童,头戴露顶帽,顶上用带结发,绕头有一个圆圈,如佛光之状,着花领衣,衣下缘作花瓣状,腰束花巾,巾下垂流苏,双手捧着一条像鲇鱼状的东西端立着。这种画像在柱南面和北面的上端各有一个。怎样解释这种艺术造像呢?《四十二章经序》说:汉明帝"夜梦见神人,身体有金色,项有日光,飞在殿前……",此经在东汉末已流行。印度犍陀罗佛教造像也有头背有佛光的佛陀立像。这个项有光圈的神童像,很可能是受佛教传说和佛教造像影响的产物。从沂南画像石墓的整个画像来看,除去反映生活宴乐祭祀等题材外,都是与中国传统的神仙信仰有关的作品,如西王母、东王公、蛇身的伏羲、女娲,以及朱雀、白虎及各种奇禽异兽等等。在刻有项有光圈的神童的八角柱上,东面上端的同样位置处,刻有上张华盖,端坐山上的东王公,此外,还刻有一些奇兽和带翼仙人。

这个画像墓所在的地方离东汉末太平道的发源地徐州的东海郡很近。这一带正是楚王刘英活动的地区。

在四川乐山县麻浩享堂梁上刻有一个端坐佛像,高 39.55 公分,宽 30 公分,面部已残,绕头有佛光,身上好像披着通肩袈裟,右手似作"施无畏相"(右手上举,伸五指,掌向外),左手似有所执。同墓的额枋上还刻有朱雀、铺首和垂钓者,而一般崖墓中在此部位也往往雕刻朱雀、龙、虎等神兽或神仙形象。在其附近与其风格相同的有纪年铭的崖墓里,有顺帝"永和"(136—141)年和桓帝"延熹"(158—167)等年号①。这个墓中所雕佛像应是东汉末年的作品。

在四川彭山县崖墓内发掘出一个陶制佛座,高20.4公分,座下部塑双龙衔壁,上塑端坐佛像,头上有肉髻,右手似作"施无畏印",着通身袈裟,衣褶分明,左右各立一侍者。墓内虽无纪年铭,但与陶制佛座同时出土的陶俑、陶动物以及陶制屋宇等等,都具有明显的汉代明器的特征②。

关于四川的佛教,在东晋之前缺乏文字记载。四川佛像的发现,给佛教史学界提出一个问题:四川的佛教是从什么途径输入的呢? 是从西域经敦煌直接输入的,还是从长安、洛阳输入的? 我们认为更大的可能是通过云南输入的。对此,虽史书无证,但从这些考古发现,至少可以证明,在三国以前,四川已传入佛教。

三国时期的佛教造像,至今还没有发现。但1956年因施工在武昌莲溪寺东吴墓中出土的陶俑,看来是受到印度佛教的影响。墓中出土四件陶俑,陶胎紫灰色,施青绿色釉。两俑为尖发髻,两俑着冠,裸身托掌,作跪坐状。俑的面部与以往的俑显著不同的地方是:额部都塑有凸出的"白毫相"。这显然是受佛教造像的影响。吴支谦译《太子瑞应本起经》描述佛陀长相奇特,有"三十二相",其中说:"躯体金色,顶有肉髻,其发绀青,眉间白毫,顶出日光……"因此,这种陶俑应是佛教流行后的产物③。墓中发现吴永安五年(262)的纪年铅卷。据《三国志·吴书·孙琳

---

① 闻宥:《四川汉代画像选集》,群众出版社,1955年版,第59图。

② 间引自《沂南画像石墓发掘报告》第6章及插图42。

③ 《考古》1959年第4期,湖北省文物管理委员会《武昌莲溪寺东吴墓清理简报》及图版7。

传》,在此前三年,孙琳曾"坏浮屠祠,斩道人";再据《高僧传·康僧会传》,在孙权末年康僧会立寺传教,吴国"大法(佛教)遂兴"。这说明,此墓的主人生活在吴国佛教流行的时候。这些陶俑的独特形象当是受了佛教的影响。

东汉三国是佛教开始传播的时期,其佛教造像还刚刚出现,正如佛教开始依附于中国传统的黄老道术一样,佛教造像也难免与中国许多传统的神仙、鸟兽的造像混在一起,还没能形成自己独特的风格。

二　魏晋玄学①与佛教般若学

魏晋玄学的出现,是汉代经学的终结,思辨哲学的开始。从汉代的宇宙论进入本体论,是中国哲学史发展的新阶段。

随着人类认识的深化,哲学家所讨论的问题,已不再停留在探索天地万物的构成,进而探索现象世界之后、之上有没有更根本的实体。他们追问世界万物存在的最后根据,即当时所谓本末、有无等问题。万有诸现象是"有","有"为什么会"有",应当追问它的"所以"有。纷然杂陈的现象界变化万端,有没有一个比变化更根本的不变的实体作为变化的根据? 这是魏晋玄学所关心的大问题。神学经学早有过解释,说成是"天"的意志、上帝的安排。经历了汉末理性主义的批判思潮的冲刷,魏晋玄学没有求助于上帝或天意,而是通过哲学思辨的途径去寻求答案。

哲学问题,看似玄远,讲的都是抽象命题,号称"清谈",魏晋玄学在这方面的特点尤为突出。实际上,任何抽象命题,都扎根

---

① "魏晋玄学"本书有专题讲述,这里不重复。这里着重讲佛教般若学"六家七宗"的哲学思想。

在现实的土地上,须受阶级与社会的制约,决不会无因而起。魏晋之际的社会面临着前所未有的政治危机与社会危机。这是东汉以来政治腐败,儒家礼教的虚伪说教造成的。欺世盗名,名不符实,口号与行为脱节,造成了信任危机。像"孝廉"不孝,"秀才"无学,这种讽刺性的现实普遍存在,名与实完全脱节。当时"名教"与"自然"的关系的讨论,就是当时社会矛盾的反映。"名教"指与封建秩序相适应的各种名分,如君臣父子,按照封建名分,规定每个人应有自己的位置,这种社会义务属于"名教"管辖的范围,也可以叫作社会本性。当时社会提倡的社会本性,如忠君、孝亲,往往与实际情况不符,于是有人提出君臣之间的忠、父子之间的孝,是否出于人类自然本性。按照人类的本性,任其自然发展,能否自然地产生忠、孝等观念? 当时有不少哲学家探讨了这类问题,如嵇康、阮籍等人提出的顺应自然的主张。上古之世没有君主的社会,人们生活得很幸福,有了君主,有了国家,给人类带来了不幸、不自由。这种思想《庄子》早已讲过。不是嵇康、阮籍等人最先提出的,魏晋哲学家重新提出来讨论,不能看作复古,它是当时社会矛盾的反映,是与本末、有无等本体论同时出现的重要问题。关于"名教"与"自然"的讨论,这是魏晋玄学探讨社会、人生的重要题目。名教是维护封建宗法制的必要保证,封建地主阶级(包括门阀士族)不能废除"名教",名教不能完全抛弃,但社会上对它已发生了信任危机,带头败坏名教的,往往是名教中实权人物。按照人的自然本性,在现实生活中应当怎么办? 在传统哲学思想里,儒家重名教,道家尚自然,两家主张不同,玄学家力图探求二家的共同点。玄学家的理论兴趣与门阀士族的政治利益有密切关系。如果完全顺应自然,忽视名教,那就要否定封建社会的存在,门阀士族的特权也被否定,这是不行的;如果完全按照名教规定办事,已享特权放任自由的门阀士族也不能接受。他们需要在名教与自然之间探寻一种融通的途径。阮瞻与司徒王戎有一段对话：

> 戎问曰："圣人贵名教，老庄明自然，其旨同异？"瞻曰："将无同。"戎咨嗟良久，即命辟之。时人谓之"三语掾"。（《晋书·阮瞻传》）。

本末、有无、名教自然所讨论的问题，看来好像很抽象、不着边际，实际上玄学并不玄虚，它是应门阀士族的需要而出现的哲学。儒家失去汉代的独尊地位，而道家的思想资料对本体论的创建有帮助，因而儒道融通，形成魏晋玄学的总趋势。魏晋玄学形成和发展，完全是中国封建社会的产物。它与现实政治关系密切，在玄学的风气下，佛教传入才有了一个立足的地方。

般若学说是印度大乘空宗为批判小乘有宗而出现的一种理论。《般若》经典在汉末魏晋时期已译为汉文传入中国，直到西晋初年，这种学说流传不广，还没有在哲学界有所反映，如王弼、何晏的著作中，以及后来向秀、郭象的著作中都没有发现佛教思想的影响。东晋时期，《列子》书中才开始在非佛教徒的著作中有所反映。早期的翻译用词，也多沿用玄学家的词汇，如汉译"真如"为"本无"，译"般若"为"大明"等。佛教中流行的般若学说，都是有意识地发挥玄学的观点。如东晋时期的"六家七宗"就是东晋时期玄学思想在佛教思想中的反映。

佛教般若学借助于中国的玄学的社会影响，开始迎合、适应玄学的需要，发展了自己。正如道安所说，"自经流秦土，有自来矣……以斯邦人老庄教行，与方等兼忘相似，故因风易行也"（《鼻奈耶序》）。所谓老庄，指的不是先秦的老子、庄子，而是指的当时玄学以王弼《老子注》及郭象《庄子注》为代表的老庄之学。

玄学提出一种新观点，不同于秦汉时代的哲学，它是在汉代宇宙论的基础上继续发展的一种哲学体系"本体论"。本体论探讨的中心问题即体用、本末、有无的问题。它关心的不是宇宙的结构、生成，而在于探求宇宙的本原。与本末问题相关联的认识有无可能，如何取得精神自由等，也是玄学所关心的。但这些问题都从属于本末、有无的总题目。这种变化，标志着认识的深化、抽象思维的程度和理论概括的水平提高了。

魏晋玄学给佛教般若学提供适宜的土壤，般若学沿着魏晋玄学的道路发展下去，在社会上层知识阶层引起了广泛的影响，从东晋到南朝初，可以说是般若学流行时期，形成了魏晋玄学发展的新阶段。

佛教般若学以论证现实世界虚幻不实为目的，宣传出世的宗教理论。魏晋玄学则是肯定现实世界的秩序，在现实世界中提供一种对世界的理解之学。一个讲出世（佛），一个讲入世（玄）。魏晋玄学关心的中心问题是名教与自然；佛教关心的是世间与出世间。佛教、玄学涉及两大问题，又都可以归结为本末、有无这一对总范畴之下。名教与自然，玄学家有以何者为本、何者为末的争论，如王弼以自然为本，裴頠以名教为本。郭象把名教与自然的关系协调一致，提出了"玄冥""独化"的自然论，认为名教与自然不是对立的，而是自然合一的，不但不背离而且还可以互相补充，不能割裂。这种理论对门阀士族的专政政治体制提供了理论支持。既照顾到了封建礼法的合理地位，又给门阀士族上层贵族以精神自由。既享富贵，又得逍遥，身居庙堂之上，其心无异于山林之中。

佛教的出世哲学，当然不能明目张胆地去调和庙堂与山林的对立，但佛教并不真正出世，佛教虽讲出世，它实际上是以出世的姿态关注着世间。佛教信奉者宣称佛与周孔并无二致。

周孔即佛，佛即周孔，盖外内名之耳。

……周孔教极蔽,佛教明其本耳……渊默之与赫斯,其迹则胡越,然其所以迹者何尝有际哉?故逆寻者每见其二,顺通者无往不一。①

这种儒佛调和论,在当时很有代表性。佛教也想为治道尽力,协助王化,表面上相去很远,好像胡与越南北背道而驰,而根本上是一致的,两家的"所以迹"是一致的。

这一时期佛教理论的玄学化,出现了许多派别。僧叡把当时各派归为"六家"②,刘宋昙济有《六家七宗论》③。六家七宗的代表人物是:

六 家	七 宗	代 表 人
本 无	本 无	道安(性空宗义)④
	本无异	竺法深、竺法汰(竺僧敷)
心 无	心 无	支愍度、竺法蕴、道恒(桓玄、刘遗民)
即 色	即 色	支道林(郗超)
识 含	识 含	于法开(于法威、何默)
幻 化	幻 化	道壹
缘 会	缘 会	于道邃

这几个学派在西晋之际,几乎同时出现,各家学说内容已不可详考,有的资料已散失。这也是由于当时佛教各派为了迎合玄学,纷纷创立新说,仓猝上阵,理论准备不足,有的短命,没有

① 《弘明集·喻道论》卷二。
② 《毗摩罗诘提经义疏序》"六家偏而不即"(《出三藏记集》卷八)。
③ 此论今佚,见唐元康《肇论疏》有记载。
④ 吕澂先生认为本无宗代表人恐系竺法汰(见《中国佛学源流略讲》,中华书局,1979年版,第53页)。

流传下来。如《世说新语·假谲篇》载：

> 愍度道人始欲过江，与一伧道人为侣，谋曰："用旧义往
> 江东恐不办得食。"便共立"心无义"。既而此道人不成渡，
> 愍度果讲义积年。后有伧人来，先道人寄语云："为我致意
> 愍度，无义那可立？治此计，权救饥尔！无为遂负如来也。"

这一条记载未必完全可信，可能出于六家七宗中的另一派的记
载。因为当时持心无义的不光支愍度一人，此说曾流行于江南
各地。如按照学说的内容划分，僧肇在《不真空论》中对当时般
若学派集中批判了本无、心无、即色三家，可见这三家有广泛影
响，有代表性。

本无宗

本无宗又可分为两家，"本无"及"本无异"。这一派把般若
的"空"理解为本体、无，否认现象的真实性，只承认本体空寂。

> 释道安明本无义，谓无在万化之前，空为名形之始。夫
> 人之所滞，滞在未有，若宅心本无，则异想便息……安公明
> 本无者，一切诸法，本性空寂，故云本无。（《中观论疏》）

> 道安法师《本无论》云，明本无者，称如来兴世，以本无
> 弘教……庐山远法师《本无义》云，因缘之所有者，本无之所
> 无，本无之所无者，谓之本无。本无与法性，同实而异名也
> （《肇论疏》）。

从这些记载中可以看出，以道安为代表的本无宗，完全继承了魏
晋玄学的中心议题，以无为世界万化之本。其弟子慧远继承师
说，以本无为法性，也是以般若性空为实体。昙济《七宗论》也
说：

> 无在万化之先，空为众形之始，故称本无。非虚豁之中
> 能生万有也，夫人之所滞，滞在未有，苟宅心本无，则斯累豁

矣。夫崇本可以息末者,盖此之谓也。(《名僧传抄·昙济传》)

照这种解释,无即万物之本,与王弼的以无为本的学说基本一致。王弼以《老》《易》为依据,发挥其以无为本的思想,道安等以般若性空为依据,发挥其以无为本的思想。两者的世界观基本一致。再据安澄记载:

夫无者何也?廓然无形,而万物由之而生也。有虽可生,而无能生万物。故佛答梵志四大空生也……复有竺法深即云:诸法本无为第一义谛。所生万物名为世谛。

竺法深的主张比道安的本无说,其理论上似乎后退了一步,道安的主张应属本体论范畴。竺法深的主张属宇宙生成论。"无能生万物"放在玄学本体论,似不够格,与佛教般若学说宗旨相去更远。以无为本的本体论取代宇宙生成论,是王弼的贡献,王弼也偶尔出现无能生有的说法,但他的基本思想是清楚的①。

道安一派"以无为本"的观点,被后来般若学派奉为正宗,在六家七宗中影响最大,原因在于它上承魏晋玄学的正统,在佛教理论界建立了与当时中国玄学相应的本体论。这种本体论可以和"实相""法性"相呼应、衔接。道安的弟子僧叡,后来在鸠摩罗什门下接受中观学派的理论,对佛教大乘空宗学说有了较深的理解,他对道安过去所讲的本无学说有所评论,既肯定了他的功绩,又指出其不足:

自慧风东扇,法言流咏以来,虽曰讲肆,格义迂而乖本,六家偏而不即。性空之宗,以今验之,最得其实。然炉冶之功微恨不尽。当是无法可寻,非寻之不得也。(《毗摩罗诘

---

① 参看《中国佛教史》第二卷,中国社会科学出版社,1985年版,第224—225页。

提经义疏序》,《出三藏记集》卷八)

僧叡还指出:

> 亡师安和上,凿荒途以开辙,标玄指于性空……亹亹之
> 功,思过其半。(《大品经序》,《出三藏记集》卷八)

这里说的"性空之宗"即当时最大的本无宗。他批判了"格义"迂
而乖本和"六家偏而不即",特别推崇道安(安和上),其实,道安
也还是用的"格义"方法,道安也是"六家"中的一家。可能出于
师生之谊的避讳,没有公开批判,而是说由于"无法可寻"才造成
了某些缺失。无法可寻即指道安没有机会接触中观学派的理论
(法)。后来青年学者僧肇就不像僧叡有所避讳,直接指出,本无
宗的理论有错误。

> 本无者,情尚于无多,触言以宾无,故非有,有即无;非
> 无,无即无。寻夫立文之本旨者,直以非有非真有,非无非
> 真无耳。何必非有无此有,非无无彼无? 此直好无之谈,岂
> 谓顺通事实,即物之情哉? (《不真空论》)

僧肇指出把"无"看作至高无上,其错误是把"无"当成了某种实
体看待,这就把本是"空无"的世界给分割成"这个有""那个无"
"宰割以求通",违背了大乘空宗的本旨。

心无宗

心无宗创于支愍度,早于道安的本无宗。该说的资料保存
得不全,不像本无宗留下来的资料那样多,只能从简略引文中窥
见一二。元康《肇论疏》说:

> 心无者,破晋代支愍度心无义也……"无心万物,万物
> 无尝无",谓经中言空者,但于物上不起执心,故言其空。然
> 物是有,不曾无也。此"得在于神静,失在于物虚"者,正破
> 也。能于法上无执,故名得。不知物性是空,故名失也。

元康所理解的僧肇论的宗旨,大致不差,指出心无宗理解般若空义,其正确的地方是提出了教人于物上不起执心,破除了意识上的"有",而没有破除外界(物)的"有",没有认识物性是空,所以造成过失。结果将造成一种误解,好像佛教般若学派以心为无,以物为有。这显然不符合佛教的宗旨。据《高僧传·竺法汰传》:

> 时沙门道恒,颇有才力,常执心无义,大行荆土。汰曰:"此是邪说,应须破之。"乃大集名僧,令弟子昙壹难之,据经引理,析驳纷纭。恒仗其口辩,不肯受屈。日色既暮,明旦更集。慧远就席,攻难数番,关责锋起。恒自觉义途差异,神色微动,麈尾扣案,未即有答。远曰:"不疾而速,杼轴何为?"坐者皆笑。心无之义,于此而息。

这次的大论战,道恒可能在本无宗大师法汰的安排下参加辩论的。参加者多倾向于本无宗。道恒最后"未即有答",略有迟滞。当时谈名理,以捷悟为上,略有迟滞,即占下风。从《高僧传》的记载中,看不出道恒在理论上已被驳倒。而且当时佛教理论界尚未接受中观学说,理论准备不足,只靠般若旧义,是不可能把心无义驳倒的。到僧肇时期,集中批判当时般若学影响较大的三个学派中,就有心无学派。僧肇还指出它有正确的一方面,"得在于神静"。可见这一派并没有消失。在东晋流传了百年左右。

即色宗

支道林倡即色①论,这一派保留下来的资料较多,影响也较大。据慧达《肇论疏》云:

---

① 支道林著作多保存下来,可参看汤用彤著《汉魏两晋南北朝佛教史》第九章,第180—181页,中华书局,1983年版。

支道林法师《即色论》云,吾以为即色是空,非色灭空(此引《维摩经》。《肇论·不真空论》引之为"色之性空,非色败空"),此斯言至矣。何者?夫色之性,色不自色(三字依上段加),虽色而空。如知不自知,虽知恒寂也。

安澄《中论疏记》云:

支道林著《即色游玄论》云,"夫色之性,色不自色;[色]不自[色],虽色而空。知不自知,虽知而寂。"彼意明色心法空名真,一切不无空色心是俗也。《述义》云其制《即色论》云,"吾以为即色显空,非色灭空"。

上述引文略异,但基本意思不差,可以代表支道林的思想。再看支道林自己的文章就更清楚:

夫般若波罗蜜者,众妙之渊府,群智之玄宗,神王之所由,如来之照功。其为经也,至无空豁,廓然无物者也。无物于物,故能齐于物。无智于智,故能运于智……顿其至无,故能为用。(《大小品对比要钞序》,《出三藏记集》卷八)

支道林以般若为本无,直承玄学的传统,至为明显。但他没有停留在本无宗的认识水平上,而是有所发展。

夫无也者,岂能无哉?无不能自无,理亦不能为理。理不能为理,则理非理矣;无不能自无,则无非无矣……若存无以求寂,希智以忘心,智不足以尽无,寂不足以冥神。

支道林仍然用魏晋玄学本体论的语汇来表达他对佛教般若性空的理解。他主张不应"存无以求寂,希智以忘心"。本体不同于具体实物,般若的"空"不同于本体的无。支道林受魏晋玄学影响甚深,对《逍遥游》提出新解,出向秀、郭象之外。他讲佛经,但取其大义,有时与佛经文句不合。他这些特点,时人以为是优点,认为他善于"得意"。其实,支道林解释的般若学,只能当作

315

支道林所理解的般若学。因为当时中国学者对般若空宗的理解，也只能达到那样的水平。

支道林的《即色论》，在六家七宗中，思路比较灵活，对般若空的理论，发挥"即色是空"观，也有独到之处。僧肇在《不真空论》中批判支道林的即色义，说：

> 即色者，明色不自色，故虽色而非色也。夫言色者，但当色即色，岂待色色而后为色哉？此直语色不自色，未领色之非色也。

这是说，即色宗但知色非自色，因缘而成，不存在所谓色的实体。但是他的认识还差了一点，没有明确指色本身就是空的。色的空不是经过分析，然后才是空的。因而僧肇认为这一派也不能算真正理解般若空的宗旨。

识含宗

据吉藏《中观论疏》引：

> 于法开立识涵义：三界为长夜之宅，心识为大梦之主，今之所见群有，皆于梦中所见。其于大梦既觉，长夜获晓，即倒惑识灭，三界都空。是时无所从生，而靡所不生。

"识含"宗以三界为梦中所现，为心识所变，世间境界为心识所摄。据唐均正《四论玄义》述梁武帝之说，"彼（梁武帝）明生死以还，唯是大梦，故见有森罗万象。若得佛时，譬如大觉，则不复见有一切诸法"。按宗炳《明佛论》，谓"识含于神"[①]。于法开认为三界本空，众生由于神明不觉，如陷梦境，以为不空。及惑识尽除，则神明成佛。众生均有此神识，识有颠倒，觉三界为有，神明觉悟，则以三界为空。

---

① 《明佛论》"知慧恶亡之识，常含于神矣"。

这种学说否定物质现象为实有,符合佛教唯心主义世界观。更值得注意的是他提出了神、心、意、识等范畴,以神为主宰,以识为功用。后来的佛教心性论重点探讨心性问题,识含宗已开始向这方向进行探索。他们的错误在于"空"了物质界,把心神当作根本,仍不符合般若讲空的宗旨。

幻化宗

吉藏谓幻化宗为壹法师说。法汰有弟子昙壹及道壹。昙壹曾参加与道恒心无义的论辩,当为本无宗的信奉者。又据《中论疏记》云"壹法师云,世谛之法,皆如幻化。是故经云,从本以来,未始有也"①。又说,此说但空诸法,不空心神。

> 《玄义》云第一释道壹著《神二谛论》云,一切诸法,皆同幻化,同幻化,故名世谛,心神犹真不空,是第一义。若神复空,教何所施?谁修道?隔凡成圣,故知神不空。

道壹主张存神而空外境,与识含宗学说大体接近,但其神不灭观点更为明确,与慧远、梁武帝等人的神不灭说相呼应。

缘会宗

缘会宗也没有多少资料留传下来。吉藏谓为于道邃之说。道邃为于法开同学,为于法兰之弟子。

《中论疏》云:"于道邃明缘会故有,名为世谛。缘散即无,称第一义谛。"《中论疏记》释云:

> 《玄义》云,第七于道邃著《缘会二谛论》,云缘会故有,是俗;推析无,是真。譬如土木合为舍,舍无前体,有名无实。故佛告罗陀,坏灭色相,无所见。

---

① 《疏记》引《大集经》卷九。

于道邃以因缘会合,形为万有,众缘分解,万有皆空。这一派与后来周颙的《三宗论》①的第二宗相同。这是用分析的方法,以论证万物不实。它和"识含""幻化"都否认物质世界为实有,都与心无宗对立。但缘会之说乃佛教大小乘通常所持观点。仅从上述资料,看不出有什么特点,这一派影响不大,后来没有什么影响。

统观六家七宗的学说,可以看出,佛教般若空宗学说到了中国,即被中国知识僧侣所曲解。这种曲解,不是任意歪曲,更不是无知妄说,而是用当时最高深的玄学原则和般若学说相附会。六家七宗的出现,标志着中国佛教哲学思想发展的新阶段。过去对佛教的解释权在外国译经人手里,从此以后,佛教经论的解释权转移到中国知识僧侣手中。佛教逐渐中国化,成为中国的上层建筑的一部分。

六家七宗的学说,是中国佛教化的本体论,它关注的不是世界万物的构成,而是世界万物的本体,它仍然是关于本末、有无、体用关系的讨论。这个议论的范围只是在佛教僧侣中开展的,也可说是魏晋玄学在佛教哲学的继续。

三 鸠摩罗什与中观学派

鸠摩罗什②祖籍印度,出生在中国,他实际是中国僧人。他的译经和传教事业,对中外文化交流,对国内民族文化交流,起

---

① 《三宗论》:南齐周颙撰,为空假名、不空假名、假名空。

② 鸠摩罗什(Kumarajtva):意译为童寿(344—413),龟兹(今新疆库车)人,见《高僧传》卷二,为我国四大佛典译家之一。

过促进作用。

鸠摩罗什开始,中国佛教译经事业被政府当作国家的文化教育事业的组成部分,与国家太学同等看待。所不同的是,太学为政府培养官员,佛教机构为政府培养佛教神学人才。鸠摩罗什所译佛经,译文精美超过汉魏诸汉译本,他译经内容也比过去更有系统。后来中国佛教许多流派所据经典,多根据鸠摩罗什的译本。他译出的《成实论》是小乘空宗向大乘空宗过渡的重要典籍,也是佛教徒的初级手册,发展为成实学派。《中论》《百论》《十二门论》号称“三论”,发展为三论学派。他重译的《法华经》代替了旧译《正法华经》,成为天台宗的主要经典。《阿弥陀经》成为净土宗的主要经典之一①。《十诵律》是一部完备的汉译小乘戒律,《梵网经》是大乘戒律的著作。《大智度论》是他根据中国读者的情况,自行编译的大乘空宗重要典籍。在长安十余年中,据《佑录》共译出经论三十五部,二百九十四卷;据《开元录》列为七十五部,三百八十四卷。据近人考订,现存三十九部,三百一十三卷。汉文著作有《实相论》(已佚)、《答王稚远十数问》(已佚),《大乘大义章》《维摩诘经注》②等。《佑录》记载少于《开元录》,当由于当时南北阻隔,信息不全,有所遗漏。

鸠摩罗什的译文,流畅易懂,不采取直译而采用意译,在我国译经史代表新的阶段。译文能够行久及远,除与他的学术修养造诣有关外,也得力于他周围的一批才识优异的助手的协助。他的弟子中,有人称赞说:

　　什以高世之量,冥心真境,既尽环中,又善方言。时手

––––––––––––

　　① 净土宗依据的主要经典,还有《无量寿经》《观无量寿经》,号称“净土三大部”。

　　② 《注维摩经》,佚,今僧肇《注维摩经》引用“什曰”处,当为罗什著。

执胡文、口自宣译。道俗虔虔,一言三复,陶冶精求,务存圣意。其文约而旨,其旨婉而彰,微远之言,于兹显然。(僧肇《维摩诘经序》)

与旧出译本相较,鸠摩罗什的译本大大超越了前人。同时也要看到鸠摩罗什译本的局限性:

法师(鸠摩罗什)于秦语大格,唯译(识)一法,方言殊好,犹隔而未通,苟言不相喻,则情无由比;不比之情,则不可以托悟怀于文表;不喻之言,亦何得委殊途于一致? 理固然矣。进欲停笔争是,则校竞终日,卒无所成;退欲简而便之,负伤手穿凿之讥。以二三唯案译而书,都不备饰。(僧叡《大智释论序》)

鸠摩罗什对自己的译文也不完全满意。他从更高的标准来看译文,甚至认为翻译为不可能。他说:

天竺国俗,甚重文制,其宫商体韵以入弦为善。凡觐国王,必有赞德。见佛之仪,以歌叹为贵。经中偈颂皆其式也。但改梵为秦,失其藻蔚,虽得大意,殊隔文体,有似嚼饭与人,非徒失味,乃令呕哕也。(《高僧传》卷二本传)

鸠摩罗什的译文,有长处,也有短处。不论其长处和短处,都不能简单地归结为罗什个人的责任。罗什的一批助手都是当时著名僧人,翻译者的用词和表达方式,都不能不受助手们的制约,这些局限使罗什认为翻译为不可能,比作"嚼饭与人"。罗什认为失误和不满之处,从另一角度看,未尝不可以认为是他的译文大受汉地读者欢迎之处。

鸠摩罗什不止是一个翻译家,也是一个佛教理论家。他集中介绍印度龙树、提婆的中观学说。这一派的学说是大乘般若学后期的产物。

姚秦时期,参与译经的人数多达数百人,听讲人数多达三、五千人。僧众人数众多,难免鱼龙混杂,政府创立管理僧众的机构,命僧䂮为僧正,僧迁为悦众(都维那),法钦、慧斌共掌僧录。后经北魏到隋唐,形成了一套适合中国情况的僧官制度,与印度制度很不一样。

为了发展佛教,鸠摩罗什培养了一大批佛教理论专家,千百弟子中,道生、道融、僧肇、僧叡号称"什门四哲"。其中道生、僧肇影响较大。

门阀士族地主阶级骄奢淫逸、放荡任性的生活方式,是魏晋以来形成社会上层的风气。在僧侣地主阶级中,随着寺院经济的逐渐发达,贵族式的生活也滋长起来。早期佛教严格遵行的出家人的戒律和操守,也逐渐被遗忘,以至于被攻击。鸠摩罗什本人对佛教的清规戒律未能遵守。姚秦国主认为他聪明绝顶,不能绝种,应当留有后代,赐他女子十人,他接受了这些女子,从此拥有家室,不住僧房。他到长安译出的第一部佛经是姚秦弘始三年(401),即声讨头陀行的《诸法无行经》。

早期佛教为了反对婆罗门教的豪侈生活,提倡清心寡欲,释迦本人成道后,一贯靠乞食维持生活,僧人不得蓄积财物,用艰苦贫困的生活来磨炼意志,鄙夷富贵享乐,厌离世间。佛教从开始建立之日起,即力图与世俗生活划清界限,但佛教始终未曾提出消灭贫困,向富人对抗的主张。只是在僧众内部推行平均主义的集体过穷日子的出家人生活,所抨击的只限于僧众内部的享乐意识。鸠摩罗什所宣扬的大乘佛教,已到了佛教后期,僧侣阶级已越来越富有,有财产及奴婢,早已脱离了乞食为生的生活方式。

《诸法无行经》批判锋芒指向持头陀行的代表"威仪比丘"。持头陀行者攻击城邑聚落之僧,坚持"见苦、断集、证灭、修道",奉行"四谛"。头陀行者奉行"四谛"的结果,不但没有得到解脱,反而造成罪过,命终受报,"堕阿鼻大地狱,九百千亿劫受诸苦恼"(《诸法无行经》),原因在于光靠苦行修炼,而不懂般若空观的道理。这部佛经提出了令一切小乘各派触目惊心的新命题:

> 一切众生皆得菩提,一切众生皆是道场;
>
> 一切诸佛皆成就贪欲,一切诸佛皆是邪见;
>
> 一切诸佛住四颠倒、五盖、五欲、三毒,得阿耨多罗三藐三菩提。

总结为偈颂:

> 贪欲是涅槃,恚、痴亦如是,如是三事中,有无量佛道。

大乘佛教反对小乘佛教的禁欲主义,批评小乘"小欲知足"不是真正少欲,而是为了得到来世的更大的好处。大乘佛教自称:

> 虽有财宝,心不贪着,乐于圣道,以是之故,虽复富有,七珍盈溢,心无希求,名为少欲。

他们批判了小乘佛教,认为小乘佛教

> 虽无财宝,希求无厌,不得名为小欲知足。

这不但为富贵人辩护,也为富贵人占有、享用财富找到了理论根据。鸠摩罗什译出《华手经·验行品》,记述魔化一法师与女人共欲事。求法者对法师的违戒行为很不理解,提出责难。大乘佛教解释说:

> 一切罪业皆从忆想分别故生。若我随所见相(按:指法师与女人共欲事),轻恚法师,亦能谤佛,毁逆佛法。

照这种解释,有过错、犯戒的不是那个法师,而是批评那个法师的人,因为他分别男女相,相信了自己主观产生的虚诳相。放荡不羁,蔑弃礼法,门阀士族的生活作风已成为上流社会的时尚,不这样,够不上高雅。维摩诘的人格受到普遍欣赏,败坏僧规受到称赞,拘守礼教遭到讥笑,是当时的时代思潮,鸠摩罗什为人为学受到中原上层贵族的重视,是可以理解的。后来竺道生提出一系列的惊世骇俗的涅槃学说命题,并非无因而起,鸠摩罗什已经为他铺设了道路。佛教史称竺道生"孤明先发",细考其根源,最先给中国佛教教条主义以大胆的冲击的,不是道生,应当是道生的老师鸠摩罗什。

我们不在于评论印度佛教大乘思想的产生的原因和背景,我们要指出的是印度大乘佛教得以在中国站住脚,并受到尊重的中国的社会环境。

(一) 破除"神我"的有神论

鸠摩罗什不单纯是翻译家,他又是佛教理论家,通过他系统地介绍了印度龙树、提婆的中观学派,他的翻译是以中观学派为中心的经论。中观学派是大乘般若空宗的最高发展阶段。《大智度论》(龙树撰)一百卷汉文译本,是鸠摩罗什的译文代表作。据记载,原本有十万偈,汉译本初品(三十四卷)为全译,其余部分为节译。如果全译,当为今译本的十倍,"以秦人好简,故裁而略之"(《佑录》卷十,僧叡《大智释论序》《大智论记》)。《大智度论》主要发挥《般若经》思想,但该书取材宏富,它涉及《阿含经》《阿毗昙》《法华经》《华严经》以及佛本生、佛传故事、戒律等多种佛教典籍,但是它的宗旨很明确,宣传"一切皆空"。

以世界为空幻,佛教的创始人开始传教就反复申明这种观点。原始佛教主张"众生空",又名"人空"。把人身机构分解为"五蕴""四大",指出它无常,最后归结为"空"(不实在)。大乘空宗认为这种空观还不彻底,不但"众生空",还要讲"法空"。在《大乘大义章》中说:"有二种论,一者大乘论,说二种空,众生空、法空;二者小乘论,说众生空。"鸠摩罗什给大小乘做出的这一分别,对中国佛教界产生广泛影响。后起大乘各大宗派,都以"二空"自命,与竺法护介绍的大乘普度众生的观点,成为区别大小乘的主要标志。

鸠摩罗什介绍的佛教经论,归结为两条战线的批判,一条战线是向佛教以外的教派斗争;一条是向佛教内部小乘有部斗争。这两条战线都做出了出色的成绩。佛教认为外道中,有唯物论倾向的教派有胜论(Vaisska)和数论(Sāṃkhya)。这两派都承认世界万物为实有,连小乘佛教也表示反对,大乘佛教对这种学说更加不能容忍。

《大智度论》以大量篇幅批判以"神我"为实体的观念。

> 若常相、非常相,自在相、不自在相,作相、不作相,色相、非色相,如是等种种(神我)皆不可得。(《大智度论》卷十二)

因为生死、苦乐都是"非常"的表现,与"神我"是"常"的概念相矛盾。若主张神无常相,它又与天竺各教派相信后世有福罪报应的教义相抵触。若神是自在(自由)的,则应随欲所得皆得,事实上并不能说它自由。若神我有色身,则色身无常,神亦无常。大乘中观派,从神不是永恒实体、神不自由、神没有物质实体、神没有精神实体,最后论证神我不能成立①。中观派破神我,破得很彻底,不但人类无神我,天竺所传的世界的造物主摩醯首罗②也不实在。大乘空宗从两个方面驳斥自在天的存在,一是它不能创世,一是它不自在。

> 若万物从自在天生,皆应似自在天,是其子故。复次,

---

① 参看《百论·破神品》。
② 摩醯首罗(Moheśvara):译为大自在天。大自在天的观念,也曾被一部分佛教徒所接受,如北凉道秦译的《入大乘论》把自在天分为"净居自在"和"世间自在"。净居自在已"邻于佛地"。佛教密宗则把它作为"大日如来"的"应现"。

> 若自在天作众生者，不应以苦与子。（《十二门论·观因果门》）

> 彼若自在者，不应有所须；有所须自作，不名自在。若无所须，何用变化作万物，如小儿戏？（同上）

大乘空宗反对有神论，从个人的灵魂到创世大神，都给予驳斥。采用方法，都是从经验范围立论的。据此，有些佛教研究者认为佛教是一种哲学或人生观，而不是宗教信仰，或称它为"无神论"。这是一种误解。从佛教的全体看，不是所有佛教都持这种观点。小乘犊子部就相信"补特伽罗"①的存在，它是作为轮回的主体的"神我"。大乘佛教有宗涅槃经系统，公开标榜常、乐、我、净，也是一种"大神"。鸠摩罗什介绍的大乘中观学派，反对当时流行的有神论，却不能认为是唯物主义所理解的无神论。如：

> 若"自在"作万物，初作便定，不应有变，马则常马，人则常人。（《十二门论·观因果门》）

佛教大乘空宗不承认有神，只承认有业力作用造成的罪、福、善、恶。最终归结为因果报应的宗教教义。他们以"世俗谛"，名义承认因果轮回，认为没有神或灵魂，但有一个"识"是因果轮回的承担者。同时又规定"识"的性质为"刹那灭"。这种解释，反对了永存的神或造物主，又抬出了"识"。识代替了神的功能。除了自己给自己制造麻烦以外，实际上没有把神取消。这种转弯抹角的有神论，是佛教大乘空宗特殊形式的有神论，不能理解为非宗教的无神论。

从宗教立场看，这种说法，只是换了一个名称，用识代替了

---

① 补特伽罗（梵文 Pudgala），亦译为"富特伽罗"，旧译为"福伽罗""补伽罗""富伽罗""弗伽罗""富特伽耶"等，意译为"数取趣"，意为多次入于五道轮回者。

神或灵魂。僧叡在《毗摩罗诘提经义疏序》说：

> 此土先出诸经，于神识性空，明言处少，存神之文，其处甚多。（《出三藏记集》卷八）

僧叡指出的这一现象，符合我国佛教史实际情况。从前，汉译佛典，多把无我之"我"理解为"肉体之身"。鸠摩罗什通过译文，力图纠正这种长期形成的误解。但这种努力并未引起中国佛教界、理论界的重视。相反，南方庐山慧远却发动了神不灭论向神灭论的论战。这种分歧也成为他与鸠摩罗什学说的重要分歧之一[①]。

中观学派对《大品般若经》中"十八空"[②]的阐述，表达了这一学派把大乘空宗的否定一切的世界观和方法论贯彻到底，是佛教讲空的理论的最后总结。所谓"十八空"，是把"空"的概念逐步分析，逐步深入的思维过程。批判小乘的世间空，讲出世间空，达到毕竟空，最后引导到认识论方面，主观世界与客观世界有无统一性，人能否认识世界。最后的答案是"一切法空"。《大智度论》讲的十八空，是从十八个方面说明一切法空的方法，而"一切法"并非因运用"十八空"的方法分析才成为"空"的。"非十八空故令色空，何以故？不以是空相强令空故"。因为一切事物本来是"空"的，"不以空智慧破色令空，亦不以破色因缘故有空。空即是色，色即是空"。这里讲的"空即是色，色即是空"，是大乘空宗的一贯运用的总原则，般若经中反复讲说。它这种公式，适用于分析一切现象（包括物质现象及精神现象），讲到"识"

---

① 鸠摩罗什与慧远的理论分歧，参看《中国佛教史》第二卷，中国社会科学出版社，1985年版，第676—701页。

② 《大品般若经》的译本中，《放光般若经》有十四空、十八空，《光赞般若经》为二十一空。这里的"十八空"出自鸠摩罗什译的《摩诃般若经》。

时,它认为"空即是识,识即是空"。"空性"为现象自身所固有,而不依人的意志为转移,又称为"当体空",后来流传的《摩诃般若波罗蜜大明咒经》(玄奘重译,称《般若波罗蜜多心经》)在民间流传得比《金刚经》还要广泛。此经的核心思想是"非色异空,非空异色。色即是空,空即是色"①(《摩诃般若波罗蜜大明咒经》)。大乘空宗的最根本的特征即"自性空",一切现象从其本质来说是"空"的,不需要外在根据,这个"空"不是论证得出来的。

(二)"八不缘起"说

《中论》②开宗明义,提出了"八不"的主张:

　　不生亦不灭,不常亦不断,不一亦不异,不来亦不出。

　　能说是因缘,善灭诸戏论,我稽首礼佛,诸说中第一。

《中论》中这"八不"是作为四对范畴提出来的。四对范畴中,第一对"生灭"范畴是关键。"常"与"断"解释世界连续性问题,"一"与"异"解释世界同一性问题,"来"与"去"解释世界转化问题。这四对范畴被提出来,说明佛教大乘理论思维发展,达到了新的水平,它不像小乘佛教侧重于宣传解脱个人苦难的途径,而是从世界观的高度观察世界,并探讨它的本原。小乘佛教用"四大"来解释世界的构成,那是一种宇宙生成论,属于宇宙论的发展阶段。大乘空宗的"八不",也探究世界的本原,它不是讲世界为何起源的,而是进一步探索世界何以有起源,探求世界之本,

---

　　①　玄奘《般若波罗蜜多心经》译作"色不异空,空不异色,色即是空,空即是色"。

　　②　《中论》梵文 Mādhyamika - śastra,古印度龙树著,青目注释,罗什译为四卷,共二十七品,四百四十六颂,约称五百颂,是大乘空宗重要经典。

这已进入本体论的讨论范围,它与中国的魏晋玄学所关心的问题,属于认识的同一层次。中观学派介绍到中原地区,并引起佛学理论界的共鸣,应当说与当时中国理论界的玄学本体论的社会基础有关。

《中论·观因缘品》首先驳斥了外道和小乘关于世界起源的种种"戏论"。世界不是由"四大"所生,不是由自在天所生。小乘佛教主张世界由众因缘和合而生,《中论》驳斥了这种观点。它认为世界万物非自生,非他生,也非他自共生;不论从哪个方面说,世界都不能说是"生"出来的,它是"不生"。由于"不生",所以"不灭"。小乘用十二因缘说明世界起源,构成小乘佛教的缘起说,称为"业感缘起"。但从大乘空宗的观点看,世界本来"不生",小乘执著"十二因缘"说,是"不知佛意"。中观学派以"八不"为根据,去改造"十二因缘"说。"缘起"说,本来是用来说明世界起源的理论,中观学派却把"八不"当成世界的本源,"缘起"说退居次要地位,中观学派称之为"因缘无生"①。

《中论》说"诸法不自生,亦不从他生,不共、不无因,是故知无生"(《中论·观因缘品》)。这里提出世界万物的发生,不外四种可能:自生、他生、自他共生、无因生。

先说"自生"。自生,是自己产生自己。自生又有两种可能:一是待缘生,二是不待缘生。不待缘生又有两种可能:一是"有为法",二是"无为法"。有为法受因缘的制约,说它"不待缘",与它定义不合。有为法表现为生、住、异、灭诸相。如说它不受因缘制约,其生灭无因果可循,造成混乱。因此,"有为法"生万物之说不能成立。"无为法"是与"有为法"相对待而存在,这也排除了"无为法"的不待缘性。可知"不待缘而生"是不可能的。

---

① 见僧叡《十二门论·观缘门》提要。

现在再看"待缘生"是否可能。

"待缘生"也有两种解释。一是主张诸法由"六因四缘生"，这是小乘佛教一切有部对因缘法的分类，并为大乘佛教所接受。中论学派由因果关系分析待缘生的不可能。

首先，驳斥了"因生果"论：

> 因是法生果，是法名为缘；若是果未生，何不名非缘？（《中观·观因缘品》）

有缘才有果，生果才称缘。能生果的法称为缘；尚未生果的法不能称作缘。要证明"待缘而生"，表示果尚未生，也就无缘可待。

其次，驳斥了"果待因"论：

> 若法因待成，是法还成待。今则无因待，亦无所成法。（《中论·观燃可燃品》）

如果现象的生成待缘而成，现象未成之前，生成它的那些缘（条件）不能成立；若现象已生成，则生成它的那些所谓条件（缘）不起作用。所以说果不待因。

第三，驳斥了因中有果和因中无果论：

> 果先于缘中，有无俱不可；先无为谁缘？先有何用缘？（《中论·观因缘品》）

这是从果未生之前存在的状态讲的。假如果已先存在于缘中，则果本来已生，缘没有必要；假如"缘"中根本无"果"，则无不能生有，缘没有作用。他们还考虑到"多缘"与果的关系：

> 若众缘和合而有果生者，和合中已有，何须和合生？若众缘和合，是中无果者，云何从众缘，和合而果生？（《中论·观因缘品》）

由此推知，不论因中有果还是因中无果，果不可能被生出来。若因中之果"半有半无"亦不能成立。以有与无相违，一法不得有二相故。果既无,缘亦无,"生"即不可能。

第四,驳斥"因变果"论:

> 若因变为果,因即至于果,是则前生因,生已而复生。

(《中论·观因果品》)

因能否变为果,《中论》从三个方面予以驳斥:假若因灭而后变为果,则因已灭,因的作用已失;要变为果,"应还更生"。这不可能。假若因即变为果,即因果相等,不存在变的问题。假若因不尽灭,但名字灭,而因体变为果,"如泥团变为瓶,若泥团但有名,不应变为瓶"(同上)。

中观学派所用的方法,很繁琐,也很精密,对中国的理论界,有启发作用。但他得到的结论是不正确的。他的错误有二。第一,他从理论上割裂了因果之间的联系,孤立地看待因果。"因"与"果"毫无联系,"变"与"不变"毫无联系,非此即彼,犯了形式主义过失。第二,经不起实践的考验。实际生活中出现的事实,可以驳倒他所摆出来的那些空洞的推论。

佛教宗教教义要坚持因果轮回观念,而中观学派"因缘无生"理论,破坏了佛教的迷信宗教宣传,用纯粹的概念分析方法斩断因果之间的联系。破坏了轮回说,等于夺去佛教的生命。这也是使它不能长久得势的原因之一。

以上是从因缘关系来观察因与果之间没有联系。现在再从传统佛教的"四相"①说考察"生"的不可能。

> 有为法有三相:生、住、灭。万物以生法生,以住法住,以灭法灭,是故有诸法。(同上)

世间万物(法)这三相,是万物生成的元素,万物有"生相"才能生

---

① 自小乘佛教开始,就提出世间法都有"四相",四种存在的形式,即"生、住、异、灭";也称为"三相",即"生""住""灭",或"生""住异""灭"。

成。中论驳斥了这种观点:

> 若生是有为,则应有三相;若生是无为,何名为有相?

(《中论·观因果品》)

中论不满足于万物有"生相"才促成它的存在,它进一步追问,"生相"自身也应有它的生、住、灭三相。推上去,可以推到无穷。说"生"属于"有为法"(现实世界的东西)不可能。说"生"属于"无为法"(非现实世界的存在),"无为法"的涵义即"灭有为",灭有为当然不能"生"万物。"有为""无为"都与"生"没有关系。

关于"生",还有一种解释:

> 生生之所生,生于彼本生;本生之所生,还生于生生。

(同上)

这是避免上述"三相"说关于"生生"产生"生",从而导致无穷的生的论据上的缺失,而提出的一种补救说法,认为有一种能产生(生)生的作用,"本生"指能生的本体。这又有两种逻辑上的可能:一种认"本生"产生"生生","生生"产生"本生"。生的本体产生生的行为;生的行为又产生生的本体。这仍然是一种因果循环论证。另一种"生生"与"本生"没有时间上的先后,"生生"产生时,即生"本生"。

> 如灯能自照,亦能照于彼。生法亦如是,自生亦生彼。

(同上)

这种说法也不能成立。生法自身之生尚需论证(未能证实)。《中论》认为以灯照暗的例子也不妥。灯之体是明,明即无暗。照明破暗是灯之用。灯是无暗,"无暗则无照,何得言灯自照亦照彼"。可知灯不能产生照明作用。如果说,"灯生时,而能破于暗",这也不对,因为灯有"明"即"无暗",有明之灯不能达到无明之暗。

可否从时间上理解"自生"的可能性? 这也不可能:

> 生非生已生,亦非未生生,生时亦不生。(《中论·观三
> 相品》)

假定此"生"在过去已存在,则此"生"已生,则不须再生。如果"生时"生,那么离生法,生时不可得,离生时,生法亦不可得。不能说"生时"是生的原因,也不能说"生时"产生"生"。

以上是驳斥"待缘生"的观点。这是集中驳斥了小乘有部以"有为法"为实体的各种矛盾。"自生"不能成立,待缘的他生,同样不能成立:

> 自性无故,他性亦无。何以故?因自性,有他性,他性
> 于他亦是自性。若破自性,即破他性。是故不应从他性生。

(《中论·观因缘品》)

上述论证诸法"不生"的观点,可用《百论·破因中无果品》的一段话作为总结:

> 物物非物,非物互不生。物不生物,非物不生非物。物
> 不生非物,非物不生物。

物不能自生,也不能由非物产生,非物不能产生物,结论只能是物不能生物。照这种逻辑论证方法,与前面所举的因果不可能一样,生物同样不可能。甚至得出"母实不生子"的诡辩式的推论:

> 若物生物,如母生子者,是则不然。何以故?母实不生
> 子。子先有,从母出故。若谓从母血分生,以为物生物者,
> 是亦不然。何以故?离血分等,母不可得故。(同上)

这里的推论,论证"不生"的道理总算很"彻底"。只是逻辑有些混乱。论证"母不生子",讲的是母子之间没有相生的关系。但他们提出的根据是否认母的存在,"母"不过是血肉和合的一种存在,不过是缘生。它抛开母子相生的关系,专论"母"的"不存在",偷换了概念,陷于错误。

我们要指出的是,中观学派否认有"生"的存在,为了论证"灭"也不存在,无生无灭,一切皆空。

论证"常"与"断""一"与"异""来"与"出"诸范畴的关系,用的是同样的方式,为避免繁琐,这里不详说①。

(三) 实相不可说

中观学派大力倡导的"八不缘起"说,不是探究关于现实世界是如何构成的,而是用逻辑分析法去论证现实世界的存在、变化如何不可能。夸大了人类思维活动规律、语言表达能力的局限性,论证一切认识皆属空幻。它揭露了认识中的矛盾,但没有认识矛盾存在的价值和意义,却抓住事物矛盾现象,错误地把矛盾当作谬误。人类思维中常用的"二律背反",在于使两个相反的命题同样可以成立,从而深入揭示其内部矛盾。中观学派的"八不缘起",也使用了这种方法,它用两个以上矛盾,揭示现实世界的不真实,并把这种推论方法推向极端。连佛教公认的最高境界原则"无为法"(涅槃境界)也被指为不真实,这就破坏了佛教信仰的基本立场。

佛教是宗教,它和一切宗教一样,最终要引导人们走向一种精神解脱的世界去。为此,必须从各个方面把现实世界说得一无是处,无可留恋,全属虚幻,这样才可以引导人们走向解脱的大门。《大智度论》从各个方面论证世界为虚幻。提出凡所说,皆是可破。"语言度人,皆是有为虚诳法"(《大智度论》卷三十一)。除非不说,一说即有可破,"若有所说,皆是可破,可破故空"。

---

① 参见《中国佛教史》第二卷,中国社会科学出版社,1985 年版,第 347 页。

大乘中观学派不仅"破斥"世界有所谓物的实体,他们对逻辑思维、判断、推理的形式也一概"破斥",指为不真实。世间无常,一切诸法没有停止不动的时候,它随时变幻,令人无从把握。名言、概念则是凝固不变的。凝固不变的概念不可能反映变化不住的世间法。因此他们断定名言皆属虚妄。逻辑概念要求不矛盾,"生"不是"灭","常"不是"断",而事物非生即灭,非断即常。这种逻辑推理形式也遭到中观学派的反对。他们用印度古代的逻辑形式来证明逻辑推理的不可靠,如"声常住论"者认为声是实体,常住不变,他们论证的方式是:

声是常(宗)

无身故(因)

如虚空(喻)[1]

虚空无身(形体),所以是常。不同的学派可以用同样的方式论证"声是无常":

声是无常(宗)

作法故(因)

如瓶(喻)[2]

这样,声既可说是"常",又可说是"无常"。上述两种论证,逻辑形式完整,表达正确。由此他们得出结论,断言认识为不可能。形式逻辑的立足点是同一律和排中律,甲是甲,不能同时是非甲。在一定范围内,它是一种正确的认识工具,但它有缺陷和不完善的地方。因为世界是复杂的又是变化的,人类认识既是有限的又是无限的。中观学派指出形式逻辑的不足,这是人类认识深化的表现。必须指出,中观学派反驳形式逻辑的不足,用的

① 见提婆的《百字论(释)》,元魏菩提留支译。
② 同上。

还是形式逻辑的方法,并没有站在辩证法的高度对待形式逻辑。中观学派只看到矛盾的对立,没有看到它的统一,不是在矛盾对立统一的规律指导下去评论形式逻辑,它没有从形式逻辑的局限中有所前进,而得出既然有矛盾,一定不真实,推出认识为不可能的错误结论。这种错误结论,不能仅归结为思想方法上的原因,而是受了宗教唯心主义世界观的蒙蔽。佛教大小乘一致努力否认现实世界的真实性。佛教从创立之日起,就从各个不同角度论证世界为虚幻。从小乘发展到大乘,出现了许多经典和流派,它们都论证世界是不真实的。

从认识能力说,中观学派认为世界的不可认识,是由于认识者的主观立场决定的:

> 种种取相,皆为虚妄,如颇梨珠随前色变,自无定色。诸法亦如是,无有定相,随心为异,若常、无常等相。如以嗔心,见此人为弊;若嗔心休息,淫欲心生,见此人还复为好。若以憍慢心生,见此人以为卑贱;闻其有德,还生敬心。如是等有理而憎爱,无理而憎爱,皆是虚妄忆想。若除虚诳相,亦无空相,无相相,无作相,无所破故。(《大智度论》卷四十三)

这是说世界上的美好、丑恶、高贵、卑下、爱与憎都不是固定不变的,无不随认识者的主观认识而定。同一个人,思想认识有前后变化,不同的人,观点有差异。这个因素都可使人对同一对象得出不同的印象。假定世界是客观存在,应当有共同的印象,共同的结论。如果人果真有认识能力,人的认识不应前后有差异。于是得出结论为认识不可能。

从认识工具说,中观学派彻底否定了世俗语言、文字的表达能力,认为世俗的语言、文字、概念、判断及推理,都是"戏论"①。

---

① "戏论",佛教术语,违背佛教教义的判断、推理,都虚妄不实,称为戏论。

只有按照佛教大乘宗教世界观去认识世界,才能得到正确的认识。在大乘佛教世界观指导下,语言、文字仍不失为走上解脱的必要工具。

> 是般若波罗蜜因语言文字章句可得其义,是故佛以般若经卷殷勤嘱累……若失语言,则义不可得。(《大智度论》卷七十九)

通过般若智慧才能得知佛教最高的道理(义)。语言、文字来自世俗社会,是人类长期积累、交流思想的工具,为了引导人达到佛教宣传的最高真理,不能不用它,但仅仅是工具。

> 语以得义,义非语也。如人以指指月,以示惑者,惑者视指而不视月……此亦如是。语为义指,语非义也。(同上)

中观学派第一步否定语言、文字可以给人以真正的知识,这一步骤是对世俗人讲的。否定世俗见解之后,接受佛教般若观点,从佛教世界观出发,语言、文字仍然可以使用。中观学派认为这种认识不同于世俗认识,它不同于俗人的"识",它是"慧""智慧"。

> 具足佛道因缘已,用一念相应慧得一切种智,尔时一切烦恼习永尽,以不生故。(《大智度论》卷八十五)

这种智慧,也叫作"无生法忍"或"无生忍"。得到这种智慧,观一切法"毕竟空"。

人类正常的认识,即佛教所驳斥的世俗见解,来自社会实践。认识的对象为自然、社会及思维规律等,这些对象都是客观存在的。佛教为了引导人们厌离现实世界,把现实世界的一切存在都给否定掉了,说现实世界的物质生活和精神生活虚幻不真实,是人心的产物。他们破斥了第一层偏见(世俗见解)。光破了世俗见解还不够,中观学派认为还要进一步破除第二层偏见,对"无生法忍"也不能认作实体,它也是空而不实的。"圣人所得法……是虽名实,皆从因缘和合生故,先无今有,今有后无,故不可受,不可著,故亦空非实。"(《大智度论》卷三十一)

从认识对象说,中观学派把另一个精神世界称为实相。达到这种独立存在的客观真理,是佛教认识论力求完成的最高任务。"涅槃"是佛教各宗派都承认并追求的一种无烦恼的寂灭状态,是佛教宗教实践的最终目的。早期佛教小乘各派以"四谛""十二因缘"的实相;以灰身灭智为"涅槃"。大乘佛教反对小乘佛教的这种主张,从大乘空宗起,提出以"法性"为"诸法实相"。就这个意义上说,法性、法相、实际、真际,有同样的涵义,指佛教智慧(般若)所能达到的绝对真理,即"实"或"真"的最后极限。

实际者,以法性为实,证故为际。(《大智度论》卷三十二)

法性名为实,入处名为际。(同上)

此处的"证"指神秘的体认,"入"即悟知,"证"或"入"都指主体与客体相契合的一种状态。他们把世俗常识中的现象界看作假有,相信在现象世界之外,确有一个称为"实相"的客体,这种客体只有靠佛教的特殊感知能力(智慧)才能证入。这样的智慧,一般称为"一切智"。在世俗世界之外还有一个真实的世界,在世俗认识能力之外,还有一种神秘直观的认识。如:

一切诸法(实相),不可说相,唯智者能知。(《华手经·法门品》)

这种实相,离诸语言文字,超越思维活动。他们认为:

一切法实性,皆过心、心数法,出名字语言道。(《大智度论》卷一百)

法名无思无虑,无相无作,无忆无念,净妙无缘,无有文

字,亦无言说,不可显示。(《华手经·法门品》)

　　诸法实相,常住不动。众生以无明等诸烦恼故,于实相
中转异邪曲。诸佛……破无明等诸烦恼,令众生还得实性,
如本不异,是名为"如"。实性与无明合,故变异,则不清净,
若除却无明等,得其真性,是名法性清净……(《大智度论》
卷三十二)

从以上这些文句看,中观学派承认有一个客观存在的精神性的
永恒存在的实体。如果联系中观学派的整个体系及思维方式考
察,就会发现他们并未真正肯定有这样一种精神实体:

　　诸法不会诸根,不可以智知,不可以无智知,非可知,非
不可知。(《华手经·法门品》)

佛教各流派所描述的彼岸世界不尽相同,拟定的到达彼岸的途
径也各不相同。般若学派属于佛教大乘空宗,它全力反驳佛教
小乘有部,反复强调"色即是空,空即是色"的宗教世界观,以
"空"破"有"。中观学派为了把这一"空"的原则贯彻到底,最后
不得不把彼岸世界的最高境界(如涅槃)也说成为"空"。

　　这种最高精神境界,不具有现实世界的一切性质,因为世俗
的名词、概念只能用来描述世俗的事物,对于超世俗的另一种境
界(涅槃),世俗的名言对它无能为力。对它作任何肯定的描述
只能增加误解,把认识引向歧途。但否定词如"非×",又不能用
作描述对象的手段。否定词或肯定词都不能用作描述最高真理
的手段。既然两者都不能用,"既肯定又否定"用"非可知非不可
知"还是不能用来描述。因为,如果这样,有可能把"非可知非不
可知"当成某种实体来对待。这就破坏了中观学派"一空到底"
的宗教哲学体系。于是对实相作任何肯定或否定的描述,都将
陷于"戏论"。

　　中观学派总算把大乘空宗的观点贯彻到底了,忠实介绍中

观学说的鸠摩罗什,对"涅槃"是否为实体,持怀疑立场,得出"实相不可知""涅槃不可得"的结论,"涅槃者,但有名字,犹如虚空,但有名字,不可得取"(《思益梵天所问经·分别品》)。鸠摩罗什一生对小乘涅槃说尽力攻击,对大乘涅槃经类也不感兴趣。他的弟子中,如道生的"佛无净土"论,僧肇的"涅槃无名"论,提出了许多新见解,都不难在鸠摩罗什所介绍的大乘中观学说中找到启发的线索。

佛教既然号召人们出家,教人追求一种彼岸世界,而这个彼岸世界又被说成不可知、不真实。事实上要导致出家无意义,无必要,实相既不可知,涅槃也就不可能。鸠摩罗什倡导的中观学说,在反对小乘佛教、反对唯物主义方面做了最大的努力;在理论上,特别在评价人类认识主观能力方面,提供了可贵的借鉴。同时,也应指出,这种学说给佛教带来了一定的信仰危机。

中观学派对中国的佛教理论界起过诱导作用,对中国佛教的宗教实践起过消极作用。所以这种学说寿命不长,在当时敌不过庐山慧远僧团的势力,对后来影响也不及南北朝时期的地论、摄论深远。

四　慧远的佛教思想体系

儒教为入世哲学,它为中国封建社会的政治学说、伦理学说提供了理论基础。佛教的原始教义与儒教的基本思想不能相容。儒教在中国封建文化中占据极重要的地位。能否适应儒教,是关系到佛教能否在中国站得住,也可以说,是关系到佛教的生死存亡的大问题。从《牟子理惑论》即开始做这种努力,到慧远,这种结合更加成熟。这是慧远在中国佛教史享有极高声誉的主要原因。

慧远①(334—416)"内通佛理,外善群书",他接受佛教思想不专一家。早期从道安受般若学,曾参与破心无宗的辩论,当时仍为玄学化的僧人。定居庐山后,曾钻研毗昙学,后数与鸠摩罗什往返讨论,有可能接受关河三论的影响,又接受佛驮跋陀罗的禅法,宣扬戒学,并信阿弥陀西方净土学说。他治学范围相当广泛,吸收各方面的思想,逐步形成自己的佛教思想体系。

(一)沙门不敬王者,调和佛教礼法与封建礼法

晋成康之世(326—344),庾冰辅政,曾下令沙门致敬王者,曾遭到尚书令何充等人的反对,未能实行。东晋末年,桓玄在谋划篡晋之际,又提出沙门应致敬王者的问题。慧远为此提出反对意见,写了《沙门不敬王者论》。敬礼王者的辩论,涉及封建专制国家是否需要统一名教礼制、佛教对于封建专制的王权统治持什么态度的问题。

庾冰提出,"因父子之敬,建君臣之序",是"为治之纲",而佛教"易礼典,弃名教",致使"卑尊不陈,王教不一"(《代晋成帝沙门应尽敬诏》,《弘明集》卷十二)。桓玄对庾冰的意见作了补充:

> 《老子》同王侯于三大,原其所重,皆在于资生通运,岂独以圣人在位而比称二仪哉?将以天地之大德曰生,通生理物,存乎王者……沙门之所以生生资存,亦曰用于理命,岂有受其德而遗其礼,沾其惠而废其敬哉?(桓玄《与八座论沙门敬事书》,《弘明集》卷十二)

---

① 《高僧传·慧远传》,《出三藏记集·慧远传》卷十五,《世说新语·文学篇》注引张野《远法师铭》,《广弘明集》卷二十三谢灵运《庐山远法师诔》。

340

王者的地位与天地同尊,老子说:"道大、天大、地大、王亦大"
(《老子》二十五章),人民(包括沙门在内)靠天、地与王的覆育
保护,人类才得以生存。人人对王应当致敬,实属天经地义。沙
门也蒙受了王的恩惠,也应当敬礼王者。

有些佛教的拥护者,为了替佛教争地位,提出沙门不应敬礼
王者,何充的理由是,佛教教义有助于王化,起"上俾皇极"的社
会作用(《沙门不应尽敬表》,《弘明集》卷十二)。同时代的王谧
也提出了类似为佛教辩护的观点。

> 寻大法宣流,为日谅久,年逾四百,历代有三(按:指汉、
> 魏、晋),虽风移政易,而弘之不异,岂不以独绝之化,有日用
> 于陶渐;清约之风,无害于隆平者乎?(《答桓太尉书》,《弘
> 明集》卷十二)

慧远在《答桓太尉书》和《沙门不敬王者论》中,总结了上述意见,
还在理论上有所发挥,除了肯定了佛教的社会职能、政治职能
外,还把佛教的义理同维护名教的封建传统理论结合起来,把佛
教的适应世俗要求与出世的追求区别开来,把佛教教义、僧众的
制度与封建礼教相协调。

> 佛经所明凡有二科:一者处俗弘教,二者出家修道。
> 处俗则奉上之礼,尊亲之敬、忠孝之义表于经文。在三之
> 训,彰于圣典,斯与王制同命有若符契。此一条全是檀越
> 所明,理不容异也。出家则是方外之宾,迹绝于物。其为
> 教也,达患累缘于有身,不存身以息患;知生生由于禀化,
> 不顺化以求宗。求宗不由顺化,故不重运通之资;息患不
> 由于存身,故不贵厚生之益。此理之与世乖,道之与俗反
> 者也(同上)。

慧远巧妙地把在家与出家分开,世俗与出世分开。奉上之礼、尊
亲之敬、忠孝之义,都是在家人遵守的原则,并认为见于佛教经

文,其实,佛教经文中很少提倡这些忠孝道理①。慧远肯定了桓玄的一部分观点,在家的佛教徒也应尽忠尽孝。佛教教义与封建伦理关系不矛盾,完全一致。但是佛教僧人已经出家,就与在家信徒不同。

佛教僧侣以"身"为"苦"本,身是一切患累的总根源。存身不能息患,不能把存身当作息患的条件。人之有身在于有生,僧侣并不认为得到了生命便感恩戴德,因而不用去报答君亲父母的养育之恩。他认为:

> 凡在出家,皆隐居以求其志,变俗以达其道。变俗、服章不得与世典同礼,隐居,则宜高尚其迹。(《答桓太尉书》,《弘明集》卷十二)

慧远还进一步发挥出家在家之间的协调关系。表面上看,沙门不礼君亲,"内乖天属之情""外阙奉主之荣",但本质上却不违其孝,"不失其敬"。统治者在礼仪形式上向沙门让步,这可以抬高僧众的社会地位,他们的地位提高了,可以更深刻地影响群众,更有利于维护封建社会的利益。

> 如令一夫全德,则道洽六亲,泽流天下,虽不处王侯之位,固已协契皇极,大庇生民矣。(同上)。

佛教对统治阶级来说,不再是可有可无的文化点缀品,而是统治的重要手段。佛教也不再是私人的事,而是皇权国家的事业。魏晋玄学开始争论名教与自然的关系,这是当时最重大的问题。同样性质的问题,表现在佛教僧侣地主阶级,则是佛教与名教的关系。慧远与儒家的立场基本一致。可以说,从慧远开始,结束了从东汉以来佛教教义与老庄相结合的历史,转向了主要同儒

---

① 康僧会编译的《六度集经》提倡"君仁臣忠、父义子孝",《维摩诘经》有"若在王子,王子中尊,示以忠孝"。佛教很少讲忠孝。

教紧密结合。儒教的许多基本思想,逐渐组织到佛教教义之中,这是慧远在中国佛教史上享有很高声誉的重要原因。

慧远把儒家的"礼"的观念引进了佛教。重要著作有《释祖服论》:

> 或问曰,沙门祖服,出自佛教,是礼与? 答曰,然。(《弘明集》卷五)

佛徒祖露右臂,与印度天气炎热有关,至今印度次大陆的妇女服装仍祖右臂。慧远却说祖服乃天竺的"国法",礼制的规定,是"尽敬于所尊,表诚于神明"的表示。把风俗习惯赋予伦理的意义。慧远以前的中国佛教著作中,如《四十二章经》等,把僧众的剃发、别妻子、离家室,当作与世俗人生彻底决裂的表示,而对僧侣的服饰却没有什么规定,后来译出了多种戒本,对僧尼的言行、服饰有了若干规定,都是为了便于修行生活,防止邪淫,防止散漫习惯,都不曾把祖服纳入佛教的礼制。慧远说:

> 礼存则制教之旨可寻,迹废则遂志之欢莫由。何以明其然? 夫沙门服章法用,虽非六代之典,自是道家之殊制,俗表之名器。名器相涉,则事乖其本;事乖其本,则礼失其用……礼存则法可弘,法可弘则道可寻。此古今所同,不易之大法也。(《答桓玄书沙门不应敬王者书》,《弘明集》卷十二)

把生活习惯说成佛教的典章制度,这种解释,完全是从中国封建法制度的观点来看佛教的。慧远还进一步发挥了为什么右祖而不左祖的理由。

> 佛出于世,因而为教,明所不左,故应右祖。何者? 将辨贵贱,必存乎位,位以进德,则尚贤之心生。是故沙门越名分以背时,不退已而求先。又人之所能,皆在于右,若动不以顺,则触事生累……是故世尊以祖服笃其诚而闲其邪,

使名实有当,敬慢不杂,然后开出要之路,导真性于久违。(《释袒服论》,《弘明集》卷五)

袒服不是佛的创造发明,只是古印度的生活习惯,慧远用儒家的礼教来给以特殊解释,把儒教"别贵贱,序尊卑"的精神,改成"别内外,序僧俗",力图把佛教的服饰说成儒家的名教,或者说,用儒家的名教创建佛教的"名教"。慧远进一步说明佛、儒不二的观点。

> 道法之与名教,如来之与尧孔,发致虽殊,潜相影响。出处诚异,终期则同……理或有先合而后乖,有先乖而后合……若令先合而后乖,则释迦之与尧孔,发致不殊,断可知矣。

他宣称"内外之道可合","出处诚异,终期则同"。这种观点已被中国广大佛教徒所接受,并奉为原则,所谓"三教同源""殊途同归",都可以上溯到慧远。慧远是佛教礼制论的创始人,认为儒家思想佛教中早已有了,佛高于儒。表面上,为佛教争地位,抬高佛教,实际上,把儒教的要求加到佛教中去,使佛教积极完成世俗地主阶级的政治要求,尘世味更重。

(二)慧远的形尽神不灭论

形神关系问题,是哲学史上一向被重视的问题,汉代从桓谭、王充开始正式提出神随形的生灭而生灭,无形即无神,形尽神灭的唯物主义的形神观,这个问题经历了魏晋南北朝几百年的不断讨论,认识逐渐深化。在长期讨论中,慧远对这个问题发表过不少重点言论,并对后来的形神关系的讨论起过较大的影响。

"形尽神不灭"的观点,是慧远全部宗教观念的奠基石,他对"神"的理解是:

> 盖神者,可以感涉而不可以迹求,必感之有物,则幽路咫尺;苟求之无主,则渺茫何津?(《高僧传·慧远传》)

神虽无迹可寻,但有感物的能力,证明它是存在的。假若没有一个精神主宰者,人们怎能达到西方净土世界? 只要承认有一个彼岸世界可资追求,那就必须首先承认有一个追求它的永恒主体,神的存在。从精神解脱的要求看,需要有一个"神"作为主体,再从佛教轮回的教义看,也需要有一个被轮回的主体,才可以使"三世"说取得群众的信任。慧远在《法性论》①中说"至极以不变为性,得性以体极为宗",这是说精神的本体是不变的,人们要达到这种精神境界,必须超出世俗的见解和脱离世俗生活,在精神上与至高无上的本体相契合(得性以体极为宗)。这观点,在他的《沙门不敬王者论》中有更具体的阐述。

> 神也者,圆应无生,妙尽无名,感物而动,假数而行。感物而非物,故物化而不灭;假数而非数,故数尽而不穷……则知化以情感,神以化传。情为化之母,神为情之根。情有会物之道,神有冥移之功。但悟彻者反本,惑理者逐物耳。

慧远讲的"神"不是世俗所谓鬼神,而是作育化万物、推动变化的第一性的存在。它不同于具体的物质性的东西,而是物质性的东西赖以存在的根据(母),慧远的"神"相当于玄学所谓"体""无",才可以"感物而动,假数而行"。形有生灭,神无生灭。慧远的本体论直接继承道安"以无为体"的"本无"学说。

慧远把魏晋玄学的本无的命题扩充到佛教宗教哲学,构造了他的"形尽神不尽"说。他在《沙门不敬王者论》的最后一部分,充分阐述了这个观点:

> 夫神者何耶? 精极而为灵者也。精极则非卦象之所

---

① 《法性论》已佚,《高僧传》中保存了部分引文。

图,故圣人以妙物而为言。

神没有确定的形体,没有不变的名称,更非感官所能直接感知。但它有周遍感应一切的能力,它又是普遍永恒的存在。慧远从宗教立场对人生本源作了解释:

> 有情则可以物感,有识则可以数求。数有精粗,故其性各异;智有明暗,故其照不同。(《沙门不敬王者论》)

"情"在中国哲学史上有多种涵义,这里用的"情"指情欲,又称为"贪爱"。"识"指认识活动,佛教认为普通人的认识活动是"无明"的表现,神若被"贪爱""无明"所染,必然受形体、寿命的限制。中国古代唯物主义者解释人何以有智愚的差别,在于所禀受于自然的"元气"有清浊、有厚薄。慧远继承了这一观点,只是认为人的智愚差别不是由于"元气"的禀赋不同,而是由于神所受的物质世界的干扰影响的程度造成的:

> 夫因缘之所感,变化之所生,岂不由其道哉?无明为惑网之渊,贪爱为众累之府。二理俱游,冥为神用。吉凶悔吝,唯此之动。无明掩其照,故情想凝滞于外物;贪爱流其性,故四大结而成形。形结则彼我有封,情滞则善恶有主。有封于彼我,则私其身而身不忘;有主于善恶,则恋其生而生不绝。(《弘明集》卷五)

慧远按照佛教传统说法,众生有贪爱、无明的本性,从受胎之始就陷入了无边无尽的苦恼的深渊。由此陷入无尽的因果报应的轮回之中。

因果报应起于古印度,佛教继承了这种传统观点,给以佛教的解释。佛教反对灵魂不灭;中国本来没有因果报应的信仰传统,中国的善有善报、恶有恶报,不是承认本人的灵魂受报,而是报及子孙,家族后代受其报应。慧远的报应论不同于印度佛教的传统观念,也不同于中国传统的报应观念。

印度佛教用一系列因果锁链,将佛教的"无我"论同报应论调和起来。慧远把印度的十二缘生的轮回说作了大幅度的简化,只采取其中的"无明"与"爱"两个环节,与中国的概念"情"与"识"相结合,以此作为促成轮回的根本原因。"情""识"的骚扰,使"神"受到"形"的桎梏。轮回过程中,"神"可以感有三界、五道无数的形体,成为业报的主体,但"神"自身是不变的,是为"形尽神不灭"。他曾利用东汉桓谭以烛火喻形尽神灭的缺陷,用同样的比喻来宣扬神不灭的主张:

> 火之传于薪,犹神之传于形;火之传异薪,犹神之传异形。前薪非后薪,则知指穷之术妙,前形非后形,则悟情数之感深,惑者见形,朽于一生,便以谓神、情俱丧,犹睹火穷于一木,谓终期都尽耳。(《弘明集》卷五)

慧远的这种解释,与外来的十二因缘的无我哲理发生了矛盾。即使在汉译经文中有不少神识之词,与慧远的"神"不同,印度佛教传统观念所谓"神识"或"中阴"或"补特伽罗",诚然可以作为因果连续的中间环节或承担者来理解,但他们都认为情识只在三界、五道中轮回,情识不能作为出世的主体。情识这种神不能解脱出世。慧远则认为情识是对"神"的污染,变化是"神"的沦落。"神"是始终不变的,因而"神"承担了转向彼岸世界的任务。"化"与"不变"是慧远用以区分人生与无生、世间与泥洹的一对主要概念。"顺化"是世俗的事,包括三界、五道的轮回中的一切精灵。"不顺化"才是到达成佛之路。他在《法性论》中说:

> 至极以不变为性,得性以体极为宗。(《高僧传》卷六)

以不变的涅槃为追求目标,要超然于变化的世俗世界。这个不变的涅槃也就是"神",摆脱形对神的限制。这个观点,对后来隋唐时期中国佛教讲的"不变"与"随缘"、出世间与世间的关系学说发生过影响。这种观点,与慧远关于佛教的法性问题的论述和他的神不灭论、法身观一样,也带有鲜明的魏晋玄学烙印。

在现实世界的背后,探究其不变的实体,在生灭变化的世界上,探求其所以生灭变化的根源。这是魏晋玄学关心的核心问题。慧远的佛教神学是接着玄学讲的,他直接从道安那里承接了"本无"理论,并用这个体系来理解大乘佛教般若学的教义,当佛教理论尚未全部系统地介绍到汉地时,道安、慧远那一辈学者所做出的对佛教教义的阐述,很容易被群众所接受。

晋以后,大乘空宗的经典不断大量介绍进来,除了《般若经》以外,还有许多阐明空宗的大乘论,如《大智度论》《中论》《百论》《十二门论》,再用玄学眼光看待、理解印度大乘中观学派,就遇到了新的困难。这也是慧远与鸠摩罗什往复问难,未能取得一致意见的原因。两家的分歧,在"实相"的看法上,表现得尤为明显。

慧远向鸠摩罗什提出"法性""如""真际"这三个概念的关系如何严格区别,鸠摩罗什回答说,诸法相随时为名。

> 若如实得诸法性、相者,一切义论所不能破,名为"如"。如其法相,非心力所作也。(《次问如、法性、真际并答》)

"如"即如实而知;佛教大乘空宗认为世界不真实,又不是不存在,对这种情状不能用任何肯定的语言来描述,只能用"如"来表示。佛教防止有人把"如"看作一个东西,有时称为"如如".意思是说,连"如"也不过是"如"。如果严格按照他们的表达方式和思维方式,"如如"也还不够确切,应该是"如如如……",无限的"如"才可以。

> 诸相"如"相,性自尔故,如地坚性、水湿性……如是诸法性,性自尔,是名法性。(同上)

"法性",即事物的本质属性,是"如"借以体现的根据。不过鸠摩罗什这里举的例子,是事物的特殊性,在佛教实践中,"法性"主要指事物的共同本质。

> 入如法性也，更不求胜事，尔时心定，尽其边极，是名真际。（《次问如、法性、真际并答》）

认识所能达到的最终真理名为"真际"。这三个名称，有它的次序：

> 初为"如"，中为"法性"，后为"真际"。（同上）

慧远与鸠摩罗什从根本上就存在着分歧。世界现实是"如"，不过是假有，这一点，慧远就不能接受，慧远承认世界常幻、不常住，但不像大乘中观学派那样，否定得那样彻底。由于出发点不同，引出一系列的疑问。慧远问："经说法性，则云有佛无佛，性住如故。"法性常住，它是有还是无？如果说"不有不无"，它不同于有无的地方是什么？意思是问，客观上有没有一个常住不变的"法性"。关于这一点，鸠摩罗什明确回答：

> 所谓断一切言语道，灭一切心行，名为诸法实相。

诸法实相不过是个假名，它是对"如"的方便表达的符号，它并无真正存在的实体，不能按照世俗的理解当成一物；它不同于一物，既非有，也非无。但是，说它"异于有无"也是错的。

慧远从玄学本体论的观点，关注的是"绝对实体"，他在《法性论》中，强调至极不变的实体的重要性，认为"法性是法真性"。对印度鸠摩罗什介绍来的空宗理论，在当时中国人眼里算是最新的理论。对这种新理论，慧远是认真对待的，也尽力去理解、宣传它。慧远通读了鸠摩罗什新译的《大智度论》一百卷，并做了笔记，抄集为二十卷，又作了序。慧远介绍《大智度论》说：

> 其为要也，发轸中衢，启惑智门，以无当为实，无照为宗。无当，则神凝于所趣；无照，则智寂于所行。寂以行智，则群邪革虑，是非息焉；神以凝趣，则二谛同轨，玄辙一焉。（《大智度论抄序》，《出三藏记集》卷十）

《大智度论》从中道出发，没有确定实在的对象，也没有主观意识的认识活动。可以泯除一切虚妄分别，不正当的观念、思维可以息灭。慧远所理解的《大智度论》的要点，有的地方说对了，比如要求"无当""无照"，破除世界俗见，对一切事物都不能当作真实存在去了解，这符合般若性空的思想。慧远按照他自己的理论体系，把"神"与"智"融合在一起，用他的神不灭思想去改造佛教的般若空宗，"神"被当作般若认识的主体，这就与《大智度论》的宗旨不合。

慧远接着讲：

> 生途兆于无始之境，变化构于倚伏之场，咸生于未有而有，灭于既有而无。推而尽之，则知有无回谢于一法，相待而非原；生灭两行于一化，映空而无主。于是乃即之以成观，反鉴以求宗。鉴明则尘累不止而仪像可睹(指俗谛)，观深则悟彻入微，而名实俱玄(指真谛)。将寻其要，必先于此，然后非有非无之谈，方可得而言。(同上)。

谈有谈无，都不是穷究底蕴之言，更本源的存在超于有无之外，它非有非无。这种观点，不是《大智度论》的原意。世界不是有，不是无，也不是非有非无。鸠摩罗什代表的大乘空宗，主张"当体空"，即法体性空，或曰"法空"。慧远力图接近鸠摩罗什介绍来的新学说，但始终没有理解"法空"的意义，他把"有无回谢"看作"一法"的不同表现，把"生灭两行"当作一化的具体体现。生灭、有无成了"空"的表现形式，而"法"与"化"成了高一层次的实体。

慧远在《大智论抄序》中，在世俗见解的有无之上，提出了更高一层次的有，把"有"看作最后的实体，即他的"法性"。

> 有而在有者，有于有者也；无而在无者，无于无者也。有有则非有，无无则非无。何以知其然？无性之性谓之法

350

性,法性无性,因缘以之生。生缘无自相,虽有而常无;常无非绝有,犹火传而不息。夫然,则法无异趣,始末沦虚,毕竟同争,有无交归矣。

慧远驳斥了世俗的有、无见解,认为那都是虚妄的。世俗分别有、无,都属于缘生法的范围。缘生法无自性,可称之为"无性之性""法性无性"。至此为止,慧远解释的《大智度论》是正确的。接下去,慧远又回到他自己的本无宗的哲学体系,主张在变幻不实的世界之外,还有一个真实的世界,"常无"的境界。他仍用薪火之喻来说明他的观点,"薪"则生灭无常,"火"则永存不息。"薪",有无不实,"火"则属非有非无的无性之性。慧远通读了《大智度论》更加深了他的神不灭思想。

慧远与鸠摩罗什的理论分歧,说明中国哲学发展有它的内在原因,有它的源远流长的传统。慧远从传统文化的角度去考察外来思想,慧远直接继承魏晋玄学本体论,在此基础上来迎接外来的中观学派,使他不同于印度中观学派那种怀疑一切、否定一切的虚无教义。也还要看到,魏晋玄学并不是出世主义,它对中国传统封建宗法制度、对忠孝等封建伦理观念是支持的。慧远身份是和尚,但他对封建宗法制度完全拥护,出家人对封建礼法丧服关心研究,这也是他不同于印度僧人的地方。

(三) 慧远僧团与鸠摩罗什僧团争辩的重大问题

东晋与北方各国持续对峙,南北僧人集团形成了两大中心。一个在长安,以鸠摩罗什为首,宣传般若大乘空宗的理论;一个在江南,以庐山慧远为首。南方首都建康(今江苏南京)也是一个中心,但影响不及庐山慧远。

南北两大领袖人物互相尊重,互相誉扬。慧远曾向鸠摩罗什提出许多问题,鸠摩罗什也一一答复。来往书信问答保存在

《大乘大义章》中。归纳起来,即"法身"问题与"法性"问题。

关于"法身"问题,两晋时期中国佛教界尚未形成一统的看法,大致有三种见解:

> 一谓法身实相,无来无去,与泥洹同像;二谓法身同化,无四大五根,如水月镜像之类;三谓法性生身是真法身,能久住于世,犹如日现。此三各异,统以一名,故总谓法身。(《大乘大义章》)

慧远很不理解所谓"法性生身"即真法身。鸠摩罗什回答说,小乘部中没有"法身"这个概念,因为小乘佛教以释迦牟尼创建的佛理和遗留的佛典当作"法身","天竺诸国皆云虽无佛生身,法身犹存"。"法身",就是指佛的生身虽死,他的精神常在的意思。大乘佛教为适应信仰者的需要,增加"随俗分别",认为:

> 菩萨得无生法忍(即得诸法实相),舍肉身(即生死身),次受后身,名为法身。所以者何?体无生忍力,无诸烦恼,示不取二乘证(指不中道涅槃),又未成佛,于其中间所受之身,名为法性生身。(《鸠摩罗什法师大义》卷上)

照佛教的说法,菩萨修行到七地(大乘菩萨修习划分为十个阶段,每一阶段称为一地,到达七地,修行已进入高级阶段),得到"无生法忍",与法性相契合,无诸烦恼。由于大乘以救度众生为最大心愿,所以不中途泥洹,而愿继续受生,入于生死际,直到成佛。此种境界的特点是"不在涅槃,不在世间",无定相而能行种种方便。

慧远对这样的"法身"很不理解,他要追问"法身"为什么会生成,它具有什么性质?什么相状?照慧远的思想体系,生而成身,必有使它成身的原因,促使"法身"产生的原因是什么?慧远还认为"生"必有"形","法身"借以成形的因素是什么?

对"法身"的理解,慧远与鸠摩罗什有很大的分歧,这不仅由

352

于两人对"法身"的理解有深浅，其中还有更深刻的理论上的原因。鸠摩罗什对慧远提问的细节，都做了答复，但未能解除慧远的疑惑，引起的疑问反而越来越多，如"法身"的相状，"法身"的"三十二相"是如何修得的？"法身"有无身、口、意三业，如有，与世人的业有什么不同，"法身"寿命长短，"法身"有神通，其神通是否凭借"四大""五根"？慧远对"法身"寻根究底的追问，而鸠摩罗什的回答则不肯定也不否定。只答复说：

> 大乘法中，无决定分别是生身，是法身。所以者何？法相毕竟清净故，而随俗分别。

> 法身可以假名说，不可以取相求。

即诸佛所见之佛，"亦从众缘和合而生，虚妄非实，毕竟性空，如同法性"。鸠摩罗什的结论是："不须戏论有无之实也"。慧远以本无宗的立场观点来看待佛教"法身"，以"法身"为本无之体，本无之体是实在的，"法身"也应是实在的。变化多端的世间法是虚幻的。而大乘中观学派，认为一切都是假，佛经关于法身的种种解说也只是假说，本身都是不实在的，如果强生分别，说有说无，都属戏论，不合大乘佛教教义。

慧远还问道，念佛三昧中所现之佛：

> 为是定中之佛，外来之佛？若是定中之佛，则是我想之所立，还出于我了。若是定外之佛，则是梦表之圣人。然则成会之来，不专在内，不得令同于梦，明矣。(《次问念佛三昧并答》)

慧远把定中出现的佛的形象分为两种，一种是内心专想而产生的幻相，一种是外来的"圣人"，后一种是真实的，不同于幻相。鸠摩罗什认为区别定中之佛与定外之佛，也是虚妄。从俗谛来说，可以承认虚妄也有作用，它能令众生各得其利，引向信仰的道路。大乘佛教中观学派主张"三界之物，皆从忆想分别而有"。

连"佛"的形象也是忆想分别而有。这种种议论,在于使人"心厌三界"从而增信佛教的教义。不可陷于有无真假的追求,流为戏论。

慧远的神不灭论,来自中国的传统的灵魂不灭,把祖先崇拜和天帝的崇拜给以神圣化,把法身作为崇拜的对象,它是人格化的独立实体,慧远无法理解印度大乘中观学派彻底打破一切实体的观点。鸠摩罗什解释"法身"的身字时说:

> 天竺但言歌耶(Kaya),秦言或名为身,或名为众,或名为部,或名法之体相。或以心、心数法名为身……众事和合,不相离故,得名为身……此中真法身者,实法体相也。(《次问真法身寿量并答》)

慧远不了解天竺语"身"的涵义,照汉语理解为身体。这两人往复讨论的"法身",实际上指的不是一个东西。鸠摩罗什指的是诸法实相,以性空为法身;慧远把"法身"看作全部佛法,即证得法性的"神"的表现[①]。

中国传统鬼神观念有某些继承关系,《孝经》称:

> 为之宗庙,以鬼享之;春秋祭祀,以时思之。

牟子《理惑论》说:

> 魂神固不灭矣,但身自朽烂耳。

《理惑论》以五谷的根叶喻"身",以五谷的种实喻"魂神",这是以"神"有确定的个性。慧远所谓"神",不同于《理惑论》所讲的

---

① 这种误解还由于中国佛教学者不固守印度传入佛教的一家一派,主张融会各家。比如慧远曾介绍《三法度论》,对此《论》评价甚高,据近人研究《三法度论》为犊子系贤胄部的著作,古印度小乘诸部中,唯有犊子系提倡有"胜义我"(补特伽罗),主张有"我",慧远的神不灭论,也有印度经典作依据,这种观点只不过是早期小乘佛教中的一派。慧远不加分别,当作真经来介绍(见吕澂:《中国佛学源流略讲》,中华书局,1979年版,第四讲)。

"神",它超乎报应以外,不受世俗的干扰。慧远所谓"神",有似大乘佛教所讲的"法身",既是永恒不变的本体,又能圆应无方,"洞玄根于法身,归宗一于无相"(《出三藏记集》卷九,载《庐山出修行方便禅经统序》)。与魏晋王弼的"无"、道安的"本无"有直接继承关系。《周易·说卦》说,"神也者,妙万物而为言者也";《周易·系辞上传》说,"夫易,圣人之所以极深而研几也。唯深也,故能通天下之志;唯几也,故能成天下之务;唯神也,故不疾而速,不行而至","不疾而速,不行而至",是支遁曾憧憬过的境界,当年的"心无"义的提倡者竺法汰也曾欣赏这个命题的精神境界。慧远融汇了当时佛教及儒家的有关观点,形成自己的有神论,既可以作涅槃出世的依据,又能解释为世间轮回的主体。他完善了佛教的神学体系,所以慧远在中国佛教史上,受到普遍重视。

慧远的神不灭论,运用到佛教轮回观,他提出了报应论。慧远否认中国儒家传统的报及子孙的说法,而提出一切由行为者自身负责的报应论。

> 心以善恶为形声,报以罪福为影响,本以情感,而应自来,岂有幽司?……然则罪福之应,唯其所感,感之而然,故谓之自然。自然者,即我之影响耳,于夫主宰,复何功哉?(《明报应论》,《弘明集》卷五)

慧远认为决定报应的不是有一个高高在上的天帝,而是由于每一个人自己的行为(行为包括身、口、意三个方面:行动是行为,言论及思想意识活动也是行为)。慧远把赏善罚恶的外因说成是每个人自己行为造成的内因。受报的主体,不再是祖宗与子孙之间的关系,而只限于作者自身,也就是中国流行的"自作自受"。

> 三业殊体,自同有定报。定则时来必受,非祈祷之所移,智力之所免也。(《三报论》,《弘明集》卷五)

把报应法则从"天"和家族中划出来,改为报在自身,这是慧远对中国传统宗教报应论的一大改造。这个改造,非同小可,它对宗教宣传,对缓和社会阶级矛盾大有用处,它从宗教的立场回答了社会上善人不得好结果、坏人反而得到富贵的不公平现象。戴逵与慧远的信中说:

> 弟子常览经典,皆以祸福之来,由于积行,是以自少束脩至于白首,行不负于所知,言不伤于物类。而一生艰楚,荼毒备经,顾景块然,不尽惟己。夫冥理难推,近情易缠,每中宵幽念,悲慨盈怀。始知修短穷达,自有定分,积善积恶之谈,盖是劝教之言耳。(《与远法师书》,《广弘明集》卷十八)

慧远从"形尽神不灭"和业报自受的观点,给戴逵以答复:

> 经说业有三报:一曰现报,二曰生报,三曰后报。现报者,善恶始于此身,即此身受。生报者,来生便受。后报者,或经二生、三生、百生、千生,然后乃受。(《三报论》,《弘明集》卷五)

佛教三报之说,机智地解决了善行不得善报,恶行反而得福的问题。他解说,不能只看这一世的结果,现在未报,以后还有受报的机会。这是佛教教人承认现实,安于现状,不必为自己的命运得不到公平的待遇而不满。这正是维护社会秩序的最好说教。这一命题与儒家的安于贫贱、乐天知命的教导互为表里,有助于王化,是显而易见的。

慧远既然回答世俗见解,也要回答佛教内部对神不灭说的怀疑。疑者认为:

> 夫四大之体,即地、水、火、风耳,结而成身,以为神宅。(《明报应论》,《弘明集》卷五)

人的生命不过是四大所合成,戒杀生,为佛门的五戒之一。身体是虚幻,杀人应当对不灭之神没有伤害,不应受报,为什么佛教不许杀生?

慧远解释说,从佛教的最高原则(慧观)看,人诚然受形于四大,是假于异物而有,"生若遗尘,起灭(生死)一化"。本质上如梦非实。这是一种最高级的佛教认识。

> 若彼我同得,心无两对,游刃则泯一玄观,交兵则莫逆相遇,伤之岂唯无害于神,故亦无生可杀。此则文殊按剑,迹逆而道顺,虽复终日挥戈,措刃无地矣。若然者,方将托鼓舞以尽神,运干戚以成化,虽功被犹无赏,何罪罚之有耶?(《明报应论》,《弘明集》卷五)

照此看来,如果真正达到了大乘性空、假有的认识,那就无害于神,无生可杀,更没有赏罚可说。戒律对于达到最高境界者来说,没有必要。正如对于有高度自觉修养的人,"不偷""不邪淫"的规定都无所谓一样。但是众生品类不齐,不能用最高的标准要求所有的人。对绝大多数人,还不能不讲为善去恶的教义,对他们加以约束。

慧远在《明报应论》和《沙门不敬王者论》都是从宗教立场向社会广大群众说教。就世俗论,天地有最大的功德,有最高的权威。但是还有比帝王的功德、权威更大的佛教,因为

> 天地虽以生生为大,而未能令生者不死;王侯虽以存存为功,而未能令存者无患。

> 天地之道,功尽于运化;帝王之德,理极于顺通。若以对夫独绝之教,不变之宗,固不得同年而语,其优劣亦已明矣。(《沙门不敬王者论》,《弘明集》卷五)

天地能生万物,但不能令生者不死,王侯能造福社会,但不能令群众免于祸患(轮回之苦),这些功绩都无法与佛教相比,佛教的功绩超过天地,超过王侯。

理论上,把佛教抬到极高无上的地位,但在现实生活中,儒

家制定的社会秩序仍然是必不可少的。慧远力图把中国固有的宗教伦理观念安放在他的佛教体系之内。形式上占上风,在内容上,却使佛教屈从于中国封建宗法文化传统。僧侣"高尚其事""抗礼万乘",却无处不是维护儒家的封建宗法制度。慧远在中国佛教史上受到历代僧俗的推重,根本原因就在这里。他是站在"方外"为"方内"服务最好的一位高僧。

五　从僧肇到竺道生

僧肇

鸠摩罗什有四大弟子,世称"什门四哲"。僧肇在四哲中声望仅次于道生,对后世影响极大。僧肇卒于东晋义熙十年(414年),相传活了31岁(也有一说为44岁)。据《高僧传》,他是"京兆人,家贫,以佣书为业,遂因缮写,乃历观经史,备尽坟籍,志好玄微,每以《庄》《老》为心要"(《高僧传》卷六)。"后见《维摩经》,欢喜顶受,披寻玩味,乃言'始知所归矣',因此出家"。僧肇的从学经历,反映了在当时学术界一股思潮,东晋时期的知识分子,都是走的从玄学到佛教的道路。时人所说的《庄》《老》,指的是玄学,不完全指庄周、老子的思想,僧肇把《庄》《老》与《维摩经》沟通起来,从而形成自己的理论体系。

僧肇著作多种,以《肇论》最重要。《肇论》主要由四篇论文组成,即《物不迁论》《不真空论》《般若无知论》《涅槃无名论》。此"四论"最早见于南朝刘宋明帝(465—471年在位)时,陆澄所选《法集》目录。南朝陈时又收入了《宗本义》一篇,合成今本《肇论》。《宗本义》有人疑为伪作,但基本思想与僧肇其他四论并无抵牾。古今学者对《物不迁》《不真空》《般若无知》三篇没有怀疑,对《涅槃无名》或疑非僧肇作品,但理由尚不充分。从总体看,《肇论》思想前后一贯,观点明确,文章风格一致,是一个完整的体系。它发挥般若学说,对他以前及当时佛教界流行的以玄学论佛学的各种观点给以驳斥,争论的中心问题仍是体用关系。僧肇对此做出了总结性的回答,他把佛教神学问题(信仰问题)与认识论问题结合起来,用理论思维方式论证宗教信仰的必然性,他的著作标志着中国佛教神学理论和当时玄学理论的新水平。由于他的哲理性强,文字优美简练,所以流传极广,受到古今学人的重视,有深远的影响。

僧肇学术活动的时期,玄学理论已发展成熟,由王弼的"老学"时代进到郭象的"庄学"时代。他读《老子·德章》,乃叹曰,"美则美矣,然期栖神冥累之方,犹未尽善"(《高僧传》本传)。从"老庄"转为"庄老",是当时玄学发展的一大变化,这对于理解僧肇思想形成过程,颇值得重视。

僧肇的般若学理论,来自鸠摩罗什,自不待言,但《维摩经》对他影响也很大。《肇论》中引用的佛经,除鸠摩罗什的新译经典外,还引用了《道行经》《放光般若经》等。但从根本上讲,他是用《维摩经》去会通其他经论的。《维摩经》被鸠摩罗什重译,足以说明社会对它的重视,对该经,道生有注,鸠摩罗什也有注,僧叡也有义疏(不存),在世俗上层贵族知识分子阶层也有广泛市场。僧肇在《维摩经》的解释中多所发挥。《肇论》中讲得简略的地方,在《维摩经注》中有比较详明的解释。《维摩经注》可以看作《肇论》的补充。

(一)物不迁论

《物不迁论》的宗旨在于为佛教的因果报应宗教信仰寻求理论论证。这里涉及的理论问题,也是当时玄学家所关心的问题。

"物不迁"这个题目即取自《庄子》①。郭象对这个意思有过解释：

> 体夫极数之妙心,故能无物而不同。无物而不同,则死生变化,无往而非我矣。故生为我时,死为我顺;时为我聚,顺为我散。散聚虽异,而我皆我之。(《德充符》注)

在死生聚散变化中,有一个永恒不变的"我"在。《庄子·大宗师》也说：

> 夫藏舟于壑,藏山于泽,谓之固矣。然而夜半有力者负之而走,昧者不知也,藏小大有宜,犹有所遁。若夫藏天下于天下,而不得所遁……又况万物之所系,而一化之所待乎。②

郭象解释说,变化之力,不可抗拒,是不能强使不变的,人只能承认变化、顺应变化,"玄同万物而与化为体",即可以"独与天地精神往来"。这种基本思想,与僧肇的《物不迁论》有接近处。僧肇也认为不能离开变化的世间法去寻求不变的世界。《物不迁论》所用的例子也多来自《庄子》,如"交臂非故""庄生之所以藏山""有力者负之而趋""吾犹昔人,非昔人也",都脱胎郭象《庄子注》。但对哲学的基本问题,他与玄学就出现了分歧。

《物不迁论》的目的,论证万物"不迁",《庄子》的本意是"万物迁流变化",人不得不随顺此种迁流变化,才可以得到"我"的存在。僧肇在于论证物本来是"不迁"的。不迁是物的本性。世俗人们认为物在"变化",那是昧者自造的假象。僧肇的唯心主义更彻底了。

《物不迁论》首先破斥"有物流动"的见解：

> 夫人之所谓动者,以昔物不至今,故曰动而非静;我之

---

① 《庄子·德充符》："死生亦大矣,而不得与之变;虽天地覆坠,亦将不与之遗。审乎无假而不与物迁,命物之化而守其宗也。"

② 《物不迁论》也引用了《庄子》中这个例子。僧肇所受庄学影响显而易见。

> 所谓静者,亦以昔物不至今,故曰静而非动。

双方都是根据"昔物不至今"这一现象,得出相反的两种结论。原因在于:

> 动而非静,以其不来;静而非动,以其不去。

"不来",指过去的物已经流逝,所谓"人命速逝,速于川流",可见事物有变化。"不去",指"事各住于一性",始终不变,所以是静止的。僧肇揭示了事物运动的内在矛盾,既是动的,又是静的,他进而批判了"动而非静"的观点:

> 既知往物而不来,而谓今物而可往。往物既不来,今物何所往?

往物只存在于过去,不存在于现在。可见,今物只存在于现在,而不会继续过去,也不会流向将来。

> 何则? 求向物于向,于向未尝无;责向物于今,于今未尝有。于今未尝有,以明物不来;于向未尝无,故知物不去。覆而求今,今亦不往。是谓昔物自在昔,不从今以至昔;今物自在今,不从昔以至今。

僧肇看来,世俗人没有认识"昔物不至今",但昔物在过去时未尝无。昔物不是不存在,只是它"不至今"。过去之物,现在之物,都如此,所以说"各性住于一世"。

《物不迁论》最后归结为:

> 果不俱因,因因而果。因因而果,因不昔灭;果不俱因,因不来今。不灭不来,则不迁之致明矣。

此中"果不俱因""因不来今",源于《中论》的观点。《中论》在于论证因中无果,果中无因,因不至果,果不因因,由此提出"因不生果"的"无生"的结论。目的在于发挥他的彻底的一切皆空的世界观。僧肇的《物不迁论》的目的在于得出"因能生果"的结论。他的根据是"因不昔灭",即所谓业力不失的佛教传统观念。

他用《物不迁论》支持佛教的轮回宗教信仰,证明三世因果的必然性和修习成佛的可能性。僧肇曾受过中观学派的洗礼,但他的宗教世界观与中观学派有区别,从而构成他自己的体系。

（二）《不真空论》

《不真空论》是《肇论》的另一篇重要文章,讨论的是世俗认识与般若认识的不同。两种认识,其认识主体及认识对象都不同。世俗认识靠感官与外物的接触,而般若的认识不靠感官而靠智慧体验真如本体。真如本体不是世间的有形的物体。

> 夫至虚无生者,盖是般若玄鉴之妙趣,有物之宗极者也。

> 至人通神心于无穷,穷所不能滞;极耳目于视听,声色所不能制。

至人（佛）的认识不同于凡夫,它超于感官视听之外,不以世间客体为对象,它是般若玄鉴的对象,此对象为本体(宗极)。

东晋时期,佛教般若空宗的学说相当流行。僧肇认为许多宣传般若学说的学派,都没有正确地解决万物与本体(宗极)的关系问题。僧肇认为不应脱离万物的存在去追求超越的本体。

> 寻夫不有不无者,岂谓涤除万物,杜塞视听,寂寥虚豁,然后为真谛者乎? 诚以即物顺通,故物莫之逆;即伪即真,故性莫之易。

作为真谛的不有不无,并非要把处于生灭有无中的万物从认识中排除出去,而是承认万物以生灭有无的形式存在,又要进一步指出,认识到这种存在是假的,不是真的。

> 非无物也,物非真物;物非真物,故于何而可物?

"物非真物",是万物自身所具有的,不是认识者可以任意取舍的。

> 万物果有其所以不有,有其所以不无。有其所以不有,故虽有而非有;有其所以不无,故虽无而非无。虽无而非

> 无，无者不绝虚；虽有而非有，有者非真有。若有不即真，无
> 不夷迹，然则有无称异，其致一也。

僧肇既反对杜塞视听，从感官上驱除外物的方法，又反对用分析破除万物的观念（色）的途径。他用"有不即真"来解释佛教的"二谛"观点：

> 第一真谛，无成无得；世俗谛故，便有成有得。

"成"，指客观世界可以成立，"得"指主观世界可以反映万有。从真谛看，世俗世界、主观客观都不能成立；从俗谛看，则都可以成立。"真谛以名非有，俗谛以明非无"。"言有是为假有，以明非无，借无以辨非有"。"真谛"指万物的性空的本质，言伪是指万物多假的存在。透过万物形象认识万物的"性空"，一切存在都是虚假的。这就是二谛的统一，即不真空。

世界万物本来是实在的，客观地摆在人们的面前，它的存在可以通过人类的实践得到证实。僧肇否认外物为实有，从宗教唯心主义世界观，论证其为虚幻。他说：

> 夫有若真有，有自常有，岂待缘而后有哉？……昔有不
> 能自有，待缘而后有者，故知有非真有……夫无则湛然不
> 动，可谓之无。万物若无，则不应起；起则非无，以明缘起，
> 故不无也。

在这里僧肇对"有""无"这一对范畴作了割裂的理解。并进一步解释说：

> 若应有，即是有，不应言无；若应无，即是无，不应言有。

有与无是绝对排斥的，实际上"有"指"存在"，"无"指"非存在"，这是一对很抽象的范畴。"有""无"都以运动变化着的万物为内容，离开了运动、变化去抽象地谈有谈无，有无就无意义，不可理解。僧肇认为"有"必"常有"，"无"必"湛然不动"。这种观察事物的方式是错误的。佛教小乘有部，以"三世恒有"否认万物的

变化,遭到后来的般若学派的破斥,这种破斥是可取的。般若学派(包括鸠摩罗什)驳斥了小乘有部的形而上学观点,却走向了另一个极端:既非"恒有",必是"假有"。般若中观学派破斥恒有,仍立足于以"真有"为"恒有"。僧肇反对永恒的有和不动的无,在逻辑上同样犯了形而上学的错误。僧肇认为,既然没有常有,也不存在所谓不动的无,所以万物不可说有,亦不可说无,人世间所谓有无,完全不真实。由此引申出名实无当的第二个错误。

> 夫以物物于物,则所物而可物;以物物非物,故虽物而非物。是以物不即名而就实,名不即物而履真。

给物以名称,被叫作物。虽然被命名为物,它并不是物,不能说有了物之名,它就是物了,人们给物以名称,但此物之名并非实,原是非物。

> 夫以名求物,物无当名之实;以物求名,名无得物之功。物无当名之实,非物也;名无得物之功,非名也。是以名不当实,实不当名,名实无当,万物安在?

僧肇运用中国传统哲学上的名实范畴企图证明万物不存在,这里也犯了逻辑上的错误。名实是否相符,能否相符,只能表示名与实的关系如何摆法,即使名实不相符,把"人"叫作"狗",但不可能得出被叫作"人"或"狗"的客体"不存在"的结论。《不真空论》是一篇比较严谨的论文,博得历代不少佛教学者的称赞,但从"名实"观点论证外物的不真,是一处败笔,不足取。

僧肇还从认识者的立场不同,对世界产生不同的认识,从而得出世界为"不真"的结论:

> 《中观》云,物无彼此,而人以此为此,以彼为彼;彼以此为彼,以彼为此。此彼莫定乎一名,而惑者怀必然之心志。
> 然则彼此初非有,惑者初非无。既悟彼此之非有,有何物而

可有哉？故知万物非真,假号久矣。

从用语到论证的方法,显然受《庄子》的影响。庄子认为由于彼此认识的不一致,把相同的东西看作不同,不同的看作相同,因而难以判断谁是谁非。僧肇根据同样的现象,比庄子走得更远。他由难以判断真假,推论出万物不存在。

僧肇为了维护其佛教出世立场,贯彻其宗教唯心主义世界观,在《维摩经注》中对世界的不真,有比较明确的论述,可以帮助说明他对万法之本的看法:

> 若以"心动"为本,则有有相生,理极初动,更无本也;若以"无法"为本,则有因无生,无不因无,故更无本也。无住故想倒,想倒故分别……则万法斯起。(《维摩诘经注·观众生品》)

他把世界的"不真"归结为人的思想颠倒认识所造成。这种解释虽不符合实际,但可言之成理,不失为一种唯心主义观点,与佛教宗教哲学也符合,与"不真空"的理论相一致。尚不失为一种说法。

僧肇对世界的不真,不采取闭上眼睛装作看不见的办法。他提出,如果把虚假的现象当作虚假的现象,说它是"有"也是可以的。如他说"譬如幻化人,非无幻化人;幻化人非真人也"。把幻影作为幻影看,只要不被幻影所蒙蔽,也无妨。他利用名实问题论证万物不真,在逻辑上有错误,他的本意是说,所谓"实"本来就不"真实",用名来表达这种不真的实,毫无意义。但他没有抓着问题的关键,力图论证名实没有关系、事物之间无差别,这只能引向认识的相对主义,而不能达到他预期要证明万物不真的目的。何况"万物不真",只能靠实践来判断,是无法从理论上证实的。

僧肇把一切现象都说成虚幻不实,是他建立佛教宗教世界观的一种手法,他最终目的并非真正教人"空"掉一切。他否认现象界的一切,正是为了引导人们走向一个永恒、不变、圆满、真实的彼岸世界。那个世界是真实的,不是空的。彼岸世界和现实世界完全相反。如果认为僧肇主张一切完全空无,这是不对的,他是中国和尚,与印度的中观学派鸠摩罗什不尽一致。

(三)《般若无知论》

《般若无知论》是配合《物不迁论》和《不真空论》提出的一套比较精致的唯心主义认识论,反复论证人类认识不可能接触到最高真理,力图区别佛教般若①(圣智)与通常人的认识(惑智)两者有本质的不同,它所讨论的是佛教的特殊认识论。这种认识论从般若经开始提出,后来为一切大乘经论和大乘派别所接受。早期般若学派,着重破除以"五阴"(五蕴)为世界构成说。对于认识能力的进一步分析,成为后来佛教理论界共同感兴趣的题目。《般若无知论》写成后,也曾引起不同的争议。僧肇的佛教理论曾受当时玄学及老庄的思想影响,从论文的题目可以看出庄学的影子。《庄子·人间世》有"闻以有知知者矣,未闻以无知知者也"。《般若无知论》也肯定有一种无知之知。

> 夫有知则有所不知。以圣心无知,故无所不知。不知

---

① "般若"(Prajñā)一词,为印度佛教专门名词的音译,中国旧译为"智慧"。世俗人理解的智慧用于分析、认识现实世界,与生活经验相一致,承认主客的存在,承认逻辑思维的作用。佛教的般若不是用来认识现实世界的,它是一种神秘的直观,译作"智慧"容易误解为世俗习用的智慧,不符合佛教的原意,但中国汉语词汇中没有相当于"般若"的词,佛教界一般主张直接标音而不译,著名翻译家玄奘有"五不翻"的原则,"般若"即属不翻之类。

之知,乃曰一切知。故《经》①云:圣心无所知,无所不知。

此中的"有所知"简称"知",又称"惑智",是世间俗人的认识。"无知""不知之知"简称"智",又称"圣智",即佛教的般若智慧。知与无知的对立,即世俗人的认识与佛的认识的对立。世俗人的认识,必须通过感官去摄取,其获得的知识只能是片断的、虚幻的。他认为现实世界本身是幻虚不实的,是人们主观意识造成的假象。僧肇看到"知"都是有限的,"有所知则有所不知",这是对的;但他由世俗的认识有局限性推到凡是有局限性的知都不真实,这就错了。由于"有所不知",便断定无法达到真理,把认识的有限与无限割裂开来。这是与事实不符的。因为:

> 人的思维是至上的,同样又是不至上的,它的认识能力是无限的,同样又是有限的。按它的本性、使命、可能和历史的终极目的来说,是至上的和无限的;按它的个别实现和每次的现实来说,又是不至上的和有限的。②

僧肇把"有所不知"和"无所不知"对立起来,把认识看成一次完成,而没有反复认识过程,既然"有知"不能一次把握真理,于是宣判"有知"为无效,退回去追求所谓"无知"之知。他论证只有靠"无所知"才能"无所不知"③。般若圣智的对象为真谛,或"无相之真谛","圣人以无知之般若,照彼无相之真谛","不得般若,不见真谛"。"无相之真谛"是般若认识的独特对象,是本体,对

---

① 见《思益梵天所问经》卷一,"以无所得故得,以无所知故知"。

② 《反杜林论》,《马克思恩格斯选集》第3卷,126页,人民出版社,1972年版。

③ 僧肇这里用的"无所不知",梵文原文为"萨云若",鸠摩罗什译作"一切智""一切种智",认为只有佛那样的认识者才能洞察一切,有了这种智,才能无所不知。

这种本体,世俗的"知"无法体认。真谛无相可取,故不能为世俗认识所及。

僧肇用"真谛非所知",以证明"真智亦非知",这是《般若无知论》的核心观点。他说:

> 夫知与所知,相与而有,相与而无。相与而无,故物莫之有;相与而有,故物莫之无。

世俗的认识(知)有主体与客体两个对立面,对立面相互依存而存在。至于认识最高真理(本体、真如),那就不具有世俗认识的相对性。般若智慧与世俗的知见根本不同。因为般若不以物质世界为认识的对象,不需要以色为缘而产生:

> 《放光》云,不缘色生识,是名不见色。又云,五阴清净,故般若清净。

佛教般若之所以能达到"至虚无生"的境界,全在于"五阴"本身是"至虚无生"。此处清净指"性空""无相""真谛"。唯有"惑智"才以"色"(五阴)等为认识对象,被"色"等幻相所左右。如果一定也用主观认识与客观对象来理解般若在佛智认识中的作用,般若只能以"真谛"为对象。但真谛不同于五阴,不是所缘,所以只能说"智(般若)非知"也。僧肇反对把般若的认识降低为世俗的认识。

> 缘法故非真,非真故非真谛也。故《中观》云,物从因缘有,故不真;不从因缘有,故即真。今真谛曰真,真则非缘。真非缘,故无物从缘生也。

这里引《中论》为经典性依据,因缘所生法都不真实,但僧肇讲的"真则非缘",是为了证实另有一个"真"体存在而作的发挥。凡"假"都是因缘所生,"真"是绝对的,则不受条件制约。

> 是以真智观真谛,未尝取所知。智不取所知,此智何由知?然智非无知,但真谛非所知,故真智亦非知。

真谛无相,不为俗知所取,不能成为俗知的对象。真谛是不可知的,只能以"无知"去知它。真谛的不可知性,造成了般若的无知性。僧肇还把这一观念进一步强调指出,般若的"无知"并非如草木瓦石的无知无觉,而是比有知有觉的认识主体有着更高明的知觉。"般若无知"只指它无世俗之知。体认真谛要在感觉之知之外,寻求一种另外的"知"。

> 是以般若可虚而照,真谛可亡而知,万动可即而静,圣应可无而为。

僧肇的认识论,不是引导人们走向不可知论,而是引向神秘的直观。"无知"而"无所不知"乃是"圣智"的品格。

> 圣人(佛)虚其心而实其照,终日知而未尝知也。故能默耀韬光,虚心玄鉴,闭智塞聪,而独觉冥冥者矣。

"虚其心而实其照"就是不知之知,不是知外物(闭智塞聪),而是知内心境界(独觉冥冥)。在行为表现上,圣人(佛)与众人不相背离。

> 智虽事外,未始无事;神虽世表,终日域中。

他追求一种"和光尘劳,周施五趣,寂然而往,泊尔而来,恬淡无为而无不为"的境界。这里也可以看出僧肇深受老庄影响,与当时玄学风尚有关。他曾提出"圣智无知而无所不知,无为而无所不为"(《肇论·答刘遗民书》)。

僧肇在佛教史和哲学史上的功绩,在于使般若学脱离了玄学的影响,纳入佛教的范围,从而结束了六家七宗所造成的理论界的纷乱。但僧肇深受鸠摩罗什中观学派的影响,除旧虽有余,建新似不足。东晋末年,社会上理论界逐渐上升的佛性问题,没有引起他的足够注意,而这个问题恰恰是当时门阀士族朝野上下共同关心的问题。这一历史任务不得不由道生来完成。从僧肇到道生,沿着同一条道路继续前进。

竺道生

竺道生①原为法汰弟子,与庐山慧远平辈,年岁小于慧远,约生于公元355年,曾从僧伽提婆学小乘有部,后来到关中,从鸠摩罗什学大乘般若中观学说,于晋义熙五年(409)南返,到建业。宋元嘉十一年(434)卒于庐山。他的学术活动,集中在这二十五年间。他提倡涅槃学,当在自关中返江南以后,法显自印度携归六卷《涅槃》,于义熙十三年十月一日译出,即在道生还建业后之八年。道生立顿悟成佛义,未必与《涅槃经》的译出有关,因为这是当时佛教学术界普遍注意的问题。一阐提成佛义,当在《涅槃经》译出之后。他的学说对后来影响最大的在两方面,一是顿悟说,一是一阐提人得成佛。《高僧传》说:

> 生既潜思日久,彻悟言外。乃喟然叹曰:"夫象以尽意,得意则象忘;言以诠理,入理则言息。自经典东流,译人重阻,多守滞文,鲜见圆义。若忘筌取鱼,始可与言道矣。"于是校阅真俗,研思因果,乃言《善不受报》《顿悟成佛》,又著《二谛论》《佛性当有论》《法身无色论》《佛无净土论》《应有缘论》等②,笼罩旧说,妙有渊旨。而守文之徒,多生嫌疾。与夺之声,纷然竞起。③

道生的思想方法,受玄学影响十分明显。"得意忘象"来自玄学,有了这个观点,才可能破除一些旧观念的束缚。当时佛教思想

---

① 《高僧传》卷七;释慧琳《竺道生法师诔文》《广弘明集》;及《出三藏记集》《释氏疑年录》卷一;《宋书》卷九十七。
② 论文外,还著有《维摩诘经注》《妙法莲华经疏》《泥洹经义疏》《小品经义疏》。
③ 《诔文》为"既而悟曰:'象者理之所假,执象则违理;教者化之所因,束教则愚化。'是以征名责实,惑于虚诞;求心应事,芒昧格言"。意思相近。

界十分活跃。因为佛教大部经典已有汉译本,佛教内部大小乘学说,中国都有人信奉,都能找到各自需要的佛典依据。当时佛教界共同感兴趣的,又一时搞不明白的是佛性问题。慧远与鸠摩罗什的多次讨论"法身"问题,实质上就是佛性问题。

在《维摩诘经注》中说:

> 夫大乘之悟,本不近舍生死,远更求之也。斯为在生死事中,即用其实为悟矣。苟曰在其事,而变其实为悟始者,岂非佛之萌芽起于生死事哉? 其悟既长,其事必巧。不亦种之义乎? 所以始于自身,终至一切烦恼者,以明理转扶疏,至结大实也。

道生力图打通世间与出世间的界限。小乘佛教把世间与出世间绝对对立起来,在尘世之外去追求解脱。《维摩诘经》说过"何等为如来种? 六十二见及一切烦恼皆系佛种"。道生领会了大乘佛教的这种灵活观点,主张善于理解佛教的精神实质,不能停留在经典的词句上。他说:

> 若投药失所,则药反为毒矣。苟曰得愈,毒为药也。是以大圣为心病之医王,触事皆是法之良药。

道生对大乘中观学派的思想,对空有、凡圣、世间出世间的依存关系,有很深的理解。也可以说,在大乘中观学派"破除一切"的思想方法基础上建立起他的体系。僧肇在《维摩注》中说:

> 小乘以封我为累,故尊于无我。无我既尊,则于我为二。大乘是非齐旨,二者不殊,为无我义也。

小乘割裂我与无我,大乘"是非齐旨",不割裂有我与无我,这一点,道生、僧肇、鸠摩罗什的观点是一致的。至于探究佛性的内容,道生有其独到的见解,《法华经疏》:

> 故言以一大事因缘出现于世,欲令众生开佛知见……众由众生本有佛知见分,但为垢障不现耳。佛为开除,则得成之。

《涅槃经集解》引道生说：

> 苟能涉求，便反迷归极。归极得本，而似始起。始则必终，常之以昧。若寻其趣，乃是我始会之，非照今有。有不在今，则是莫先为大。既云大矣，所以为常，常必灭累，复曰般泥洹也。

可见道生主张佛性本有，为众生所本具，不从外来，不是后起。如果说是有始（即后起），佛性有始有终，就不是永恒的真理。以佛性为本有，如推究它的渊源，可以上溯到中国传统的"性善"说。如他说"众生本有佛知见分，但为垢障不现耳"。扫除垢障（佛为开除），佛性自现（则得成之）。

"佛性永存"，是佛教徒所追求的信念。佛教在中土传布，"佛性"与"神我"两种观念经常容易被混淆。佛性永存，并不等于"神不灭"。对这个问题，如一代大师庐山慧远也搞不明白，因此与鸠摩罗什反复讨论。从双方来往的书信看，慧远对"法身"的理解和他对佛性观念相一致，与中观学派的隔阂很严重。对这问题，道生既不同意慧远以佛性为神我，也不同意鸠摩罗什对佛性、法身不肯定其为实有的观点。道生的佛性论，在理论上接受过般若空宗的洗礼，不把佛性当作一种崇高的实体，同时也没有把佛性说成一切皆空，看成方便设施，使他在中国佛教史上的地位得以与慧远齐名，其影响的深远超过鸠摩罗什和僧肇。

从理论上，否定概念，不能用作定义；从宗教信仰心理上，信教者均希求有一个安顿精神的世界。不论从理论上，或宗教心理上，"一切皆空"的立场都不可能使人长期停驻不再前进。佛教宣称现实世界为污染、为烦恼，无非为希求彼岸世界者作思想准备。舍染归净，去苦得乐，才是宣传宗教者给人们指出的最后归宿。如果信仰了佛教，到头来一无所得，一切皆空，连佛国也成了虚幻,那又何必出家?《涅槃经》提出涅槃四德"常、乐、我、净",等于对传统佛教作了一篇翻案文章,传统说法认为世界为"无常""无我""苦",他们把这三个特点看作佛教标志,号称"三法印"。《涅槃经》的传入,对佛教徒是一件大事,对佛教理论的发展,也是一件大事。它是般若空宗在理论上的发展,也对佛教的宗教实践起了某种巩固作用。

道生号称"涅槃圣",对佛教理论作过深入的阐发,以涅槃四德的"我"为"佛性我";此最高精神境界,超出死幻灭,故曰"常";永远脱离烦恼故为乐,此"乐"非对苦而言,而是宁静安谧的精神状态;此精神境界超越污染,与世间污染不属于同一层次,"真理自然","穷理乃睹"。《集解》卷五十四,引用道生说:

> 夫体法者,冥合自然,一切诸佛,莫不皆然。所以法为佛性也。

又以佛性常住,又说:

> 作有故起灭,得本自然,无起灭矣。

他解释佛的"八德"说:

> 善性者,理妙为善,反本为性也……涅槃惑灭,得本称性。

道生提倡反本得性。在这种世界观基础上,自然能得出"见性成佛"的结论。他的顿悟成佛说、一阐提人皆得成佛说,都是他的佛教哲学的组成部分,题内应有之义,不值得奇怪。

(一)顿悟说

佛教关于顿悟、渐悟的争论,不是竺道生首先提出的。但道生发展了顿悟说,有时不为当时一般人所理解,引起争论。人们以为顿悟说为道生所发明。东晋道安、支遁都曾提出过顿悟义,如《世说新语·文学篇注》说:

《支法师传》曰法师研十地①,则知顿悟于七住。

十地据佛教称为大乘菩萨修行必经的十个阶段,一个阶段称为一住(或一地)。十个阶段又可分为三个大的阶段。第一阶段称"欢喜地",是起步入门阶段,从一地到六地,次第修习,到第七地出现一次飞跃,得"无生法忍"。十地之中,第七地至关重要。支道林最早提出七地以前的六地为渐悟阶段,从第七地开始,宗教实践及觉悟均已具足,由此前进,到十地则成就法身。

> 支公之论无生,以七住为道慧阴足(《大小品序》所谓"览通群妙"),十地则群方与能(支谓"感通无方"),在迹斯异,语照则一。(刘虬《无量义经序》)

慧达《肇论疏》说:

> 第二小顿悟者(第一为大顿悟),支道林师云,七地始见无生。弥天释道安师云,大乘初无漏慧,称摩诃般若,即是七地。远师云,二乘来得无有(当为"生"),始于七地,方能得也。瑶法师云,三界诸结,七地初得无生,一时顿断,为菩萨见地也。肇法师亦同小顿悟义。

这里所列举的几家关于顿悟的学说,都属于"小顿悟"。都认为七地以前为逐渐修习阶段。到第七地,才道慧具足,万行皆备,再无一步一步的新的进展而得顿悟。支道林认为人有聪明迟钝的差别,故悟有迟速。由初地渐进以至七住。既至七住,可有新的领悟。《肇论疏》解释说:

> 六地以还,有无不并,无二之理,心未全一,故未悟理

---

① "十地":佛教认为有三乘十地与大乘十地两种,大乘菩萨进修,要经过十个阶段,一个阶段称为一地,古译"十地"为"十住"。欢喜地、离垢地、发光地、焰慧地、难胜地、现前地、远行地、不动地、善慧地、法云地。讲"十地"的还有《华严经·十住品》《渐备一切智德经》《十住经》《大智度论·发趣品》《十住毗婆娑》等。

也。若七地以上,有无双涉,始名理悟。

支道林倡群众品类不一,理解水平有高下,虽提出七地以上为顿悟,实际主渐修,而不是顿悟。由道安、僧肇等人主"小顿悟"都属于渐修派。

"顿悟"说的背后,仍体现了魏晋玄学的影子,这种学说仍是玄学体用学说在佛教修习的表现。玄学的"体"(或本),佛教所谓诸法实相,或真如。真如无名无相,超绝言象,或称为道,或称为理。玄学家谓理为万物之全体,不可分、不可割裂。理解即全部理解,不理解即全部不理解。对此最高真理,不能理解其一部分,还留有一部分不去理解(或不能理解),这样的理解等于不理解。顿悟之说,说到底即悟与不悟的问题,"悟"了,即是顿悟,"不悟"即完全不悟。支道林未曾理解玄学的体用本末的关系,他的"顿悟",可称为渐修,不算顿悟。

但从认识过程及宗教实践方面考察,支道林的主张,还不能说完全不对,认识某种事物,学习某种本领,养成某种习惯,总要日积月累,不能跳跃。只是"理"或"道"是"大全",不同于某种某类事物,它不可分割。认识最高真理就须靠顿悟,即大彻大悟,而不能一点一滴地去认识。

道生的顿悟说,不同于前人者,即在此。

道生关于顿悟的文章言论,大部佚失,只可从有关著作引文中及其哲学体系中勾画出他的顿悟说的基本脉络。探索道生的大顿悟说,关键在于正确理解他的"理不可分"的原则。在道生之前,有佚名作者的《首楞严经注序》,盛倡"理不可分"之说:

> 所以寂者,未可得而分也。故其篇云,悉遍诸国,亦无所分,于法身不坏也。谓虽从感若流,身充宇宙,岂有为之者哉?谓化者以不化为宗,作者以不作为主。为主,其自忘焉,像可分哉?若至理之可分,斯非至极也。可分则有亏,

斯成则有散,所谓为法身者,绝成亏,遗合散。灵鉴与玄风齐踪,员①神与太阳②俱畅。其明不分,万类殊观,法身全济,非亦宜乎?故曰不分,无所坏也。

这篇《序》,深受魏晋玄学影响,讲的是体用之学,它是从魏晋玄学立场来理解佛教的。其中讲的"法身""所以寂"都是指的本体。"化者以不化为宗,作者以不作为主","不化""不作"也是指的本体。"绝成亏""遗合散"源于《庄子》,也是指的本体。最高真理是永恒的,法身即最高真理,至理不可分,故云法身(至理)无所坏,这种观点颇近于六家七宗的"本无"宗。承认有至高无上、永恒不变、圆满完整不可分割的本体,也是道生顿悟说的理论依据。

《涅槃经集解》引道生序文,有云:

> 夫真理自然,悟亦冥符。真则无差,悟岂容易?故悟须顿,不易之体,为湛然常照,但从迷乖之,事未在我耳。

慧达《肇论疏》述道生学说,有云:

> 而顿悟者,两解不同。第一竺道生法师大顿悟(按第二为支道林小顿悟,文见前),云,"夫称顿者,明理不可分,悟语极照"。以不二之悟,符不分之理。理智恚③释,谓之顿悟。"见解名悟,闻解名信"。信解非真,悟发信谢,理数自然,如果熟自零,悟不自生,必借信渐。用信伪④惑,悟以断结。悟境停照,信成万品,故十地四果,盖是圣人提理令⑤

---

① "员":当为"圆"的简体。
② "太阳":非与月亮并称的星体,而是指的最高真理,与"玄风"为并列句。
③ "恚":疑当作"悉"。
④ "伪":疑当作"伏"(从汤用彤先生,改)。
⑤ "令":作为"今"(从汤用彤先生,改)。

近,使夫①者自强不息。

慧达这段文字,有转述有解释,他解释的大旨不差。道生认为真理绝言超象,不同于万物中的一物,不似有为法,可随时生灭,它无为无造,湛然常照。"悟",不同于世俗所谓认识。世俗认识有主体和客体之间的反映和改变的关系。"悟",是一种生活智慧的体验,道生谓之"极照"。悟所照的是本体,本体不可分,悟则全悟"理智悉释"。闻解来自耳目、感官,可以给人以闻见之知,通过闻见之知,可以得到一事一物的知识,来自闻见的知识,道生叫作"信",把幻相信为实有,属于低级认识;"见解"不靠耳目见闻,"见解"之"见",不是"闻见"之"见",是真知灼见之见,是一种"洞鉴""洞察"的直观,达到"悟"的境界,自然超脱于闻见之知而得到"真知"。达到这种境界,"信"即让位于悟(悟发信谢)。道生讲的"悟",不是凭空冒出来的(悟非自生),而是通过长期宗教修养,开始时不得不借助于耳目见闻,如听人讲说道理,诵习经典名言(闻教生解),日积月累(必借信渐),积累到一定程度,认识发生质的飞跃,使闻见之知(信)发生质变,进入"悟"境。在大彻大悟之前,必须认真接受宗教训练,使其闻教生解。道生的顿悟说不是一般认识论,它是一种为宗教服务的理论,他认为"十地四果","皆圣人(佛)提理令近",为顿悟作准备。他在《法华疏》中说:

　　此经(《法华》)以大乘为宗,大乘者,谓平等大慧,始于一善,终于极慧是也。平等者,谓理无异趣,同归一极也。大慧者,就终为称耳。若统论始末者,一毫之善皆是也。

"始于一善",即渐修功夫,"终于极慧"即悟的结果。道生宣传的宗教修养,是以渐修为初步,以一极为归宿。他在《维摩注》中也

---

①　"夫":疑当作"天",《易》云"天行健,君子以自强不息"。

说：

> 一念无不知者,始乎大悟时也。以向诸行,终得此事,
> 故以名焉。以直心为行初义,极一念知一切法,不亦是得佛
> 之处乎?

"一念无不知"即大彻大悟,只有达到佛的境界终得此事。开始
由闻生解(为行初义),终于达到最高真理(极一念知一切法),由
渐而至理不可顿阶,经历由粗以至精的步骤。道生讲的宗教实
践,不是世俗的认识论,而他的由渐修到顿悟的过程,对一般认
识也有值得借鉴的地方。譬如千里之行,起于跬步,未到终点
时,每一步都为"千里"做准备。如登高山,未到极峰以前的每一
步,都为到达极峰做准备。一旦到达极峰,则别有一番境界。与
攀登极峰之前及到达极峰之后的境界迥异,到达极峰之前的每
一步的努力,属于渐修;到达极峰之时,视野开拓,另有一番景
象,有如顿悟。这样的认识过程和生活经验,随处可见。道生
说：

> 道品可以泥洹,非罗汉之名,六度可以至佛,非树王之
> 谓。斩木之喻,木存故尺寸可渐。无生之证,生尽故其照必
> 顿。(刘虬《无量义经序》)

无论从宗教实践的修行次第看,还是从沟通真谛和俗谛的观点
看,道生显然接受过鸠摩罗什的中观学说,主顿悟而不废渐修,
显真谛而不废俗谛,道生说:"大乘之悟,本不近舍生死,远更求
之也。"涅槃佛性,湛然常照,但此湛然佛性不是在生死之外,而
在世谛之中,事本在我。由闻生信,超越信解,得到见解,是真理
的自然显发。道生说：

> 得无生法忍,实悟之徒,岂须言哉? ……夫未见理时,
> 必须言津。既见乎理,何用言为? 其犹荃蹄以求鱼菟,鱼菟
> 既获,荃蹄何施。(《法华注》)

为了见理，必须借助于语言文字，好比过河须有桥梁，过了河，就没有必要永远背着桥走路。蹄筌为了获鱼菟，鱼菟既获，蹄筌自然不起作用。道生说：

> 果报是变谢之场，生死是大梦之境。从生死至金刚心，皆是梦，金刚后心，豁然大悟，无复所见也。（吉藏《二谛义》引）

大梦之境、变谢之场，都属于闻解阶段；"豁然大悟"才进入另一见解境界，乃是真悟。十地以前不是真悟。

> 十住几见，仿佛大终也。始既无际，穷理乃睹也。（《涅槃经集解》引）

穷理乃睹，即顿悟，是十住以后的结果。道生以般若学融会涅槃学，能使真空（中观学派）、妙有（涅槃学派）契合无间，融会大乘空有二宗。他讲"空"不流于怀疑一切，说"有"不陷于神我。此后，禅宗兴起，奉菩提达摩为始祖，传说已久，实据不多。夷考顿悟说发展脉络，不难发现中国禅宗血脉渊源于本土，似非来自葱岭之外。

（二）一阐提人皆得成佛

关于一阐提人皆得成佛的理论，是南北朝佛教界争议的一大问题，道生在这一大争论中起主要作用。据《高僧传·道生传》：

> 又六卷《泥洹》先至京都。生剖析经理，洞入幽微，乃说一阐提人皆得成佛。于时大本未传，孤明先发，独见忤众。于是旧学以为邪说，讥愤滋甚，遂显大众，摈而遣之①。生于大众正容誓曰：若我所说，反于经义者，请于现身即表疬疾。若于实相不相违背者，愿舍寿之时据师子座。言竟，拂衣而

---

① 按僧律规定，佛徒犯戒律，当众公布其罪，驱出寺院。

游。初投吴之虎丘山①,旬日之中,学徒数百……俄而投迹庐山,销影岩岫。山中僧众咸共敬服。后《涅槃》大本,至于南京,果称阐提悉有佛性,与前所说合若符契。

道生在虎丘有短暂停留,因虎丘距南京不远,佛教徒中滞守文句的保守分子对道生当有压力,道生便向庐山躲避。在庐山期间,得见北本《涅槃经》,据《三论游意》,谓观法师请道生讲《涅槃经》。北本《涅槃经》证实了道生的预见。道生《法华经疏序》说:

聊于讲日,疏录所闻。述记先言,其犹鼓生。又以元嘉九年(432)春之三月,于庐山东林精舍,又治定之。加采访众本,具成一卷。

据《僧传》:

(道)生既得新经,寻即建讲。以宋元嘉十一年冬十一②月庚子,于庐山精舍升于法座。神色开朗,德音骏发。论议数番,穷理尽妙。观听之众,莫不悦悟。去席将毕,忽见麈尾纷然而坠。端坐正容,隐几而卒……于是京邑诸僧,内惭自疚,追而信服……葬于庐山之阜。

关于佛性的争论,本来是佛教界早已存在的老问题。只是到了南北朝时期,这一争论又趋于高潮。它不是在《泥洹经》译为汉语以后才出现的问题。前此译出的《维摩经》《法华经》及一部小乘经典都已透露了这种思想的端倪。因为佛性问题牵涉到千百万佛教信徒的修习的出路。佛性问题本身是一个虚假问题,因为它要答复人们成佛有无可能。

但人人可以成佛这种空洞的诺言,却反映了当时被侮辱、被损害、失去生活乐趣的人民要求摆脱苦难的真实愿望。这种愿

---

① 道生在虎丘说法,顽石点头的传说,《吴中纪闻》谓见于《四蕃志》。
② 是年十一月无庚子,从汤用彤先生说为"十月"。

望不是假的,而是有它的广泛的社会基础。南北朝的统治者,在传统儒家哲学中可以找到巩固封建秩序、乐天安命的古训,但还不足以安抚广大群众要求改善处境的迫切愿望。在当时流行的十几家①佛性论中,道生的理论较为完善。一阐提人得以成佛,是他的佛性理论的组成部分。

"一阐提人",照它的定义,即善根断绝的人,不可救药的人。经有明文,不能成佛。但竺道生善于体会佛教的目的在于满足人们精神安慰的要求。虽然他"孤明先发",话说得早了几年,南方佛教界未见到过北本《涅槃经》,没有经典作为根据,但《涅槃经》早有"四依"的教训,"依法不依人,依义不依语",只要体会佛教渡世救人的宗旨,经上没有说的话,仍然可以当作佛的教导去宣传。只要看看一切众生都有佛性(包括一阐提人)的口号提出后,社会上掀起的一片欢腾、赞叹,就知道这种学说确实符合当时信仰者的要求。既然连作恶多端的一阐提都能成佛,其余众生自然可以顺利地进入佛国(天堂)。

成佛的资格可以不受限制,成佛的途径又很直截了当,"顿悟"可以成佛,不但给众生指出可能性,还给人们指出应走的道路。道生的学说所以得到崇高的地位,与他巧于适应当时宗教需求有密切关系。一切众生悉有佛性,也与他的佛性论有关。道生在《维摩经注》中说:

> 夫大乘之悟,本不近舍生死,远更求之也。斯在生死事中,即用其为实悟矣。苟在其事,而变其实为悟始者,岂非佛之萌芽起于生死事哉?

道生认为佛性不在现实世界之外,在生死中即可体现涅槃。道生认为用不着,也不应当在生死世界之外另觅涅槃境界。不离

---

① 据《大玄论》,谈佛性者有十一家。

世间而体真如实相,与鸠摩罗什、僧肇的"空宗"大旨相合,僧肇就是从变动的世界中体认不动的。道生与中观学派不同处,是他更明确地提出有一种涅槃不动的精神境界,不像中观学派把"一切皆空"的意义绝对化,其流弊将导致佛教信徒信心动摇,对佛教的发展不利。

一阐提人①,谓其"病即诸佛世尊所不能治。何以故?如世死尸,医不能治"(北本《涅槃经》卷九),"譬如掘地刈草、砍树、斩截死尸、骂詈鞭挞,无有罪报。杀一阐提亦复如是,无有罪报"(北本《涅槃经》卷十六)。阐提如烧焦之种,已钻之核,即使有无上甘雨,犹亦不生。早先译出的六卷《泥洹经》曾举一阐提为例,说此种善根断尽之人,永不能成佛。

> 如一阐提懈怠懒惰,尸卧终日,言当成佛。若成佛者,无有是处。(《泥洹经》卷三)

这一段在北本《涅槃经》卷五,已有增改,意义不同于旧译:

> 如一阐提,究竟不移,犯重禁者,不成佛道,无有是处。何以故?是人若于佛正法中,心得净信,尔时便灭一阐提。若复得作优婆塞者,亦得断灭。于一阐提犯重禁者,灭此罪已,则得成佛。是故言毕定不移,不成佛道,无有是故。真解脱中,都无如是灭尽之事。

又据法显本,卷四:

> 一切众生皆有佛性在于身中。无量烦恼悉除灭已,佛便明显,除一阐提。

北本同一段,文句迥异:

> 一切众生,悉有佛性,烦恼覆故,不知不见。是故应当勤修方便,断坏烦恼。

---

① 一阐提人,梵语为 Iccantika,意为作恶多端,不知悔改的人。

又六卷本第六,有灰覆火偈,偈后有云:

> 彼一阐提于如来性,所以永绝。

北本卷九,灰覆火偈文句迥异:

> 彼一阐提,虽有佛性,而无量罪垢所缠,不能得出。

学术界对道生的一阐提人皆得成佛的理论,论述颇多,认为北本《涅槃经》已有明文规定。其实,北本《涅槃》对一阐提人得以成佛的问题,并不像人们所说的那样明确,经中关于成佛的许诺,也不像人们想象的那样慷慨。他们有严格限制,必须皈依佛教,认真接受佛教教义的"一阐提"才可以成佛。

经过竺道生的发挥,结合中土性善说,以及"人皆可以为尧舜"的传统观念作为背景,道生的学说才得以顺利地产生社会影响。北本《涅槃经》对这个问题只是起了一种触媒剂的作用。道生学说所以受重视,起作用,都需在晋宋间社会基础中找原因。道生的学说是中国的土产,不是从国外输入的,早在大本《涅槃》传入以前,道生已"孤明先发"了。

六　魏晋南北朝流行的佛教主要经典

《维摩诘经》

《维摩诘经》①从魏晋到南北朝(支谦到鸠摩罗什)150 年间,出现过多种汉译本和合编本,这部经既受到佛教徒重视,也受到帝王上层贵族的重视。在当时人看来,这部经书"厥旨幽而远",是"先哲之格言,弘道之宏标"(支愍度《合维摩诘经序》)。

---

① 三国吴支谦译《维摩诘经》(Vimalakirtinirdeśasutra,二卷)。此后,又有《净名经》《无垢称经》等译本。姚秦鸠摩罗什译《维摩诘所说经》(三卷),唐末玄奘译《说无垢称经》。还有几种经合编的《合维摩诘经注》。

僧叡称《维摩经》对他有很重要的启发,"予始发心,启蒙于此,讽咏研求,以为喉衿",把它看作佛教理论的基础读物。

在士大夫阶层,《维摩经》的影响,甚至超过了在佛教界的影响。

> 《京师寺记》云:兴宁中瓦棺寺初置,僧众设会,请朝贤鸣刹注疏。其时士大夫莫有过十万者。既至,长康(顾恺之字长康)直打刹注百万。长康素贫,众以为大言。后寺众请勾疏。长康曰,宜备一壁。遂闭户,往来一月余日,所画维摩诘一躯,工毕,将欲点眸子。乃谓寺僧曰,第一日观者请施十万,第二日可五万,第三日可任例责施。及开户,光照一寺,施者填咽。俄而得百万钱。(《历代名画记》卷五)

上述故事,固然说明顾恺之画得好,也说明这个主题有极大的号召力。维摩诘这个人物,是南北朝门阀士族地主阶级最崇拜、极力仿效的理想人格。南北朝到唐朝的壁画和文学著作中涉及维摩的很多。唐朝大诗人王维,字摩诘,显然受了《维摩经》的影响①。

(一)门阀士族企慕"维摩诘"风格

《维摩诘经》所以受到朝野僧俗的普遍欢迎,与这个经的思想内容有关。门阀士族地主阶级过着十分悠闲的生活,在玄学盛行的风气下,既要不脱离现实中的物质享受,又要标榜自己超乎世俗物质享受之上的精神境界。这部经也对佛教徒提供了理论依据。当寺院财产有了大量积蓄之后,僧徒养尊处优,羡慕世间生活,把处世间当作出世间,从而极力泯除出家和在家的区别,甚至在家比出家更能体现维摩诘的超越的智慧和高深的理

---

① "维"即"无"的音译,"摩诘"为"污垢"的音译。以污垢为字,没有道理。

论造诣。

> 虽为白衣,奉持沙门清静律行。虽处居家,不著三界。示有妻子,常修梵行。现有眷属,常乐远离。虽服宝饰,而以相好严身。虽复饭食,而以禅悦可味。若至博弈戏处,辄以度人。受诸异道,不毁正信。虽明世典,常乐佛法。一切见敬为供养中最。执持正法,摄诸长幼。一切治生、谐偶,虽获俗利,不以喜悦。游诸四衢,饶益众生。入治政法,救护一切。入讲论处,导以大乘。入诸学堂,诱开童蒙。入诸淫舍,示欲之过。入诸酒肆,能立其志。(《维摩诘所说经·方便品》)

这个维摩诘的生活方式与世俗贵族、富豪的生活方式没有什么两样,所不同的只是他的精神境界高于世俗贵族,比出家修行的菩萨们还高明。原因在于维摩诘具有超人的般若正智和无限灵活的善权方便。南北朝时期,门阀士族地主阶级享有政治、经济及社会地位的特权。他们有条件口头上讲超俗、清高。他们宣称不慕荣利、不关心富贵。这种风气弥漫于朝野上下,连处在统治阶级最高层的皇帝,也口谈玄理,想当起隐士来了。如

> 简文(晋简文帝司马昱,在位时间为371—372年)入华林园,顾谓左右曰:"会心处不必在远,翳然林水,便有濠濮间想也。"(《世说新语·言语》)

维摩诘这个人,有广大田园财产,有妻子儿女,有神通,有学问,连佛也要让他三分。佛弟子们知识、理论与这个不出家的居士相比,只有感到自惭形秽。当维摩诘居士生病,佛派他的得力弟子去问疾。那些弟子们一个一个都推托,不敢去。因为维摩诘的道德修养和理论水平比佛弟子高得多。

用我们的眼光看,他能为自己的任何卑鄙可耻的世俗行径

找到神圣不可亵渎的理论根据,也可以在神圣不可亵渎的理论掩护下,干出最卑鄙无耻的行径。他积累无量财富,不知厌足。他结交权贵,参与政治。也吃喝嫖赌,自命为人之导师。他不同于俗人的地方,在于他有一种高尚的精神境界。只有佛才具有那种精神境界。维摩诘在南北朝受到普遍的欢迎和尊重,就是因为它把南北朝门阀士族的腐朽生活神化了。把伪君子的二重性格美化了。当时政局不稳定,东晋以后,南朝几十年更换一次政权,当时的门阀士族中纲常名教已讲不下去,南朝头等门阀士族,所谓王谢的后代,对王朝的更替无动于衷,每当旧王朝被推翻,新王朝建立,主持大典,捧玉玺,劝进的,往往是那些高门大族的有名气的人物,像王俭就惯于充当这类角色。

(二)佛国论

《维摩诘经》在魏晋南北朝时期受到重视,说明大乘佛教的社会化、世俗化的宣传已相当成功,玄学本体论体现到生活方面,成为生活、行为的准则。体用不可分,进一步表现为出家与在家,出世与入世已用不着去极力划分。比如《维摩诘经》中有一段话:

> 我闻佛言,父母不听,不得出家?
>
> 然。汝等便发阿耨多罗三藐三菩提心①是即出家,是即具足。

佛教徒与非佛教徒的区别,已不在于是否出家,而在于是否有佛的觉悟。宣传重点在建立佛教的世界观。

《维摩诘经》在世俗世间建立了一个精神世界,它称为"佛

---

① 梵文 Anuttara – Samyaksa bodni,意译为"无上正等正觉",或"无上正遍知"。

国"①,它不在于宣传如何由此岸世界达到精神彼岸(佛国),而在于教人改变对此岸世界的看法,看法改变了,佛国就出现了。《维摩经》提出一个问题——清净佛国在什么地方。

《维摩经》提出净土、佛国在何处,应该到哪里去寻求?它表示,佛国并不遥远,不是在现实世界之外,也不在现实世界之上,它就在现实世界之中,就在众生日常聚居、生活的地方。竺道生提出了一系列在当时看来是翻案文章的命题,如"善不受报""一阐提人皆得成佛""佛无净土",看来似与佛说背离。如果吃透大乘佛教的理论,竺道生那些新观点本来是题内应有之义。

所谓佛国,乃是菩萨为了教化众生而建立的,这个超世间的世界并不在世间之外,只能在世间的基础上去实现。《经》中用譬喻的方式说:

> 譬如有人欲度空中造立宫室,终不能成,如是童子,菩萨欲度人民故,愿取佛国。愿取佛国者,非于空也。

这里讲的佛国不在现实世界之外,不能造空中楼阁,并不是通过改造世界的途径把不合理的世界变成美满幸福的世界,它只是教人学会大乘佛教的观点(道意)就会进入佛国,追求高妙的佛国。佛国是一种精神境界,清净国土的实现,全靠有一个清净的意识。社会净化,全靠意识的净化。用净心建立净土。鸠摩罗什译的《维摩诘所说经》"直心是菩萨净土,菩萨成佛时,不谄众生来生其国"。罗什自注:"直心,以诚心信佛法也。"僧肇注:"夫心直则信固,信固然后能发迹造行。然则始于万行者,其唯直心乎?"鸠摩罗什译文有"若菩萨欲得净土,当净其心。随其心净,则佛土净"。僧肇注释说"净土盖是心之影响耳"(见《维

---

① 引文出自《维摩诘经·佛国品》。均不注出处。

摩诘所说经注·佛国品》)。

思想支配一切,思想改变一切,思想创造一切。这是大乘佛教的共同主张。只是他们论证的方式各有不同。世界是不是清净,不是世界本身决定的,全在于观察世界者的心是不是清净。

> "云何舍利弗①,我日月净,不见色者岂日月过耶?"对曰:"非也,非日月过。"佛言"此舍利弗,咎在众人无有智慧,不见如来佛国严净,非如来咎"。

佛土光明严净,只是由于人们心中不光明严净,众人无有智慧,才视而不见。对现实世界所以产生不同的判断,完全是人们主观认识不同。

> 譬如诸天同金钵食,其福多者举手自净。如是舍利弗,若人意清净者,便自见诸佛佛国清净。

追求佛国,向往净土,不要改变现实世界,现实世界的秽、净因人的认识而异。只要把它看成"佛国",它就是"佛国"。引导人们追求佛国,在于拯救人们苦难的灵魂。要使苦难者精神上得到满足,就是得到了佛国。鸠摩罗什的弟子僧肇在《维摩诘所说经注》中说:"万事物形,皆由心成。心有高下,故丘陵是生也。"

当时人对《维摩经》的宣传、信仰和理解中可以看出,南北朝时期,人们对世界的认识的重点,已不在本体论方面,注意力转向心性论。这种转变也反映了南北朝门阀士族和地主阶级对社会、自然的看法,由外界转向内心。也反映了他们身处乱世,用以保富贵、全性命、处危难、安身心的人生哲学。

---

① 舍利弗,相传释迦牟尼十大弟子之一,以智慧著称。

《涅槃经》

佛教典籍中关于佛涅槃（逝世）的故事十分丰富,流传极广①,除文字记载外,还有壁画、雕塑、通俗文艺宣传说唱故事等。《涅槃经》是记载佛逝世前的最后说教。从三国到南北朝,约二百年间出现不少汉译本②,有的已经佚失。现在流行并受到重视的《涅槃经》汉译本有两种:一是法显与佛陀跋陀罗（觉贤）在建康（今南京）译的《大般泥洹③经》六卷,一是昙无谶于玄始三年至十年（414—421）在北凉译的《大般涅槃经》四十卷本。南朝刘宋时,慧观、谢灵运依六卷本《泥洹经》北本之前五品分为十七品,删定为三十六卷,称《南本涅槃》,该本流行不广。

《涅槃经》在南北朝时期受到普遍欢迎与重视,不是偶然的。佛性问题、成佛问题,是广大群众最关心的问题,《涅槃经》对这个举世关心的问题讲述得很充分。又由于它是一部大书,书中的重点有时前后不一致,有时自相矛盾,给注释者留下发挥的余地。

南北朝时期,门阀地主阶级过着极度豪华奢侈的生活,但又喜欢讲超脱,反对庸俗,他们生活在世俗中,又要极力表示他们

① 有关佛涅槃的故事很多,有佛母大爱道、舍利弗、目连、阿难诸涅槃经,有叙述佛涅槃后事,如《般泥洹后灌腊经》《当来变经》等。《出三藏记集》有《泥洹后诸比丘经》,注云:或云《小般泥洹经》。还有与释迦涅槃有关,而不称为涅槃经的,如《遗教经》《大悲经》等。参看汤用彤《汉魏两晋南北朝佛教史》,中华书局1983年版,卷下,第431页。

② 《涅槃经》译本有多种,先后有《小乘涅槃经》,即《长阿含游行经》之异译,一卷《泥洹》,《佛般泥洹经》二卷,晋白法祖译,《大般涅槃经》三卷,失译,《般泥洹经》二卷,求那跋陀罗译。《方等泥洹经》,竺法护译（支谦译已佚）,《大般涅槃经》四十卷,昙无谶译,因译于北凉,称"北本",因此译本篇幅最大,又称"大本",《大般泥洹经》六卷,觉贤译。

③ "泥洹"为早期译法,后期译为"涅槃",均为梵语 Nirvāna 的音译。

不同于世俗。维摩诘的风格已成了朝野士大夫十分向往的典型。《涅槃经》讲到佛的一些表现,也有和《维摩诘经》中的维摩居士有类似的地方。《涅槃经》开始就提出了"随顺世间"的观念。

释迦牟尼本来是一个凡人,也过着世俗人的生活,曾娶妻生子。他出家后觉悟成道,建立佛教,后人奉他为教主,才不同于世俗凡人。释迦也曾经历了从不觉悟到觉悟的过程。当然,这个"觉悟"是否真正的觉悟,还可以讨论,但他的转变,无疑是一个飞跃。后来的佛教徒神化他,抬高他,百般为他粉饰,把他变成了神。从佛教徒信仰立场,美化他们的创始人是可以理解的。我们不必追究经中宣传那些故事的真伪,我们要注意何以制造的那些虚伪宣传竟能广泛流行。

《大般涅槃经》曾假托迦叶设问:佛已脱离烦恼、情欲,为什么还娶妻生子,"若佛已度烦恼大海者,何缘复与耶输陀罗生罗睺罗?"(《大般涅槃经》卷四)如果尊重事实,说老实话,本来这个问题很容易回答。但《涅槃经》却不采取老实的办法,而是用"随顺世间"为理论,做出了另外的解释。它说如来有超人的智慧和神通,能以"三千大千世界纳一毛孔",如来根本没有情欲,所谓佛生子罗睺罗,只是为了随顺世间。佛传记载释迦母亲为摩耶夫人,《涅槃经》解释说:

> 或阎浮提示入母胎,令其父母生我子想。而我此身毕竟不从淫欲和合而得生也[1]。我已从无量劫来离于淫欲,我今此身即是法身,随顺世间,示现入胎。

按照佛教传统说法,佛从出生到成长,经历了与众人大致相似的过程,"如来身者即是法身,非是血肉筋脉骨髓之所成立。随顺

---

[1]　佛教关于投胎转生的解释,谓起投胎者的灵魂自身的淫欲所致。

世间众生法故,示为婴儿"。佛剃发,也是为了随顺世间法,故示现剃发。随顺世间法故,示现穿耳。世间本来没有能充当释迦老师,为随顺世间法故,示入学堂。后来学习、乘象、盘马、捔力,种种技艺,也是为了随顺世间法。为太子时"于五欲中,欢娱受乐"也是为了"随顺世间法故,示如是相",佛早已舍去五欲之乐。一系列的随顺世间法的行为,与《维摩诘经》中描写的维摩居士的行为,可以说大同小异,所不同的只是一个是出家,一个是在家。《涅槃经》中的佛所示现的随顺世间法,与维摩诘所示现的世俗生活完全一样。人世间享乐生活与出世间的精神修养紧密结合起来,在理论上给当时门阀士族地主阶级以理论支柱。

《涅槃经》提出佛涅槃后,离开了佛当面指引时,如果众生对佛教的理解发生分歧,以什么为依据? 它提出了所谓"涅槃四依"之说:

> 依法不依人,依义不依语,依智不依识,依了义经不依不了义经。(《大般涅槃经》卷六)

"四依"的主张,在《涅槃经》中都有详细的解释,但这"四依"的原则,给后来中国佛教各宗派留下了无限发挥的余地。因为这"四依"提倡不依文句,依精神。至于对精神的理解,可以因人而异,这正符合玄学开创的"得意忘言"的传统。佛教《涅槃经》在中华民族中引起重视,它影响的深远程度超过了《维摩诘经》。

(一)常乐我净

《涅槃经》为佛教的大乘,大乘是小乘的发展,有许多命题对小乘做翻案文章。小乘为破世俗观念,提出世间是污染的、无常的,提倡无我,宣扬世间为苦。大乘涅槃佛教学说则公开提出最高修行境界是常(对小乘的无常)、乐(对小乘的苦)、我(对小乘的无我)、净(对小乘的不净)四德。小乘佛教教人厌离世间,灰身灭智,这样的涅槃,或称"灭度",只能是死亡的讴歌,佛教向信徒传播厌世观念,但不可能使人产生一种向往、追求的激情。大乘佛教对小乘这种观点表示不满,提出了许多不同的补救措施(不同派别有不同的观点)。《大般涅槃经》认为世俗观念的"实有"应当破除,但涅槃并不意味着死亡。诸佛如来都有入胎投生、出家得道、由凡入圣最后得涅槃的过程。这只能看作如来"随顺世间"做出的一种"示现",佛不同于凡人一样有生有死,他是超生死的。

佛教的发展过程表明了否定之否定。小乘破世俗有,大乘又破小乘有,建立涅槃真实。《涅槃经》承认了世俗人生为无常、苦,提出了彼岸涅槃世界为永恒、乐,在这种世界观指导下,建立了它的宗教哲学体系。

《大般涅槃经》开头在否定世间"常、乐、我、净",建立出世间的"常、乐、我、净"。"常"即永恒性,为法身的特性。"乐"不同于世间的感官享受,感官享受是无常的,带来的是苦。涅槃境界的乐,是永恒的精神宁静,亦称常乐、永恒的乐,不会磨灭。

《涅槃经》讲的"我",不同于小乘所破的"五蕴"构成的我,而是给予新的内容的"我"。"何者为我?若法是实、是真、是主、是依、性不变者,是名为我"。这样的"我",有绝对自由,"大自在,故名为我"。这个我又称"大我"。

"净,谓如来性善,纯净无染"。这种净又称"大净"。分别看,常指法身,乐指涅槃,我指佛身,净指佛法。总体看,常、乐、我、净即涅槃的基本德性,亦称"大涅槃",简称为"涅槃四德"①。证得涅槃四德,是名为佛,才算得到佛教的真谛。"有常、有乐、有我、有净,是则名为实谛之义"(《圣行品》之三)。这是对大乘

---

① 《大般涅槃经·哀叹品》,称"彼佛者是我义,法身是常义,泥洹是乐义,假名诸法是净义"。略有不同。

般若空宗理论的进一步发展。常、乐、我、净观念在大乘空宗以前已出现，并曾遭到大乘空宗的批判①。《涅槃经》为了弥补般若空宗把"空"讲过了头而产生的弊病，才建立的一种新体系。法相唯识宗也是为了弥补大乘般若空宗的弊病而建立的另一流派。

涅槃四德在理论上承认有一个彼岸世界的真实存在。佛教和其他宗教一样，都不能不宣传有那样一个"天国"（佛刹净土），但这种"净土"要有理论支持，才有说服力。《涅槃经》把涅槃与佛和净土统一起来。常、乐、我、净的境界，是佛的境界，也是佛国的境界，"西方极乐世界"不止是宗教信仰的想象，而是被安置在神学理论体系之中，使信仰主义增添了理论色彩，使信仰与理论之间、知识僧侣与一般信徒之间联系得紧密了。

佛教的消极悲观的基调，得到"涅槃四德"的理论的补救，给它带来若干欢快的希望。世俗观念所希求的长寿、幸福快乐、自由、道德高尚，这些难以达到的愿望，在下意识里经常出现，无从满足。而涅槃四德从理论上都给以满足，指出信了佛教，在涅槃境界中可以得到满足。看起来，涅槃经的理论是从世俗观念经过小乘又进入大乘，走了一个否定之否定的道路，而实际上，它提供了从大乘出世退回到世间的自我陶醉的一条捷径。

（二）一切众生皆有佛性

《大般涅槃经》与其他宣传佛国净土的教派都说有一个极乐世界，净土教派教人往生西方，去找那个佛国净土，《涅槃经》则鼓励人们去发掘各自本有的成佛本性。它说，"一切众生，悉有佛性"（《如来性品》之四）。

---

①　鸠摩罗什译《摩诃般若波罗蜜经·善知识品》："常毕竟不可得"，"乐、净、我毕竟不可得"。这是为破"法执"，而加以强调的说法。

"一切众生,悉有佛性"的思想不是从《涅槃经》开始的,小乘佛教一切有部说过"心性本净,客尘所染"。中国早期禅学著作中也有类似的见解,如康僧会《安般守意经序》。

昙无谶译《大方等大集经》,把"客尘所染"改为"客尘所障"。

> 一切众生心本性,清净无秽如虚空……以客烦恼障覆故,是故不得于解脱。(《不可说菩萨品》)

《大集经·陀罗尼自在王菩萨品》之一:

> 一切众生心性本净。性本净者,烦恼诸结不能染着。犹如虚空,不可沾污。心性、空性等无有二。众生不知心性净故,为欲烦恼之所系缚。

本净之心,无染无净。《大般涅槃经》继承了心性本净的说法,只是把"心性"换成了"佛性"。使成佛的理论根据有了变化,因为佛性比心性有更广泛而深刻的涵义。

佛性与法性,大乘佛教多用作同义语。法性,一般意义指万法(万物)的自性(属性),法性还有一个涵义即佛理,佛教教义真理。佛教教义被普遍化、永恒化,说成万事万物的普遍本质,即所谓"法性"。这样万物之本的法性也就是佛性。

佛教解释人生苦恼的根源,最先提出十二因缘说。这十二因缘说,推广到一切众生(不限于人类),这个十二因缘之理是永恒不变的,《大般涅槃经》也称十二因缘为"佛性"。十二因缘之理是佛性,构成人的五蕴(色、受、想、行、识)也都是佛性。

> 色是佛性,何以故?是色虽灭,次第相续,是故获得无上如来三十二相如来常色……众生佛性亦复如是。质虽无常,而色是常,以是故说色为佛性。(《师子吼菩萨品》之六)

色是佛性,受、想、行、识亦复如此。《涅槃经》讲的佛性,也包括"心性",但它没有把"佛性"说简单地等于心性。它认为心性有时受到干扰,有净不净,而佛性无不净。众生的心性属于无常,终将坏灭,佛性是"常"。但众生既有成佛之本性,众生的五蕴虽属无常,也有佛性,可以由"无常"转变为"常"。它譬喻"金"可以表现为钗、钏等形态,是无常,但金性是常。一切无常之物都有生、住、异、灭四个阶段,称为"四相"。任何具体事物均须经历此生、住、异、灭四个成坏过程,是为"无常",但此"四相"之理则是"常"。

> 性故,生、住、异、坏皆悉是常;(有为之法)念念灭故,故名无常。善男子,有漏之法,未生之时,已有生性,故生能生;无漏之法,本无生性,是故生不能生。(《光明遍照高贵德王菩萨品》之三)

有漏法为属世间法,是无常的。无漏法是不受"四相"的制约,它是"常",所以是佛性。以涅槃为例:

> 涅槃之体,非本无今有……有佛无佛,性相常住,以诸众生烦恼覆故,不见涅槃,便谓为无。(《光明遍照高贵德王菩萨品》之二)

这从认识论来看,把一般从个别中抽象出来,把它永恒化、实体化。反过来,再让一般成为个别赖以产生的本原和模型,也作为众生成佛的最后依据时,就叫作佛性。这是把一般概念当作单个的存在物①。这种单个的存在物,"常"是它的共性,也是涅槃的根本特征。"佛性是常,三世不摄"(《迦叶菩萨品》之一)。涅槃四德(常、乐、我、净)也是佛性四德。《涅槃经》宣说众生悉有佛性,即是从事物概念的不变性(常)推导出来的结论。一般通过个别来体现,佛性通过众生来体现。"众生都有佛性"的结论,就可以言之有据。

---

① 参看列宁《哲学笔记》第420—421页有关论述。

> 十二因缘,一切众生等共有之,亦内亦外……佛性亦尔,一切众生定当得阿耨多罗三藐三菩提,是故我说一切众生悉有佛性。(《师子吼菩萨品》之六)

又说:

> 若有人见十二因缘者,即是见法。见法者即是见佛。见佛者即是佛性。何以故?一切诸佛以此为性。(《师子吼菩萨品》之一)

这是说佛理即是佛性,《涅槃经》认为:

> 能信如是《大涅槃经》,其人则能自然了达三皈依处。何以故?如来秘藏有佛性故。其有宣说是经典者,皆言身中尽有佛性。(《如来性品》之五)

这是以理为核心的佛性论。它不同于以心性为佛性的理论。实际上,这个理仍然离不开"心性"。

《大般涅槃经》除了以理为佛性外,还提出以智慧为佛性的说法。

> 佛性者名第一义空,第一义空名为智慧。所言空者,不见空与不空;智者见空与不空。常与无常,苦之与乐,我与无我。空者一切生死,不空者谓大涅槃。乃至无我者即是生死,我者即是大涅槃。见一切空,不见不空,不名中道。乃至见一切无我,不见我者,不名中道。中道者名为佛性……不得第一义空故。不行中道,不见佛性。(《师子吼菩萨品》之一)

第一义空、中道,指的是从小乘到大乘的认识道路的否定之否定。既要见到世间的无常、无我、苦,又要见到出世间的常、乐、我,构成高一个层次的统一,即所谓智慧。这样的智慧叫作"佛性"。以教理为佛性,以佛性为常,有客观唯心主义倾向;以智慧为佛性,则倾向内心的体验,有主观唯心主义倾向。这两种倾向发展下去,可能出现大的分歧,但在《涅槃经》中,这种分歧尚属潜在阶段。隋唐以后,他们的争论才得到充分的展开。

以智慧佛性说,认为众生本来就有"第一义谛"或"中道"的观念:

> 我亦不说内外六入及六识常、乐、我、净,我乃宣说,灭内外入所生六识名之为常。以是常故,名之为我。有常我故,名之为乐。常、我、乐故,名之为净……众生厌苦,断是苦因,自在远离,是名为我。(《憍陈如品》之一)

这里的常即众生的六识,只是一种被实体化了的抽象认识能力,既可以陷于流转生死(无常),又可摆脱因缘的作用而保持其自性(常)。既然众生都有厌苦求乐的意向,希望断灭无常、苦、无我、不净之身的心理,判定世界为苦,涅槃世界为乐,成为人心所向。佛教强调这种认识的重要性,把智慧也看作佛性。

(三)当果佛性

从成佛的因果关系上确定众生佛性的性质,也是《大般涅槃经》强调的内容。它说:

> 是果非因,谓大涅槃……涅槃无因,而体是果。何以故?无生无灭故,无所作故……是因非果,名谓佛性。非因生故,是因非果;非沙门果,故名非果。(《师子吼菩萨品》之二)

所谓涅槃是"果"而非"因",佛性是"因"而非"果",并不是说佛性与涅槃之间有因果关系,因为二者都是常、无生灭、永恒存在的精神境界。这里讲的因果,是相对众生而言。佛性普存于众生之中,未来必当成佛,故为成佛之因,因是成佛的根据,它只能是因,而不是果,"是因非果"。涅槃是众生开发本身具有的佛性的结果,它是最终的归宿,"是果非因"。从将来必得成佛这一个意义上来说,人人皆有佛性。讲到因果关系,它认为:

> 能生法者是名生因,灯能了物,故名了因。烦恼诸结,
> 是名生因,众生父母,是名了因。如谷子等是名生因,地水
> 粪等是名了因。(同上)

对生物起促进作用的叫生因,使它完成的,叫了因。佛性被看做了因,六波罗蜜列为生因。

> 生因谓六波罗蜜阿耨多罗三藐三菩提……了因谓佛性
> 阿耨多罗三藐三菩提。(同上)

六波罗蜜和佛性,都被当作无上菩提的内容,但"佛性之性不生涅槃,是故我言涅槃无因"(《师子吼菩萨品》之三)。佛性不能生出涅槃,所以不能成为"生因"。但涅槃毕竟还能显露出来,那是因为佛性的存在使涅槃有得以显露的根据,"佛性"即是"了因"。同品还说"涅槃不从道生,故名无果",也就是说不从六波罗蜜生,涅槃本质是无生。六波罗蜜能破一切烦恼障碍,从而使涅槃得以显现,也可叫作生因。

关于因果的论述,《涅槃经》自己也有时陷于混乱:

> 复有二因,一者作用,二者了因。如陶师轮绳是名作
> 因,如烧烛等照暗中物,是名了因……大涅槃者,不从作因
> 而有,唯有了因。了因者,所谓三十七助道法、六波罗蜜。

"了因"是照了有工具的意思,六波罗蜜说成"了因"。

又说:

> 因有两种,一者正因,二者缘因。正因者如乳生酪,缘
> 因者如醪煖等。从乳生故,故言乳中而有酪性……众生佛
> 性亦二种因:一者正因,二者缘因。正因者谓诸众生,缘因
> 者谓六波罗蜜……众生佛性,不名为佛,以诸功德因缘和合
> 得见佛性,然后得佛……以是义故,我说二因:正因、缘因。
> 正因者名为佛性,缘因者发菩提心。以二因缘得阿耨多罗
> 三藐三菩提。(同上)

以上的解释，比"了因""生因"的说法清楚，在《涅槃经》的影响下，一般佛教徒都讲"正因佛性"。《大般涅槃经》又称众生即是佛性。

> 众生即是佛性，何以故？若离众生，不得阿耨多罗三藐三菩提……一切无明烦恼等法，悉是佛性。何以故？佛性因故。(《迦叶菩萨品》之三)

佛性为精神本体，无所不在，如同"法身"，遍一切处。这给后来中国佛教各宗派留出尽量发挥各自学说的余地，所谓后来天台宗、华严宗、禅宗所宣扬那些看来不合常理的议论，《涅槃经》中都已埋藏着潜在的种子。

（四）成佛与一阐提①

众生悉有佛性，与众生皆当成佛，是不同的两种概念。《大般涅槃经·邪正品》说：

> 我不知我当得作佛不，然我身中实有佛性。我今身中定有佛性，成以不成，未能审之。

佛性与众生的关系已在前数节中讲到，佛性为理，佛性为法身，佛性为正因，众生皆有佛性的结论，是从佛教道理推演出来的必然结果。《涅槃经》还用比喻来阐明这个道理。

> 众生佛性如杂血乳。血者即是无明、行等②一切烦恼，乳者即是善五阴也。(《迦叶菩萨品》之三)

一切烦恼覆盖着本有的佛性，使众生不能得见，因而堕入生死轮回六道。如果能从血乳混杂中提炼出纯乳，再由乳炼成乳酪、生酥、熟酥、醍醐，就意味着成佛之道。由众生到佛地，关键在于

---

① 一阐提，梵语 Icchantika 的音译，略称"阐提"，意为断绝一切善根的人。

② 无明、行等：指从无明开始的十二因缘。

"断障","了了见佛性"(《如来性品》之五)断障。即对治烦恼,获得佛果,这是佛教各派都信奉的道理。而《涅槃经》特别强调"了了见佛性"作为成佛的标志。

> 菩萨摩诃萨见佛性故,得常乐我净,成就大涅槃。(《梵行品》之三)

> 不见佛性而断烦恼,是名涅槃(按:指小乘),非大涅槃。……若见佛性,能断烦恼,是则名为大涅槃也。(《光明普照高贵德王菩萨品》之五)

见不见佛性,也是大乘与小乘涅槃的区别。法显译的《大般泥洹经》将"见佛性"译为"开发佛性","开发如来常住法"(《问菩萨品》)。前后两种译本的不同,表示所强调的重点不同。《大般涅槃经》所谓见,是指一种神秘的直观,不是指视觉中的"看见"。它自己解释说:

> 见有二种:一相貌见,二了了见。云何相貌见? 如远见烟,名为见火,实不见火,虽不见火,亦非虚妄。见空中鹤,便言见水,虽不见水,亦非虚妄。如见花叶,便言见根,虽不见根,亦非虚妄……云何了了见? ……菩萨摩诃萨了了见道,菩萨、涅槃亦复如是。虽如是见,初无见相。(《梵行品》之三)

这种"了了见",有感知而无表相,这是经过宗教训练,调练身心的结果。得到这种见佛性的地步,并不容易。"无量菩萨具行波罗蜜,乃至十位,犹未能见所有佛性"(《如来性品》之五)。"佛性唯佛能知"。《大般涅槃经》反复讲说人人都有佛性,但未曾表示人人皆得成佛。

> 彼一阐提虽有佛性,而无量罪垢所缠,不能得出,如蚕处茧。以是业缘,不能生于菩提妙因,流转生死,无有穷已。(《如来性品》之五)

一阐提不信佛教,罪孽深重,不得解脱,更说不上成佛。《大般涅槃经》后分,则一再讲说"定当得果"为佛性,从"众生悉有佛性"推演出众生悉得成佛。

> 断善根人①有佛性者,是人亦有如来佛性,亦有后身佛性,是二佛性障未来故,得名为无;毕竟得故,得名为有。

(《迦叶菩萨品》之三)

所谓"后身佛性"即"法身",即众生皆有的佛性。所谓"如来佛性"即"法身",即众生皆有的佛性。所谓"后身佛性",指佛生身,亦即所成之佛身。这就是说,一阐提不止有佛性,未来毕竟得成佛。当得成佛的原因是"佛性不可得断","非如朽败种子不得生芽"。还有,佛有"大慈心",关心众生,有"一子想"②,使一阐提萌生一念悔改之心,给他指明了光明的前途。从众生悉有佛性到一阐提亦能成佛,这表明大乘佛教力图扩大其传教效果,给广大群众许下进入佛国的诺言,使人人可以得到美满的结果。从南北朝到隋唐,每一宗派都讲佛性,都探索成佛之路。《大般涅槃经》对佛性问题提供了重要思想资料,这样讲的好处,使佛教与世俗更接近,"佛"也接近世俗,使它哲理化。犯了五逆大罪的坏透了的人,像一阐提,可得成佛,有一个最重要的条件,就是要皈依佛教。就是说,再坏的人,只要信仰佛教,即可成佛,对不信佛教的人,不在此限。因而《迦叶菩萨品》(之一)曾说过"杀害蚁子,犹得杀罪,杀一阐提,无有杀罪"。可见,由于宗教的偏见,为了佛教的利益,本来可以说得通的道理,也不得不修改成说不通的道理。"一阐提人得以成佛"的诺言,并不像字面上那样慷慨。

---

① "断善根人"即一阐提人。
② "一子想",佛关心爱护众生,就像父母对独生子那样关切备至。

《法华经》

《法华经》为《妙法莲华经》的简称,梵文为 Saddharma-pundarikasutra,先后汉文译过六次,现存三种译本,最早有西晋竺法护译《正法华经》十卷,姚秦鸠摩罗什译有《妙法莲华经》八卷。阇阇那崛多和达摩笈多译《添品妙法莲华经》七卷,影响不大。还有单品译本。

《法华经》是西晋到南北朝,流行于中国的重要佛经。竺法护在西晋太康七年(286)初次译出,五六年内随校随讲,受到在长安和洛阳的僧俗的重视。姚秦弘始八年(406)鸠摩罗什于长安重译,为了区别于旧译本,名为《妙法莲华经》。南北朝时,《法华经》成为佛教徒的主要教材。后来,隋智颛对此经发挥、注解,创立了天台宗。佛教传到日本,日本的"日莲宗"也是以《法华经》为主要经典的。

《法华经》汉译本今天流行最广的是鸠摩罗什的译本。此经共分二十八品,因其篇幅适中,译文流畅,其描述部分,文学味道较浓,也有利于它的传播,其影响的广泛,超过了《维摩经》。就其内容来说,确有它得以在南北朝传播的内在原因。

(1)会三归一

《法华经》为佛教大乘经典,产生于佛教后期,那时佛教有许多流派,许多经典,同时存在。它说:

> 佛世尊演说正法,初善、中善、后善。其义深远,其语巧妙……为求声闻①者说应四谛法,度生老病死,究竟涅槃;为

---

① 声闻:梵文 Srāvaka 的意译,遵照佛教修行,以自身解脱为目的的出家者。

求辟支佛①者,说应十二因缘法;为诸菩萨说应六波罗蜜,令得阿耨多罗三藐三菩提,成一切种智。(《妙法莲华经·序品》)

所谓初、中、后三个层次,是指佛宣传佛法的等级。它认为佛经讲的道理都是佛教的"正法",只是为了适应听众理解的水平、接受能力,来宣讲佛教的三种内容。初时为"声闻乘"说法,宣讲"四谛法",使他们脱离生、老、病、死,以"究竟涅槃"为目标。中时为"辟支佛乘"讲十二因缘法,使他们得知诸法因缘而"自求涅槃"。最后为"菩萨乘"讲"六度",使他们得"无上正真道",成就一切种智,最后成佛。印度大乘佛教以声闻、缘觉、菩萨为"三乘",表示佛教信徒的三个等级,声闻、缘觉二乘为小乘,菩萨乘为大乘。《法华经》没有采取旧说,而是把"三乘"统归为"一乘"。

如来但以一佛乘故,为众生说法,无有余乘,若二,若三。

诸佛如来言无虚妄,无有余乘,唯一佛乘。(《方便品》)

《法华经》不仅给菩萨乘授记,预言将来成佛,还给那些公认为低于菩萨乘的声闻、缘觉大众授记,预言将来成佛。在《受记品》《五百弟子授记品》《授学无学人记品》等,都做出类似的预言。《法华经》指出,众生中各有轻重不同的根性,佛根据他们各自的根性,对他们说法。

如来于时观是众生诸根利钝、精进懈怠,随其所堪而为说法,种种无量,皆令欢喜,快得善利。(《药草品》)

———————

① 辟支佛:为梵文 Pratyekabuddha 的音译,亦译为辟支迦佛陀,意译为缘觉,或独觉,指此类信徒,当时佛法已灭,因有前世的因缘,自以智慧得道,他们靠自觉,不从他闻得道。

这里的"根性",或称"根器",略相当于世俗的"天资""资质""品格",除了天资智愚的涵义,还有对佛教信仰深浅的涵义。根性的利钝,决定对佛教教理理解水平的高下和信仰的深浅。根性因人而异。《法华经》把众生分为三类,第一种,罪根深重及增上慢者,"斯人甚少福德,不堪受是法"。这些人不够资格接受佛教大乘教义。第二种,"钝根"者,"贪着于生死,于诸无量佛不行深妙道",这是小乘信徒。第三,"利根"者,"有佛子心净"的人,即菩萨乘人。佛说法,要照顾到根性不同的这三种人。《法华经》的《譬喻品》用了"火宅三车"的比喻,来说明《法华经》三乘归一的道理:

> ……有大长者,其年衰迈,财富无量,多有田宅,及诸僮仆,其家广大,唯有一门,多诸人众,一百、二百乃至五百人,止住其中……周匝俱时,欻然火起,焚烧舍宅,长者诸子,若十、二十或至三十在此宅中。长者见是大火从四面起,即大惊怖……而诸子等,于火宅内乐著嬉戏,不觉不知不惊不怖。火来逼身,苦痛切己。心不厌患,无求出意……父虽怜愍,善言诱喻,而诸子等,乐著嬉戏,不肯信受,不惊不畏,了无出心,亦复不知何者是火,何者为舍,云何为失,但东西走戏,视父而已。
>
> 尔时长者即作是念,此舍已为大火所烧,我及诸子若不时出,必为所焚。我今当设方便,令诸子等得免斯害。父知诸子先心各有所好,种种珍玩奇异之物,情必乐著。而告之言:汝等所可玩好希有难得。汝若不取,后必忧悔。如此种种。羊车、鹿车、牛车今在门外,可以游戏。汝等于此火宅宜速出来,随汝所欲,皆当与汝。尔时诸子闻父所说珍玩之物,适其愿故,心各勇锐,互相推排,竞共驰走,争出火宅。
>
> 是时长者见诸子等安隐得出,皆于四衢道中露地而坐,无复

障碍。其心泰然,欢喜踊跃。时诸子等各白父言,父先所许玩好之具,羊车、鹿车、牛车愿时赐与。

尔时长者愿赐诸子等一大车,其车高广,众宝庄校。周匝栏楯,四面悬铃,又于其上张设幰盖,亦以珍奇杂宝而严饰之……安置丹枕,驾以白牛,肤色充洁,形体姝好,有大筋力,行步平正,其疾如风。又多仆从而侍卫之……是大长者……而作是念,我财物无极,不应以下劣小车与诸子等。今此幼童皆是吾子,爱无偏党,我有如是七宝大车,其数无量,应当等心,各各与之,不宜差别……以我此物周给一国,犹尚不匮,何况诸子?是时诸子各乘大车,得未曾有,非本所望。

如彼长者初以三车诱引诸子,然后但与大车,宝物庄严安隐第一,然彼长者无虚妄之咎。如来亦复如是,无有虚妄。初说三乘引导众生,然后但以大乘而度脱之。(《譬喻品》)

《法华经》出于大乘后期,它试图把大乘佛教的一些不同的学说给以调和,佛教曾讲过"四谛""十二因缘",只是为了照顾信仰者"深著五欲""志乐小法",好比商旅长途旅行,产生畏怖情绪,不愿继续前进,佛以方便力,化作一城,使众生得以暂息,让他们看到前途,增加前进的勇气:

如来方便深入众生之性,知其志乐小法,深著五欲,为是等故,说于涅槃。是人若闻,则便信受,譬如五百由旬险难恶道,旷绝无人怖畏之处。若有多众,欲过此道,至珍宝处,有一导师聪慧明达,善知险道通塞之相,将导众人欲过此难,所将人众,中路懈退,白导师言,我等疲极而复怖畏,不能复进。前路犹远,今欲退还。导师多诸方便而作是念,此等可愍,云何舍大珍宝而欲退还。作是念已,以方便力,于险道中,过三百由旬,化作一城。告众人言,汝等勿怖,莫得退还。今此大城,可于中止,随意所作。若入是城,快得安隐,若能前至,宝所亦可得去。是时疲极之众,心大欢喜,叹未曾有。我等今者免斯恶道,快得安隐。于是众人前入化城,生已度想,生安隐想。尔时导师知此人众既得止息,无复疲倦,即灭化城,语众人言,汝等去来,宝处在近,向者大城,我所化作,为止息耳。

……如来亦复如是,今为汝等作大导师,知诸生死烦恼恶道险难长远应去应度,若众生但闻一佛乘者,则不欲见佛,不欲亲近,便作是念,佛道长远,久受勤苦,乃可得成佛。知是心怯弱下劣,以方便力而于中道为止息,故说二涅槃。若众生住于二地,如来尔时即便为说,汝等所作未办,汝所住地近于佛慧,当观察筹量所得涅槃,非真实也。但是如来方便之力,于一佛乘分别说三,如彼导师为止息故,化作大城,既知息已,而告之言宝处在近,此城非实,我化作耳。(《化城喻品》)

传统说法,释迦在菩提树下得正觉,《法华经》对历来所传释迦的经历也作了新的解释:

为度众生故,方便现涅槃,而实不灭度,常住此说法。(《如来寿量品》)

佛从出家到涅槃,无非是为了教化方便。三乘、涅槃,都是为了方便,这种观点,显然与《涅槃经》的宗旨不同,与《般若经》破除一切实体的宗旨也不同。它说:

今我喜无畏,于诸菩萨中,正直舍方便,但说无上道。(《方便品》)

三乘归于一乘,在理论上,要把佛教的一切理论,归结为佛智慧。

所谓佛智慧即成佛的标志①。佛授记之后，还要经历修习，才能成佛。这种成佛观到了中国，经过天台宗的解释，有了很大的改变，把成佛的希望说得更近了。《法华经》提倡众生可以成佛，这又是大乘佛教的共同趋向。

（2）开佛知见与偶像崇拜

《法华经》强调"佛之知见"对成佛的重要性，以"佛之知见"代替"般若"一词：

> 诸佛世尊唯以一大事因缘故，出现于世。诸佛世尊欲令众生开佛知见，使得清净故，出现于世；欲示众生佛之知见故……欲令众生悟佛知见故……欲令众生入佛知见故，出现于世。（《方便品》）

这里再三讲述，令众生"开佛知见""悟佛知见""入佛知见"，认为这是佛出现于世的唯一"大事因缘"。佛的知见（佛慧），照《法华经》的见解，它能究尽"诸法实相"，即洞察一切的神秘直观能力。"诸法实相义"是《法华经》的要旨，它：

> 一切诸法，空无所有，无有常住，亦无起灭……观一切法，皆无所有，犹如虚空，无有坚固，不生不出，不动不退，常住一相。（《安乐行品》）

但这里的实相，不同于"性空"，而是包括得以体现此实相的"世间相"。

> 所谓诸法如是相，如是性，如是体，如是力，如是作，如是因，如是缘，如是果，如是报，如是本末究竟等。（《方便品》）

---

① 《般若经》也讲智慧，抬高智慧的作用，认为佛也是智慧的产物。般若被称为"诸佛之母"。《法华经》认为智慧出于佛，众生觉悟，在于"开佛知见"，佛被称为"众生之父"。

上述"十如是"，只见于《妙法莲华经》的译文，其他译文不见。如是即在于调和世俗谛与真如的隔阂。现实世界不能硬说它不存在，只是不真实，但这个不真实的世界只是好像（如）存在着，好像有因、有缘、有形状、有性质。不但现实世界是"如"，即"实相""真如"，也应当看作"如实"，而不是真实①。"十如是"的提出，促进了佛教认识论的深化。它不再停留在般若学的全面讲空，不停留在"色即是空"的一般说教，它要在空观的指导下，来回答世俗世界的一切问题，试图既不脱离世俗世界，又不肯定世俗世界的真实性。这种认识论，不是纯哲学的思辨，而是宗教哲学的认识论，这种认识论在于指导宗教实践。

> 以诸众生有种种性，种种欲，种种行，种种忆想分别故，
> 欲令生诸善根，以若干因缘譬喻言辞，种种说法，所作佛事
> 未曾暂废。（《如来寿量品》）

为了宣传宗教的缘故，它把佛教宣传中可能遇到的一切怀疑，预先想到，要针对不同根器的信奉者作不同的说教。实相是一，但使人从不同的途径接近实相，仍不能不用说法，做佛事，用种种表达方式去示现佛教的真理。《法华经》把传统的轮回说"五道"或"六道"，改划为"十界"，即所谓：天、人、狱、鬼、畜、修罗，名为"六凡"；声闻、辟支佛、菩萨、佛，名为"四圣"（《妙音菩萨品》）。后来天台宗根据《法华经》的"十如是""十界"加上诸种"世间"，发展为"一念三千"宗教哲学体系，进一步丰富了一般与个别的关系的理论。

《法华经》的"开佛知见"，是一种建立佛教哲学世界观的理

---

① 这种"十如是"的"实相"观，比起竺法护译的《正法华经》，带有明显的般若空宗的倾向，竺译《正法华》则以"法身"为实相，客观唯心主义的色彩更重。

论。它有哲学意义和宗教意义,而宗教意义占主要地位,它的理论的建立,目的在于巩固宗教思想信仰。

开佛知见,为了取得佛教大乘的实相观,以追求成佛的目的;他们还认为,众生的根器不同,对有相当文化的群众有说服作用,但芸芸众生,根器千差万别。《法华经》对文化知识落后的阶层,指出了另一条趋向成佛的途径,即偶像崇拜、偶像供养。它提出建庙、造塔、塑佛像,装饰佛寺建筑,都可以使人得到解脱,最后成佛。即使没有这些物质奉献,信奉者只要虔诚礼拜、歌唱、讴颂佛德,乃至"合掌""小低头"以此供养像,"渐见无量佛,自成无上道"(《方便品》)。

《法华经》之所以得到广泛流行,除了它在理论上有自己的阐发外,还把佛描绘成救世主,除了可以保证成佛外,还可以解救当时现实生活中遇到的苦难,满足现实生活中迫切的需求。《法华经》的后部,《嘱累品》以后的一些篇幅,塑造了一个观世音菩萨,这个偶像出现以后,它在群众中的影响甚至超过了释迦牟尼。释迦牟尼似乎还不及观世音菩萨管得那样具体。

> 以何因缘名观世音?……若有无量百千万亿众生受诸苦恼,闻是观世音菩萨,一心称名,观世音菩萨即时观其音声,皆得解脱。若有持是观世音菩萨名者,设入大火,火不能烧,由是菩萨威神力故。若为大水所漂,称其名号,即得浅处……设复有人,若有罪若无罪,杻械枷锁检系其身,称观世音菩萨名者,皆悉断坏,即得解脱。(《观世音菩萨普门品》)

佛教有念佛一派,指的是意念、想念,在心中树立佛的形象。这里说念佛,即口中念诵佛菩萨名("一心称名"),呼唤菩萨名的宗教实践。《法华经》与后来的净土宗念佛名号以求解脱的方式一样。

照佛教的理论,法身无处不在,真如无处不在。为了普及宣传,佛和菩萨可以适应不同众生的需求,现化为不同形体,"若有国土众生应以佛身得度者,观世音菩萨即现佛身而为说法"。它还能"以长者、居士、宰官、婆罗门、妇女身得度者,即现妇女身而为说法"。佛教诸神中,观世音在中国群众中,算是最能接近群众的一位神灵。

> 若有女人设欲求男(希望生男孩),礼拜供养观世音菩萨,便生福德智慧之男;设欲求女(希望生女孩),便生端正有相之女。

佛的形象多庄严、雄伟,为了在群众中树立他的高大形象,不得不表现得与众不同,如三十二相、八十种好,均非凡人所可企及。佛书记载的种种瑞相自不用说,如佛身上"一一毛孔右旋",凡人怎能办得到?《法华经》塑造的观世音菩萨形象,在中国广大地区被接受、受欢迎,这个神像没有佛那种高不可攀的气势,而是一位慈眉善目、美丽的妇女的形象,把佛与人世的距离拉近了。佛教既照顾到知识上层,也普及到更广大的下层。由于面向下层,它不讲更多的理论,而是用信仰、布施的行动来扩大影响,俘虏群众。

> 若经卷所住处,皆应起七宝塔,极令高广严饰,不须复安舍利。所以者何?此中已有如来全身。(《法师品》)
>
> 求声闻者,求辟支佛者,求佛道者,如是等类,咸于佛前闻《妙法华经》一偈一句,乃至一念随喜者,我皆与授记。(同上)

《法华经》的作者,为了抬高这部经的地位,把它说成佛的最后说教的记录:

> 佛说是《法华》,令众欢喜已,寻即于是日,告于天人众……我今于中夜,当入于涅槃。(《序品》)

《法华经》就成了"释氏晚年定论"，它讲的道理最圆满，最正确。《法华经》中讲的大量布施、舍身为奴，甚至不惜伤残肢体以供佛，从而博取释氏的欢心。这也正符合南北朝时期僧侣地主阶级利用剥削建立寺院经济的趋势。没有《法华经》的译出，中国南北朝时期的寺院经济也会发展、壮大。《法华经》的一再翻译，更可以从经典中找到重利盘剥的理论依据。如《提婆达多品》中说，佛于过去曾做国王，他宣称"谁能为我说大乘者，吾当终身供给走使"。时有仙人授以《妙法莲华经》，于是国王舍身为奴，"随仙人供给所须，采果汲水，拾薪设食，乃至以身而为床座，身心无倦"，作偈曰"若为我解说（大法），身当为奴仆"。后来南北朝时，梁武帝等舍身为寺院奴役，他们找到了经典依据。《药王菩萨本事品》还讲药王菩萨曾想"我虽以神力供养于佛，不如以身供养"。随即服香饮油，以七宝衣缠身，"灌诸香油，以神通力愿而自然身"。时诸佛同为之赞曰：

> 善哉善哉！善男子，是真精进，是名真法供养如来……是名第一之施，于诸施中，最尊最上。

《法华经》还宣传若能燃手指乃至足指供养佛塔，其所获之福德"胜以国城妻子及三千大千国土山林河池诸珍宝物而供养者"。这种教导，果然出现了许多燃指、炼顶、焚身以供佛的[①]。

（3）四安乐行

《普贤菩萨劝发品》对如何修习佛教作了简单概括：

> 若善男子善女人，成就四法，于如来灭后，当得是《法华经》：一者为诸佛护念，二者殖众德本，三者入正定聚，四者发救一切众生之心。

这里的第一条要求坚信佛的存在，以取得佛的佑护。第二条"殖

---

① 《高僧传》卷十二《亡身篇》，《续高僧传》卷二十七《遗身篇》。

众德本",包括布施、供养、读经、敬师第多种有利于佛教的奉献。第三条为《法华经》所规定的禅观。第四条是发大愿心,拯救众生。为了把修习的要求具体化、简单化,《法华经》提出了修习"四安乐行"。

《安乐行品》中说,第一,"安住菩萨行处及亲近处"。所谓"菩萨行处"指的是一种精神活动状态。要求修习者能忍辱,不粗暴,不惊恐,无怨恨,无报复,心态平静,不强作是非、善恶分别,深入"诸法实相"。所谓菩萨"亲近处",是指按照佛教的要求,亲近哪些人,不亲近哪些人。不亲近国王、贵族,不亲近诸外道,远离妇女,不看佛教以外的书籍,不亲近二乘人。要亲近"善知识","法师"要行禅观。总之,第一种安乐行,为使"身业"符合佛教准则。

第二种安乐行,使"口业"符合佛教准则:

> 从禅定起,为诸国王、王子、臣民、婆罗门等,开化演畅,说斯经典。

第二种安乐行要积极宣传教义,特别是《法华经》的教义。同时要不说别人的短处,不批评别人信奉的经典的过失,不攻击不同派别的经师,不议论别人的长处或短处,不生怨嫌之心。力求做到无所毁誉。这是对言论的要求。

第三种安乐行,使"意业"符合佛教准则。这里也有两方面。除了"无怀嫉妒谄诳之心",还要积极发扬救人救世的大愿。

> 当于一切众生起大悲想,于诸如来起慈父想,于诸菩萨起大师想。

上述诸种想,无非要求佛教信徒一切意念符合佛教要求。

第四安乐行,要求深入众生中行大慈大悲,平等说法,解脱一切众生为目标,解脱最上道莫过于《法华经》。

> 此《法华经》能令众生至一切智,一切世间多怨难信,先

所未说,而今说之。文殊师利,此《法华经》是诸如来第一之
说,于诸说中最为甚深,末后赐与……此《法华经》诸佛如来
秘密之藏。于诸经中最在其上。长夜守护,不妄宣说,始于
今日,乃与汝等而敷演之。

《法华经》提出的"四安乐行",务使修习者纳身、口、意三业于佛
教正轨,建立坚定的佛教大乘世界观,坚定佛教大乘世界观,集
中于禅、观并重:

观一切法,空如实相,不颠倒,不动、不退、不转,如虚
空,无所有性,一切语言道断,不生、不出、不起,无名无相,
实无所有,无量无边,无碍无障。但以因缘有,从颠倒生故。

这里提出的观法,吸收了般若空宗的观点,在于观空,而不同于
小乘禅法的"四念住""不净观"。但般若空宗学派的"观"强调
理解,《法华经》提出的观法,若密切配合禅定,要求学者"在于闲
处,修摄其心,安住不动,如须弥山"。要人"入于静室,以正意
念,随义观法"。既重理解又重禅定的理论,特别受到南北朝中
国佛教趋向融会的思潮所欢迎。沿着这一趋势继续发展,到了
陈隋之际,出现了天台宗,正式以止观为建立宗派的宗旨,以《法
华经》为主要经典,从思想发展的线索看,这是很自然的结果。

《法华经》关于成佛顿悟和渐修的论述,前后并不一致,因为
它不是成于一时一地一人之手,难免有矛盾之处。如《化城喻
品》中主张渐悟成佛:

于今有住声闻地者,我常教化阿耨多罗三藐三菩提,是
诸人等,应以是法渐入佛道。

在《提婆达多品》中,借用舍利弗的话说:

佛道悬旷,经无量劫,勤苦积行,具修诸度,然后乃成。

这里认为成佛将是一个遥远的过程。这也许可以被理解为针对
"声闻乘"来说,声闻乘在佛教三乘中,应属"钝根"。在《提婆达

多品》中,讲到有一个八岁龙女,听过文殊师利于海中宣说《法华经》,"于刹那顷发菩提心,得不退转……须臾顷便成正觉"。这显然指明成佛是可速成的。

《法华经》没有解决成佛顿、渐之争,这两种思想同时存在。经历了南北朝中国佛教的长期辩论,争论的天秤才把问题逐渐向"顿悟"方面倾斜,到了禅宗兴起,顿悟说越来越盛。后来,华严、天台也不甘示弱,相互吹嘘,推波助澜,又与中国传统性善说相结合,顿悟说终于占有绝对优势。

《华严经》

《华严经》全称为《大方广佛华严经》(Buddhāvatam saka - mahāvaipulysūtra)。汉译本有两种,第一个译本为佛驮跋陀罗于刘宋初年译出,为六十卷本①,第二个译本为唐实叉难陀等于证圣至圣历年间(695—699)译出,为八十卷本。六十卷本为七处八会(即佛在七个地方主持八次集会)共三十四品,八十卷本分七处九会共三十九品。唐译本比刘宋译本内容有所增加,文义也更加流畅。就其影响言,作为以《华严经》形成的佛教宗派所依据的仍是六十卷本。

《华严经》形成六十卷全集以前,现行《华严经》中的一些零散章节已先后译成汉文。如东汉支娄迦谶译《兜沙经》,即相当于今《华严经》的《如来名号品》;吴支谦译的《菩萨本业经》,相当于今《华严经》的《净行品》和《十住品》。西晋竺法护译经中,《华严经》中的成分增加甚多,如《菩萨十住经》相当于《华严经》

---

① 据赵城金藏本《华严经》分为五十卷,其内容与六十卷本相同,因此本流传不广,佛教界不大有人知道六十卷《华严》以外还有一种五十卷本。该五十卷《华严》现收入《中华大藏经》(汉文部分)第十二卷。

的《十住品》,《渐备一切智德经》相当于《十地品》,《等目菩萨所问三昧经》相当于八十卷中的《十定品》,《如来兴显经》相当于《如来性起品》和《十忍品》,《度世品经》相当于《离世间品》。此外,西秦圣坚译的《罗摩伽经》相当于《华严经》的《入法界品》。姚秦鸠摩罗什重译的《十住经》,后来全部移植为《华严·十住品》。还有一些散品,到唐代还陆续以单行本形式出现,唐般若译有《大方广佛华严经入不思议解脱境界普贤行愿品》,亦称《大方广佛华严经》四十卷本,即《入法界品》的扩大本。可见《华严经》这一部大书,不是一时一地的产物①,它是《华严经》学派中流传的许多散本的最后结集。上述六十《华严》与八十《华严》,相距二百七十余年,原本都采自于阗。前此介绍《华严经》散品最多的竺法护,据说他通晓西域三十六种语言,号称"敦煌菩萨"。至今除《入法界品》和《十地品》外,尚未发现《华严》的梵文本。《华严经》可能是公元四世纪,流传在西域一带的佛教典籍,在于阗编纂的。

　　《华严经》把许多分散的单行经结集为一部大书,它有内在的体系,从佛教修行的次第,可分为三大阶段:从"地前"菩萨诸行,从信敬三宝开始,配合修习十波罗蜜②,分别讲述"十住""十行""十无尽藏""十回向",止于十地。这是对开始修行的人讲的修行步骤。经过"入地"的菩萨诸行,再进入佛界的菩萨诸行,即十地修行圆满,进入佛界,由此获得诸佛神通(十明)和智慧(十忍),并为普救众生兴显出世(如来性起),深入法界("入法

---

　　①　逐渐结集成书的,不止《华严经》,如六百卷的《大般若经》,四十卷的《涅槃经》、一百二十卷的《大宝积经》都是由许多内容相近的单行本不断集合而成的。

　　②　在传统的六波罗蜜(布施、戒、忍、精进、禅、般若)中从般若波罗蜜中分出方便、愿、力、智四波罗蜜,合成十波罗蜜。

界")。

《华严经》通过数的描述提出"无限"的观念。

过去佛经一般用"阿僧祇"（asamkhya）表示数目众多，旧译为"无数""无央数"。《华严经》不满足于这个表达方式，它认为"阿僧祇"还不足以表达"无限"这个意思，它在《阿僧祇品》中，以平方作基数，把"阿僧祇"作为一个通向无限的表达媒介。"阿僧祇"个"阿僧祇"叫作一个"一阿僧祇转"（阿僧祇×阿僧祇＝一阿僧祇转）。"阿僧祇转"个"阿僧祇转"叫作"一无量"。"无量"个"无量"叫作"一无量转"。如此推衍下去，达到"不可称""不可思议""不可说"。它这里形式上是计量单位，实际上是它提出了世界无限的观念。一般佛典多用"恒河沙"譬喻众多，《华严经》则用"佛刹微尘"或"佛世界微尘"。"一佛刹"等于一佛教化的世界，大都指三千大千世界。三千大千世界析为微尘的数量，比起印度一条恒河沙子的数量当然多得不可思议。

《华严经》为了表示佛法的广大无边，佛力无限，在表达计量方式上大大丰富了人们数量概念的想象力。使人们悟出世界的时间无限、空间无限。

《华严经》对世界的复杂性多以"十"来表示。

如"十地""十住""十行""十无尽藏""十回向"等等。"十"本来是个数目概念，在《华严经》的体系中，"十"从数量符号上升为佛教神学宇宙观的基本范畴①。

从十进位制的数量计算系统看，"十"意味着圆满、和谐、无欠缺，"十"是旧顺序的终结，又是新顺序的开始。在下一个顺序

---

① 除《入法界品》外，其他各品都由"十"推演而形成体系。如《佛不思议法品》由三十个"十种法"组成；《离世间品》由二百多个"十种法"组成。这种以"十"框架结构的述达方式，使它臃肿、繁琐。

可以看作"十",在上一个顺序看,它又可以是"一"。华严宗利用"十"这个基本范畴,推演出许多"道理"。这种重形式,重间架,颇似汉代哲学的用"五"的方式,五德、五行、五方、五色、五味、五帝……。《华严经》充分发挥了"十"在佛教经学中的妙用。

(一)"法身"的解释

大乘佛教认为佛有三身:法身①、报身、应身。"法"相当于"道"(真如),以真心、本觉为成佛的依据,称为法身或法佛;报身,以法身为因,经过宗教修习而获得佛果之身,亦称报身佛;应身,指佛为教化众生而显示之身,亦指释迦牟尼之生身,或变现为世间众生的形象之身。还有一种三身说,认为佛有三身,它们是自性身、受用身、变化身。自性身亦称"法身",指法界、法性。以佛为最高精神实体;"受用身"又分两种,一为自受用,二为他受用。"自受用"指佛累劫修行得到的永恒不变的成果,可以受用无穷。"他受用"指佛为诸修行菩萨现大神通,使他们分享佛的功德成果。受用身中的他受用身,又称为"应身"。"化身"即"变化身",佛无固定形象,只是为了便于教化各种不同水平层次的对象而变现为各种形象。

据《华严经》解释,佛教出世间和世俗世界的分别是认识者从各自的立场区别而产生的。世俗世界是人的心力业报和虚妄忆念的结果。佛世界是由于信奉者通过禅定或其他修习途径而勾画出来的。所谓佛的身色(佛的形象)外观,如三十二相、八十种好,都是观念中的身。佛的形象,"一切具是妙境界,随其所应悉能见","如来一法身,生诸佛身"(《十地品》),"譬如净满月,善现一切水,影象虽无量,本月未曾一,佛身初无二"(《赞佛

───────────

① 不同流派对"法身"有不同解释。可参考《大乘义章》卷十九,《成唯识论》卷十。

品》）。

《华严经》集中地描述了一位毗卢舍那（Vairocana），意为"光明遍照"。《华严经》提出以毗卢舍那代替释迦牟尼的地位，并作为"法身"的形象出现。"法身"是普遍永恒的真理、真如的代表者或体现者，也是佛教神学原理的人格化。佛教认为真理既然无所不在，无时不在，它就不应当局限于体现某一事物或某一佛。《毗卢舍那佛品》中描述，佛能于身上任何部位放出"佛世界微尘数光明"，"如是等一一光明各有佛世界微尘数光明以为眷属。一一光明照十佛土微尘等刹"。在佛光明中照见微尘数菩萨。微尘数菩萨中，于"一切毛孔中各生出十佛世界数等一切妙宝净光明云……"世界的存在是佛的光明普照的结果。佛光普照的范围无尽，世界无尽，佛表现出来诸多庄严美好形象，不应把它看作当真的佛的形象，它是真理的体现，道（法）的现实化（身）。因此，法身是客观存在的。

法身是佛法的化身，诸佛由佛法出，而佛法又是一佛的体现。在《华严经》的体系里，世界处在一种无穷无尽的关系之网中。众生必依靠佛的光明（佛智）才可以见真如，得到解脱，众生既然依佛智而产生，众生自身也有佛智。它说：

> 如来智慧无处不至。何以故？无有无生，无众生身如来智慧不具足者，但众生颠倒……如来智慧，无相智慧，无碍智慧，具足于众生身中。但愚痴众生，颠倒想覆，不知不见，不生信心……我当教彼众生觉悟圣道，悉令永离妄想颠倒垢缚，具见如来在其身内，与佛无异……如来菩提身，无所不在，无处不有。（《如来性起品》之三）

可见如来智慧本为众生本有，与佛无异，只是由于受世俗观念的颠倒观念所障蔽（颠倒想覆），才不得解脱。佛教教人通过宗教修习，反观内省，启发自身已有的智慧，以求解脱。当时宣扬这种观点的不止华严一家，如禅宗的明心见性，也主张这种方法。

《华严经》的法身说，把佛教真理说通俗化，以毗卢舍那为代表，通过形象化的表达方式，阐发佛教宗教世界观。把法身作为毗卢舍那佛、崇拜对象，把佛理客体化为精神本体。《华严经》从宗教实践的立场，提出众生虽有佛性，但需要佛智的启发。《华严经》中展示了两种最高精神实体，一个是"法身"，这是客观的精神实体；另一个是"如来智慧"，这是主观精神实体。对"法身"来说，"如来智慧"是接受佛光明的主观条件；对"如来智慧"来说，"法身"则是取得自我觉悟的外在条件。这二者没有分出哪一个更根本，这种观点一直是中国佛教所关心的问题。

（二）三界唯心

"三界唯心"是《华严经》用以说明众生流转生死的原因，是世界的本源。

> 三界虚妄，但是心作。十二缘分，是皆依心（唐译为"三界所有，唯是一心，如来于此分别演说十二有支，皆依一心"），所以者何？随事生欲心，是心即是"识"，事是"行"；"行"诳心，故名"无明"；"识"所依处名"名色"（《十地品》之三）

十二缘生是原始佛教的基本理论，小乘、大乘都有各自的解释。《华严经》关于三界唯心的著名论断，实质上是对佛教的基本理论十二缘生说，给以新的概括。把原来仅属于宗教说教的学说，引向哲学命题，使它具有世界观的性质。从竺法护首先译出《十住经》到鸠摩罗什再译《十地经》，都十分看重这个"三界唯心"的命题。

《华严经》认为：

> 心如画工师，画种种五阴，一切世界中，无法而不造。
> （同上）

> 一切世间法，唯以心为主，随乐取相者，皆悉是颠倒。
> (《菩萨明难品》)

按照这一原理，佛如来也是心的创造，"知一切佛及与我心，皆悉如梦……知一切佛皆悉如幻，己心亦尔……诸佛菩萨一切自在无碍境界，皆由己心具甚深智，了一切法"(《入法界品》之三)。这等于说修佛的关键，在于修心，见心即见佛。

> 诸佛悉了知，一切从心转。若能如是解，彼人见真佛。
> (《十地品》之三)①

"心"也成了出世间的本源。这一观点，在《华严经》中，也有前后不一致的地方。如《毗卢舍那佛品》之二，曾说：

> 有世界海尘数，因缘具故成，已成、今成、当成，所谓如来神力故，法应如是故，一切众生业行故。一切菩萨成一切智所得故，一切众生及诸菩萨同集善根故。

它认为世界形成的原因是无限多的，世界差别也是无限的。《华严经》用"世界海"表示世界的广大，"世界海尘数"表示无限多。世界的多样性、复杂性及无限性，都起于一心所造。

(三)一多相即

佛的法身是一，佛的应化身是多；如来智慧是一，如来智慧的运用是多。众生的心是一，心的造作是多。它提出把"一"与"多"统一的范畴，由此推而广之，广泛运用于论述一般与个别，全体与部分的关系。

《十住品》中的第七住，列举菩萨必学的"十法"，其第一法即"知一即是多，多即是一"。《十回向品》之八，也说"于一法中知一切法，于一切法中亦知一法"。《十忍品》中说"观缘起法，于一

---

① 唐译本"若人知心行，普造诸世间。是人则见佛，了佛真实性"意义相同。

法中解众多法,众多法中解一法"。从一与多,进而指出两者的关系。从世界的复杂性看,它是多;从世界"但从一心起"来看,它又是一。它承认世界的差别,又要求把差别统一起来。这样看待一与多的关系,有它的合理因素,因而提出。

> 知一世界即是无量无边世界,知无量无边世界即是一世界;知无量无边世界入一世界,知一世界入无量无边世界……于一毛孔中悉分别知一切世界,于一切世界中悉分别知一毛孔性。(《初发心菩萨功德品》)

从宇宙时间上看有限无限的关系,《华严经》也提出了一些可取的见解:

> 知异劫中有无异劫,知无异劫中有异劫……知一切劫入无劫,知无劫入一切劫。(同上)

从心理状态上看有限无限的关系,《华严经》说:

> 一切欲即一欲,一欲即一切欲。(同上)

在大乘佛教的经典中,把个别与一般的关系讲得这样深透,并把它提到哲学世界观、方法论的高度来考察,《华严经》堪称第一。但是《华严经》把十分丰富生动活泼的辩证法讲死了,讲成了僵化的格式。如果从客观实际去观察世界,而不是从概念推论去论述世界,人们可以发现,事物的一与多、全体和局部的确有着相互依存的关系。"一"与"多"有关系,但不能因为"一"与"多"有关系,便混同"多"和"一切"的概念。任何个别事物的存在必然和众多的条件相依存,但不能说任何个别事物的存在,必然以"一切"为条件。在理论上好像更完备无缺欠,而事实上却不可能。这里表现出《华严经》概念的混乱。说全体与部分不可分,但不能由此得出结论说认识部分即等于认识全部,更不能说部分就是全体。《华严经》为了论证其宗教理论,论证"佛法无边",论证一切事物都分享真如的光辉,才尽力缩小世界与出世间的距离,它的用心是可以理解的,但事实上并不像他们所论证出来的那种关系。

《华严经》从"一"与"多"范畴进而论证"相即""相入"的关系范畴。"相即"又称"相是",表示二事物之间的相等或不相离;"相入"又称"相摄""相有",表示二物为另一物所包容的关系。

> 知秽世界即是净世界,知净世界是秽世界……知长劫即是短劫,知短劫即是长劫。(《初发心菩萨功德品》)

秽与净、长与短,性质相反,但《华严经》认为二者相即、相入,仅就其概念上不可分这个意义上说,秽离不开净,净离不开秽,长与短也是互相依存的范畴。范畴的互相依存,不能等同于相互对立的具体事物也互相依存。更不能说对立的事物没有差别。如:

> 解佛法世间法等无差别,世间法入佛法,佛法入世间法。佛法世间法而不杂乱,世间法不坏佛法。(《十行品》之一)

佛法与世间法可以互相转换,所以二者等无差别,但二者又各有自性,所以又不"杂乱"。道理讲到此为止,还可以成立,但它引申发挥便出现了困难。

> 一切世界入一毛道,一毛道出不可思议刹。一切众生身悉入一身,于一身出无量诸身……一切诸入[①]入于一入,令一入入于一切诸入……一切诸相悉入一相,一相入于一切诸相。一切语音入一语音,一语音入一切语音。(《普贤菩萨行品》)

他们认为一切事物有统一性,可以互相转换,互相包容。这都是合理的、符合实际的。如果把一与一切的关系讲过了头,必然导

---

① "入"感官接受外来的刺激的通道,即感觉活动机能。

致大小不分、长短不分、性质不分,抹杀事物之间的差别,就陷于荒谬。只好得出一切世界可以纳入一毛孔、一念之间可以容纳无限系列时间的荒唐结论。《华严经》为了宣扬佛法有无限威力,超越通常人的时空观念,他们认为(也可以说相信)佛的世界完全不同于世间见解,它是为佛教修行而提出的理论,不是为了认识现实世界、改变现实世界而提出的认识论途径。把世界上诸多现象归结为"一"与"多"的关系,把事物之间的千万差别归结为"相即相入"关系,这样涵摄万有的哲学格式,给后来华严宗的理事无碍、事事无碍的圆融体系提供了依据,客观上为阶级社会的互相依赖、互相补充寻找理论根据。

(四)入法界观

"法界"是 Dharmadhātu 的意译,音译为"达摩驮多"。有多种用法和解释。佛教十八界中之"法界",特指意识所缘虑的对象,凡是感官的对象及思维理解的对象都称为法界。有时泛指各种事物。界指分界,即事物的类别。各种事物均有它的种类,都有它的特点,如三界、十八界。《华严经》的《入法界品》列在全书的最后部,把"深入法界"作为修行的最后归宿。但《华严经》对法界未作出明确的解释,只可从它论述关于法界的内容归纳出它的涵义①。

《华严经》认为法界即不变的法性,它是物种性质及佛教道理的实体化。与《大般涅槃经》把佛教教理实体化为"佛性"的处理方式相似。物种性质无限、无尽,法界也是无限、无尽的。在《华严经》中提到"法界"有多处,如"三世法界""诸佛法界""一

———————

① 在《十无尽藏品》中说:"何等为无为法? 所谓虚空、涅槃,数缘灭、非数缘灭,十二缘起及法界。"唐译本把"十二缘起及法界"译为"缘起法性住"。可见"法界"与"法性住"同义。

切法界""无量法界""清净法界""妙法界"以及"法界无量""法界遍至"等。后来唐代的华严宗把法界概括为两大类，按物类性质划分的事物统称为"事法界"；按佛理划分的，统称为"理法界"。这种明确的法界划分法，是后来佛教流派对《华严经》的理论的发挥，《华严经》并没有这样明确分类。

《华严经》把悟入法界、随顺法界，看作修习的关键环节。把"游心清净法界中，所行饶益诸群众"(《十行品》)作为行动纲领。它教人"随顺一切法界，于一切世界修菩萨行"，"深入无量法界智"，"分别不可思议法界智""于一念中充满一切法界智""自持一切法界自在智"，作为"普贤菩萨行门"的主要标志(《十回向品》之八)，把深入法界当作觉悟成佛的途径：

入于真实妙法界，自然觉悟不由他。(《十行品》)

要求修行者保持"等法界观"，即是不否认差别，也不肯定差别。用《华严经》的说法，即"不起众生，不坏众生；不起诸刹，不坏诸刹；不起诸法，不坏诸法"(《十忍品》)，对一切存在平等对待。在这种平等观思想指导下，向所有善知识学习。法界广大无边，向善知识学习的东西也无止境，无限量。在《入法界品》中，本来应该集中讲述佛教义理，它却大讲善财童子参学求法的许多过程。它教人体验最高真理，求究竟法，不在世界之外去找，要出世，又不离开世俗生活。世俗生活才是通向成佛之路。为了达到这个目的，不惜向世俗学习，向外道学习。这种入世思想，恰恰投合了当时中国封建传统儒家思想，得到当时有识之士的欣赏，他们认为佛教《华严经》的道理和中国传统观念十分相近。通过参问、学习，可以得到解脱，途径多方。不仅向佛教内部的善知识学习，还可以向佛教以外，社会上一般群众学习，甚至外道、婆罗门、仙人也是学习的对象。这也可以看出佛教大乘兼容的趋向。它提出"唯心观门""法身观门""念佛观门""佛智观

424

门""法性实相观门""般若如幻观门"等。佛教一贯反对苦行，认为靠苦行不能得解脱。《华严经》对苦行也给以一定的肯定。《华严经》认为世间严酷刑法也可以起到调伏众生、救度众生的手段。保持禁欲主义本来是佛教的根本教条，在《华严经》中，也承认有行为放荡的女人可以得"离欲三昧"，而给以肯定。

在《华严经》的宗教哲学体系里，凡社会上所有的一切现实存在的事物，都具有引导人们"深入法界"的法门，引导人们进入佛世界。从世俗生活中学习知识，救助众生，实现菩萨行，并从中体现佛理。从而为佛教彻底世俗化提供了经典根据，世间法与出世间法的界限被打破。《华严经》对中国佛教界影响极大。它提倡游方、参学活动，这对于沟通南北佛教流派，加强理论学说交流，起了推动作用。对佛教内部吸收、融通不同流派，促进儒、释、道三教合一，发生过积极影响。也正由于《华严经》采取的包容一切、调和一切的态度，造成它体系臃肿，内容驳杂，有时自相矛盾。这又给后来的华严宗以任意发挥、构造体系的机会。

七 魏晋南北朝流行的佛教主要经论

《摄大乘论》

《摄大乘论》①共有三种汉文译本，第一次译者为元魏佛陀扇多（二卷），第二次为南朝陈真谛译本（三卷），第三次为唐玄奘译（三卷）。印度有世亲为此论作注释，作《摄大乘论释》，也有三种汉文译本，第一次为真谛译（十五卷），第二次为隋达磨笈多译（十卷），第三次为玄奘译（十卷）。影响最大的是真谛的两个译本（一个是《论》，一个是《释》）。

---

① 《摄大乘论》梵文为 Mahāyāna－saṃparigraha－śastra。

《摄大乘论》简称《摄论》,它结构严密,译文清顺,篇幅长短适中,是法相唯识宗的重要代表作。《释论》贯串了真谛学派的主张,在唯识学派中,有它的独特的见解。自从玄奘创建唯识宗以来,真谛一派被称为旧唯识学。后来谈唯识者都奉玄奘为始祖,旧唯识学渐被遗忘。事实上,对中国思想界最早发生影响的,应推真谛传播的《摄论》。

(一)阿黎耶识的建立

佛教讲的"识",是一种广义的认识活动。它不仅有观照、反映的意义,还包括痛痒、苦乐等感受、判断道德是非善恶的价值、利害取舍,它是一种综合的社会认识活动。

《摄论》的理论,在中国哲学界发生影响,主要在于它把人类认识论的过程讲得比较充分,这种理论,丰富了中国哲学史的某些方面。

大乘佛教空宗一般承认"三界虚妄,但是一心作"(《十地经论》释第七地)。但"三界"怎样被"心"创作出来的,这个"心"的性状如何,需要具体说明。佛教唯识学派力图解决这个课题。

传统佛教把人的"识"分为六个部分,眼、耳、鼻、舌、身、意,称为六识。这六识多偏重在主体方面的能力、作用,而没有很好地解释主观认识者与被认识的关系,更不利于消除世间与出世间的隔阂。《摄论》学派要在佛教传统的六识的基础上再增加新的认识功能,为精神创造物质的学说找寻理论根据。

真谛译有《转识论》,分识为三类:(1)"果报识",即阿黎耶识,第八识。(2)"执识",译为阿陀那识,第七识。(3)"尘识",即眼、耳、鼻、舌、身、意等六识,称"前六识",是指在第七、第八识之前的六种识。这八识之中最主要的是阿黎耶识,是众生遭受因果报应的受报者。可见佛教的认识论是为宗教服务的宗教哲学。

426

　　《摄论》认为佛教旧的"六识"说,不能圆满解释众生轮回的教义。佛教不承认有灵魂存在,主张一切无常,即使有灵魂,它也是无常的,不是永存的。佛教又主张众生受轮回之苦,没有一个受轮回之苦的主体(承受者),轮回之说就有困难。这个矛盾本来是佛教自己制造出来的。佛教为了补救这种困难,想尽了办法,唯识学提出的八识说,就是办法中的一种。

　　传统的十二缘生说,解释三世因果,回避了轮回的主体。《摄论》企图在十二缘生的过程中,找出轮回的主体来。《摄论释·引证品》说,十二缘生说既讲"名",又讲"识",说明二者不是一回事。"名"指"五阴"中的"非色四明"(受、想、行、识),只是与"色"(物质因素)并列,构成有情的精神因素,和"六识"相应。"名色依识生",则表示"识"是"名"和"色"的共因。"识依名色生",是指"识"又凭借名色得以流转,"识"是在名色之上,使名色得以实现的依据。由此推论,"六识"之上,必须另有一种识①作为轮回的主体,而物质性的"色"之上,还应有个更高层次的实体。

　　佛教传统所谓"六识",认为是生灭无常的,不能说明全部精神活动的整体性和连续性。像经验的积累、记忆的储存、行为的连贯性、无意识或潜意识诸现象,都不好用已有的"六识"来说明。需要在六识之外建立一个统摄一切心理活动的识体,称为阿黎耶识。阿黎耶识的创立,对于推动佛教的宗教认识论向更深的层次发展,具有重大意义。也可以说在印度佛教大乘体系里,它已走到了顶端。佛教世界观本来是虚构的,从整体来看,

---

　　①　"六识"之外还有其他的知识,印度其他流派也有过各种主张,摩诃僧祇部称为"根本识",弥沙塞部称为"穷生死阴",正量部称为"果报识",上座部称为"有分识",一般俗人误执为我的那种识,也是非六识的识。

它漏洞很多，难以成立。就它局部范围来看，它对心理学、逻辑学、认识论的某些环节，曾有过比较深入的探索，提出过一些有价值的见解。正如一幢楼房，构造宏伟，而根基不固，经不起风雨，不能居住，起不到楼房的作用。但其中砖木材料拆除下来，用在别的建筑上，还有用处。

《摄论》学派为了弥补传统佛教六识说的不足，提出八识说，为了建立八识说，提出了"熏习"和"种子"的概念。"熏习"和"种子"唯识学派用作哲学范畴。"熏习"和"种子"本来是一种比喻，如用花熏衣，花香缕缕升起，令衣着香，花体坏灭，香仍残留衣中，这种作用叫作熏习，此香气叫作习气。人类认识也有类似之处。通过经验的长期熏习，形成观念、习惯，即使离开了直接经验的情况下，熏习留下的观念依然保存在识念之中，名为"习气"。又譬如植物的种子，本是植物的果实，它在适宜的条件下，还会生出新的植物来，又结出同样的果实。储存在识中的习气，也像种子，在特定条件下，会按照观念的体系，引生出与它自身相应的生命体（"根身"）和周围世界（器界）。由熏习而生种子，由种子而生果报，形成循环系列，构成轮回的链条，众生由此受苦受难，不得解脱，这是世间产生的原因。

"熏习"成"种"，由"种"成"果"，都来源于识（人类长期形成的精神力量）。这种能力来自哪一种识？《摄论》认为佛教传统的六种识都不具备这种创造世间的职能。前六识没有前后相续的功能，而且"易动坏"，又互不相通。前五识各缘自境，各有固定的对象，眼不能听，耳不能见。如脱离自境，自性即消失，所以是"易动坏"。各识之间互不相通。第六识（意识）与前五识也互不相通。意识也有"易动坏"的缺点。像睡眠、醉梦、暂死，坐禅时可以出现使意识不起的境界（无想定、无想天）。各个识生灭相续，按前后顺序次第进行，六识不并起。六识不能成为受熏的对象,起到摄持种子的作用。以贪、瞋、痴为例,它们必须依附于识而存在,与识同生同灭。由于"六识"易动坏,不相联属,中间有隔阻,如世间的烦恼、"惑""业"应当有一个被储存的场,否则,轮回将没有被轮回的主体作为受者。这就使佛教失去了用轮回教义推行其宗教宣传的凭借。

阿黎耶识唐代通译作阿赖耶识,意译为藏识、宅识,随其功用不同,还称为本识、显识、果报识、种子识等。"应知依止,立名阿黎耶识"。阿黎耶识是三界六通凡圣众生一切事物赖以产生和变化的最后根据,也可以说是世界的本体。佛教不承认现实世界是真实存在,当然也不承认现实世间有所谓永恒的本体。佛教所指的世界的"依止"有贬义,不是中性词义。

　　　　此界无始时,一切法依止。若有诸道有,及有得涅槃。(《众名品》)

　　　　诸法依藏住,一切种子识。(《众名品》)

这是说,阿黎耶识从来就是万物存在的根源。此阿黎耶识是三界六道的总根源。阿黎耶识之所以作为世界万物的总根源,是由于言说熏习的作用所致。比如说"眼"这个名称,经常由"眼"这个名称的音声的熏习,有了眼的种子。一切世间,都由言说熏习阿黎耶识而示现,它储存在阿黎耶识中。种子、熏习所包括的"一切种子",也就是一个概念体系。阿黎耶识的存在,实即概念体系的存在。万物来自熏习,但最初的熏习是从何而起? 有没有造成熏习的熏习?《摄论》认为有所谓"无始熏习",力图把熏习说成没有开端。这种解释可聊备一说,但不能解决既要熏习又无开端的逻辑矛盾。《摄论》把概念实体化,夸大概念的作用,熏习和种子,都是概念转化的不同形态。

一切染污法,都作为种子,藏于阿黎耶识中,它又是对后来染污的根据,引生未来的果报,所以又称"果报识",阿黎耶识所以成为万物之源,就在于它作为摄持种子、积藏种子引生果报的主体上。有什么样的熏习,就有什么样的种子,不同的种子产生不同的果报。因为人类任何行为必产生相应的社会效应,有善有恶,有非善非恶,形成无尽链条,从而引起业报轮回,生死相续。本识与能熏相互为因,互相依持,称阿黎耶识的自相。熏习既是阿黎耶识的成因,又是阿黎耶识自身显现的一种功能,阿黎耶识自己产生自己,并以自己所产生的结果作为自己存在的根据。

佛教大乘认真地提出了唯心主义的世界起源说和世界构成说,力图抹杀世界存在的客观性、物质性。它把认识作用的主观、客观关系,转变为认识主体内部功能互相引发的关系。

心、性、识、情、意志一系列的心理活动,都得到进一步的探讨,把认识作用从外界探索引向内心反观。它的哲学体系并不见得被广大中国人士所接受,但他提倡的深入剖析人的心理活动,把认识论、道德观、人生观融合在一起,这种方式与中国的传统思维方式十分接近,从而起了佛儒两家互相渗透的作用。

佛教宣传"成佛",儒家提倡"作圣"。成佛、作圣是佛儒两家号召群众去追求的目标,而两家所倡导的修习方法、行为规范,都教人为善去恶,却又十分接近。判断善恶行为完全以中国封建社会的上层建筑的要求为准。出世哲学与入世哲学并不那样隔绝,这两家确有通家之好。

(二)识与智

《摄论》认为八识中的前五识,有它的共同性,意识又有它的特性。

> 眼等识以色等识为相,以眼识识为见,乃至以身识识为见。若意识,以一切眼为最初,法为最后,诸识为相。以意识识为见。

眼等前五识,各以自己的对象为"相",亦各以自识为"见"。意识则以一切对象为"相",以意识为"见"。此等认识的对象(相)和认识的活动(见),都是认识体自身的功能或作用,与"外尘"无关。真谛在《转识论》中说:

> 一一识中,皆具能听。能分别即是识,所分别即是境。

《摄论》学派认为前五识(眼、耳、鼻、舌、身)各自所取境(色、声、香、味、触)都属于纯粹的识,这种过程不夹杂任何意识的干预。只有意识能分别:

> 种种相生者,但意识是……以缘境不定故。其余诸识定缘一类尘,不能分别。能分别则成见,不能分别则成相。
> (《释论·释应知性相·差别章》)

前五识只能接触自己那一部分对象缘自境(一类尘),所以不能分别。意识"缘境不定",所以"种种相生"。意识所生出的种种相,都是前五识提供的见相材料,经意识的"分别"加工而成。这是说只有意识"能分别",并即以此能分别作为自己的"相分"。因此,阿黎耶识以及意识前五识,都有变现对象的能力。只是各个识的功用不同,变现的方式不同。《摄论》学派把客观事物的一切存在,都解释成识所变现出来的,提出了"唯识无尘"的唯心主义命题。

确立"唯识无尘"的世界观,被认为是一种智慧的完善的过程。建立唯识观,需要智慧,被建立的唯识观又引发新的智慧。成就最高智慧,就会灭尽一切染污,获得如来三身①。

《摄论》学派充分发挥他们的"唯识无尘"的观点主张,提出

---

① 三身:不同佛教派别有不同的"三身"的解释。按唯识学派解释三身是自性身、受用身、变化身。指达到佛的精神境界,与真理为一,永恒常住,又应变无穷。

有四种智:

(A)"相违识相智"。对同一境界,由于识的主体不同,所见也因而发生差别。由此推论出境可以随识变异,从而否认有客观的共同确认的"境"(对象),他们举例说:

> 譬如一江水,"饿鬼"①谓是脓血,鱼等谓是住处,人谓是水,天②谓是地。

> 随所分别,各成一境。若境是实,应互相妨。不应一一处一时并成四境。(《释依慧学差别胜相》)

这是说,对一江水,可以同时现为脓血、住处、水、地四种境。

(B)"无境界识智"。认识的活动并不都由现前的实境引起,例如对过去、未来和梦幻物的认识,即属于"无境界识"。也就是说,识由尘生。

(C)"离功用无颠倒应成智"。人的认识并不都是如实而无颠倒。认识发生差错(颠倒),不能说由尘引起,而是由识者主观造成的。如果说"尘"(对象)为客观存在,"识缘尘起",那么,认识就不应有颠倒,因为客体是客观存在,没有颠倒的问题,差错出在认识者这方面。应由识负责。

(D)"义随顺三慧智"。三慧指三种禅观。在禅观中,诸尘可以随禅观而改变其性状,如水变为土,青变为白等。各种道理可以随"思维义"显现。如不净、无常、空等;在禅观中也可使一切尘不显现,如无分别观中的无分别智等。

上述"四智",在揭示主客矛盾,揭示认识过程的复杂性,防

---

① 饿鬼:佛教宣传的生物界中永受饥饿的一种生物,食物对它来说有时变成火、脓血等不能食用的东西。

② 天:佛教宣传的生物界中的住在天上的一种生物,寿命比人长得多,也有像人的情感欲望。地上的江河,从天上看,即是地的一部分。

止简单化方面,有其贡献,因为它深入地发掘了人类认识的能力和局限,提出了主观条件对认识所起的能动作用,也指出认识受主观条件的多种制约。不同的人,不同的认识者对同一对象的认识,有深浅,有差别,有时对立,即使同一个人对同一对象的认识,也不会在一切时间、一切条件下完全一样。它告诉人们不能单纯从客观对象一个方面来理解认识活动,主观方面发生了偏差,对同一个对象也会得到不同的结论,教人从主观方面找原因。形成主观差别的原因多种多样,如社会条件、阶级立场、个人感情的爱憎、文化修养、思想方法、知识结构、能力高下,对认识都有关系。如果否认人们认识的主观因素的作用,就可能出差错。《摄论》学派从唯心主义立场来论证认识问题,大方向错了,但从他们所提出的问题来看,我们唯物主义者应认真对待。

《摄论》学派树立唯识观,把它当作佛教修习的任务,并把它分为几个阶段。要达到清净圆满的精神境界,首先要修方便道。途径是:

多闻熏习所依止……正思维所摄,似法及义显相所生,似所取种类,有见,意言分别。(《摄论·应知入胜相》)

多闻大乘法熏习所生种子,把它摄藏于"正思维"[1]中,以接近佛教教义文字显示出来,使它成为意识觉观思维的对象,通称为"意言分别"。这是说,以佛教教义为观想内容,建立唯识观。

为了达到清净圆满的精神境界,还要继续修习。佛教教义是"名言",名言自身的性质,还须探究。《摄论》学派提出了"名"与"义"的关系。在《论释·释应知入胜相·入方便道》中说,一般认为"言说皆属义,故名与义相应"。事实上,"名"与"义"各自独立,"名义互为客",互不相属,二者不同体,如果说名

---

[1] "正思维",佛教的"八正道"之一,用佛教原则思维。

与义同体,"未闻名时,于义中名智应成"。"又名多故,义亦应多";"又名不定故,义亦应不定"。名与义生起的先后看,若先已有义,后以"名"显,则执"义"即是能了,何须后更立"名"? 若此执不能了"义","名"岂能了? 事实上,人虽能了知此"名",未必能了知此"义"。"若名定能了义,由此名不应有人有识物、有不识物"。由此推知,"名"与"义"应相异。"世间为显此义故,于此义中立此名,为想见言说故"。世人为了"想见言说"的方便,立某名以显某义。"义"是由名决定的。

> 若世间不安立色等名,于色类中无有一人能想此类是色。

世闻于色类中给予一个"色名"才有了色类①。名义、自性、差别,都是"假立言说",是主观意识分别的结果。世间只有"意言分别"的存在,没有一个客观独立的存在。《摄论》学派指出了名义间有差别,这是对的。但把二者完全割裂,否认两者的同一性,这就错了。《摄论》学派,不像般若学那样,把名、义完全看作假有、不实,它只是把"义"列在语言认识所达不到的领域,"谓色、受等类,色非色不可说,法非法不可说,有非有不可说"。没有直接否认在言语之外"义"的存在。

从方便修习的阶段,再提高,使"似唯识意言分别亦不得生",修习者"唯住无分别一切义名中",从而达到"唯识见位",即"见道"。它的根本标志是摆脱语言中介,直观亲证真如实相。由于各学派的宗旨不同,他们心目中的实相的涵义也不相同。《摄论》学派认为:

---

① 《摄论》学派把"类"当作为非语言所能表达的概念来使用,在"类"的意义讲"义",同语言表达的"义"不是一回事。但"类"的确切意义,没有解释。后来,玄奘的译本中,没有"类"的概念,或所据梵本不同。

> 菩萨见一切法,但见(意言)分别,无复外境。外境不成,故分别亦不成。若菩萨见内外无所有,则无所着,即是无分别智。

这是一种神秘直观认识。智与相应之境对,无分别智所对之境不同于一般具体的境,它是"不可言说性""法界真如""真如境",成就了无分别智,自然也证得真如境。这种境

> 是智于真如境中平等平等生,无异无相。(《释依慧学差别胜相》)

这时境与智浑然一体,能缘与所缘无分别,"不分别一切义,义即是境。此智于一切境无复能取、所取二种分别"。这种主客合一,浑然一体的精神境界,"无分别智"不是低级的无意识或下意识,也不是熟眠、昏醉、灭心定等离心的无所思维、无所知觉的状态,不同于形若木石无知。"无分别智"都是"唯识真如所显",不同于世间的有分别的一般认识。佛教修习的目的,即转变世俗人的唯物主义认识论为唯心主义神秘主义的宗教世界观。

《摄论》学派教人通过转识成智的途径,得入唯识观。

> 为除灭其本阿黎耶识中一切有因诸法种子,为生长能触法身诸法种子,为转依,为得一切如来正法,为得一切智智,故入唯识观。

用如来法身的种子,替换掉阿黎耶识中的一切染污种子,以"无分别智"为体,以真如智为体,可以"见道"。无分别智是由识成智的转折点,这时已达到成佛的初步阶段(初地)。达到初地境界,"见真如即尽。何以故? 真如无分数故。若见真如不尽,真如则有分数……则同有为法"(《释入因果修差别胜相·对治章》)。真如具有全体性、普遍性,不同于有为法有局限、属于部分。如见真如,须见真如全体,不能只见一部分。竺道生讲顿悟,曾说过:"夫称顿者,明理不可分,悟语极照。以不二之悟,符

不分之理。"①也有同样的理解。

修习的最后成果,即达到佛地,得到"三身",具备常、乐、我、净四德。这四德,不从种子生。

《摄论》学派遇到一个无法解决的难题。阿黎耶识是种子,种子也是熏习,互为因果。阿黎耶识的本性,是染污的,是轮回的根源。他们又说,要转识成智。此八识如果是污染的,如何能转成清净无污染的真如? 常、乐、我、净四德是从哪里产生的? 成佛如何可能? 所谓"三身""四智"的依据何在?

对这样的问题,《摄论》无法解决。但是《摄论》在南北朝后期,比较详细地、深入地提出了认识论方面的许多见解。有些见解虽然它不正确,但是深刻的,它深化了认识论。这也对中华民族的抽象思维有所推动。它启发了后来隋唐佛教法相唯识学派,自不待言,《摄论》学派的历史意义和影响,不限于佛教内部,它对当时哲学界也有影响。因为隋唐哲学思想的中心问题是心性论,对心性论进行探索而有贡献的,不止《摄论》一派,而《摄论》学派无疑是其中的重要学派。

《十地经论》(《地论》)

(一)《地论》的传播

《十地经论》是南北朝时期流行颇广、影响深远的一部佛教经论。由于流传广泛,对这部经典的解释也出现了分歧,形成不同的两大流派。这两大流派各有师承,给佛教理论界提出了一个长期争论难决的问题,即佛性问题。这虽是个虚假问题,但它是佛教在理论上的要害。玄奘《启谢高昌王表》中,说他西行求法的目的是:

---

① 见陈慧达《肇论疏》引道生语。

去圣时遥,义类差舛,遂使双林一味之旨,分成当现二
常;大乘不二之宗,析为南北两道。纷纭争论,凡数百年①;
率土怀疑,莫有匠决。

这里讲的"大乘不二之宗,析为南北两道"。即指《十地经论》学
派的两大派别,争论了几百年。从南北朝直到唐初,没有取得一
致的结论,不得不向佛教的发源地去寻求答案。

直到《十地经论》的译出,由于对佛性理解的不同,分为南道
和北道两派,这个神学问题(佛性问题)发展为世界观、本体论的
对立。玄奘到天竺寻求真理,自以为得到解决。事实上,这是谁
也解答不了的问题。不是玄奘辈无能,而是佛教的信仰主义障
蔽了思路。因为佛性,成佛的可能性,本来是假问题,对假问题
做出任何严肃肯定的解答,都是错误的。

假问题所曲折反映的社会现实并不假。像成佛是否可能,
要经过哪些阶段,这是假的,但人们要求摆脱苦难,要求解脱,盼
望有一天得到精神上的自由,这种愿望却是真实的。我们的任
务,在于透过假问题,探求社会历史的真相。佛性问题的提出,
意味着中国哲学发展的新阶段和提出的新课题。

关于《十地经论》的翻译,按崔光的《十地经论序》,北魏宣武
帝于永平元年(508)命三藏法师菩提流支和勒那摩提,及"传译沙
门北天竺伏陀扇多并义学缁儒一十余人,在太极紫庭译出……四
年首夏,翻译周讫"。这部十多万字的经论,用了近四年时间。

北朝重义学,从魏孝文帝(471—499 年在位)开始,《魏书》
本纪称他"善谈老庄,尤精释义","每与名德沙门谈论往复"
(《韦缵传》)。魏宣武帝(500—515 年在位)"雅爱经史,尤长释
氏之义,每至讲论,连夜忘疲"(《魏书·世宗纪》)。他曾"于式

---

① 《泥洹经》译于公元 427 年,至玄奘出国西行在公元 624 年。

乾殿为诸僧朝臣讲《维摩诘经》",又曾主持《十地经论》的翻译。由此可以看出《维摩诘经》和《十地经论》在当时流行的程度。宣武帝以后的孝明帝(516—528 年在位)稚年即位,灵太后掌权,这位妇女也"略得佛经大义"(《魏书·灵太后传》),相承袭的三代皇帝都信佛教。当时大臣崔光也喜欢讲《维摩》《十地经》,并为二经义疏三十余卷。公元534 年,北魏分为东西两个王朝。在东魏的菩提流支等翻译家随迁邺都,西魏也崇奉佛教,令昙显等"撰菩萨藏众经要及百二十法门,始从佛性,终尽融门"(《续高僧传》卷一)。研究的中心还是佛性论。

菩提流支到洛阳时(508 年)即得到北魏统治者的支持,《十地经论》得到推广。历东西魏及北齐、北周,得到重用的僧人也多为《十地经论》学派。

整个北朝,《十地经论》研习成风,涌现了小量地论师,其中最著名代表人物有道宠和慧光。

道宠,俗姓张,名宾生。出家后,从菩提流支学《十地经论》,并自开讲席,其弟子堪可传道有千余人。著名的有僧休、法继、诞礼、牢宜、儒果等。这一派称为北道系。

《续高僧传》称"宠在道北,教牢宜四人;(慧)光在道南,教凭、范十人,故使洛下有南北二途"[①]。北道系统的著疏没有保存下来,史传[②]记载的有师徒承传关系,其学说内容却没有记载。地论南道系创始者慧光,门徒遍及全国,其影响不限于北方。历经魏、北齐、北周、隋、唐,传播时间也最长。

① 据《魏书·释老志》载,自北魏宣武帝至东魏末年(约500—550),知名沙门十二人,有菩提流支、慧光,而无道宠。或为一时疏忽。地论学派分为南北两道,在隋唐已被公认。

② 《续高僧传》卷十一,志念"爰至受具,问道邺都……又诣道宠法师学《十地论》"。

慧光，原定州人，从佛陀出家，后又转入勒那摩提门下。据《续高僧传》卷二十一：

> 会佛陀任少林寺主，勒那初译《十地》，至后合翻……时预霑其席。以素习方言，通其两诤；取舍由悟，纲领存焉。自此《地论》流传，命章开释，《四分》一部，草创基兹。

慧光在菩提流支与勒那摩提双方发生分歧，慧光从中加以疏通，能够掌握《地论》纲领。慧光既学《地论》，又宣传《四分律》[①]，他是重义学又重律学的僧人。道宣说：

> 自正道东指，弘匠于世，则以道安为言初；缁素革风，广位声教，则慧光抑其次矣。（《续高僧传》本传）

道宣把慧光比作道安以后的第二人，这种过高的赞誉，应当指他对佛戒律、整顿僧团的贡献来说的。

慧光在东魏末年，任国僧都，后召入邺，任国统。他一生宣传《十地经论》，入室弟子见于僧传的，有僧范、昙遵、慧顺、道凭、灵珣、法上、道慎、昙衍、僧达、安廪、冯衮、道云、道晖、昙隐、洪理等。地论南道得到历代朝廷的倚重，被国家任命为各级僧官，包括大统、国统、国都、州统等为数最多，这说明他们与朝廷上层联系十分密切。同时，他们也还注意普及宣传。经常游化江南江北各地。慧光弟子法上，成为魏、齐两朝的僧都，掌管僧尼二百余万。法上著有《佛性论》二卷、《大乘义章》六卷，残存有《十地经义疏》一、三两卷。

北朝周武毁佛，北方部分僧众到南方避难，其中也有地论学

---

① 从慧光的著作也说明《高僧传》记载符合实际。慧光著述甚多，注疏有《华严》《涅槃》《维摩》《十地》《地持》《胜鬘》《遗教》《温室》《仁王般若》，这也是当时地论学派学习的范围。另有关于戒律的《四分律疏》，删定《羯磨戒本》，著有《律义章》《仁王七诫》及《僧制》十八条。著有《玄宗论》《大乘义》等。

派名僧靖嵩、法贵、灵侃等三百余人。当时南朝真谛传播的《摄大乘论》盛行。北方地论学派与南方摄论学派得到交流机会。隋朝统一全国，靖嵩、灵侃等二百余僧重返江北。地论学派与摄论学派相互交流，这是南北朝末期的佛教新思潮。政治上，是北方统一了南方，在学术上，也差不多以北方地论为主，吸收南方摄论，构成了隋唐佛教的格局。

（二）《地论》南北两派的思想分歧

地论学派南北两道的分歧，不应仅仅看作承传、派系的不同，还应看到两派对佛性理论上的差别①。玄奘《启谢高昌王表》中明确指出南北两道的分歧之理论上的不同。道宣《续高僧传》中说：

> 宠在道北，教牢宜四人，光在道南，教凭、范十人。故使洛下有南、北二途，当现两说，自斯始也。四宗五宗，亦仍此起。

玄奘、道宣都是当时博学僧人。他们都说地论学派的南北二道关于成佛在将来（当）还是现世（现）的看法不同而发生争论。自从《大般泥洹经》传入后，引起南北朝人士普遍关注，对佛性论开展广泛讨论。此"常"即佛性。所谓四宗五宗的划分，是佛教中的一派对其他教派的看法，由此产生的褒、贬。慧观创二

---

① 地论南北两道，有以下几种说法：(1)《法华文句记》相州（邺都）通往洛阳有南北两条道路。道宠系散居北道，慧光系散居南道。(2)在洛阳初传时，即分为南北二道，与邺都无关。见《续高僧传·道宠传》。(3)近人推测，菩提流支在洛阳住永宁寺，在御道北，勒那摩提可能住白马寺，在御道南，南北道的区别在道宠与慧光以前已经存在。这种推测缺乏根据。因为道宣明白说南北道的分别是在道宠与慧光之间发生的。而道宠大力宣传《地论》，当在去邺之后，唐初称南道，亦指洛阳向广州的通道。慧光思想体系与南方真谛相近。后人据此划分南北两道。此说较有据。

教五时,判《华严》为顿教、《般若》为渐教之"三乘通教",地位略高于小乘教。《涅槃》则为"常住教",是佛于渐教中的最高最后说法。这种判教,抬高《涅槃》,贬抑《般若》。捧大乘有宗,贬大乘空宗。南北朝中后期,佛教空有问题退居第二位,佛性问题推到第一位,刘宋道生开始已有这种倾向。大乘中观学派的衰落,涅槃佛性学说引起佛教界的普遍关注。从南北朝到隋唐时期,佛性问题上升为中心问题。不同的流派从各自的观点做出不同的解释,由此而产生了四宗、五宗。如净影慧远在《大乘义章》中说,第一立性宗,亦名因缘:

　　　　小乘中浅,宣说诸法各有体性;虽说有性,皆从缘生,不同外道立自等性。此宗当彼阿毗昙也。

第二破性宗,亦曰假名:

　　　　小乘中深,宣说诸法虚假无性,不同前宗立法自性;法虽无胜,不无假相。此宗当彼《成实论》也。

第三破相宗,亦名不真:

　　　　大乘中浅,明前宗中虚假之相亦无所有,如人远观,阳炎为水,近观本无,不但无性,水相亦无……虽说无相,未显法实。

这一宗当指《般若》《中论》一派大乘空宗。第四显实宗,亦名真宗:

　　　　大乘中深,宣说诸法妄想故有;妄想无体,起必托真。真者所谓如来藏性……此之真性缘起,集成生死涅槃。真所集故,无不真实,辨此实性,故曰真宗。此中如《胜鬘》《鸯掘魔罗》《涅槃》等。

这是当时"四宗"的说法。

　　还有"五宗"之说,是把《华严》独立出来,别为"法界宗"。一般认为这是地论北道的主张。法界缘起为华严中心思想,其中《入法界品》把"法界"解释为世间和出世间的一切"善知识",因而有强调后天学习,向世俗外界探索的倾向。与地论南道的"真性缘起"确有差别。

隋吉藏(549—623)述地论学派判教,有"三宗""四宗"之说:

> 三宗者,一立相教,二舍相教,三显真实教。为二乘人说有相教;《大品》等经广明无相,故云舍相;《华严》等经名显真实教门。四宗者,《毗昙》是因缘宗,《成实》谓假名宗,三《论》名不真宗,《十地论》为真宗。(《大乘玄论》卷五)

三宗说以《华严》为究竟,当属北道主张;四宗之说与南道慧远说大同。

佛性论的"当""现"之争,吉藏认为"若执本有,则非始有;若执始有,则非本有。各执一文,不得会通经意"(《大乘玄论》卷三)。隋朝全国统一,佛教各学派趋向调和。吉藏采取一种调和主张,认为"本有""始有"两说不是对立的。

> 佛性有二种:一是理性,二是行性。理非物造,故言本有;行借修成,故言始有。

这里讲的"理"和"行"的两分法,除地论学派外,早期禅宗的达摩禅法,也讲"理入""行入"。天台宗止观并重,"止"相当于"行","观"相当于"理"。可以看出理行并重,也是一种思潮。吉藏提出"理性""行性"的解释,以理性为本有,行性为始有,应当是他一家之言,地论学派南道与北道的纷争,并未因吉藏的调和而消失。对当常、现常的理解,地论南道北道都自以为有经典依据。纷争起于对阿黎耶识的理解。

印度佛教大乘有宗以阿黎耶识为万法根源,许多经典中都有记载。这个阿黎耶识是杂染的,还是清净的,引起了争论。地论北道认为阿黎耶识是杂染的,"阿黎耶为无明"(《翻译名义集》卷六），佛性必从将来得到。地论南道认为阿黎耶识是清净的，只要通过修习，此本来清净的佛性即自然显现。这个问题在南北朝末期，已成为佛教徒普遍关心的问题。

与北方地论学派旗鼓相当，流行于南方的有《摄大乘论》，摄大乘论学派简称摄论，以第八识为杂染，以第九识为纯净。这里出现了地论与摄论两派对阿黎耶识的理解不同。地论南道的法上，在《十地论义疏》释心、意、识，认为：

> 心者第七心，意者第六意，识者五识识。故《楞伽经》云，心为采集主，意谓广采集，现识分别五。离此七种，转识成智。（《十地论义疏》卷一）

法上在释《华严》六相的"同相"时，说

> 缘起者，第七阿黎耶识，是生死本也……真如者，佛性真谛，第一义空也。

他所谓"第七阿黎耶识"，指为第七无明障蔽的"第八识"。所谓"佛性真谛"，指清净阿黎耶识，或曰如来藏，即第八识的本净状态。传统佛教的缘生说，以"无明"开始；后起的佛教以"一心"为缘生的开始。早期无明源出于杂染说，似不及"妄依真有"说（真有为如来藏）更能自圆其说。从无明缘起发展为如来藏缘起，是佛教在理论上的发展，佛性（真如）广大无边，包容一切。

隋代净影慧远，对第七、第八识的性质，有更详尽的发挥。他把八识分为两大类：前六识随根受名[1]，而七、八两"识"就体立称[2]。前六识称为"事识"，是对具体事物起分别作用。第七识，其体是无明痴暗，它把妄心所执的相，当作真实，造成因果报应，

---

[1]　随根受名，眼、耳、鼻、舌、身、意各以其器官得名，眼识得名于眼根，耳识得名于耳根，余类推。

[2]　七、八识，由它们各自的性质而得名。

总称为妄识。关于第八识,名为藏识,它纯净无染,是世间法存在的依据(妄依真有),又称为"真识"。

慧远的观点与南北朝流行的《起信论》有一致之处。他讲的第八识,相当于《起信论》的"心真如门"。《起信论》的"心生灭门"可看作心真如另一种显现的方式。慧远企图调和地论与摄论的分歧,把摄论的观点引入地论。不论南方的摄论学派或北方的地论学派,所讨论的中心都是佛性问题。

真谛宣传的摄大乘论,在八识之外又增加了一个第九识,把第八识与第七识都看成妄识,第九识才是心真如性体。地论学派中,有以第八识为真,有以第八识为妄,第九识为真。我们没有必要分别哪一种更正确,严格说都不正确。但可以断言:当时许多流派中,不论是论真心缘起(或称如来藏缘起),还是染心缘起(或称为阿赖耶缘起),都在探索佛性问题。佛性问题成了南北朝佛教诸多派别关心的总课题。

《十地经论》学派所讲的道理,是佛教传入内地几百年逐渐形成的一种思潮,用解释《十地经论》的方式而建立的思想体系。它是儒家经学在佛教经学的翻版。中国儒家经学以述为作。王弼注《易》、注《老》、注《论语》,郭象注《庄子》,都是借题发挥。有的注解,其思想与原著关系不大,有的注解,其思想与原著相反。人们通过注释去理解原著,往往会上当;如果通过注解去了解注释者的思想体系,却是研究哲学史的正确途径。我们研究地论学派,不在于他们的宗教神学的答案,而在于考察他们提出的问题所反映的时代气息。神学问题从来不来自神学本身,而是一定社会历史的曲折的反映。

南北朝时期,南方北方政权相对稳定,谁也吃不掉谁。社会的矛盾不在南北朝之间,更多表现在南北朝的内部。南北朝中后期,民族矛盾已退居次要地位,双方统治者,政治上注意于国内统治,思想上致力于安定人心,建立统治思想。佛教界关心佛性论,乃是从出世的角度为世俗门阀士族地主阶级服务。佛性论的实质是人性论。南北朝时期的人性论,比战国、秦汉的人性论要深入。佛性论不满足于划分人性善恶,而是进一步推究人性之所以善,所以恶,更进一步推究其如何弃恶从善、舍恶返善、抑恶扬善的心性修养。

以孔、孟儒家为主流,中华民族传统文化中的入世思想,包括儒家以外的各家,都有参与生活、关心政治、维护封建宗法制度的内容。外来佛教也不得不与儒家传统文化相适应。《大乘起信论》提出“心真如门”“心生灭门”,从出世角度论证人性善恶转化问题。地论学派,不论南道或北道,从出世角度论证人性的本质及其相互转化的可能。地论学说得以广泛流传,以至掀动佛教界,原因在于他们用佛性论配合了时代思潮。

深化了的神学,必然走向原罪说,佛教的神学心性论,也是一种原罪说。他们认为人的本性中充满着罪恶(痴、无明)。善的因素是本来就有,有待于自己发展,还是靠外力的拯救?是染,是净,是染净混杂?如果染净混杂,又将如何舍染归净?佛性是染,何能得净?佛性为净,染从何来?当时佛教界各种学派都试图以注释佛教经论的方式,照各自的理解去回答这个为大家关注的问题。用注解的方式而不直接了当地用作者个人的名义发表意见,这是中外古代经学通用的手法。在古代,神学有最高权威,人比神矮了一等,为了增加学说权威性,取信于群众,必须捧出偶像作为幌子。中国儒释道三教都用借题发挥的方式,表达自己的思想。儒家有儒家经学,佛教有佛教经学,道教有道教经学,道教经学起步稍迟,那是在隋唐才建立的。

北方地论学派与南方摄论学派和后来盛行于唐初的唯识宗、华严宗同属大乘有宗体系。大乘有宗由大乘空宗的般若中观学派发展而来。他们对第八识(阿黎耶识)有着不同的理解。地论学派当时盛行的有南道与北道两派。从保存下来的材料看,南道的信徒人数及势力比北道大得多。南道以第八识为清净种子,为后来的华严宗奠定基础。北道保存下来的材料很少。从南道的主张我们推测北道对"第八识"的理解可能与摄论相近,也与大乘起信论学派相近,因而被起信论学说所掩盖而被淹没。南道以"第八识"为净的观点,更适合当时社会上层统治者的需要,后来发展为华严宗。

《大乘起信论》

《大乘起信论》①,题为马鸣著,有梁真谛和唐实叉难陀两个译本,印度早已失传,唐玄奘把它译为梵文,还赠印度。

《大乘起信论》(以下简称《起信论》)有人怀疑为中国人伪托,也有人认为是印度传入。现在还不能得出最后结论。《起信论》反映了南北朝佛教的一种思潮,构成理论和宗教实践并重的唯心主义体系,影响了隋唐一代思潮,对它当给以应有的重视。

(1)《起信论》的"一心二门"和"色心不二"的体系

南北朝时,佛教唯识学大量传入,不同学派有不同的侧重点。《起信论》企图调和当时不同学派的分歧,给唯识学以新解释。《起信论》作者的目的在于发起信徒对佛教大乘学派的信心。大乘学派不止一派,《起信论》所致力的在于调和大乘属于有宗的唯识学派。学说的中心问题着重阐述所谓"一心二门"的理论。

---

① 古印度马鸣著,梁真谛译本为一卷,唐实叉难陀译本为二卷,较流行的为真谛译本。近人有疑此书为中国学者伪托之作。唐代佛教各宗派均未对此书提出怀疑。唐玄奘译为梵文,回赠印度,可见玄奘也认为此书不伪。

> 依一心法有二种门。云何为二？一者心真如门，二者
> 心生灭门。是二种门皆各总摄一切法。（梁译本，下准此）

此中"心真如门"大体相当于"无垢识""寂灭心"，即"如来藏"；
"心生灭门"大体相当于作染净依的"阿赖耶识"。这二种门（即
类）可以包容世界一切现象。"心真如"就是"一法界，大总相法
门体，所谓心性不生不灭"。"一法界"，指一切现象得以产生的
依据；"大总相"，指遍及一切现象的共性，所以说它能够"总摄一
切法"。"法"在这里指事物，一切法即万物，即世间万物都依如
来藏（佛教最高本体）而有。万物不能离开真如。《起信论》特别
指出，如来藏不同于具体的东西，万物离不开如来藏，但如来藏
不具有世间生死、幻灭之类的事物。因为真如（如来藏）是纯净、
无污染、不动的最高精神实体。不像一个无所不包的大容器，可
以装进许多杂乱无章的东西和有价值的东西。因此"心真如"为
"如实空""离一切法差别之相"，与"一切染法不相应"。这是
说，如来藏（心真如）是纯净至上的，无污染，"无虚妄心念"。另
一方面，"心真如"同时又是"如实不空"，是具足无漏、永恒、至善
的精神实体。

《起信论》的心本体（如来藏或心真如）是世界一切现象的本
源。这是一种本体论，这个"本体"含藏万化，却不含藏世界污垢
成分。这个心真如本身不动（不生不灭）而是动（生灭法）的根
据。这是过去的唯识学派共同遇到的难题。一方面是纯善无污
染的，一方面是有污染的、恶的，这两个世界如何统一于"心真
如"？《起信论》企图解决这个矛盾，把一心分为二门，门即类，说
心有两类，一类为"心真如"，是不动的本体，无漏染；另一类是
"心生灭门"。"心生灭门"包容世间一切变化无常、污染的现象
均从此出。

> 心生灭者，依如来藏故有生灭心。所谓不生不灭与生

灭和合;非一非异,名为阿黎耶识。

这是讲的阿黎耶识,即生灭心,其最后的依据为不生不灭的心真如门。阿黎耶识的心不生不灭状态,谓之"觉";阿黎耶识的心生灭方面,谓之"不觉"。

> 所言觉义者,谓心体离念。离念相者,等虚空界,无所不遍。法界一相,即是如来平等法身。

此觉体除具有"心真如"包括的"如实空"和"如实不空"两重性质之外,还具有"因熏习镜"和"缘熏习镜"两种作用。

> 因熏习镜,谓如实不空。一切世间境界悉于中现,不出不入,不失不坏,常住一心,以一切法即真实性故。

"因熏习镜",《起信论》认为是众生成佛的内因。"缘熏习镜",《起信论》认为是众生利用一切机会(缘),令修善根,使心不再受障(蔽障),在"因熏习镜"与"缘熏习镜"相互辅助,"心真如门"本有的由染转净的作用,通过"觉"来促其实现。

《起信论》还指出,障碍众生不得成佛,在于不觉。不觉有三种性质。

> 所言不觉义者,谓不如实知真如法,在于有念。此不觉有三种相:
> 一者无明业相:以依不觉故心动。说名为业。

心动是不觉的标志,心受外界的牵引,引起反应,是为众苦的根源。

> 二者能见相:以依动,故能见……三者境界相:以依能见故,境界妄现。

佛教唯识学派以"能见""所见"为一切分别的基础,认为人的识别能力和识别作用是万物的本源。万物的存在不是客观外在的实体,而是由于人类的妄生分别制造出来的。《起信论》认为泯除"能""所",消灭主观和客观的分别,解脱的途径在于追求一种超乎主观和客观的最高智慧。主客观分别,《起信论》称为"心动"，心动原因在于起念。起念则心动，心动则有分别；无念则心不动，心不动则无分别，达到无分别境界乃最高智慧。

《起信论》还以大海水波涛与风的关系做比喻，这是许多佛经经常借用的比喻。它说：

> 如大海水因风波动，水相风相不相舍离，而水非动性。若风止灭，动相则灭，湿相不坏故。如是众生自性清净心因无明风动，心与无明俱，无形相，不相舍离，而心非动性。若无明灭，相续则灭，智性不坏故。

这里说"心"的本质是不动的，受到无明风动的干扰，才引起心动。"无明风"，即愚昧无知，也是心理现象。这是说，心的本体不动，心的另一部分非本体的部分，扰乱了本心，才引起"心动"，产生分别。《楞伽经》也有关于风吹海水起波浪的比喻。《楞伽经》说境界风吹，起识波浪，以境界比作风力，那是认为外境的干扰引起内心的波动，《起信论》的无明风，依然是主观认识方面的因素，它的唯心主义更彻底。它说：

> 所谓心性常无念故，名为不变。以不达一法界故，心不相应，忽然念起，名为无明。

一念不起，是为不变，忽然念起，是为无明。把佛教的宗教训练方法看成主观努力，调节心理状态的过程。忘念产生不觉，无念乃是觉。无念，自然无相，不产生世界万物（万法），一念之转，即为出世间。由"心真如"到无念、觉、不动心、无相，是一个系列；同样，由"心真如"到忘念、不觉、有相、动心，又是一个系列。佛教训练的目的，就是教导众生由染到净，由动心到不动心，由不觉到觉，忘念到无念，由诸相到无相，这样的解脱过程。

真谛俗谛、染和净两重世界，都是"心真如"的显现。这两重世界经常互相作用，互相转化，众生的善念与恶念、觉与不觉、真如与无明，也经常互相影响。

> 真如净法,实无于染,但以无明而熏习故,则有染相;无
> 明染法,实无净业,但以真如而熏习故,则有净用。

真如受无明的熏习,而有染法,是众生堕落的原因。《起信
论》这样的分析方法,教导人们加强内心的修养,"心真如"本来
自足,不假外求。解脱之途,端在一念。建立大乘自我解脱的信
心不难,关键在于各人的信心。它说:

> 心性无动,则有过恒沙等诸净功德相义示现……如是
> 净法无量功德,即是一心,更无所念,是故满足,名为法身如
> 来之藏。

这种说法与中国传统的性善说,"万物皆备于我","反求诸己"等
观念有某些相似。它把佛教传统的宇宙发生论公式,外部的缘
起论,转而向内,改为由不动到动的公式。对后来宋明理学也有
相当影响。

《起信论》把一心当成万法的根源,色法也被溶解在"一心"
之中:

> 一切色法,本来是心,实无外色……唯一真心,无所不遍。

这个唯一真心,即是觉,即是智,作为本体来说,它也是法身。

> 即此法身是色体故,能现于色。所谓从本以来,色心不
> 二,以色性即智故。色体无形,说名智身。以智性即色故,
> 说名法身,遍一切处。

色以法身为体,此体即佛智、一心。法身遍一切处即真心遍一切
处。色是心的表现,也是法身的表现。早期般若经类标榜的"色
即是空,空即是色"的著名命题,在《起信论》的体系里被改造为
"色即是心,心即是色"的唯心主义命题。心外无物,心外无理,
也成为宋代的陆九渊学派的命题。

(2)无念无相和止观

《起信论》提出"一心"为万法之源。从万物发生的过程说,

"一心"显现为万法，由觉到不觉，由不动到动；从个人的宗教训练的途径说，则需要从不觉到觉，从动到不动，把万物发生的程序颠倒过来。它教人由"不觉"经历"始觉"进而"究竟觉"，最后复归于"觉"。与"心真如"相待的觉，又称"本觉"。"心真如"是自我圆满的，它不需要向外追求，只要内观反省，所以说，"若能察知心无念，即得随顺入真如门"。修行的方法是"无念"。有"念"就有分别，生"见"，"见"则生"境"，见与境都是人们强生分别的结果，于是造种种业、身心等苦，陷入轮回诸道，不得解脱。出离世间，免受轮回，必须"无念"，"无念"即能与"心真如"契合。一心无念，使心性不起、不动、离见、离相，也就是智慧、功德、清净的体现。因此，"无念"是《起信论》指导修习的中心观念。"无念"观念到隋唐时期，许多佛教宗派接受了这一思想。

《起信论》还提出修行要经历一定的过程，众生必须经过许多阶段，譬如明珠，"体性明净，而有圹秽之垢。若人虽念宝性，不以方便种种磨治，终无得净"。如果修行者达到了一定阶段（水平），像证得法身的菩萨，则能"超地速成正觉"。超地，即超越按部就班的等级（地），"无明顿尽"，即可成佛。渐修到一定的阶段，将有一个飞跃——顿悟。这和南朝道生的顿悟说有接近的地方。后来朱熹的格物说，也认为格物功夫，先从小处积累，到了一定水平就能豁然贯通，"众物之表里精粗无不到，吾心之全体大用无不明"。

传统大乘经论，都用"六度"①概括全部菩萨行。《起信论》

---

① "六度"：梵汉并译为"六波罗蜜"（Satpāramita），亦译为"六波罗蜜多"，意译为"六度""六度无极""六到彼岸"。意谓有六种从生死轮回渡到彼岸解脱的方法或途径。即(1)布施（檀那）；(2)持戒（尸罗）；(3)忍辱（羼提）；(4)精进（毗梨耶）；(5)定（禅那）；(6)智慧（般若）。

则缩减为"修行五门",把禅、慧两波罗蜜并为"止观门"。六度的内容未减少,项目给合并了。它的解释是:

> 所言止者,谓止一切境界相,随顺奢摩他观义故;所言观者,谓分别因缘生灭相,随顺奢摩他观义故。

"奢摩他"[①]是"止"的梵文音译,"毗钵舍那"[②]是"观"的梵文音译。《起信论》说的"奢摩他观"及"毗钵舍那观",文义重复。但意思还是清楚的。提出"止"是"止一切境界相",与心真如的"无相"相应;"观"是观世间无常、苦、空、不净而造成业报。止、观并修,不相舍离,是为"止观俱行"。止观俱行是隋唐多数宗派奉行的修行方法,天台宗尤其重视。修止,要住于静处,端坐正意念,既不同于早期小乘禅依气息(安般禅),也"不依形色"(十遍处定),乃至"不依见闻觉知",要求达到"遣除一切诸想",甚至把"除想"之想也要遣除。这就可以做到"无念"。

> 心若驰散,即当摄来住于正念。是正念者,当知唯心,无外境界;即复此心,亦无自相,念念不可得。

用正念收摄此心,不使驰散,目的在于使修习者心境双遣,达到无相,最后入真如三昧。"真如三昧"是佛教的最高精神境界,达到这种境界,则一切诸佛法身与众生身平等无二,即名一行三昧。佛教各流派对一行三昧有不同的解释,《起信论》指通达"心真如"的道理,做到无所见、无所得、无任何凝碍、绝对宁静的一种精神状态。

修习"观"者,要求观世间无常、苦、空、不净,进而思考形成这些苦难的原因,由此立大誓愿、拔救一切苦恼众生,令得涅槃第一义乐。

---

① 奢摩他:(梵文 Śamatha),又译作奢摩陀、舍摩陀。
② 毗钵舍那:(梵文 Vipaśyanā),又译作毗婆舍那。

"止"相当于"根本无分别智"，"观"相当于"后得无分别智"。前者要静坐、禅定，后者要进入社会，拔除众生苦难。这种拔除苦难不是给受苦难者以实际资助，而是用佛教的苦、空的道理向群众做宣传。这就是定慧合一或定慧双修。

为了保持止观互不脱离（不能有止无观，也不能有观无止），要求信奉者在行、住、坐、卧，一言一行都按止观原则去做。

> 唯除坐时专念于止，若余一切，悉当观察应作不应作。若行若住，若卧若起，皆应止观俱行。所谓虽念诸法自性不生，而复即念因缘和合，善恶之业，苦乐等报，不失于怀。虽念因缘善恶业报，而亦即念性不可得。

以无念为指导，务在止恶行善；同时又指出，连止恶行善的意向也要泯除，才算真正无念。这种随立随破，不滞于固定的观念，使整个身心与佛教无念境界融合无间。这种精神状态为后来的天台宗、禅宗发扬，进而被宋代理学家们所接受，佛教的心性修养原则也成了理学家们的心性修养原则①。

《大乘起信论》的真伪问题，学术界还有争论，我们还不能、也不必要从两种不同的意见中认定一种。梁启超在《大乘起信论考证》中说：

> 本论自出世以来，注释者百七十余家，为书不下千卷，其影响于我国民思想之深厚，可以概见。朝鲜、日本千年诵习无论矣。逮近世，而英译且有三本，巍然成为世界学术界之一重镇……一旦忽证明其出于我先民之手，吾之欢喜踊跃乃不可言喻。

梁氏以《起信论》为伪书，可能受南京支那内学院诸位学者的影

---

① 程颢的《定性书》说心性修养，要做到动亦定，静亦定，无将迎，无内外，与《起信论》"止观俱行"没有两样。

响,姑且不论;梁氏出于爱国主义热情,赞叹此书,这种心情可以理解,但毕竟科学论证不足。问题的关键不在于论证成书年代及其作者是否为印度学者,而在于考察此书何以南北朝时期风靡学术界。《起信论》受到当时广泛重视,不能仅仅从它的学说本身找原因,还要看到此种学说得以流行的社会条件,使它得以孳长的土壤气候。本书秦汉卷讲汉初黄老之学①曾指出,黄老之学创于战国中后期,发源于齐国稷下,但到了西汉初年,得到适当的条件,才成为显学,与《起信论》不盛行于印度以至失传,反而盛行于陈隋之际,情况有些类似。因为一种学说在一个民族中流行的程度,决定于该民族对这个学说需要的程度。本书着重探索南北朝佛教经学的心性之学的意义在此。

八 佛教经学的中心议题——心性论

魏晋南北朝的佛教经学有不少派别,本章只选取当时有影响有代表性的主要经、论进行评述。佛经中,择要剖析了《维摩经》《涅槃经》《法华经》《华严经》等四种。流行的佛经不止这些,就思想界发生的影响的深远来说,其余诸经都不及这四种②。"经"一般说以佛说名义,进行正面说教,"经论"有辩论论文性质,有立、有破,思辨性更强一些。南北朝流行的"论"也不止《十地经论》《摄大乘论》《大乘起信论》这三种,如《中论》经过鸠摩

---

① 见《中国哲学发展史》(秦汉)。
② 净土宗的经典,社会影响也很广泛,但理论影响不及上述诸经。

罗什的提倡,也曾盛行了一阵子①,不久即归消沉。当时还有北方禅法也有相当势力,还出现过"楞伽学派"②。由于他们的中心议题也与上述各派接近,为了避免重复,本书从略。

综观上述这一时期流行的佛教经论,不难发现它的时代和阶级的烙印。佛教大乘分有空两大流派。空宗流派为般若学,以各种传承的《般若经》为代表。当时中国僧人对般若"空义"的理解很不相同,以至出现了互相对立的许多学派。这些学派在印度找不到根据,在中国基本上可以找到和他们相当的玄学的影子。随着魏晋南北朝政治形势的推移,玄学的影响逐渐缩小。南北朝时期阶级关系基本稳定,政权的转移不影响门阀士族的社会地位和经济地位。也就是说,朝廷上的改朝换代没有引起社会危机、社会的结构相当稳定,这与魏晋之际尖锐的政治斗争带来的社会危机、民不聊生、知识分子朝不保夕的遭遇大不相同。名教与自然之间,不再使人感到"不相容"、难以协调,相反,南北朝时期,从上到下,倒是需要一种稳定的统治秩序,加强封建宗法制度,保护文化人,发展生产力。这一趋势在北方政权表现得尤为明显。这种向上的趋势,标志着大乱之后,人心求治的要求,也是中国历史上经历了民族的、文化的、思想的融合、交流之后,出现的新形势。政治、军事、经济,生产发展各方面,北方居优势。北方统一南方不是隋朝一时侥幸,而是北朝长期积蓄力量的结果。

政治、经济方面的实力,也必然反映到学术上。佛教经学与

① 因为中观学派的观点,与中国传统文化观、封建宗法观念、有神论思想格格不入,鸠摩罗什在世时,他已有"折翻"之叹。鸠摩罗什的得力弟子僧肇的《不真空论》,并未遵守鸠摩罗什的教义,并未谨慎地保护着真如的实体。他的另一个弟子道生,盛弘涅槃学,也不尽合《中观》宗旨。

② 参见任继愈主编:《中国佛教史》第三卷,中国社会科学出版社,1987年版,有专文论"楞伽学派"。

儒家经学都有所反映。但就其理论的深刻程度看，佛教经学的抽象思辨水平远在儒家经学之上，它直接承继魏晋玄学，发展为新的哲学体系——心性论。

心性论，是中国哲学本体论逻辑地发展的必然归趣。本体论所涉及的本末、有无、体用关系，基本上从宏观着眼。它超越汉代的宇宙论而探究天地万物之"所以然"；心性论，则从天人关系中，透过人的心理、生理现象，进而探究人性本质的"所以然"。佛教经学以佛教的语言"佛性"来说明这一现实现象。"佛性"，说到底，还是"人性"的折光返射。我们不是用神学说明社会历史，而是用社会历史说明神学。因此，佛性问题无处不反映着南北朝社会问题、政治问题。

仅从南北朝流行的四部经、三部论①，可以看出他们主要议题为佛性问题。成佛为未来还是在现世，如果有"佛性"，"佛性"是本有还是始有，成佛要靠外力援引，还是靠自己的觉悟和努力。以上列的经论中还可以看出中国当时大小二乘，空有二宗都有译著流传，都有著名学者为之宣扬、鼓吹，有的还得到国王的推动（如鸠摩罗什宣传的中观学派），但社会历史有它的选择标准②。这几个重要的流派中，社会上流行的，受朝野上下欢迎的不是大乘空宗，而是大乘有宗。这些佛教流派基本倾向于成佛可能，而主张不可能的，主张本性为有漏的观点不占优势。这种倾向（或称为趋势），《涅槃》《法华》《华严》诸经都有启示性的教义，为后来隋唐时期出现的天台宗、华严宗准备了思想理论基础。地论、摄论都对阿赖耶

---

① 四部经即《维摩经》《涅槃经》《法华经》《华严经》；三部论即《摄大乘论》《十地经论》《大乘起信论》。

② 历史唯物主义者认为一种学说在一个民族流行的程度，决定于这个民族对于这种学说需要的程度。

识有所论述,他们要从心性论以探究物质世界的起源。心性论管辖的范围不限于个人的精神修养、宗教实践,还要通过心性论去说明宇宙万物的起因。从认识过程说,它从本体论到心性论,是一个认识的飞跃,它们又从心性论反观宇宙本体。从而以心体为本体(如《法华》)或以性体为本体(如《华严》)。

佛教经学还反复论证了人类认识的极限,人类对现实世界认识是否可能。他们的结论并不正确,但他们对人类正常的认识提出怀疑,并指出要注意那些干扰正常认识的生理因素、心理因素、社会因素等。这许多方面,恰恰是中国哲学史认识论所没有接触或被忽略,但又不应忽略的方面。佛教经学加强了中国哲学史上一向比较薄弱的认识论环节。无论从正面或反面,都提供了有益的借鉴。

人人有佛性,人人可能成佛的问题,在南北朝时期成了许多宗教流派共同关心的大问题,因而唯识学提到的阿黎耶识这一新范畴,受到普遍的重视。只有建业一个地区受般若空宗影响较大,也可说玄学影响较大,摄论学派受到排斥。其余广大地区,南到广州,北到中原地区,都是唯识学派的势力范围,其势力中心在北朝政权范围之内。这种状况一直持续到隋唐初期。成了中国佛教理论界的中心议题,甚至成为驱使玄奘西行求法的动力。大乘有宗、唯识学派,肯定有一个圆满无亏欠的真如世界,肯定通过某种努力修持,可以达到。这种积极追求真理的人生态度,是当时北朝政权处在向上发展阶段、社会思潮在宗教理论方面的反映。佛教经学从宗教理论上表现以北方为基础统一全中国的总形势。

南北朝佛教经学把哲学问题引向深入,从本体论走向心性论,是前进。但前进中遇到新问题,使他们无法解决。因为南北朝时期佛教提出的心性问题,主要借助于外来的唯识学说,它与中国传统文化、传统意识还未融合在一处。如何使心性问题中国化、民族化，为更广大的群众所接受，用佛教的心性论俘虏更多的善男信女，这一南北朝时期的佛教经学的任务，要待隋唐佛教经学继续完成。

附：编写《中国哲学史》（四卷本）的一点体会

　　《中国哲学史》（四卷本）是一部集体编写的教材。从第一卷出版到现在，已经二十多年了。二十年来，风风雨雨，至今这部书仍能得到教育界同行的承认，对于编者，是最大的安慰。回顾编写的过程，有以下几点体会：

第一，必须有高度的社会责任感，保证教科书的质量

　　教科书，是教授青年的，稍不注意，将误人子弟。大家对此都有这样的责任感，这对于编好书，至关重要。

第二，主编要亲自组阁

　　教科书的好坏，决定于编者的观点、方法。为保证质量，必须由主编亲自"组阁"，选择编者。本书编写之初，曾由上级领导部门指定过一些人。人多不一定好办事。后来真正参加编写和最后定稿的，主要是主编选定的少数编者。

第三，对编者严格要求

　　这个编书组，多是青年助教及讲师。对于青年同志要提出

459

严格要求。从文稿的书写到标点符号的运用,都要规范化,力求培养一种严肃求实的学风。我们这样做了,不仅保证了书的质量,而且通过编书,还培养了一批人。有些当时的青年同志,现在都成了教学、科研的骨干,有的成了博士生导师。

第四,要有科学态度

要保证教科书的质量,最重要的,是要有科学态度。政治气候的变化,学术风气的波动,是任何时代、任何文明国家都免不了的事情。风气的波动,有波峰,有波谷,但科学必须相对稳定。学术研究应该随时代前进,但新出现的行时的东西,不一定代表正确的方向。在这种情况下,不仅要求编者要有能力识别是非,也要求编者有勇气坚持真理,不应随风倒。比如写董仲舒这一章,唯心论和形而上学,董仲舒兼而有之。我们指出,董的学说,对于巩固统一的汉帝国,还是有积极作用的。这几年,有的同志在研究汉代思想时,看到我们的书,以为当时这样说,是不容易的。

第五,每个编者都要有整体观念

编书比写文章难。一篇论文,只要言之成理即可。但一部书,必须前后左右照应。我们要求每一个编者,不仅要熟悉自己负责的那一部分,而且要了解全书的基本线索。写书过程中,我们经常进行讨论,随时统一编者对重大问题的意见。

第六,编者的观点必须基本一致

每个编者都有自己的学术观点,但共同编书,观点不能大相径庭。因此,主编在选择编者时,除了其他素质,学术观点的基本一致,是必要条件。

第七,主编要尊重编者的意见,但不能迁就

在编写过程中,我们鼓励每个编者充分发表意见,在不碍总体构思的前提下,充分发挥自己的创造性。主编要充分尊重编者的意见。但主编的责任,是对全书负责,对于有争议的问题,可以找另外的机会开展讨论、争鸣。在教科书(编写组)内部,要观点明确,主编应有权作出裁决。

写成的稿件,大致有三类。有的稍加修改即可用,有的一半可用。有的要推倒重来。这些地方,主编不姑息迁就。这都是为了保证书的质量。

不具备上述条件,就写不好书。

第八,边写边出,鼓舞士气

写书之初,有两种设想:一是待全部成书后,一次出齐;一是写一本出一本。一般说来,两种方法均可。但此书当时是应教学急需,所以采取写完一册出版一册。现在看来,这种做法是好的。它的优点,是可以满足教学的需要,而且不断见到成果,鼓舞士气。也可防止旷日持久,士气低落。

本书的编写,出于60年代,到1979年第四卷出版,前后用了十几年时间。现在看来,还有不少缺点,主要是过分强调唯物和唯心的两军对垒,忽视了中国哲学的历史发展,有简单化的倾向。再者,本书是教科书,只能采用公认的观点,有些地方主编者不能畅所欲言。目前我们在编《中国哲学发展史》,旨在揭示中国哲学的历史发展。四卷本的一些缺点,希望能在《发展史》中得到纠正。

李申根据原稿整理,2012年8月2日